사랑, 삶, 죽음

— 도덕철학의 한 연구 —

볼프강 렌쩰 지음

배 선 복 옮김

사랑, 삶, 죽음

— 도덕철학의 한 연구 —

볼프강 렌쩬 지음

배 선 복 옮김

철학과현실사

Liebe, Leben, Tod

by   Wolfgang Lenzen

한국어판을 내면서

이번에 배선복 박사의 주도로 도덕철학 연구서 『사랑, 삶, 죽음』의 한국어 번역판 출간을 보게 되어 아주 기쁩니다. 오늘날의 세계는 기술적, 경제적으로 세계화와 지역화 과정에 있습니다. 하지만 여전히 동서간의 커다란 문화적, 역사적, 세계관적 차이가 현존합니다. 그래서 성도덕의 문제와 삶과 죽음의 근본물음에 대한 '서양적 안목'이 '동쪽 세계'에서 어떤 평가를 받을 것인지 매우 궁금합니다. 어쩌면 아시아, 특히 한국의 전통문화의 영역에서 어떤 터부를 건드릴지도 모르겠습니다.

생명윤리에 대한 이 저작은 순전히 세속적인 합리적 입장을 발전시키는 데 주력하였습니다. 이 입장은 법적인 규범, 종교적인 도그마, 직업윤리상의 원칙, 그리고 사회적으로 용인된 표상과도 독립적으로, 우리가 무엇을 도덕적으로 해야 하거나 하지 말아야 하는가를 근거짓는 것입니다. 이 책이 대변하는 의무론적 윤리학의 입장이 한국과 같이 먼 나라에서도 반향을 발견할 수 있게 되고, 한국 독자에게도 확신을 줄 수 있기를 희망합니다.

이 책을 출간해 준 철학과현실사에 감사합니다. 특별히 번역자인 배선복 박사에게 감사 드립니다. 그의 노력과 참여 없이는 이 한글 번역판이 출간되지 못했을 것입니다.

볼프강 렌쩬

옮긴이의 말

볼프강 렌쩬(W. Lenzen) 교수는 1946년 독일 에센(Essen)에서 태어나 뮌스터, 프라이부르크, 뮌헨 대학에서 예술사, 수학, 철학을 공부하고, 1972년 레겐스부르크 대학에서 철학박사학위를 받았다. 1979년에 교수자격 논문시험을 통과하였고 1981년 이래 독일 오스나부르크 대학의 정교수로 재직하며 지금까지 과학이론, 라이프니츠 논리학, 인식론, 윤리학, 정신철학 분야를 개척하고 있다. 그는 메글레(G. Meggle)와 함께 독일의 분석철학운동을 주도한 스테그뮐러(W. Stegmueller)의 대를 이은 쿠체라(F. Kutschera) 교수의 제자로서 방법론이나 이론에서 논리분석의 철학자이다. 그가 집필한 『사랑, 삶, 죽음』은 최근 논의되는 생명윤리학의 영역을 분석적 방법으로 접근한 작품이다. 지금까지 그의 주요 저작으로는 *Theorien der Bestaetigung wissenschaftlicher Hypothesen*(1974), *Recent Work in Epistemic Logic*(1978), *Das System der Leibnizschen Logik*(1990), *Calculus Universalis — Studien zur Logik von G. W. Leibniz*(2003) 등이 있다. 나도 그의 지도하에 『라이프니츠의 형이상학과 논리학에서 개별자의 개념』으로 학위를 받은 바 있다.

이 책은 전부 3장으로 되어 있고 각 장에는 여러 소주제가 있다. 각 장에는 결론이 유보된 부분이 많으며 때로는 남과는 다른 별도의 이견(異見)을 제시한다. 의무론적 윤리학의 관점이란 금지와 허용에 대한 고유한 안목이 중요하기 때문이다. 저자는 <어느 누구도 다치게 하지 말라>는 고대 로마법 이론을 윤리이론의 기초로 한다. 이로써 그는 '네가 하고 싶지 않은 것은 남에게 하지 말라'는 황금률과 '최대다수의 최대행복'의 공리주의 이론과 일치되는 정리(定理)를 도출한다. 의무론적 윤리관념은 간단하게 말하자면, 우리가 무엇을 하거나 할 것을 바라는 요청(要請)과 하지 말거나 하지 말아야 하는 금지(禁止)에 있다. 우리나라에도 고대 고조선에 8조 법금이 있다. 유교시대에는 예와 도덕에 관한 철저한 의무론적 관념이 전해졌으며, 오늘날 현대 복지국가 이념으로서 다같이 빨리빨리 잘 살아보자는 급격한 공리주의 이론도 있다. 저자는 칸트, 쇼펜하우어, 벤담, 흄, 그리고 현대의 헤어, 싱어, 등의 여러 윤리이론가들과 대립하면서 '사랑', '삶', '죽음'에 대한 허용과 금지에 대한 다양한 현대적 해석을 내린다.

제 1 장 "사랑" 편에서 사랑은 구체적으로 섹스를 의미한다. 오늘날 합리적인 사랑의 프로그램은 누구나 자신의 성적인 능력의 발전에 제한을 주지 않는 것이다. 그러나 혼전섹스와 혼외정사의 탈도덕성 문제가 발생한다. 여기에 쇼펜하우어는 여성은 결혼으로 남성에게 모든 것을 걸고 남성은 여성에게 오직 한 가지만을 요구한다는 여성의 입장에서 혼전섹스의 문제에 근거를 주려 하였다. 저자는 반드시 자녀생산의 목적에 이외에 섹스를 제한하고 금지시켜야 할 필요는 없다는 견해를 취한다. 우리나라에서는 동성연애가 금기(禁忌)시된다. 저자는 국가 내에서 양성평등의 근거에서 동성연애의 성교는 도덕적으로 따질 필요가

없다고 본다. 그렇다고 동성연애자의 가족구성의 원칙이 자동적으로 허용된다는 것을 함축하지는 않는다. 독일은 1990년대 이래의 성범죄 처벌법의 개혁으로 16세 이하의 소년소녀와의 성관계를 금지시켰다. 그러나 16세 이하의 청소년의 성남용의 보호법은 보완될 점이 많다. 칸트는 남녀가 서로 즐기려 한다면 필연적으로 결혼하여야 한다고 보았다. "하나의 성(性)이 타자의 성기(性器)의 일부를 사용하므로 한 부분이 다른 부분에게 헌신하는 향유"가 결혼생활이라는 것이다. 저자는 전통적인 18세기의 칸트적 성관념을 비판한다. 결혼을 자녀생산을 위한 목적에만 한정하고 있기 때문이라는 것이다. 오늘날 사회에서는 결혼파트너와의 영원한 정조의 약속이 사랑의 종말을 넘어서까지 타당하리라는 결혼계약은 불가능하다. 또한 칸트는 "성능력의 사용이 대상 없이 존재하는" 자위(오나니)를 "자연에 위배되는 범죄"(Criminibus contra naturam)로 비판하였다. 그러나 자위는 "흡족한 자유시간 보내기", 혹은 보통 어린이에게 기대되는 호기심에 의한 "실험의 기쁨"으로 보는 반대 견해도 만만치 않다. 저자는 자위에 대한 성적 무절제와 의지박약의 문제를 밋밋하게 비판하는 비판가들을 비판한다.

제 2 장 "삶" 편에서 저자는 한 인간 x의 삶을 자궁에서 죽음에 이르기까지 연, 월, 일, 시로 나눈다. 누구나 같은 시간에 태어나더라도 동일한 체험이나 사건을 당하지 않는다. x의 삶의 가치는 내일 그에게서 기대되는 삶의 상실의 크기이다. 사실 삶의 가치는 '언제 생명 L을 죽이는 것'이 비도덕적인지, '언제 생명 L이 삶의 권리'를 갖는지의 문제이다. 실제로 1992년 독일의 한 아우토반에서 임신 3개월인 18세의 마리온 플로흐(Marion Ploch)가 교통사고로 뇌사상태에 빠졌다. 그녀는 법적으로 뇌사상태로 사망진단을 받았다. 하지만 임신 중인 아기는 살아 있었다. 이를 둘러싸고 신학자, 의사, 정치가, 여성주의자들 간에 치열한 생명윤리 논쟁이 벌어졌다. 신체훼손불가침을 저해하는 뇌사자

의 인권유린의 문제와 아기의 생명의 권리가 얽혀 있었기 때문이다. 죽은 자의 장기에 의한 산 자에게의 장기이식은 삶의 권리에 관한 문제이다. 인공수정, 배아연구, 그리고 인간복제의 문제는 체외수정의 방법과 기술이 발달하면서 일어났다. 관용된 방법으로 남녀의 정자와 난자를 시험관에서 수정시킨 다음 여자의 자궁에 착상시키는 임신은 대략 90% 사망률에 10%의 생존율을 갖는다. 독일은 1990년 배아보호법(ESchG)을 가결하여, "모든 타자공리(他者功利)를 위한 인간배아의 사용, 즉 배아보존"을 금지한다. 독일은 결혼부부의 배우자 불임 때문에 행해지는, 여성 난자와 익명의 비배우자의 정자제공에 의한 임신은 인정한다. 그러나 그밖의 다른 경우는 대리모 배아이식이라는 윤리문제 때문에 거부하고 있다. 배아연구란 인공수정에 성공한 경우, '탈락한' 혹은 낙태된 잉여의 배아들을 상대로 의학실험을 하는 것이다. 하지만 이들을 상대로 마구잡이로 의학실험을 하면 양도될 수 없는 '인간의 존엄성'을 훼손한다. 이런 식으로 인간복제가 이루어진다면 공상과학소설이나 과학영화에서처럼 끔찍한 현대판 노예제도, 인신매매 등의 상상이 현실이 될지 모르며, 거기서 과학기술의 사용의 목적에 관한 윤리문제에 대한 비난을 면치 못할 것이다.

제 3 장 "죽음"에서는 자살도 살인으로 본다. 자살은 어느 누군가가 자기 자신을 죽이기 때문이다. 청소년들이나 더러는 사회 저명인사들에게도 종종 등장하는 자살은 '안타깝다'와 같은 부정적 관심이나 '잘 죽었다'라는 긍정적 타자관심을 불러일으킨다. 그 점에서 자살은 이성적으로 충고되어야 하고 경고되어야 한다. 안락사는 인간답게 존엄하게 죽고 싶다는 죽음의 요구이다. 그래서 안락사는 대부분 더 이상 살만한 삶을 살아갈 가치가 없다고 판단하는 의사와 스스로 그렇다고 보는 환자와의 문제로 넘어온다. 안락사도 자살과 마찬가지로 수동적이든 능동적이든 양자의 측면이 있다. 낙태에는 "내 배는 내 것이다"라

고 외치는 페미니즘, 낙태는 세계 도처에 실행되고 있다는 자유주의 입장, 그리고 2주, 3개월, 6개월, 혹은 9개월까지 낙태를 허용하자는 시한부해법의 이론들이 있다. 저자는 낙태와 피임을 동일하게 여기는 혜어의 입장을 반박한다. 임신에는 8단계에 따라 각각 이에 해당되는 피임방법이나 의료지시가 가능하기 때문이다. 그러므로 낙태와 피임은 다르다. 분석윤리의 입장에서 언제 누가 사랑을 했고 어떻게 살다가 임신을 해서 이에 대한 낙태를 검토하게 되었는가? 저자는 한 번쯤 들쥐가 되고 싶어한 철학자에게 약을 주사하여 24시간 동안 들쥐로 변하게 만들고, 교수가 되고 싶어서 그의 연구실을 찾아온 친구 방문객이 이를 관찰하면서 고민하는 미국 프린스턴 대학 과학자들의 공상과학 동화를 들려준다. 저자는 이 동화를 배아의 삶이 정자세포가 난자에 침입함으로써 시작된다는 '잠재성 논의'와 피임수단으로도 미래의 좋은 삶을 사전에 억류할 수 있다는 '억류 논의' 사이의 논쟁과 연결시킨다. 전개하는 논의가 전제와 일관성을 갖느냐 타당성이 있느냐 혹은 건전하냐의 문제가 중요하지, 확정된 결론이 중요한 것이 아니다. 마지막 절은 현대사회에서 먹고 사는 문제를 다루었다. 육류소비자보다는 오히려 채식주의자가 고비용의 대가를 치른다. 현대사회에서는 그나마 돼지고기 한 점이라도 먹어 치워야 육류생산과 소비 사이의 시장원리에 따른 적절한 '교환성의 공리'가 성립한다.

나는 학술진흥재단의 전문연구 과제로 연구교수 활동을 하며 윤리학 전공자들인 도성달, 류지한, 유병렬 교수들을 만나면서 이 책을 번역하였다. 초고는 2003년 여름 한국학중앙연구원 교수주택에서 살면서 번역하였는데, 한국학중앙연구원 대학원의 박휘재 군이 우리말 이해를 도와주어서 고마운 마음을 전하고 싶다. 나는 당시 한국학중앙연구원 사회교육실의 이계학 교수님의 소개로 신채우를 만나 결혼하게 되었다. 교육학을 전공하신 이 교수님은 대학교육에서 철학교육의 중요성을 역설하셔서 깊은 감명을 받았다. 새로운 삶의 길을 가는 나와 나의 아내는 지금은 이 세상을 떠나신 이계학 교수님의 인간사랑에 깊은 감사를 드린다. 그간 아내와의 많은 격의 없는 대화는 이 글의 중요한 내용을 이해하고 우리말 개념으로 만드는 데 많은 도움이 되었다. 아내에게 진심으로 감사하고 사랑한다. 우리 사이에는 하나의 새로운 생명이 생겨났다. 생명 이후에는 새로운 창조의 세계가 기다리고 있을 것이다.

나는 '푸른교육사랑모임'에서 여러 중고등학교 선생님들과 행정부의 고위 관료들도 만났는데 이 글을 통하여 생명윤리문제와 관련된 토론과 문제해결에 조금이라도 도움이 되었으면 한다. 특히 지역과 인맥과 연고에 의한 공리주의 질서에 잘 길들여진 우리 사회에 더욱 심층적인 허용과 금지라는 도덕판단의 잣대를 갖는 의무론적 윤리학이 나름대로 뿌리를 내렸으면 한다. 이러한 윤리적 판단기준은 학교와 과학 및 문화 공동체의 합리적 발전에 더욱 보편적인 이해와 도움을 줄 것이다.

배 선 복

차 례

서 장 윤리이론

제 1 장 사 랑

제 2 장 삶

제 3 장 죽 음

서 문

지난 십 년 간 공공생활(公共生活)과 사생활(私生活)의 윤리문제는 빈번히 타인과 더불어 동물 또는 환경과 친교(親交)에서 일어났다. 사람들은 윤리문제를 앞장서 해결해 나가는 데 있어서 철학자보다는 오히려 법률가, 신학자, 심리학자, 의사들을 더 신뢰하였다. 실례로 1990년 『슈피겔』 2호의 한 스토리의 표제는 이러한 분위기를 잘 이야기해 준다.

"무턱대고 기도한다. … 법률가, 신학자, 의학자들은 정신병원과 양로원에서 성 활동에 대하여 논쟁한다."

걱정스럽게도 철학자들이 여기서 어떤 주목할 만한 역할도 못하고 있다는 것은 주지의 사실이다. 그래서 메르켈(Merkel)[1]은, 만약 도덕

---

1) Merkel(1991) Reinhard Merkel, *Teilnahme am Suizid — Tötung auf Verlangen — Euthanasi, Fragen an die Strafrechtsdogmatik*, in: Rainer Hegselmass/Reinhard Merkel(Hrsg.), *Zur Debatte über Euthanasie*, Frankfurt a. M.,

의 근본문제를 '여전히 성직자와 신학자의 소관으로 방치해 둔다면', 독일에서 일어나는 의학윤리논쟁은 정신적 빈곤의 소치라고 주장하였다. 지금까지 오랫동안 법률학자와 신학자가 독차지하였던 의료인대표 윤리위원회(Ethikkommission der ärztlichen Standesvertretung)에 최근 들어 산발적으로나마 철학자들이 추가로 선발되었다는 사실에도 불구하고 상황은 그다지 변한 것이 없다. 필자는 법학자, 신학자, 의학자, 심리학자에 반대하려는 것이 아니다. 그들은 직업 세계에서 사회의 중요한 권위자들이다. 한 법학자가 법학자로서 윤리문제의 전문가는 아니다. 법학자의 과제는 국가의 법률을 윤리규범과 일치하게 하는 것이라지만 법이 최종적으로 도덕규범의 근거가 되는 것은 아니다. 개별 사안에 법적 입장이 어떠하다는 것은 윤리문제에 좋은 설명이지만, 그것이 곧바로 도덕적으로 인정된다는 것을 의미하지는 않는다. 신학자는 예전부터 있어왔던 사회공동체 표상을 도덕적으로 전한다. 그러나 신학자는 규칙상 오직 자신의 종교에 신의 율법으로서 받아들여진 도덕규범만을 세상에 널리 알린다. 종교도 종교 나름이다. 종교에는 상이한 중심적인 도덕표상이 수렴되어 있다. 예를 들어 성경과 기독교 십계명(十誡命)의 일치를 받아들이더라도, 십계명의 도덕표상이 윤리적으로 의(義)의 행동을 완전히 율법적으로 포착하리라는 보장이 없다. 도덕표상의 일치란 확실하게 문제시되는 계명이 도덕적으로 신적 의지의 완전한 권위적 표현으로 일어났을 때 그렇게 말할 수 있을 것이다.

특별히 어떤 의사가 의사로서 도덕문제를 해결할 수 있다고 자처하더라도 현대의학의 삶과 죽음의 긴장에 속한 영역에서 들이닥치는 폭발적인 문제를 감안한다면, 한번쯤은 직업적으로 좁은 행동반경에서 그의 문제해결능력을 받아들이지 않아도 좋다. 개별 의료인들이 그들

Suhrkamp, 71-127.

직업의 특수성에 따른 윤리적 결단의 차원에서 히포크라테스 도덕을 방치한다면, 나중의 도움은 소용없는 때가 많다. 끝으로 많은 심리학자들은 심리학자로서 확실히 사랑, 삶과 죽음의 맥락에서 정신적 문제 극복에 관한 풍부한 경험을 지니고 있다. 하지만 심리학자가 그러한 문제의 도덕능력에 권능을 가지고 있는 것은 아니다. 그의 교육에서나 그의 일상적인 행위에서 그렇지 못하다고 짐작해도 좋다.

철학자만이 윤리문제의 전문직업인이다. 그의 과제는 윤리원칙의 합리적 토대를 찾아내는 것이다. 철학자는 법규범, 종교적 독단, 직업 신분상의 격률, 경우에 따라 사회적으로 용인된 표상과는 독립적으로 우리가 도덕적으로 무엇을 하거나 하지 말아야 하는지에 대한 이유를 준다. 대학교육의 도덕철학은 구체적인 윤리문제를 표명하는 데 오랜 시간을 지체하였다. 윤리문제에 전문가 자문이 그렇게 덜 요구된다는 사실은, 나중에 이들 철학자 자신에게도 짐을 지우지 않는 자유로운 빌미가 되었다. 예를 들어 도덕철학은 칸트 도덕법 394편 논문에서 395편 논문을 첨가하기 위한 그의 본래의 작업에 집중하였다. 예를 들어 도덕철학은 실천과는 거리가 먼 곳으로 도피하여 항상 고고한 연구를 수행한다. 사실의 언명들로부터 순수한 규범언명이 논리적으로 도출될 수 있는가를 검토하기 위하여 지나치게 이론적이고 메타윤리의 설명을 추종한다. 도덕철학은 동성애주의자들에 대한 형법상의 표적수사와 같은 폭발적인 사회상황과 추세에 대하여 양반 행세를 하였다. 마르크바르드(Marquard)[2]가 적절하게 비판한 대로,

"도덕철학은 현실문제를 떠나 있었고 전적으로 원칙적 대응만 하였다. 도덕철학은 선험세계의 뜬구름을 잡고 있었다. 선험적 힘 앞에서 더 이상

---

2) Marquard(1987) Odo Marquard, *Drei Phasen der medizinethischen Debatte*, in: Marquard/Staudinger(1987), 112.

할 것이 없는 철학적 윤리만 남았다. 철학적 윤리는 근본적으로 세계와는 윤리적으로 담을 쌓았고 그것은 계속해서 오늘날까지 여전히 남아 있다."

고령의 가다머(G. Gadamer)는 1995년 4월 2일 『남독신문』(*Süddeutsche Zeitung*)과 한 인터뷰에서 특히 환경파괴나 낙태문제에 대해 철학자에게 그러한 절제를 요구하는 것은 위험하다는 말로 세인을 경고하고 자신을 방어하였다.

"단지 철학자라는 이유만으로 답을 안다고 여기는 것은 위험하다. 나는 다행히 철학교수가 길거리에서 첫 번째로 만난 최상의 자연적 이성의 인간보다 어떤 더 나은 것을 알 것이라고 나로 하여금 지나치게 상상하게 하는 시험에 빠지지 않았다."

일반적으로 이러한 겸손이 칭찬받을 수 있는 것이라면, 그것은 도덕적 판단의 문제설정이 그릇된 자리에 서 있어 보인다. 확실히 이상적으로는 한 철학교수의 윤리적 판단은 가장 건전한 상식을 가진 거리의 사람의 입장과 일치하여야 할 것이다. 그럼에도 직관만으로는 도덕적 안목에 결정적인 이유를 줄 수 없다. 다른 측면으로 직업적 도덕철학자는 이론과 실천을 병행하여 결실을 맺기 위하여 빈번히 배워야 한다. 그는 윤리가 이미 항상 철학의 한 분과(分科, Disziplin)였다는 점을 이유로 윤리를 단순히 다루어서는 안 된다. 철학자들이 윤리물음에 전문가가 되는 것은, 충분히 근거지어지지 못한 모든 이론에 대한 그의 비판적인 입장 및 그의 능력, 참된 근거로부터 위장된 근거와 그릇된 추론에서 타당한 결론을 구별할 수 있기 위한 단지 그의 직업에 합당한 회의주의 때문이다.

철학은 나쁜 논의에서 좋은 논의를 구별하는 기술이다. 누군가 윤리학에 뛰어 들어오려는 자는 이 기술을 특별한 잣대에서 지배하여야 한다. 헤겔스만(Hegelsmann)[3])에 따르면, 특별히 윤리학 이론의 응용에 관심 있는 윤리학자는 '도덕적 신념의 정합성, 응집성 그리고 신뢰성에 관한 전문가'이어야 한다. 왜냐하면 일상생활의 수많은 윤리적 견해의 다양성은, 회스터(Hoerster)[4])가 인식한 대로 그들의 합일될 수 없는 윤리적인 '고백' 때문이 아니라, 개념적으로 불명료한 생각, 논리적 오류 추론과 경험적 행동결과에 대한 불충분한 인식에 뿌리를 두고 있기 때문이다. 항상 개념적으로 명쾌한 생각과 논리적으로 올바른 추론의 도출만으로는 사랑, 삶, 죽음의 복합적 문제를 여러 시각으로 자유로이 해결하기에 여전히 불충분하다. 유감스럽게도 철학에서는 낙태, 피임, 동성애 혹은 안락사 문제를 도덕적으로 받아들이고, 논쟁의 여지가 없이 이들을 일반적으로 도출해 낼 수 있는 윤리원칙을 수용하는 정리의 공리체계(公理體系)가 없다. 필자는 부분적으로는 서로 보충하면서 모순이 되지 않는 가장 중요한 몇몇 윤리이론의 개념화(概念化)를 시도하였다. 요컨대 <어느 누구도 다치게 하지 말라>는 원칙, 황금률(黃金律), 공리주의(功利主義)에 대하여 예고편인 서장에서 토론하였다. 지금 응용윤리학의 특별한 어려움은 도덕적 직관이 동시에 결코 절대적으로 신빙성 있는 시금석을 제시하지 못한다는 데에 있다. 오히려 이론을 실천에 적용하여 양자를 지속적으로 병행하여 나가도록 하는 것이 필수적이다. 한편으로는 일반적이고 이론적으로 선행하는 근본명제를 따라가는 '소박한' 직관은 비판적으로 검토하고 경우에 따라서는 도

---

3) Hegelsmann(1989) Rainer Hegselmann, *Was ist und was soll Moralphilosophie? 10 Thesen.* Manuskript der Antrittsvorlesung an der Universitaet Bremen vom 18. 12. 1989.

4) Hoerster(1971) Nobert Hoerster, *Utilitaristische Ethik und Verallgemeinierung,* Freiburg I. Br., Alber, 51.

덕적 기초가 없는 것은 기각하여야 한다. 다른 한편으로는 거꾸로 구체적이고 실천적인 결론에서 일반적 이론명제의 도덕적 기초를 되묻고 필요한 경우에는 고쳐야 한다.

논의를 전개하면서 도달한 결론은 그다지 크게 새롭지도 특별히 혁명적이지도 않다. 필자는 다른 곳의 산발적인 논문에서 사랑, 삶 그리고 죽음에 관한 대부분의 테제를 변형된 형태로 출간하였다. 거기서 학문적인 동료들의 콧대 높고 추상적인 이론보다는 세상사람의 윤리적 신념을 받아들이려고 노력했다. 이 책을 쓰겠다고 생각한 것은 몇 해전 친구들과 안면 있는 동료들, 특히 의사인 아내의 의학 동료들과 아내와 나누었던 대화로 자연스럽게 되돌아간다. 더 나아가 이런 생각을 한 권의 책으로 요약하겠다는 자극은 강의 등과 전문가 모임의 토론을 통하여 생겼다. 특별히 언급하고 싶은 것은 독일연구기금(DFG)의 지원에 의해 알프바흐(Alpbach)에서 개최되었고 메글레(G. Meggle)도 참여한, 응용윤리학을 주제로 한 휴양지 학술대회이다. 나아가 오스나부르크 대학에서 루머(C. Lumer), 레겐보겐(A. Regenbogen), 트랍(R. Trapp)과 개최한 윤리학 콜로키움, 그리고 페이게(C. Fehige), 메글레, 베젤스(U. Wessels)와 함께 한 자를로우스(Saarlouis)에서 개최된 헤어(R. Hare)의 선호도(Preferences)의 도덕철학 학술회의에 대하여서도 언급하고 싶다.

무엇보다 필자와 함께 이전의 논문을 응용윤리학의 책이 되게끔 초안을 도와주고 토론하기 위하여 시간을 바쳤던, 루머, 메글레 그리고 트랍에게 감사한다.

1998년 7월 오스나부르크에서

볼프강 렌쩬

22

서 장

윤리이론

1. 어 휘

인간행동은 여러 가지로 분류된다. 도덕적으로 선(善)한지 악(惡)한 지, 허용된 것인지 금지된 것인지, 따질 필요가 있는지 혹은 없는지 등 이다. 이런 판단에는 어떤 개념이 매개되어 있다. 여기서 출발하는 의 무론적 윤리학(義務論的 倫理學, deontische Ethik)은 어떤 행동을 허 용한 것이 아니면 그것은 정확히 금지된 것이라는 것을 지시한다. 허 용한 것은 곧바로 그것을 하여도 좋고(dürfen), 금지한 것은 거기에 합 당하게 그것을 하지 말아야 한다. 여기서 청(請)한 것은 해야만(müssen) 하고, 해야만(sollen) 하는 것이다.[1] 철학에서 요청된 개념은 동시에 대부분 그렇게 허용되었음을 의미한다. 거기에 반하여 일상 언어생활 에서 '허용하다'라는 개념은, 때로는 '청하였다'와는 어울릴 수 없는 의 미로 사용한다. 필자는 이러한 의미의 다의성을 피하기 위하여, 정의 를 통해 인위적(人爲的) 단어를 도입하겠다. 행동 H는, 만약 그것이 허용되었거나 금지되지 않았으면, 즉, 금지도 청한 것도 아니라면 자 유로이 위임(委任)된다. 또한 H는, 만약 H가 청해졌거나 최소한 자유 로이 위임되었으면 허용된다. 이와 같은 개념관계는 다음 도식으로 정 확하게 제시할 수 있다.

---

1) [역주] 저자는 청(請)한 것은 '해야만 한다'에 우리말로는 구분이 가지 않는 독 일어 'müssen'과 'sollen'의 두 가지를 사용하고 있다. 명령의 당위의 측면에서 전자보다 후자가 의무론적으로 더 구속의 의미를 지닌다.

도식 1 : 의무론적 개념			
청한 것	허용한 것	자유로이 위임한 것	금지한 것

다음은 '선'과 '악'이라는 가치술어(價値述語)를 위의 행동개념에 적
용하겠다. 이 표현은 도덕적 평가뿐만 아니라 일련의 다른 평가를 내
릴 때에도 사용된다. 모든 응용영역에서, 어떤 선한 것은 결코 악하지
않고 또한 공공연하게도 악한 것은 결코 선할 수 없다. 반면에 어떤
것은 규칙상 선하지도 않고 악하지도 않을 수 있다는 것을 인정하여야
만 한다. 이 경우, 어떤 인위적 개념으로 '중립적'(中立的)이라는 표현
을 사용하여야 한다. 그밖에 도덕평가 영역에서 선(善)한 것은 '도덕적
으로 따질 필요가 있는 것'이고 악(惡)한 것만 '도덕적으로 기각할 것'
이라고 말할 수 있겠다.2) 거기에 맞게 도덕적으로 따질 필요가 없는
것은, 윤리적 전망으로부터 선하거나 최소한 중립적이다. 이것을 다음
도식으로 정할 수 있다.

도식 2 : 도덕적 가치개념		
선(善)	중립적(中立的)	악(惡)
따질 필요가 없는		따질 필요가 있는

정확히 의무론적 개념과 도덕적 가치개념이 겹치면3) 청한 것은 선
하고, 금지된 것은 악하나, 중간에 자유로이 위임된 것은 가치중립적

---

2) [역주] 'indifferent'라는 단어는 '중립적'이라 옮겼으며, 그밖에 도덕적으로
'bedenklich'하다는 표현은 '따져보아야 하는 것', 'unbedenklich'는 '따질 필요
가 없는 것'으로 옮겼다.
3) [역주] 다음 도식을 참조할 것.

이다. 그럼에도 이 가정은 두 가지 문제가 있다. 예를 들자면, 한편으로 보통 수준의 유럽인은 돈이 많다. 그는 자신의 삶의 수준에 대한 요구에 비추어 아주 신속하게 허리띠를 동여매어 그렇게 저축한 돈을 제3세계의 굶어 죽어 가는 자에게 기부하는 것은 도덕적으로 선한 일일 것이다. 그렇다고 그러한 행위가 또한 이미 요청된 것임을 의미하지 않는다. 다른 한편으로 악한 행위 사이에 놓인 이중택일의 상황을 그려보면, 임의적으로 더 나쁜 것을 선택하는 것은 도덕적으로 요청된 것이나 마찬가지이다. 그럼에도 위의 도식에서 유추할 수 있는 대로 그것은 자동적으로 좋은 것은 아니다.

선/중립적/악이라는 빈약한 3단계 구별은 더 섬세한 단계로 만들어진 판단체계로 대치할 수 있다. 아마도 이를 위하여서는 도덕적 가치술어의 단계를 조금 넓힐 필요가 있다.

도식 3 : 도덕적 가치술어의 양

지선(至善)	차선(次善)	중립적	차악(次惡)	지악(至惡)

여기서 행위의 도덕적 기각등급은 범죄의 경중에 미루어 판단할 수 있다. 예를 들어 단순한 점포도둑질은 아주 가벼운 잣대에서 법적 형사처벌의 대상이 아니다. 그래서 단순한 점포도둑질은 무장절도 행각보다 도덕적으로 덜 나쁘다. 가벼운 도둑질은 형사처벌 수준에 비추어

도식 1 : 의무론적 개념

청한 것	허용한 것	자유로이 위임한 것	금지한 것

도식 2 : 도덕적 가치개념

선	중립적	악
따질 필요가 없는	따질 필요가 있는	

법적이라기보다는 도덕적으로 제재된다. 이런 도둑질은 행위의 전체에서 보자면 고의상해나 게다가 점포주인에게 행한 살인과 이에 해당되는 도둑질, 기타 등등보다 덜 나쁘다. 그럼에도 많은 경우, 법적으로 예측된 행위의 도덕적 기각을 형사처벌 수준에 직접 비례적으로 맞추는 것은 아주 부적합하다. 다른 측면에서는, 특별히 도덕적으로 따질 필요가 많은 두 인간관계의 행위들은 도무지 법률로는 처벌할 수는 없다. 많은 가족 내의 남녀나 부모자녀 사이의 주변에서 생기는, 악의성 있는 짓, 무정한 짓 그리고 부당성을 생각할 수 있다. 다른 측면에서는 특별히 몇몇 국가에서 성관계 영역의 행동은 우리가 도덕적으로 보았을 때 전적으로 따질 필요가 없을지라도 법적인 처벌대상이다. 짧게는 도덕적 전망에서 기각으로 판정되는 모든 행위와, 오직 저 행위만을, 타당한 법질서로 처벌하는 이상향은 어떠한 현실사회, 과거나 현재와 아마도 또한 미래국가에서도 여태껏 도달한 적은 없다. 그 외에 윤리적 통찰은 항상 법적 고려에 앞선 체계적 우위를 갖는다. 즉, 완전히 합당한 유토피아 국가의 법제정이나 법적 제재의 수위는 그때의 행위가 얼마나 도덕적으로 악한 행위였는가를 통하여 확정한다.

다음에는 <어느 누구도 다치게 하지 말라>라는 격률을 중심으로 도덕적 행위를 살펴보겠다. 거의 유사한 방식으로, 이 테제와 더불어 어떤 행위가 도덕적으로 따질 필요가 있는지 또는 없는지를 정의하는 황금률을 소개하겠다. 먼저 이 테제와 황금률(黃金律, Goldene Regel)로 공리주의 원칙에 따라 발생하는 행위의 도덕적 기각등급을 엄밀하게 재는 이론을 기술할 것이며, 다른 한편으로 언제 행위가 도덕적으로 허용되거나 금지되는지, 거기에 상응하여 수렴되는 확률기준을 발전시키는 이론을 기술할 것이다.

2. 어느 누구도 다치게 하지 말라

<어느 누구도 다치게 하지 말라>(neminem laedere)라는 격률(格率)은 도덕적 인생철학에서 아무 누구도 다치게 하지 말라는 것을 의미한다. 물론 여기서 '다치다'라는 단어의 뜻은, 이미 고대로부터 신체적으로 아프게 하는 것 이외에 정신적, 심리적, 정서적 상해도 함께 포함한다. 그러므로 이 격률은 '어느 누구도 해(害)치지 말라'로 더 잘 자유롭게 번역된다. '해치다'라는 개념은 아주 포괄적이다. 그렇지만 여전히 더 상세히 해명되어야 한다. 이 격률은 먼저 행동의 지시이거나 협조이거나 요청이다. 모든 경우에 격률은 참이거나 거짓일 수 있는 명제이다. 그러나 그 자체로서 격률은 결코 언명일 수 없다. 이 명제는 누구라도 이 격률을 따르면 올바르게 행한 것이고 따르지 않으면 거기에 올바르지 않다는 주장이 명시되어 있다. 앞절의 용어에 따르면, 도덕 격률에 있어서 '올바로' 한다면 도덕적으로 따질 필요가 없다. 그러나 '잘못' 한다면 곧장 도덕적으로 따질 필요가 있는 행동이 있음을 의미한다. 그러므로 <어느 누구도 다치게 하지 말라>의 경우에는 먼저 이 언명이 생긴다.

[테제 1] 인물 A의 행동 H는, 만약 꼭, H를 통하여 어느 무엇에게도 해를 끼치지 않으면, 도덕적으로 따질 필요가 없다.

이 테제는 좀더 자세히 윤리적으로 토론할 것이다. 먼저 어떤 인격 또는 어떤 생명체가 <어느 누구도 다치게 하지 말라> 격률의 조건에 연관이 있느냐를 설명해야 한다.

필자는 지금까지 서양철학의 도덕규칙은 배타적으로 인간을 위하여 생겨났다는 무비판적 사실에서 출발하겠다. 이것은 만약 행위자의 입장을 유럽인간에 놓고 보면 물을 것도 없이 옳다. 그에 반하여 직접 이들의 행동에 관련된 인간들의 입장에서 보자면 그러한 인간중심주의(人間中心主義)는 정당화될 수 없다. 확실히 가장 중요한 도덕적 결정은 항상 우리와 함께 있는 주변인간의 무사안일(無事安逸)에 관계한다. 그러나 타자 생명체의 관심, 특별히 고등동물의 관심을 무시하는 것은 근시안적이고 오만한 것이다. 모든 경우에 <어느 누구도 다치게 하지 말라>라는 격률의 적용범위는 아주 넓다. 이는 물리적으로나 심리적으로 아픔을 주거나 해칠 수 있는, 요컨대 특별히 고통을 당할 수 있는 모든 동물을 포함한다.4) 일정한 의미에서 전체의 본질에 미치게 하거나 자연히 또한 무생물(無生物), 내 이웃의 자동차, 밀로의 비너스상, 남극 등등에 피해를 끼칠 수 있다. 이것은 내가 자유로이 그런 하찮은 존재물에 대해 도덕적으로 기각되는 행동을 했다는 뜻이 아니다. 나의 처신이 그들에 미칠 수 있는 도덕적 차원은 간접적으로 기껏해야 다른 생명체, 예를 들자면, 나와 함께 있는 이웃 사람에게 끼칠 수 있는 피해의 결과로 보면 될 것이다. 자동차 차체(車體)는 발로 밟든 돌을 던지든 불을 지르든 상관이 없다. 그러나 차주(車主)에게 그래서는 안 된다. 그와 똑같이 밀로의 비너스상은 화강암 머리를 부셔도 고통을 느끼지 않지만, 예술을 사랑하는 자는 고통을 느낄 것이다. 결국 남극과 같은 자연경관이나 원초적으로 보호될 만한 것은, 많은 이웃 시민은 그것이 온전할 것을 원할 것이다. 이러한 고려를 근거로 하여 <어느 누구도 다치게 하지 말라>는 도덕원칙은 다음 방식으로 행동기준을 엄밀하게 정할 수 있다.

---

4) 여기에 반하여 식물들은 아니다. 추측컨대 나무들과 꽃들은 탁월한 신경체계의 결핍 때문에 고통을 갖지 않는다. 그래서 그들을 아프게 하는 것도 없고 그밖에 도덕적으로 상관적 의미에서 해를 끼칠 수 없다.

30

[테제 2] 인물 A의 행동 H는, 만약 꼭, H를 통하여 고통당할 수 있는 어떤 생명체(生命體)도 해를 끼치지 않는다면, 도덕적으로 따질 필요가 없다.

다음에는 일상생활에서 어느 누군가 행동 H로 자기 자신만이거나 아마도 오직 자기 자신에게만 피해를 끼치는 아주 드문 적당한 상황을 연출해 보자. 먼저 어떤 사람이 비물질적, 정신적, 정서적, 심리적 피해를 눈앞에 두고 있다. 그는 특별히 자기 자신에게 객관적으로 정당화할 수 없는 책임을 전가한다. 그는 자신을 비난하여 거의 노이로제에 가까운 불안을 일으키거나 질투의 환상으로 스스로를 이리저리 고통스럽게 하고 있다. 예를 들어 잡지 표지에 나오는, 신체적 자해에 해당되는 병적인 군살 빼기, 자기 자신을 기형화하기 같은 심리적 병리적 행동이 포함된다. 파인버그(Feinberg)[5]는 여기에 세 가지 카테고리를 구분하였다.

"첫째 그룹, 예를 들자면 위장보험을 타내거나 법적 소환을 벗어나기 위한 범죄적 의도에서 온다.
둘째 그룹, 자해(自害)의 책임을 물을 수 없는 정신병약자 행위가 여기에 속한다.
셋째 그룹, 전래된 금욕형식으로 자신의 속죄와 정화를 희망하는 종교적 광신자들이 여기에 속한다."

첫째 카테고리에서 현안이 되는 것은 오직 자해(自害)뿐이다. 왜냐하면 행위자는 권리로든 부당한 권리로든 자해가 최종적으로 자기에게 유익하리라 믿는다. 요컨대 그는 실제적으로 자기 자신을 해롭게 할

---

5) Feinberg(1986) Joel Feinberg, *Harm to Self*, New York/Oxford, Oxford University Press, 145.

것이 아니라, 오히려 이익을 취하려 한다. 하지만 그는 자신의 행실로 다른 사람에게 피해를 입힌다. 그러므로 그러한 행동들은 <어느 누구도 다치게 하지 말라>에 따라 더욱 명쾌하게 더 비도덕적(非道德的, unmoralisch) 등급을 매겨야 할 것이다. 확실히 파인버그가 한 것처럼 나머지 두 종류의 카테고리인 정신병약자들이나 종교적 광신자들의 행동에 대하여 그들이 스스로 책임질 수 없기 때문에 법적으로 처벌할 수 없을 것이라고 그들을 두둔할 수 있다. 그럼에도 그러한 행동이 근본적으로 선악(善惡)의 건너편에 놓여 있지는 않다. 요컨대 이들 행동이 결코 도덕적 평가대상이 될 수 없다는 점을 의미하지 않는다. 어떤 정신병약자가 피투성이 짓을 벌여놓은 곳에서 타자해악(他者害惡)이라는 점을 유추해 보면 그 행동은 일반적으로 철저히 비도덕적 등급을 매겨야 한다. 거기에 반하여 자기 기형화와 금욕으로 어느 타자에게도 피해를 입히지 않는 것은 도덕적으로 따져볼 필요도 없이 타당하다.

추측컨대 파인버그의 카테고리에 없는 것은 의도적으로 자기 자신에게 피해를 끼치는 가장 빈번한 자살행위이다. 특히 젊은이들에게 많이 일어나는 자살은, 행위자 자신의 잘 준비된 장기적 관심에 위배되는 행동이다. 이런 의미에서 자살은 '어리석은 멍청이' 짓이다. 그리고 대부분의 자살 지원자들은 자신의 행위가 도덕적으로 잘못된 것이라는 점을 나중에서야 알아차린다. 자살자는 규칙상 부모나 친구에게 뿐만 아니라 자기 자신의 인격의 상실을 슬퍼하고, 기타 등등, 스스로를 탓하고, 자신도 함께 잘못이 있다고 느끼는 한에서 타인에게도 피해와 걱정과 고통을 끼친다. 그럼에도 그러한 경우와 무관한 개별경우가 있다. 자살행위가 전체 사회의 주변환경에서 죽음을 피해로 느끼지 못하는 '어리석은 우둔함'을 제시한다 할지라도, 도덕적으로 폐기될 수 있는 것이 아니다. 본래의 삶을 확실하게 의식하지 못하고 끝내게 되나, 여전히 위험시되거나 게임에 운명을 맡긴 자동차경기 운전자들이나 오토바이 운전자들, 극단적 산악등산가 그리고 다른 활동가들의 경우가 이에 유사하게 해당된다. 자신의 50년 삶을 번개같이 빠른 모터 경기의 짧은 고강도 만족을 위하여 목숨을 건다는 것은 어리석고 우둔한 짓이다. 그러나 그것은 거기에 다른 인격의 관심을 손상하지 않는 한에서 비도덕적인 것은 아니다. 이것은 보챔과 칠드레스(Beauchamp/Childress)[6]에서 언급된 '자율(自律)의 원칙(原則)'에서 온다. 이것은 그에게 진지한 위험을 가져온다 할지라도, 타자들이 어리석은 우둔함으로 본다 하더라도, 오직 그의 행위가 타자의 자율행위에 손실을 주지 않는 한도 내에서, 그가 무엇을 원하든 그는 그가 원하는 모든 것을 해도 좋다. 이런 고려의 근거에서 <어느 누구도 다치게 하지 말라>는 다음같이 변형되어야 한다.

[테제 3] 인물 A의 행동 H는, 만약 꼭, H를 통하여 아마도 A 자신을 제외한 고통을 감내할 능력이 있는 어떠한 타인에게 피해를 주지 않는다면, 도덕적으로 따질 필요가 없다.

다음은 피해개념을 좀더 상세히 해명할 수 있다. 일상생활의 피해개념은 물질영역에 더 큰 비중이 있다. 그럼에도 좀더 넓게 이해될 수 있는 피해개념은 비물질적 피해나 해치기, 모욕에 의한 상심, 무례, 걱정 등에도 해당된다.[7] 첫째로, 행동 H는, 만약 H라는 행동이 정확하게 B라는 인물의 관심에 위배된다면, 이 행위는 관련인물 B의 피해를 의미한다. 무엇보다 관심개념이 피해개념보다 더 많이 명료한 것은 아

---

6) Beauchamp/Childress(1979) Tom L. Beauchamp/James F. Childress, *Principles of Biomedical Ethics*, New York/Oxford, Oxford University Press, 59.
7) 파인버그(Feinberg, 1984, 1985)는 신체적 모욕과 정신적 모욕 사이를 '손상'과 '반칙'으로 구분한다.

니다.8) 그러나 약간의 설명으로도 충분하다.

행동 H가 인물 B의 관심에 부합하거나 위배되는 것은, B가 스스로 이것을 의식하고 있다거나 이 관심을 활성화하여 표출할 수 있다는 것을 전제하지 않는다. 규칙상 등 뒤에서 타인을 험담하는 것은 그가 알지 못한다 하더라도 그의 관심에 위배된다. 잠자는 사람의 물건을 훔치는 것은 설사 그가 알아채지 못한다 하더라도 그의 관심에 위배된다. 의식을 잃은 자를 칼침으로 다치게 하는 것은, 그가 고통이나 상처를 감지하지 못한다 할지라도 그의 관심에 위배된다. 특별히 죽임은, 모든 규칙에 있어서 정신적으로 여전히 삶의 상실을 두려워하거나 피해로서 파악하기에 무능력한 자들, 예를 들어 동물, 신생아 혹은 소아(小兒)들과 같은 생명체의 관심에 위배된다. 한 개인의 일정한 관심을 의미 있게 돌볼 수 있는 유일한 전제는, B가 일생 동안에 한 번은 그의 일정한 선호도를 발전시키거나 적어도 발전시킬 수 있다는 데 있다. 거기에 따라서 B는 이것저것의 상태를 일정한 다른 상태보다 선호할 것이다. 거기에 따르면 B는 이 첫 번째의 상태들이 저 마지막 상태보다 B를 위해서는 더 나은 것으로 선호되리라는 점을 발전시킬 것이다. 이것은 원초적 범위에서 고통을 감내할 만한 모든 생명체에 해당된다. 왜냐하면 어떤 경우에도 배는 고프지 않은 것이 낫고, 고통은 느끼지 않는 것이 낫고, 배고픈 고통은 당하지 않는 것이 낫다.9) 개성이 더 많이 발전하면 할수록, 그가 특별히 적극적 행복을 가져오는 기쁨과 욕망과 결합된 체험을 하기 위하여 특별히 고등능력을 소지하면 할

---

8) [역주] 저자는 '관심'(Interesse)의 개념을 '피해'(Schaden) 개념과 대비하여 사용한다.

9) '고통을 감내할 수 있는'이라는 형용사에 관련된 개별자들의 관심은 단순하게 고통을 감내할, 그리고 기쁨을 감내할 능력이 있는 모든 잠재적인 관심의 담지자들의 절반쯤에 놓여 있다.

수록, 그에게 의미 있게 귀속될 수 있는 관심의 진폭은 더욱 포괄적이다. 예를 들어 첫 번째 방식으로 언급할 것이 있다. B를 위한 행동 H는, 만약 꼭, H를 한 것이 H를 하지 않은 것보다 나쁘면 인물 B를 해친다.

그럼에도 이런 생각은 두 가지 시각에서 교정되거나 제한되어야 한다. 그 첫 번째 시각은 적법(適法)한 관심과 불법(不法)적 관심의 사이의 경계선을 긋는 일에 관련된다. 예를 들어 일정한 방식에서 은행강도를 체포한 경찰관은 도둑의 '관심'에 위배된다. 은행강도는, 최소한 일차적 사실로서 훔친 물건을 갖고 잡히지 않고 도망치는 것이 붙잡혀 감옥에 앉아 있는 것보다는 낫다. 유사하게도 가학적 음란증세로 강간하는 자는, 선택된 희생자가 스스로 강간자의 성도착증세에 몸을 맡기는 것이, 희생자가 스스로를 방어하고 거기서 도망치는 것보다는 나아 보인다. 경찰관도 강간 희생자도 자명하게도 비도덕적으로 행한 것은 아니다. 은행강도의 관심이나 사디스트의 관심은, 무엇보다 그들이 그들의 측면에서 타자의 '적법'한 관심에 위배될 때,10) '불법적'이란 의미 상황에 놓인다는 데 있다. 그러므로 그들의 그러한 '불법적' 관심에 위배되는 행동들은 도덕적으로 완전히 문제가 없어 보인다.

더 나아간 어려움은 단기적이고 장기적인 관심의 균형을 맞추는 데 있다. 만약 인물 B를 위한 행동 H의 피해나 관심을 평가하려 한다면, 다소간에 H 행동을 직접 살피는 상태만의 고찰은 B를 위하여서는 종종 너무 협소하다. 일견에 피해로 보이는 어떤 것은 관련된 B에게 나중에 장점이나 유용한 것으로 입증될 수가 있다. 여기 연관된 것은 가

---

10) 이 정식화는 관심의 정당성을 순환논증에서 자유롭게 정의하기가 매우 어렵다는 점을 명백하게 해준다. 그러므로 여기서는 도둑과 경찰관, 사디스트와 희생자 사이에 일어난 사태의 적법한 관심의 개념이 단순히 직관적으로 이해되어야 한다.

부장제의 문제이다. 이는 명칭이 암시하는 대로 주변의 자녀들 사이에서 아주 빈번하게 일어난다. 딸아이는 오랫동안 피아노 레슨을 안 받으려 한다. 그러나 아버지는 딸에게 피아노 레슨을 계속하라고 강요한다. 아버지는, 딸에게는 피아노 레슨이 단조롭고 귀찮은 것임에도 불구하고, 나중에 많은 기쁨을 가져오게 될 것이고, 또한 장기적으로 딸아이의 참된 관심에 부합한다고 믿기 때문이다. 여기에서는 일반적으로 그와 같이 후견인이 되는 가부장적 행위를 일정한 등급까지 도덕적으로 정당화하자는[11] 토론을 하자는 것이 아니다. 그 대신, 요약하자면, 어떤 개념적 전제하에서 잠정적이고 장기적인 희망과 욕구들이 장기적 개인의 관심에 합당하게 비교될 수 있는가를 보자는 것이다.

여기에서는 행위의 연관에서 있을 수 있는 그때마다 상태의 귀결을 살펴야 한다. 그러한 상태의 귀결은 개인의 삶의 가능한 과정이다. 모든 개별인간의 삶은 일정한 형이상학적 전망에서 보자면 전체의 자연발생이 '본래적으로' 엄밀하게 결정주의로 경과된다. 그렇다 할지라도, 실천적 측면의 관심에서 계속 개방되어 있거나 비결정적이다. 그의 존재의 시점 t에는 상이한 미래의 모든 삶의 과정이 가능하다. 특별히 그것은 t에서 어떤 구체적인 삶의 과정을 취하는가는 다른 본질의 행위에 의존할 수 있다. 다음으로 전제할 수 있는 것은, 행동 H에 관련된 인물 B의 일목요연한 삶의 과정은 선호도를 갖는다는 평가이다. 그래서 인물 B를 위하여 이런 삶의 가능한 과정은 저런 삶의 과정보다는 더 좋거나 더 나쁜 것으로 나타내어진다. 나아가 더 늘어진 표현을 피하자면, 만약 꼭, 인물 B가 행동 H의 근거에서 행동 H를 할 때, 그의 삶의 과정이 행동 H를 하지 않았을 때의 B의 삶을 가정하였을 과정보다 더 나쁘다면, B의 참된 관심에 위배된다. 그러면 <어느 누구도 다

---

11) van de Veer(1986) 참조.

치게 하지 말라>의 근본사상은 다음 잣대로 변형할 수 있다.

[테제 4] 인물 A의 행동 H는, 만약 꼭, H가 어떤 다른 인물 B의 참되고
도 적법한 관심을 위배하지 않는다면, 도덕적으로 따질 필요가
없다.

다음절에서는 행위자 A가 어떤 임의선택 상황을 결정하는지 상관없
지만 어쩔 수 없이 최소한 다른 한 개인을 해롭게 하여야만 하는 상황
을 다룬다. 필자는 더 나은 개선책을 제시할 것이다. [테제 4]에 따르
면 인물 A는 그러한 도덕적 딜레마에서 비도덕적으로 행한다. 이에 반
하여, 서장 4절에 발전된 공리주의는 인물 A가 도덕적으로 대변할 수
있는 탈출구를 지시한다. 요컨대 그것은 그를 통하여 관련된 자와 함
께 저 최소한의 피해를 보는 행동의 선택이다.

3. 황금률

"사람이 너에게 한 것을 네가 하고 싶지 않으면, 어느 누구에게도
그것을 하지 말라!" 이 격률은 관련인물 B의 관심방향을 위배하는 인
물 A의 특별한 행동 H에 직접 한정된다. 관련된 B는 그의 입장에서
최소원칙으로 '동일한' 행동을 A에 요구할 수 있다. 황금률에 따르면
행동 H가 비도덕적이면, 요컨대 만약 B가 '동일한' H를 A가 하기를
원치 않는다면, 행동 H는 금지되어야 한다.

이 근본명제를 엄밀하게 하기 위하여 잠재적으로 피드백할 수 있는
두 가지 측면의 행동방식을 H(X, Y)로 상징화할 수 있다. H(A, B)는
A가 B를 목표로 하는 구체적인 행동이다. 반면에 H(B, A)는 거꾸로

B가 A를 목표로 하는 행동이다. 이로써 황금률의 격률은 침묵 가운데 결부된 도덕적 테제를 다음과 같이 표현할 수 있다.

[규칙 1] 인물 B에 대한 인물 A의 행동 H(A, B)는, 만약 꼭, A가 H(B, A)를 원치 않으면 도덕적으로 따질 필요가 있다.

그럼에도 이 원칙은 모든 개인이 회귀할 수 있는 행동방식 H(X, Y)과 관련하여 항상 동일한 선호도를 갖는다는 전제로부터 출발할 때만 받아들일 만하다. 특별히 A의 행동에 관련된 B는, 만약 꼭, A 스스로가 피드백할 수 있는 H(A, B)를 원할 때만, H(A, B)를 원해야 한다. 그러나 그러한 동형비례는 항상 보증되지 않는다.

세 가지 보기를 들겠다. 조금은 매력적인 청년은, 만약 그의 이웃집 처녀가 그에게 키스를 청한다면 이에 반대하지 않을 것이다. 요컨대 그는 그녀에게 키스한다! 애연가는 흡연금지구역의 동승자가 담뱃불을 붙이더라도, 거기에 대하여 반대하지 않고 요컨대 그도 담배를 꺼낼 것이다. 피학대음란증자(마조히스트)는 여자가 채찍질로 자신을 성적으로 자극해 주기를 원한다. 요컨대 그는 그녀를 성적으로 남용하고 있다. 모든 이 행동방식은 [규칙 1]에 따라 도덕적으로 따질 필요가 없다.

황금률의 본래의미는, A를 B의 역할로 타자상황을 바꾼 역할교환(Rollentausch) 실험을 통해 더 잘 표현된다. 다른 사람이 너에게 H를 하는 것을 원치 않는다면, 너는 거꾸로 다른 사람에게 H를 안 하는 것이 좋다. 요컨대 행동 H(A, B)의 도덕성은 행동 H(B, A)와 관련하여 행위자 A의 실제 현실적 선호도에서 측정되는 것이 아니라, 추측컨대 인물 A의 행동의 선호도는 그가 다른 인물 B의 상황에 처할 때 거기서 가질 수 있는 가설적 선호도(hypothetical preferences)에서 측정하여야 한다. 그럼에도 인물 B의 상황에서 인물 A의 가설적 선호도는 인물 B 자신의 선호도와 동등하게 가까운 방식에서 정해져야 된다. 거기에 따라서 행동 H(A, B)는, 만약 A가 B에게 H를 행하는 것을 B가 원치 않는다면 또는 원한다면, 그러면 꼭 도덕적으로 따질 필요가 있다. 그럼으로써 다음을 단순화하여 말할 수 있다:

[규칙 2] 인물 A의 행동 H는 인물 B에 대하여, 만약 꼭, A가 H를 하는 것을 B가 원치 않으면, 도덕적으로 따질 필요가 있다.

A가 B의 임의선택의 상황에서 B의 선호도와 관련하여 H를 원치 않을 것이라는 조건은 다음과 같이 해석할 수 있다: A는 자신이 H를 행하는 것을 B가 원치 않는다고 믿는다. 행위자 A의 명확한 실제 믿음의 가정은 종종 도덕적 판단을 위하여서는 결정적이다. 법적 판결에서는 대부분 "무지는 법 앞에서 보호받지 않는다"는 근본명제에 따라 절차가 진행되는 반면, 윤리학에서는 오히려 거꾸로 된 원칙이 타당하다. 만약 A가, 그의 행동으로써 타자에게 피해를 끼쳤다는 것을 모른다면, 즉 믿지 않는다면, 그는 도덕적 책임이 없다. 그는 그것을 단지 "알아야만 했을 것이다."

그럼에도 모든 규칙에 있어서 여기서 취급되는 도덕적 문제는, 행위자가 타자의 의사결정 선호도를 알고 있다는 가정에서 출발한다. 그럼에도 우리가 행위자의 믿음의 가정을 도외시한다면, 위에서 언급한 [규칙 2]도 변용할 필요는 없다. 서장 4절 공리주의 개념들의 행동의 도덕성이 의심스러운 경우, 행위자의 피해는 실제 피해가 아니라 B를 위한 H의 공리나 피해의 기대가치의 예견에서 엄밀하게 파악된다.

여기서 지적할 것은 믿음의 가정 이외에 자연히 행위자 A의 의도이다. 물론 한편으로는 그 행위가 어떤 것은 '샛길로 가고' B가 사실의 측면에서 결코 피해를 입지 않을지라도, 종종 단순한 의도 또는 단지 인물 B에 피해를 주려는 A의 시도만은 도덕적으로 기각하여도 좋다. 다른 측면에서 행위들은 정상적인 방식에서, 만약 꼭 이들이 '의지적으로 그리고 알 수 있게' 요컨대 행위자가 특별히 타자피해를 원했다면 도덕적으로 기각될 만하다. 그러나 일상적 상황에서 추가요구는 전적으로 표현되지 않는다. 왜냐하면 A가 행동 H로서 타자에게 피해를 끼치는 줄 알면서도, H를 할 것을 안다거나 믿는다면, 이것은 모든 규칙에 있어서 그가 H를 원했다는 것이다. 한 인간에 대하여 그가 권총을 준비하여 다른 한 인간을 겨누고 그를 쏘는 것을 확신하고 쏜 경우, 무엇을 생각하여야 하는가? 그럼에도 그의 행위를 "그가 그를 죽이는 것을 전혀 원치 않았다"는 말로 잘못했다고 해야 하는가? 유감스럽게도 한 방식에서나 어떤 다른 방식에서나 항상 어떤 임의선택으로 결정할 수 있는 곳에 어느 누군가에게 피해를 끼쳐야 하는 도덕적 딜레마가 있는 곳이 있다면, 우리는 그곳에는 그가 타자에게 피해를 끼치게 되리라는 것을 알았을지라도 그가 다르게 할 수 없기 때문에, 이것을 안 할 수 없었다는 점을 그에게서 인정하게 된다.

마지막에 토론하였던 황금률의 입장으로 돌아가면, B는 A의 H(A, B)의 조건을 원치 않는다는 것을 동등하게 정식화할 수 있다. 한마디로 이 행위가 B의 관심을 다치게 하기 때문이다. 거기에 반해 다시 임의적 관심의 배후는 고려하지 않고 B의 적법한 희망이나 관심이 더 잘 제한되어야 한다는 데에 이의를 제기할 수 있다. 예를·들어 만약 나의 이웃이 어떤 근거에서이든 내가 다음해에 세계에서 여섯 번째로 높은, 에베레스트 산맥의 '터키보석의 여인'이라는 명칭을 갖는 조오유 (Cho Oyu) 산을 정복하는 것을 원치 않을 경우, 내가 '이것은 그럼에도 그에게는 중요하지 않다'는 생각에 따라 그의 '관심'을 떨쳐버린다면 이것은 확실히 비도덕적일 것이다. 추측하건대 황금규칙의 의미는,

만약 행동 H가 인물 B의 적법한 관심을 위배한다면, 인물 A의 행동 H는 인물 B에 의해 도덕적으로 따질 필요가 있다. 그 외에도 이미 <어느 누구도 다치게 하지 말라>는 격률과 관련하여 그의 일시적이고 임의적인 희망을 떠나서, B의 장기적이고 참된 관심의 고려는 황금률에서 매우 중요하다. 그러므로 [규칙 2]는 다음 방식으로 변형해야 한다.

[규칙 3] 인물 A의 행동 H는 인물 B에 대해, 만약 꼭, H가 B의 참된 적법한 관심을 위배한다면, 도덕적으로 따질 필요가 있다.

그럼에도 이 황금률의 입장은 <어느 누구도 다치게 하지 말라>의 특수한 경우를 제시한다. 양 원칙의 중요한 차이는 이것이다. [규칙 3]은 정확하게 인물 B가 관련되고 B가 관련된 관심을 위배하는 A에 '대한' 행위를 고찰하고 있다. 반면에 [테제 4]는 더 많은 인물들 B_1에서 B_n까지의 관심을 끌 수 있는 행위를 다룬다. 요약하자면, 모든 경우에도 황금률의 근본사상은 나아가 <어느 누구도 다치게 하지 말라>의 격률과 일치되므로 양자는 별도로 분리하여 고찰할 필요가 없다.

4. 공리주의 개념들

벤담(J. Bentham)은 '최대다수의 최대행복'이라는 공리주의(功利主義, Utilitarianism) 격률을 공식화했다. 여기에 따르면 행위 H의 목표는 전체 만인을 위한 '행복'의 극대화(maximieren)이다. '행복'의 자리에 공리(功利, Utility)의 개념이 들어선 이 개념에 따르면 관련된 자들의 주관적(主觀的) 행동이나 결과의 가치를 양적으로 규정한다. 첫째,

H의 가치, 질, 또는 결과의 상태나 사건 E는 다음의 특징이 있다. 인물 B가 사건 E를 만약 B에 E가 내재적으로 행복을 가져오거나 희망할 만한 가치가 있는 것으로 느낀다면 긍정적, 곧 선이다. 거기에 합당하게 사건 E는 내재적으로 B에 대하여, 만약 B에 E가 희망할 만한 가치가 없는 불행 또는 악을 낳는 것으로 느낀다면 부정적, 곧 악이다. 이 분류는 사건이 생기든지 생기지 않든지 간에 B와 '상관이 없이' 중립적이다. 그렇다 할지라도, B에게 긍정적이고 부정적인 사건들이란 존재하지 않는다. B에게는 모든 긍정적 사건이 자연적으로 동일한 잣대에서 희망할 가치가 있는 것도 아니고 동시에 모든 부정적인 사건이 악한 것도 아니다. 둘째, 세련되게 관련된 인물은 그 사건의 결과에 긍정적이거나 부정적인 평가를 넘어서 어떤 결과가 다른 것보다 더 선한지 혹은 더 악한지를 말할 수 있다. 그러한 순서의 관계는 $E_1 >_b E_2$ 로 정식화할 수 있다. 'E_1는 B를 위하여 E_2 보다는 낫다'고 읽을 수 있다.

소위 결정이론은 언제 그러한 주관적 선호관계가 매트릭스 될 수 있는지, 즉 어떤 전제하에서 $>_b$ 의 순서함수가 양적 가치개념에서 취급될 수 있는지를 탐구한다. 모든 순서함수 $>_b$ 을 일정하게 공리적으로 포착하는 조건은 최소한 '공리함수'(功利函數, Nutzensfunktion) U(B)가 실재가치로 존재하는 경우이다. 공리함수 U(B)는 일정한 의미에서 임의사건 E_1, E_2 에 대하여, $U(E_1, B) > U(E_2, B)$[12]로, $E_1 >_b E_2$ 을 만족시킨다. 셋째, 관련인물 B를 위한 사건 E의 가치는 엄밀하게 U(E, B) = r 이다. 거기서 고려되는 '공리'의 값 'r'는 개별경우에 철저히 불이익이나 피해일 수 있다. 즉, 긍정적인 것 외에 부정적인 '공리'가치 또한 가능하다. 이런 공리가치는 부정적이든 긍정적이든 일반성이 제한되지 말아야 한다. 그때마다의 공리함수는, B가 좋게 느낀 모

---

12) [역주] 이 공식은 인물 B에게 사건 E_1은 사건 E_2보다 더 유용하다를 의미한다.

든 사건 E는 긍정적 가치(肯定的 價値) U(E, B)＞0이어야 한다. 반면에 B가 나쁘게 받아들인 모든 사건 E는 부정적 가치(否定的 價値) U(E, B)＜0을 포함한다. 공리함수에는 항상 이런 도달점이 있다고 가정하여도 좋다.[13] 넷째, 특별히 긍정적 사건 E에 대하여 가치 U(E, B)는 인물 B가 이미 갖고 있고 거기에 대하여 계산할 수 있는 돈으로 정의할 수 있다. 공리함수 U(E, B)는, 만약 인물 B가 E를 다시 한번 체험해도 좋고, 부정적 결과에 대하여서는 다시 한번 E를 체험하지 않기 위하여 B가 계산하여 준비하는 돈으로 해석된다.[14] 하지만 이렇게 명목적으로 나타낸 공리함수가치 U(E, B)는 인격 내재적(人格 內在的, personenimmanent)으로 B에 위배되어 반영된다. 다르게 표현하자면, 의심스러운 결과 E는 관련인물 B에 대하여 선하거나 악한 것과 같이, 얼마나 강하게 E가 B의 관심에 있는지 또는 얼마나 강하게 B의 관심에 위배되는지에 달려 있다.

무엇보다 이러한 가치들은 상호인격적(interpersonelle)인 공리성을 위한 적합한 잣대는 아니다. 인물 B는 결과 E에 대하여 다른 인물 B보다 더 많은 돈을 낼 수 있다. 이것은 사건 E가 실제로 B보다 B에게 더 낫다는 것을 자동적으로 의미하는 것이 아니다. 단순히 B가 B보다 본질적으로 더 많은 돈을 갖고 있다는 연관관계를 의미할 뿐이다. 이상 위에서 언급한 공리주의사상에 놓인 작은 변형으로 상이한 인물들

---

13) Lenzen(1980), Jeffrey(1967), Kutschera(1973) 참조. 규범적 공리함수 가치는 곧장 U(E, B) = 0이다.

14) Perrett(1992), 199. 페렛도 비슷하게, 각 인물이 지출하려고 하는 돈으로 '재화'들에 대한 주관적 가치측정을 제안한다. 위의 조건에서 괄호 친 '재화'에 대하여 '또 한번'에 관계되는 것은 다음이다. 반복된 사건들, 또는 정확하게는 반복하여 체험될 수 있는 사건들은 반복을 통하여 가치를 잃어버릴 수 있다. 그래서 B가 E를 여전히 체험하지 못하였다는 가정하에서, E를 체험하기 위하여 돈을 내려고 준비하는 돈을 근거로 대는 것이 적합할 것이다.

의 공리함수를 상호주관적으로 비교할 수 있다. 요컨대 대략 동등한 '잣대'로서 측정하자면, U(E, B)>U(E, B̄)는, 만약 꼭 E가 B̄보다 B에서 더 적극적으로 희망할 가치가 있는 것으로 느끼게 된다면, 타당하다. 거기에서 단순히 가정해야 하는 것은 두 인물은 동일한 확정 금액으로, U(E, B)는 B가 E에 대하여 체험하여도 좋거나 체험하지 말아도 좋을 재정적으로 준비해 놓은 금액으로 해석할 수 있다.[15]

모든 경우에 그때마다 관련인물 B_1 에서 B_n 까지 공리함수를 상호주관적(相互主觀的, intersubjektiv)으로 접근하면, 공리주의의 근본사상은 다음과 같이 엄밀하게 표현할 수 있다.

먼저 단순한 경우, B를 위한 행동 H는 E의 결과가 확실한 U(E, B)를 가치로 갖는 한, 행동은 결과의 공리로 넘어간다. 행동 H가 E에서 필요한 결과들을 갖는다면, 이때마다 기대되는 확률가치 $W(E_i)$는 E_1에서 E_m 까지의 결과들을 가질 것이다. 이때 B에게 E의 가치는 $U(E_1, B)$에서 $U(E_m, B)$까지에 달한다. 그러면 B에게 H 공리의 기대가치는 다음의 총체가치를 갖는다.

$$\frac{\sum_{j < m} U(E_j, B) \cdot W(E_j)}{\sum_{j < m} W(E_j)}\text{[16]}$$

---

15) 일정한 가치 U(E, B)는 관련된 인물이 어떠한 특별한 희망 또는 의무들을 예상하는 돈으로 재정부담하려고 하는지에 의존한다. 그러므로 만약 인물 B가 이런저런 확정금액을 자유로이 사용하게 된다면, 이 가치는 지불할 준비가 되어 있을 금액을 선택하기 위하여 상호주관적으로 비교될 수 있는 공리잣대로서 적합하다.

16) 행동의 귀결 E_i 가 창조적 분할을 형성한다면, 즉 만약 논리적 근거들에서 정확하게 E_i 의 하나가 나타나야 한다면, $\sum_{j < m} W(E_j) = 1$이다.

B_i 의 예상행동 H의 공리가치는 $U(H, B_i)$이다. 벤담의 최대다수의 최대행복의 개념은 관련된 모든 인물그룹에 대하여 그때마다 행동 H 가 소지하는 전체공리이다. n개의 개별공리의 합계인 전체공리는, $U(H) = \sum_{i < n} U(H, B_i)$이다. 그래서 개별공리 $U(H, B_i)$는 규범화의 근거에서 H는 인물 B_i 의 공리 또는 피해를 제시하는 적합한 잣대이다. 그와 같이 전체공리함수 $U(H)$는 개별공리함수 H가 인물그룹 전체에 대한 공리 또는 피해가 되는 적합한 잣대이다. 이는 관련된 전체 인물그룹에서 전제된 상호주관적 비교의 근거에서, $U(H) > 0$의 행동 H는 전체로서 그룹에 이익을 가져다주고 반면에 $U(H) < 0$의 행동 H 는 전체그룹에 피해를 끼친다. 첫째, 공리주의 근본명제에 따라 행동 H의 전체공리는 다음 의미에서 그의 윤리적 질이 결정된다.

[개념 1] 만약 꼭, $U(H)$가 $U(H)$보다 전체공리가 크면, 행동 H는 행동 H 보다 도덕적으로 더 선하다.

둘째, 공리주의 윤리학은 최대다수의 최대행복의 격률에 따라 유일하게 최상의 행위는 대부분 좋고 충분하다. 즉, 관련된 그룹의 전체공리는 최대행복의 행동선택의 요청에 놓여 있다. 이런 사상과 결부하여 단순히 차선(次善, suboptimal)의 행동은 거기에 따라서 금지된 것일 것이다. 그러므로 예를 들어 쿠체라(F. Kutschera)[17]가 타당하게 지적하였다. "만약 꼭, 행위가 가능한 도덕적 선택에서 도덕적으로 최상일 때, 그 행위는 허용된다." 그래서 여기서는 의무론적 윤리학에 이어서 비-의무론적 용어(nicht-deontische Terminologie)의 기준이 생겨난다.

---

17) Kutschera(1982) Franz von Kutschera, *Grundlagen der Ethik*, Berlin, de Gruyter, 22.

[개념 2] 만약 꼭, 다른 선택 행위 H가 없고 그래서 U(H) > U(H) 이어서, H의 전체공리가 최대이면 행동 H는 도덕적으로 따질 필요가 없다.

전체공리의 입장에서 행동을 고찰하자면, U(H)는 H의 도덕성에 관련된 중요한 요소이나 유일하게 결정적 단서를 제시하지는 않는다. 이것이 공리주의 중심입장에 위배될 수 있는 이의이다. 인간에게는 근본적으로 특히 삶의 권리, 신체훼손 불가의 권리 등이 있다. 그리고 만약 전체공리의 일반성이 높아지면, 이를 기각하는 것은 비도덕적일 사유재산권이 있다. 무엇보다 푸트(Foot)가 토론한 보기로 건강한 인간 S는, S가 어떻게 하든지 자유로이 수술을 원치 않을 터이다. 하지만, 만약 그가 이식수술을 위하여 그의 장기(臟器)를 내어놓으면, 다른 세 명의 생명을 건질 수 있다. 이 가정에 대한 전체공리의 전망에 따라 수술하면 세 명을 다시 살릴 수 있으나, 반면 오직 한 '증여자'는 죽어야 한다. 반대로 수술을 하지 않으면 세 명이 죽고 오직 한 명만 계속 산다. 모든 네 인물의 생명에 대하여 계속하여 동일한 삶의 가치를 가정하면, 수술하는 것이 수술을 하지 않는 것보다 선하다. 그래서 [개념 1]에 따라서 수술실행은 수술거부보다 도덕적으로 선하다. 그럼에도 사람은 직관적으로 오직 자의적 수술을 정확하게 동의하는 자만, S의 행위를 도덕적으로 좋고 영웅적이라고 주장한다. 반면에 S의 의지에 반하는 강요된 수술은 도덕 외적(moralisch äusserst)으로 기각될 수 있는 것이라야 한다.[18]

_____

18) 보기를 더 들자면, 억만장자에게서 그의 재산의 10퍼센트를 훔치고 특별히 필요한 자들에게 나누어준 로빈후드의 전체공리는 추측컨대 명백히 긍정적으로 눈에 돋보인다. 그럼에도 또한 그와 같은 '이타적인 도둑질'은 도덕적으로 기각될 것으로 간주된다.

공리주의자는 도덕 외적으로 강요된 행위의 논의를 무력화하기 위하여 행위의 '공리'는 긍정적이든 부정적이든 물질적일 뿐만 아니라 관련 인물의 정신적, 심리적 혹은 정서적인 결과로 지배된다는 점을 지적할 것이다. 만약 타자의 적법한 희망이나 관심에 위배된다면, 그 앞에 그러한 비물질적 피해가 놓인다. 하지만 위의 보기에서, S의 피해는 그의 장기나 그의 생명의 상실에 있을 뿐만 아니라, 수술이 자신의 의지에 반하여 시행되었다는 데 분노가 치민다. 더 나아가서 추측컨대 문제시되는 수술에 직접 가담하지 않은 동료시민과 모든 나머지 사람들 또한 만약 S가 기술된 방식에서 남용되었다면 분노가 치밀고 있음을 발견할 것이다. 만약 직접적으로 관련된 다수의 인물들이 그들의 손상된 도덕적 감정의 비물질적 피해를 잘 알게 된다면, 이는 부정적 공리가치를 갖는다. 이를 공리주의 관점에서 보면 이익이 손해가 된다. 우선 직접 관련된 자들에게서 물질적 이득은 최종적으로 부정적이 될 수 있다. 비자의적인 장기이식으로 전체공리가 변용되었기 때문이다. 개별개인들의 법 감정을 보더라도 그와 같은 기본권리가 비자의적인 장기이식과 같은 행위의 부도덕성을 확실하게 밝혀줄 수 있는지, 공리성과는 독립적인 법 차원에서 살펴보아야 하는지는 결코 명쾌하지 않다. 특별히 <어느 누구도 다치게 하지 말라>라는 격률의 적법한 관심의 손상이 어떻게 되는지 살펴야 한다. 그래서 관련된 인물의 공리함수들은 어떤 잣대에서 적법한 관심, 희망이나 선호도로 촉진되거나 손상되는지, 공리함수가 거기에 합당하게 변용되어야 하는지 말아야 하는지를 살펴야 한다. 트랍[19]이 그러한 상세한 '공리주의-공정성'(Gerechtigkeits-Utiltarismus)의 계획을 양도하였다. 이 문제의 더 나아간 토

---

19) Trapp(1988) Rainer Trapp, *Nichtklassischer Utilitarismus — Eine Theorie der Gerechtigkeit*, Frankfurt a. M., Klostermann.

론은 이 글의 틀을 넘어선다.

그럼에도 공리주의 극대화의 원칙 [개념 2]는 특별히 더 나아간 문제에 무겁게 결부되어 있다. 그것에 따르면, 만약 H의 전체공리가 극대화되지 않으면, 행동 H는 도덕적으로 따질 필요가 있다. 그러나 우리의 모든 일상의 행위를 도덕적으로 따져보면 이것은 완전히 받아들일 수 없는 이론이다. 사실 모든 커다란 이타적 행동 H에는 규칙상 여전히 선택 가능한 H를 생각해 낼 수 있다. 이것은 부분언명을 만든다. 예를 들어 행동 H를 하고 그 외에 여전히 1,000유로를 제 3 세계의 굶주린 자를 위한 기금으로 납부한다. 그러면 추측컨대 H의 전체공리는 H의 공리보다 더 클 것이다. H는 공리주의적으로 최상이 아니기 때문에, H는 [개념 2]에 따라 도덕적으로 따질 필요가 있는 것으로 자격박탈이 되어야만 한다. 그러한 평가는 많은 경우에 있어서 부적합하다. 모든 경우에서 이 과분한 행동의 문제에 직면하게 되면 지적할 것이 있다. 전체공리의 극대화는 오직 도덕적으로 허용된 행동에 대한 충분하고도 동시에 필연적 조건에서만 요청되어야 한다.

[개념 3] 만약 H의 전체효용이 극대이면, 즉, H의 다른 선택 가능성이 없는 U(H) >U(H)이면, 행동 H는 공리주의적으로 허용된다.

다음절에서는 최대다수의 최대행복의 공리개념이 <어느 누구도 다치게 하지 말라>의 근본테제와 일치하는 입장을 자세히 다루어서 가능한 한 가장 비-논쟁적인 '최소윤리학'의 이론을 기술할 것이다.

5. 종 합

지금까지 기술한 도덕이론의 근본물음은, 어떤 잣대에서 행위가 정말 도덕적인지 비도덕적인지에 대한 것이다. 공리주의는 만인을 위한 공리가 H의 도덕적 질이라는 일반입장을 취한다. 이에 따라 U(H, A)가 U(H)의 합계를 만든다. 나머지 관련된 U(H, B_1)에서 U(H, B_n)까지의 공리는 H의 전체공리이다. 이에 반해 <어느 누구도 다치게 하지 말라>의 테제는 인물 A 자신의 행동의 공리나 피해와 가능한 타자공리나 타자피해를 전적으로 달리 평가한다. [테제 4]에 따라 단지 인물 B가 자신의 참되고 적법한 관심에 위배되는 아주 단순히 하지 말라고 하는 인물 A 행위가 생겨날 수 있다. 그러면 A의 행동에 더 많이 관련되는 B_1에서 B_n까지 공리주의 행동의 의미에서 A더러 이들을 해롭게 하지 말 것을 합당하게 요구할 수 있다. 모든 경우, 인물 A 자신으로 돌아가는 가능한 피해는 도덕적으로 따질 필요가 없다. 더 정확하게 행동 H의 타자공리(他者功利, Fremdnutzen) U_f(H)는 관련된 $B_i \neq$ A 조건의 U(H, B_i)이다. 이렇게 타자공리를 정의한다면, [개념 1]에 선택 가능한 비교도덕의 기준은 다음과 같이 세울 수 있다.

[테제 5] 인물 A의 행동 H는, 만약 꼭, H의 타자공리가 H의 타자공리보다 더 크면, 행동 H보다 도덕적으로 더 낫다.

다르게 표현하면, 행동 H는 전체적으로 타자피해가 크면 클수록 더욱 기각될 수 있다. 그래서 대략적으로 말하자면, 단순절도의 경우 점포주인과 그의 가족이 입는 피해는 아주 극미하다. 그러나 범죄의 희생자가 물질적 피해 이외에 추가적으로 그들의 건강이나 생명을 잃어버린다면, 강도행각의 피해는 이미 협박을 통하여 생겨난 불안 때문에 더욱 커진다. 공공연한 개별범죄의 도덕적 기각은 그때마다 원인을 제공한 타자피해의 등급에 따라 비례적으로 상승한다.

　행동의 도덕적 가치가 전체공리나 전체피해로 측정되기보다 타자피해로 측정될 수 있는지에 대한 중요한 물음은 유감스럽게도 철학문헌에서는 거의 취급하지 않았고 여기서도 결정적으로 답변을 할 수 없다. 그럼에도 <어느 누구도 다치게 하지 말라>라는 격률에서 도출된 [테제 5]의 기준에는, 개별공리함수 U(H, B)는 H가 그때마다의 인물 B를 위하여 얼마나 확정적으로 좋은지를 살펴야 한다. 특별히 함수 U(H, A)는 어떤 행동이 가장 좋은지를 알린다. 다른 말로 에고이스트답게 고찰하여 보면, 만약 꼭, U(H, A) > U(Ħ, A)이면, 행동 H는 Ħ보다 낫다. [개념 5]는 만약 H가 타자를 위하여 Ħ보다 더 큰 공리를 갖는다면, 이타적(利他的, altruistisch)으로 고찰했을 때 $U_f(H) > U_f(Ħ)$이면, 엄밀하게 H는 Ħ보다 낫다. [개념 1]은 최종적으로 중립적 관점에서 그때의 행동이 얼마나 그룹을 위하여 전체적으로 좋았는가를 반영한다.[20)]

　그러므로 만약 그것이 타당하면, 전체공리의 올바른 잣대란, 사회적 혹은 국가차원의 조례제정, 법률규정, 재화와 의무의 분배, 기타 등등의 공리적 질을 평가하기 위하여 내리는 초당파적(überparteiliche) 절차의 비인격적 결정을 의미한다. 거기에 반하여 탁월한 책임이 있는 인격 A의 행동에서는 H를 통하여 보여준 인물 A의 관심이 타자공리에 적합한 도덕적 잣대이다. 거기에 해당하는 양적 윤리학을 위한 타

---

20) [개념 1]과 [테제 5]와 도덕기준의 비교의 진폭은 결코 없어지지 않았다. 롤즈(Rawls, 1975)에 따르면 행동 H는 H를 통하여 그때까지 가장 나쁘게 처한 개인을 도와주면 줄수록 도덕적으로 더욱 좋다. 일반적인 결정이론(Luce/Raiffa, 1967)과 소위 센(Sen, 1984)의 사회적 복지기능이론에서는 더 많은 기준들이 토론된다.

자공리나 타자피해는 행동의 도덕적 질을 결정하는 주요인이다. 요컨대 이전의 [도식 3]은 다음과 같이 엄밀하게 할 수 있다.

도식 4 : 도덕적 가치술어의 잣대				
지선(至善)	차선(次善)	중립	차악(次惡)	지악(至惡)
$U_f(H) > 0$		$U_f(H) = 0$		$U_f(H) < 0$

-- 행동 H는, 만약 H가 전체적으로 타자의 참된 관심을 촉진시킨다면, 도덕적으로 선하다. 행동 H는 관련된 타자공리가 크면 클수록, 가치 $U_f(H)$가 긍정적이면 긍정적일수록 더 선하다.

-- 행동 H는, 만약 H가 전체적으로 타자의 참되고 적법한 관심에 위배되지 않으면, 도덕적으로 중성적이거나 중립적이다.

-- 행동 H는, 만약 H가 전체적으로 타자의 참되고 적법한 관심에 위배될수록, 도덕적으로 악하다. 그 행동은 관련된 타자피해가 클수록, 가치 $U_f(H)$가 부정적일수록, 더 악하다.

여기서 누구나 완전한 이타주의자여야 한다는 사실에 대하여 지적하고 넘어갈 것이 있다. 먼저 [도식 4]에서 확정된 가치의 순서로서 이타적 행동과 행동함이 항상 타자공리의 극대화를 요구하는 것은 아니다. 행위자는 그의 본래의 관심인, "나는 무엇을 하여야 하는가?" 또는 "나는 무엇을 하여도 되는가?"라는 근본적 윤리적 물음을 어떠한 경우에도 외면할 수 없다. 이 물음은 단지 타자공리나 타자피해의 관점만으로는 답변될 수 없다. 예를 들어 타인에게 전체적으로 피해를 끼치지 않고 대부분 그때마다 도덕적으로 따질 필요가 없는 무수히 많은 행동들이 놓여 있을 경우, 나는 철저히 나의 본래의 관심에 뒤따라오는 저 선택 가능한 것들을 결정하여도 좋다.

둘째로 [도식 4]에서 견고한 [테제 4]의 잣대까지 항상 도덕적으로 좋거나 중립적 행동만 허용될 것이라는 귀결은 없다. 행동 H는, 만약 H를 통하여 타자에게 피해를 입히지 않으면 도덕적으로 따질 필요가 없다. 이것은 거꾸로 최소한 타자관심에 위배되는 모든 행위가 도덕적으로 금지된다는 것은 아니다. 오히려 공리주의 사상의 자극으로 아마도 몇몇은 피해를 봄에도 불구하고, 최소한 타자의 참되고 적법한 관심을 위배하지 않고 타자를 아주 잘 유용하게 활용하는 저 모든 행동들은 도덕적으로 허용된다. 그래서 타자공리는 전체적으로 긍정적으로 평가된다.

[테제 6] 만약 타자공리 $U_f(H) \geq 0$이면, 인물 A의 행동 H는 항상 도덕적으로 허용된다.

[테제 6]은 동일한 방식에서 충분조건이긴 하나 필요조건은 아니다. 부정적으로 타자공리가 되는 모든 행위는, 도덕적으로 억압되고 금지될 것으로 귀결되지는 않는다. 공리주의 사고의 논의지시에 따르면, 행동의 임의선택 가능성으로서 이렇게나 저렇게나 타자관심을 위배하여야만 하는 딜레마에서 최소한 타자피해를 극소화하고, '타자공리'가 극대화하여야 하는 행동을 하여야 한다. 그러므로 더 나아간 충분조건으로 [개념 3]의 경쟁원칙이 생겨난다.

[테제 7] 만약 H의 타자공리가 최선이면, 즉 만약 $U_f(H) > U_f(H)$로서 행동 H에 다른 임의선택 가능성이 없으면, 인물 A의 행동 H는 특별히 도덕적으로 허용된다.

엄밀하게 [테제 6]과 [테제 7]의 원칙의 연언은 이전의 [도식 1]에서 다음과 같이21) 본질적으로 <어느 누구도 다치게 하지 말라>의 원칙으로 규정된다. 그러나 이 도식 또한 공리주의 근본사상에 합당한 요구를 담고 있으며, 거기에 한 걸음 나아간 가능한 가장 비-논쟁적인 '최소윤리학'(Minimalethik)의 방향이 있다.

---

21) [역주] 앞의 [도식 4]와 [테제 6]과 [테제 7]의 연언은 이것이다.

[도식 4]와 [테제 6]과 [테제 7]의 연언				
청한 것	허용한 것		자유로이 위임한 것	금지한 것
지선	차선	중립적	차악	지악
$U(f) > 0$		$U(f) = 0$		$U(f) < 0$

제 1 장

사 랑

1. 사랑과 성

160여 년 전 쇼펜하우어는 『성애의 형이상학』에서 다음 사실을 주목했다.

"시인은 무엇보다 성애(性愛)의 묘사에 습관적으로 전념한다. 사랑은 예술 장르상 고전작품과 같이 가장 극적이고 비극적이고 해학적인 작품의 중요테마이다. 지금까지 인생철학에 사랑만큼 중요한 문제는 없다. 이를 가공하지 않은 소재로 내버려둔 점은 놀랍다."[1]

오늘날에도 이런 지적은 여전히 현실적이다. 무엇보다 독일어권에서는 실제로 성도덕에 관한 어떠한 철학저작도 없다. 모든 경우에 성활동(Sexualität)은 신학, 교육학, 심리학 그리고 의학의 테마로 보인다. 또한 성활동과 도덕의 가능한 결합에 대해서는 아주 극단적 안목도 있어 보인다. 싱어(P. Singer)[2]가 주목했듯이, 한 신문의 "주교가 타락하는 도덕을 공격한다"라는 종류의 기사는 보통시민에게는 "잡혼, 동성연애, 포르노그래프 기타 등등 읽을거리가 있을 거라는 기대"를 환기시킨다. 요컨대 세상사람에게 도덕은 종종 성도덕(性道德, Sexual-moral)을 의미한다. 거기에 반하여 철학자들은 성활동이 전적으로 윤

---

1) 쇼펜하우어, 『성애의 형이상학』(*Metaphysik der Geschlechtsliebe*), 519.

2) Singer(1984) Peter Singer, *Praktische Ethik*, Stuttgart, Reclam, 10.

리학의 진지한 테마가 아니라며 다음과 같이 말한다. "도무지 특수한 도덕적 문제를 일으키지 않는다. 섹스에 대한 결정은 솔직함, 타자에 대한 배려나 영리한 사려를 포함한다. 그러나 이에는 특별한 것이 없다. 왜냐하면 자동차 운전에 관련된 결정으로 방어운전에 대하여서도 똑같은 것을 말할 수 있기 때문이다."[3] 필자는 윤리적 관점에서 도로 교통과 성교(性交) 사이에 결정적인 차이가 있다는 점에 대한 추후증명에 그렇게 오랫동안 매달리지 않겠다.[4] 또 왜 상아탑 철학이 성활동과 결부된 도덕문제를 그토록 오랫동안 방치하였는지 따지지 않을 것이다. 대신에 상아탑 철학의 사랑과 섹스에 대한 도덕적 신뢰성의 문제에 비정통 합리적 윤리학으로 접근할 것이다. 특히 서장에서 설명한 <어느 누구도 다치게 하지 말라>라는 근본원칙으로 어떻게 이 문제에 답변할 수 있는지를 상세히 탐구할 것이다. 그렇게 함으로써 필자는 이미 1929년에 러셀이 『결혼과 도덕』에서 격려한 제안을 받아들일 것이다. 성도덕은 "거기서 이끌 결론과 계속되는 차이점이 존재한다 할지라도, 추측컨대 합당한 일치가 있는 일정한 일반원칙에서" 도출해야 한다.[5] 그런데 이에 앞서 '사랑'과 '섹스'의 개념적 차이에 약간의 명료한 설명이 필요하다.

많은 언어에서 '사랑'이란 단어는 두 가지 의미가 있다. 예를 들어 영어에는 'to love'와 'to make love'를, 프랑스어에는 'aimer'와 'faire l'amour'를 구분한다. 필자는 다음 두 의미 사이의 강한 언어적 차이를

---

3) Singer(1984), 10. Ruddick(1975), 83. 러딕도 흥미롭게도, 도로교통과 성교의 평행비교를 통하여 '특별한 성도덕은 없다'는 것을 근거지으려고 시도하였다.

4) Verene(1975), 107. "성행위는 그 자체로 그렇게 유일하고 유의미한 인간적 활동을 제시한다. 그렇기 때문에, 성행위는 인간의 도덕적 행위의 일반탐구에서는 특별한 문제를 낳는다. 그러므로 사람은 성행위에서 누구나 도덕적으로 올바르고 잘 이해할 수 있는 지적인 기준들을 발전시켜야 한다."

5) Russell(1951). Verene(1972), 314.

육체적 돌출에 최상의 표현을 하는 데에서 주목할 것이다. 전자가 '사랑'이고, 후자는 '섹스'이다. 여기서 '섹스'는 한편으로 보통의 이성(異性)과의 성교(性交)뿐만이 아니라, 동성애자의 성교로도 이해된다. 또 다른 한편으로, 섹스는 엄격한 의미에서 성적 행위 즉 생식기의 행위뿐만 아니라 강한 신체적 키스를 구성요소로 한다. 섹스는 쓰다듬기나 애무를 포함하는 한에서, '단지' 에로틱한 활동을 의미한다. 어려운 점은 사랑에 관한 각양각색의 감정이나 내적 입장의 정의이다. 여기에는 넓은 의미에서 상이한 방식의 사랑의 현상, 즉 자기애, 이웃사랑, 부모사랑 그리고 에로틱한 성적 사랑이 포함될 수 있을 것이다. 프롬(E. Fromm)[6]은 이러한 모든 관계에서 사랑은 '타인(他人)과의 합일(合一)'을 향한 공통지향으로 본다. 여기서 질문하여야 할 것은, 실제로 이웃사랑의 경우에 합일을 향한 그러한 희망이 존재하는가이다. 모든 경우에서 좁은 의미의 사랑, 즉 에로틱한 사랑은 신체적 근접이나 합일에 대한 욕구가 특징적이다. 그러나 프롬에게 사랑은 합일을 향한 요구 이상이다. '참사랑'이 현안이라면, 에로틱한 사랑은 다음 전제를 만족시켜야 한다. "나는 나의 가장 내적인 본질로부터 나를 사랑하여야 하고, 존재의 가장 내적인 본질에서 타인을 경험하여야 한다." 그러나 이는 정확히 무엇을 의미하는가? 어떻게 나 개인적인 경우에 타인을 실제로 사랑하는지 아니면 성적으로만 욕망하는지를 인식할 수 있는가?

칸트 입장에 따르면 사랑은 "선의, 호의, 행복의 촉진, 타자의 행복을 기뻐하는 것"[7]이다. 좀더 상세하게 베렌슨(Berenson)[8]은 사랑을

---

6) Fromm(1980) Erich Fromm, *Die Kunst des Liebens*, Frankfurt a. M., Ullstein, 67.

7) 칸트, 『도덕철학강의』(*Vorlesung über Moralphilosophie*), 1514. Brown(1987), 30. 유사하게 브라운도 인격적 사랑이란, 강요적으로 "그에게서 좋은 것을 행

내적인 입장 혹은 행위의 담보로 특징지었다. "일차적으로 사랑은 먼저 활동성이다. 사랑은 우리 자신의 시간, 본래적인 삶의 요구, 기쁨과 걱정, 통찰과 정서의 기쁨에 찬 헌신, 슬픔과 실망, 타자에 대한 깊은 관심이다." 그럼에도 이 기술은 지나치게 준다는 측면을 강조하고, 받는다는 측면을 등한시하였다. 확실히 참사랑은 그 자신 스스로를 타자를 위해 희생하고, 그와 함께 고통을 나누고, 그를 도우며 그의 요구를 충족시킨다는 헌신이 없이는 생각할 수 없다. 그러나 '사랑한다'는 규칙상 타자와 함께 행복하게 된다는 것이고 자신도 그와 함께 기뻐하며 삶을 즐기기를 원한다. 그러므로 다음의 잣대가 더 적합하다. 어느 누군가를 사랑한다는 것은 그에게서 그의 모든 근심을 덜 준비를 함과 동시에 그와 함께 모든 삶의 기쁨을 나누길 희망하는 것이다.9) 이 '정의'로부터, 사람은 아주 많은 인간을 동시에 사랑할 수는 없다는 것이 귀결된다. 더 나아가 5절 정조와 관련하여 그로부터 사랑과 섹스 사이의 연관에 관한 다음의 테제가 생긴다.

[자유사랑 1] 섹스의 모든 형식은, 그것이 쌍방간의 사랑의 적합한 표현으로 타당시되는 한에서 도덕적으로 따질 필요가 없다.

연인이 서로 사랑한다면, 그들은 사랑을 통하여 내적 합일을 향한 부드러운 신체접촉의 욕구를 갖는다. 연인에 대한 성적 접촉은 삶의 아름답고 흡족한 부분들에 속하므로 보통은 연인들의 관심의 대상이

하고 그의 선한 안위를 근심"하는 것이라고 결론짓는다.

8) Berenson(1991) Frances Berenson, *What is this Thing Called 'Love'?* in: *Philosophy* 66, 79.

9) Tailer(1967), 157. 유사한 의미에서 테일러는 명시화한다: "만약 x가 y를 사랑한다면, x는 y에게 선한 것을 행하고 그와 함께 있다."

다. 그밖에 최소한 원초적 사실로서(prima facie) 연인들 사이의 섹스는 도무지 타자인격의 적법한 관심을 위배하는 것이라고 볼 수 없다. 그렇기 때문에, <어느 누구도 다치게 하지 말라>의 근본원칙에 공공연한 강요적 판단이 내려진다. 특별히 그것은 '도덕적 오케이'라는 성적 사랑의 관계에서는 양 파트너가 결혼하였는지 약혼하였는지, 서로가 결혼의 유사관계로 살아가는지는 알 바가 아니다. 똑같이 성애관계에 대하여 쌍방이 이성인지 아닌지는 필수적 물음이 아니다. 결혼관계에서든 밖에서든, 이성간이든 동성간이든, 오직 사랑만이 모든 섹스를 도덕적으로 합리화하기에는 문제가 없어 보인다. 이 테제는 '자유사랑'을 위한 연합 프로그램에서 옮겨온 것이다. 이것은 곧 아드(Ard)[10]의 '합리적 성윤리'의 핵심명제와 일치한다.

"섹스는 모든 보통 인간의 본질에 자연적이고, 본성적이고, 적법한 부분이다. 모든 남녀와 어린이는 그의 혹은 그들의 성적 가능성에 대하여 자유롭고 동일하게 발전할 권리를 갖는다. 만약 그가 어느 누구에게도 폭력을 쓰지 않거나 타자를 기만하는 잘못을 저지르지 않는다면, 누구나 성적인 현안에서 그 자신의 고유한 선호도에 따라 서로 자유로이 사랑할 권리를 갖는다. 성행위가 어느 누군가 타인에게 특별히 피할 수 없이 부당하고 강요적 방식으로 피해를 입히기 때문에, 그런 이유로 성행위가 금지되거나 저지되어서는 안 된다."

이러한 급진적이고 자유분방한 입장은 모두가 논쟁적이다. 그러므로 먼저 일련의 고려사항이 토론되어야 한다. 특별히 2절의 혼전 혹은 내연의 성, 3절의 동성애자의 동성성교, 그리고 4절의 미성년자 '간음', 근친상간 등은 앞서 '금지된' 사랑의 특별한 형식이다. 5절은 더 나아

---

10) Ard(1989) Ben N. Ard Jr., *Rational Sex Ethics*, New York, Peter Lang, 47-52.

간 중요한 문제들로서 사랑과 결혼에 대한 것이다. 이 장의 나머지 부분은 쌍방간의 사랑에 기초하지 않은 채 행해지는 상이한 섹스의 형태들을 설명할 것이다. 6절의 자위, 7절의 포르노그래프와 매춘이 여기에 속한다.

2. 내연의 성[11]

20세기 중엽까지 가톨릭교회와 경건주의 철학자들 사이에서는 대체로 모든 섹스는 금지되거나 기독교 결혼윤리에 따라 후세의 출생에 봉사하지 않는 섹스는 죄악이라는 입장이 널리 퍼져 있었다. 그러한 입장은 다음 전제에 기인한다.

[자유사랑 2] 섹스는 그 자체로 비도덕적이다.

이 전제의 성서의 원천은 「고린도 전서」, 7장 1-2절과 8-9절에서 찾을 수 있다. 바울은 결혼하지 않고 성적으로 절제하는 인간은 결혼한 인간보다는 더 선한 삶을 산다고 주장한다. 결혼에 의한 섹스는 두 개의 악 또는 '간음의 죄를 피하기 위한' 더 못한 삶으로 받아들여질 수 있다. 이 주장의 근거로서 바울은 「갈라디아서」, 5장 16-24절에서 우선 소위 육욕과 정신적 욕망의 불일치를 지적한다. 그는 섹스를 단순히 짊어질 다른 짐들과 더불어 간음의 수준으로 육체적 작품의 수준에 맞추었다. 그러나 성적 절제는 다른 덕과 더불어 정신적 열매로 수위를 올렸다. 이에 대하여 값싼 수사학적 위계로 말하자면, 사람은 정확

---

11) [역주] 저자는 국가 내에서 인정된 결혼형식의 섹스와 그렇지 않은 삶의 형식의 섹스를 도덕철학적 차원에서 설명하기 위하여 이 대목을 소개한다.

히 어떤 다른 신체활동, 예를 들어 산책 혹은 수영을 육욕의 성질을 갖는다고 성적 절제의 자격에서 박탈할 수 있다. 아마도 이전 사울12) 의 이력에서는 섹스를 자동적으로 방탕이나 유흥과 결속되는 것으로 보았던 주관적 근거가 있다.

모든 경우에 섹스에 인용된 비난을 누구에게나 동일하게 적용하는 것은 객관적으로 부당하다. 사람이 매일의 영양섭취를 하는 것과 탐닉 등과 같은 이 많은 총체적인 것에 대하여 어떻게 반대의 비난을 퍼부을 수 있는가? 1990년 크리스마스축제에 대한 『슈피겔』의 기사는 전제 [자유사랑 2]에 대한 성직자가 갖는 성욕의 적대감을 비합리적으로 조롱하였다.

"교황 요한 바오로 2세는 2000년을 그리스도의 몸과 욕망의 적대관계의 해로 결정하였다. 육체와 사랑을 미워했던 교황, 성자, 교부들은 많다. 성 히에로니무스(St. Hieronymus)에게 인간은 성교에서 '비이성적인 돼지나 동물과' 구분되지 않는다. 성욕은 악하고, 악마적이다. 따라서 잘못하면 벌을 받고, 참회하면 용서를 받는다."13)

철학에서도 단순한 악마적 욕구로서 성활동에 대한 저주는 실질적으로 교회의 저주보다 덜하지 않았다. 칸트는 모든 '자연을 거스르는' (naturwidrig) 즉 번식에 봉사하지 않은 성교를 다음과 같이 나타내었다. "그 자체로서 최상의 도덕성의 등급에 반하는 의무위반이다. 이것은 그러한 패륜의 명명 자체가 그 자신의 고유한 명칭에 따라 비인륜적(unsittlich)이라고 생각할 수 있다."14) 칸트의 본문에 따르면 육욕으

---

12) [역주] 사울과 바울은 동일한 인물이다. 성경에 등장하는 바울은 회심하기 전에 '사울'이라는 히브리어 이름을 사용하다가 회심 이후에 '바울'이라는 그리스어 이름을 사용하게 되었다.

13) *Spiegel* 52(1990), 122-134.

로 남녀가 잠자리를 같이하는 것은 비도덕적일 뿐만 아니라, 거기에 대하여 말만 하는 것도 비인륜적이다!15) 왜, 이렇게 자유로이 결론을 내리는지는 자세한 논의로 근거를 대야 한다. 칸트 스스로 인정했어야 하는 대로,16) 잘 준비되지 않은 그의 증명 유일하게 정언적 주장이다. 인간은 그가 단순히 동물적 충동의 욕구충족의 수단으로 사용되는 한에서 자신의 인격성(Persönlichkeit)을 포기한다. 그럼으로써,17) "누구나 자신을 전적으로 동물적 성향에 맡겨두는 자는 인간을 향락에 빠지게 할 수 있으며, 동시에 자신을 자연에 위배되는 혐오스러운 대상으로 만든다. 그렇게 그는 자신에 대한 모든 존경을 빼앗긴다."

요컨대 이 인용의 핵심은 히에로니무스에서 "육욕적 성교는, 돼지와 돼지를 비롯한 다른 동물이 하기 때문에 비도덕적이다"라는 주장으로 환원된다. 그러한 논의는 실수이다. 그렇다면, 인간 또한 여전히 정확하게 돼지를 비롯한 비이성적 동물로부터 구분되지 않기 때문에, 숨쉬기, 물 마시기 혹은 매일의 영양섭취가 비도덕적으로 입증될 수 있을 것이다. 그 외에 [자유사랑 2]의 모든 대변자를 위하여서는 어째서 소

---

14) 칸트, 『도덕형이상학』(Metaphysik der Sitten), A76. 칸트의 심사숙고는 일차적으로 이 절에서 자위(아주 좋은 만족스러운 자해)에 반하여 나가나 또한 이차적으로는 자연의 목적에 봉사하지 않으며 후세를 생산하는 별도의 섹스형식에 반하여 나간다.

15) Stümke(1991), 142. 특별히 법률가의 범위에서는 여전히 오랫동안 칸트에 따라 섹스에 대하여 말하는 것은 비도덕적이고 부적절한 것으로 여겼다. 스튬케는 칼 하인리히 울리히가 1867년 독일법학자의 날에 동성 성활동에 대한 제안을 근거지으려고 한 것을 보고하였다. "그는 순서에 따라 이 제안을 했음에도 불구하여, 텍스트는 참가자들에게 돌아가지 않았다. 제안의 기초인 중세의 학자들의 언어인 라틴어로 협약을 강연하려는 시도는 좌초되었다."

16) 칸트, 『도덕형이상학』, A77. "그러나 그의 성장기의 저 비자연적인 사용의 불허의 이성증명은 그렇게 쉽게 이끌어지지 않는다."

17) 칸트, 『도덕형이상학』, A7,

위 구역질이 나고 비하된 욕구가, 결혼 또는 아이의 출생의 문맥에서 갑자기 인륜성의 특성을 강제로 가정하는지 수수께끼로 남아야 한다.

[자유사랑 2]는 근거가 결여되었다. 따라서 순결주의 도덕의 두 기둥은 상당한 혼란에 빠졌다. 그럼에도 [자유사랑 2]와는 독립적으로 왜 섹스가 후세출산에서나 결혼관계에서만 허용되어야 하는지에 대한 두 종류의 시도들을 살펴보아야 한다. 다음의 신학적 출발명제는 도덕적 잣대에서 시작한다.

T : 신이 원하는 모든 것, 오직 그것만이 도덕적으로 좋다.

내연의 섹스의 탈도덕성(Amoralität)은 섹스가 후세출산에 봉사하는 것을 신이 원하신다는 전제에서 도출될 때 문제가 생긴다. 「창세기」, 1장 28절 "생육하고 번성하여 땅에 충만하여라"는 이 가정에 대한 근거이다. 지금 이 성서 인용은 확실히 "너희가 할 수 있는 만큼, 너희를 번성케 하라"는 격률의 의미에서 이해해서는 안 된다. 만약 최대 재생산이 신의 의지이라면, 이것은 가톨릭 성도덕과 극심한 모순에 처한다. 누구나 생산능력 있는 남자는, 할 수 있는 한에서 누구나 임신할 수 있는 여자와 잠을 자야 하기 때문이다. 거기에 반해 문제시되는 격률을 교황 피우스(Pius) 11세의 의미에서 혼인부부에 한정한다면, 결혼한 부부의 자녀출산만이 도덕적으로 좋다. 그렇다고 파트너와 섹스를 통하여 자녀를 출산하는 것이 생물학적으로 가능하지 않고, 혹은 더 이상 가능하지 않으면, 연인은 항상 섹스를 포기하여야 하는 것은 아닐 것이다. 번식에 봉사하지 않는 성교는 탈도덕성(Amoralität)이라고 주장하고, 이 탈도덕성에 T 잣대를 적용하자. 그러면, 만약 오직 인간은 섹스를 하지 않는 것이 신의 의지라면, 인간을 낳지 말라는 것을 논리적으로 도출할 수 있다. 그렇다면 여기에는 "열매를 맺고 그리고 번성하라"에는 최소한의 도덕성의 의미의 흔적도 발견할 수는 없다.

전적으로 신의 잣대에 의한 행위의 일반적 도덕적 질은 무엇이 정확하게 신의 의지의 신비성 있는 체험인가로 해명할 부분이다. 교황의 요청도 거기서는 거의 도움을 주지 못한다. 예를 들어, 선한 신의 존재와 더불어 T를 확신하는 아주 신실한 기독교 신앙인은 목사의 다음 같은 지시에 결코 만족할 수 없을지도 모른다. "당신은 일요일에 산책을 가서는 안 됩니다. 왜냐하면 신이 이것을 원치 않기 때문입니다." 만일 신이 이것을 원치 않는다는 것을 확정하고 있다면, 신앙인은 일요일의 산책금지를 확실하게 받아들여야 할 것이다. 그러나 목사가 왜 일요일에 산책하는 것이 아주 비도덕적이며 신의 의지에 위배되는 것인지를 헤아리지 못하고 있다면, 다음과 같은 답변이 듣는 이의 마음에 들어야 할 것이다. "당신은 내가 일요일에 산책하는 것을 신이 원치 않는다는 것을 어떻게 알 수 있단 말입니까?" 신앙인의 물음에 목사의 대답은, "신은 너희는 제 칠일 째에 안식하여야 한다고 말씀하셨습니다." 그러면 신앙인은 일하지 않는다는 뜻의 안식과 산책하지 않는다는 뜻의 안식과는 다를 것이라고 맞설 수 있을 것이다.

그밖에 유사한 문제들은 최소한 인간적인 공동의 삶과 관련되는 네 번째에서 열 번째까지의 십계명 행동규칙에서는 나타나지 않는다. 예를 들어 누군가가 한 인간이 다른 인간을 죽이는 것을 신이 원치 않는지를 물을 것이다. 무엇보다도, 어째서 살인이 비도덕적인지는 이 책의 2장 2-3절, 그리고 3장 3절에서 더 많이 다룬다. "너는 살인하지 말라"라는 「출애굽기」, 20장 13절은 신학적인 측면에서뿐만 아니라 철학적으로도 명백히 근거를 줄 수 있다. 일반적으로 신학과 철학에서 보는 윤리학의 차이는 다음과 같다. 신학자는 H 행동의 도덕성 또는 탈도덕성의 근거를 신의 의지에 대려고 한다. 그는 T의 잣대를 'H를 하는 것은 도덕적으로 좋거나 나쁘거나인데, H가 생기는 것을 신은 원하거나 또는 원치 않기 때문에 도덕적으로 좋거나 또는 나쁜 것이라는' 의미에서 이해한다. 거기에 반하여 철학자는 그가 선한 신의 존재가 가능하다고 생각하는 한에서, H가 도덕적으로 좋거나 나쁘기 때문에, 신은 H가 생기는 것을 원하거나 원치 않는다고 암시한다.

더 나아가 신학적이고 철학적인 내연의 섹스에 대한 '시민'논의가 있다. 이 논의는, 자녀들은 그들의 생모와 성장할 수 있는 도덕적 권리를 가질 것이라는 가정에서, 후세의 출생은 항상 오직 결혼관계에서만 허용될 수 있다고 추론한다.[18] 더 나아가 자녀출생으로 이끈다는 전제에서의 섹스는 섹스가 오직 허용된 결혼관계만의 것이라는 근원적인 주장을 따라야 한다. 지금 내연의 섹스는 그 자체로는 더 이상 나쁜 것이 아니라, 단지 도덕적으로 희망할 수 없는 결과 때문에 거부된다고 주의를 준다. 이 시민논의 역시 설득력이 없다. 예를 들어 효과적인 피임에 의해 이미 모든 출생이 제외된 경우에는 도덕적 책임을 물을 경우가 없어진다. 그럼으로써 내연의 성교에 의한 자녀출생에 반대하는 것은 정확한 고찰에서는 유지될 수 없다.

자녀의 안위를 잘 돌보기 위하여 일련의 요소들이 중요하거나 전적으로 절충의 여지가 없다는 것은 더 말할 나위가 없다. 그래서 모든 자녀는 건강하고 풍부한 영양을 섭취하고 충만한 부모의 사랑을 경험할 수 있어야 한다. 그러므로 가능한 한 부모가 자녀의 적합한 보호, 영양섭취와 배려에 몰두하지 않는다면 그들은 비도덕적이다. 그러나 어째서 그러한 선상의 논의가 성립하는지 어느 누구도 그래야 할 도덕적 권리를 요구할 수 없다! 누구라도 재수가 나쁘면, 몽고병이나 다른 유전병 등으로 인해 건강하게 태어날 '권리'를 갖지 못한다. 어느 누구

---

18) 비교. Hunte(1980), 33 그리고 Elliston(1975), 227. 이 논의가 다른 심사숙고보다 본질적인 신빙성 있는 논의로 보일지라도, 철학문헌에서는 토론되지 않았다.

라도 재수가 없으면, 아프리카에서 기아에 허덕이는 부모의 자녀로 세상에 나와 배고픔을 감내하여야만 한다. 누구라도 재수가 없으면, 살 '권리'를 챙기지 못한다. 아이는 어머니가 출생 중에 사망하면 어머니의 사랑으로 양육될 '권리'를 갖지 못한다. 이런 의미에서 친부모가 결혼하였든지, 그들이 사회적이나 사회관계적 근거에서 아이를 함께 키울 수 없든지 간에, 한 아이가 혼인관계에서 태어날 권리는 없다. 몽고병을 갖는 아이의 부모도, 내연의 관계에서 낳은 아이의 부모도 출생을 통하여 이러한 아이의 권리나 관심을 위배할 수는 없다. 하지만 한 아이의 삶이 도무지 살 만한 가치가 없이 그렇게 극단적으로 위배되는 상황에서의 출생에는 도덕적 책임이 있다. 그럼에도 단순히 비혼인에서 출생하거나 미혼부모에서 자라지 않은 사실은, 아이를 위하여 전체적으로 이런 상황에서라면 태어나지 않은 것이 태어난 것보다 더 나을 뻔하였다는 판단에 더 무게를 실어서는 안 된다.

다른 측면에서는 병들고 굶주리거나 고난당하는 어린이의 부모에게는 결코 자식을 세상에 낳지 않게 하는 것이 중요하다. 그러한 결정은 규칙상 잘 준비된 부모의 고유한 인식에 있다. 왜냐하면 그들은 그들 자식의 불행을 긍정적으로 관련시키려 하지 않기 때문이다. 그러므로 특별히 '피임약'의 시대에 다음 충고가 이성적일 수 있다. 미혼의 연인은 자녀의 출생의 위험을 피하기 위하여 섹스를 거부하여야 할 것이다. 그러나 누군가 이 충고를 반박하면 결코 현명하지 못하다. 그는 자신의 고유하고 참되고 장기적인 관심을 위배한다. 그는 어쩌다가 태어난 미혼부모의 아이의 관심에 위배되는 행위를 하는 것이고, 또한 본래적인 의미에서 비도덕적이지 않게 된다. 전체적으로 시민논의나 또한 신학적 이의도 어째서 섹스가 오직 혼인관계 내에서만 또는 어린이들의 출생을 위하여서만 도덕적으로 합법한 것인지에 신빙성 있는 근거를 줄 수 없다.

엣킨슨(Atkinson)[19]은 더 나아간 이의를 제기하였다. 혼전섹스는 혼외성교의 경향, 즉 파혼을 요구한다. "요컨대 결혼관계의 안정성과 지속성을 위협한다." 그럼에도 아드가 강조하는 대로 이 주장은 통계학적으로 입증할 수 있는 것은 아니다. 그밖에 여전히 쇼펜하우어의 비정통적 논의가 있다. 그는 여성의 입장에서 혼전성교 또는 혼외성교의 탈도덕성을 입증하려고 시도하였다.

"여성은 남성에게 모든 것을 요구하고 모든 것을 기대한다. 남성은 여성에게 직접적으로 오직 하나만 요구한다. 그러므로 남성은 모든 근심을 감당하므로 여성으로부터 저 하나만의 목적에 도달할 수 있는 제도가 마련되어야 한다. 이러한 제도 위에서 전체 여성의 복지가 자리잡고 있다. 그 마지막에는 지금 전체 여성의 결혼 격률이 남성과의 동침에서 모든 미혼의 동침을 철저하게 거부한다고 본다. 그러므로 모든 개별사람은 결혼을 위하여 일종의 항복을 강요하고, 그럼으로써 철저히 전체 여성의 자양분을 공급한다."[20]

쇼펜하우어의 이 좋은 근거제시는 규칙공리주의 입장도[21] 함께 고려하여야 한다. 여자는 그녀 스스로가 전적으로 결혼하려고 하지 않을지라도, 혼전에 남자와 잠자리를 하지 말아야 한다는 것은 유행이 될 수 있다. 그렇기 때문에 장단기적으로 더 이상 결혼하려고 들지 않으면, 이것은 전체적으로 여성의 관심에 위배되는 것이다! 이 고려가 여

---

19) Atkinson(1965) Ronald Atkinson, *Sexual Morality*, New York, Harcourt, Brace and World, 77.

20) 쇼펜하우어, 『잠언들』(*Aphorismen*), 333.

21) Kutschera(1981), 4.7. 쿠체라는 위의 공리주의의 구분을 위하여 서장 4절에서 소개한 대로 소위 '규칙공리주의'를 소개하여 논의하였다. 규칙공리주의는 규칙에 따라 최대한의 공리를 이끌어간다. 이 규칙은 개별행위에서 올 수도 있고, 이미 설정한 규칙의 일반적 추종을 의미할 수도 있다.

성의 사회적 역할에 대하여, 특히 19세기의 결혼현실에 흥미진진한 빛을 던질지라도, 혼전섹스가 오직 남자들만을 위한 것인지 아니면 여자를 위하여서 도덕적으로 허용된 것이 아닌지는 증명될 수 없다. 주어진 경우에 여자들이 직업활동을 통하여 그의 자녀와 스스로를 부양할 수 없었던 시기에는, 남자가 당연히 직업활동을 통해 그의 자녀와 생모의 복지, 결혼을 통한 모든 근심을 반대급부로 짊어진다.

현대 가톨릭교회는 최종적으로 그들의 편견에서 빠져나왔다. 섹스는 항상 출생 또는 최소한 출생의 의도로서 하여야 하고, 오직 부부에게만 먼저 허용된다. 그룬델(Gründel)22)이 인용한 독일연방공화국 대주교교구의 한 공동종교회의 요약문은 다음과 같다. "완전한 성공동체 생활에는 유연한 진폭의 성관계의 사다리가 있다. 거기에는 넓은 반경의 상이한 강도의 사랑이 들어 있다. 여기에 파트너 사이에 인격의 결합과 거기서 귀결되는 신뢰성이 있다. … 더 강력하지 않는 한에서, 이들 관계는 좋고 올바르다고 볼 수 있다." 이러한 모호한 표현은 이것을 변호하는 입장과 철저히 양립한다. 거기에 따르면 사랑은 인격적 결합이나 신뢰를 찾는 한 형식이다. 이 신뢰를 통해 섹스는 도덕적으로 적법하게 된다. 우리의 입장은 여기서 더 보탤 것이 없지만, 그럼에도 그룬델23)이 성관계에 대하여 말한 요구와도 일치한다. 그는 요컨대 섹스에서는 항상 두 인간 사이의 의사소통이 중요하여야 한다는 점을 강조한다. 즉, "주고받는 것이 중요하다. 타자인격에 대한 존중은 이것을 결코 '목적을 위한 수단'에서 평가하지는 말아야 하고, 그들의 인간됨에서 주목하여야 한다. 나아가 성관계를 단순한 충동적 만족으로 받아들이지 말고, 사랑과 애정의 표현으로 평가하여야 한다." 그렇게 나

---

22) Gründel(1984) Johannes Gründel, *Sexualität im Lichte christlicher Verkündigung*, in: *Philosophisches Jahrbuch* 98, 1153.

23) Gründel(1984), 1152.

아가는 것이 좋다! 이어서 그룬델은, 내연의 섹스는 전적으로 사랑과 신뢰에서 파트너를 이룬 삶의 공동체의 완전한 형식에 해당되지 않음에도 불구하고, 이런 섹스는 제한할 것을 주장하였다. 혼전섹스는 결혼으로 양성화되는 성관계에서, 혼인남녀 사이의 두 개체성으로 자녀를 지칭하는 혼인의 '선험적 의미'가 결여되어 있다. 여기에서는 뒷문을 통하여 다시 성도덕을 자녀생산의 문제에 꿰어 맞추려는 것이 시도되었으나 그러나 이것은 전통적 성도덕과 결혼도덕의 일차적 안목에 대한 그룬델의 고유한 비판으로 반박되고 있을 뿐만 아니라, 다음 물음의 유화적 답변에도 반박된다.

"구약에 나오는 포도주, 여편네 그리고 음악 그리고 어린이들의 숫자에 대한 가치평가를 오늘날 어떻게 볼 것입니까. 우리에게는 유명한 아우구스티누스의 단어의 번역이 올바른 길을 제시할 것입니다. 사랑하십시오. 당신이 올바른 사랑에서 하고 싶은 것이 있으면, 하십시오."

3. 동성애

구약에서는 동성애를 이유 없이 단순히 혐오스럽고 창피한 짓으로 저주했다.[24] 예를 들어, 현대 미국의 가톨릭주의자들의 집회는 이러한 정언적 비난을 굳건하게 하였다. 그들은 동성애 관계를, "본질적이고 포기될 수 없는, 출산이라는 목표설정이 결여된 행위"로 특징짓는다. "동성애 행위는 내재적으로 정리되지 않았고 어떠한 경우에도 인정될 수 없다."[25] 칸트 역시 '동성애의 공동체'(Gemeinschaft des sexus

24) 「레위기」, 18장 22절과 20장 13절.
25) McCartney(1987)에 따라서 인용한다. 그밖에 같은 파문으로 번져 나와 토론되

homogenii)에 반대의사를 분명하게 표명하였다.

"만약 여자와 여자, 남자와 남자가 그들의 충동을 만족시키려 한다면 (이것은) 인류의 목적을 위배하는 것이다. 왜냐하면 인류의 목적은 충동을 고려하는 인류의 보존을 의미하기 때문이다. 여기서 나는 전적으로 인간성을 보존하지 못한다. 요컨대 나는 동물로 내동댕이쳐지고 인간성을 상실한다."[26]

요컨대 비판의 핵심은 먼저 성교가 자녀의 출산에 봉사하지 못하기 때문에 그때마다의 동성성교가 부자연스럽다는 설명이다. 그래서 동성성교는 비도덕적이라는 잣대에 따라 저주된다:

[자연적 사랑] 모든 자연적인 것은 도덕적으로 좋고, 거기에 반해 자연에 위배되는 모든 것은 도덕적으로 나쁘다.

그러나 지금 '자연적'이라는 단어의 개념은 명백히 다르게 정의되고 있다. 더 나아간 의미에서 모든 생물학적 본질에서 동물이 생겨나고 또 그와 같이 생물학적 본질과 일치한다는 것은 자연적인 것으로 나타낼 수 있다. 그러나 번식만이 아니라 성적인 욕망 자체도 자연적인 것으로 특징지을 수 있을 것이다. 자연적 사랑의 개념에 이 잣대를 댈 수 있다면, 칸트 그리고 가톨릭교회에 반하여 자연히 이질적인 혹은 동성성교의 흡인력에 기인하는 모든 두 동물 사이의 성교는 도덕적으로 좋은 것으로 분류될 수 있다. 이 결론과 마찰을 피하기 위하여, 오직 좁은 의미에서, 가정된 자연의 참된 목적, 요컨대 인류의 번성이나

어야 하는 것은 자위이다.
26) 칸트, 『도덕철학강의』, 1520.

보존에 봉사하는 것은 자연적인 것이라고 나타낼 수도 있다.

쇼펜하우어는 『성애의 형이상학』의 부록에서 동성애, 특별히 남색(男色), 즉 어린이나 청소년과의 동성성교는 넓은 의미에서 자연적이지만, 좁은 의미에서는 비자연적이라는 억측된 패러독스와 대립하였다.

"요컨대 남색은 그 자체로 단순히 자연에 위배되어 보이지 않고, 최상의 등급에서 위배되어 혐오를 불러일으키는 기형행위이다. 어딘가 한번은 완전히 전도되고 뒤틀리고 뒤처진 인간만이 이 행위에 빠질 수 있고 기껏해야 전적으로 고립된 경우에서 반복되었을 것이다. 그러나 지금 경험에 방향을 돌리면, 우리는 거기서 반대의 경우를 발견한다. 요컨대 항상 그의 혐오성에도 불구하고 부도덕이 판친다. 그리고 어떤 방식이든 남색은 이 세계의 모든 나라를 완전히 웃기게 만들어 빈번히 모방해 보게 만든다. 인간본질 자체로부터 생겨나는 문제는 일반적으로 완전히 근절할 수 없다. 그러나 지금 어떤 것, 즉, 호모섹스의 문제는 근거로부터 자연에 위배된다. 그들에게 가장 중요한 목적에 어긋나게 나타나는 것이 자연 자체로부터 생겨나야 한다는 것은, 자연에서 없어지지 아니한 자연의 패러독스이다. 이 설명은 어려운 문제를 제시하므로, 나는 지금 이 문제를 그의 근거에 놓여 있는 자연의 비밀의 발견을 통하여 해결할 것이다."

쇼펜하우어에 따라 문제를 축약하자면 비밀은 다음에 있다. 나이가 든 남자들은 오직 나약한 정자만을 가진다. 이 정자는 단지 '기형적이고, 허약하고, 불쌍하고 그리고 짧은 생을 사는 인간'의 출생을 위하여서만 나타난다. "그러나 지금 자연에는 어떻게 하면 잘 갖춘 후덕하고 힘있는 개인을 도구로 하는 종과 그의 진짜 유형을 보존하고 유지하는지에 그다지 진지한 관심이 없다. 그러므로 두 개의 악 중에서 더 적은 악을 선택하는 것 이외에 다른 것은 없다." 이 적은 악은 남자에게서는 54세부터 '가만히 그리고 점점' 남색의 경향으로 자리 잡는다. 거기에 합당하게 '도처에 나이 많은 남자들의 부도덕한 남색'이 생긴다. 이것은 사실상 거짓이다. 하지만 쇼펜하우어는 다음의 지시로 여기에 가장 그럴싸한 이의를 갖다댄다. "그렇게 나이를 먹어 타락한, 단지 약하고 나쁘고 불행한 생산을 할 수 있는 미성숙한 정자는 청년기에 있는 젊은 청년들 사이에도 그런 종류의 정자의 에로틱한 성향이 종종 있다." 여기에는 모든 이러한 생물학적 자연신학적 사변으로서, 약간의 진리가 스며 있다 하더라도, 남색의 도덕성 문제는 거의 언급되지 않았다. 그래서 쇼펜하우어에게 동성성교는 '자연의 참된 목적에' 봉사하지 못하기 때문에 오직 마지막으로 비도덕적이라는 사실로 남는다.27) 이 근거주기 또는 여기의 근저에 놓인 도덕잣대는 다음과 같다.

[자연적 사랑 *] 좁은 의미에서 모든 자연적인 것은 도덕적으로 좋고, 거기에 반해 모든 자연에 위배되는 것은 도덕적으로 나쁘다.

그럼에도 이 근거는 유지될 수 없다. 일상생활에서 성적인 동기의 중요성과 성행위의 빈도수를 얕잡아보지 말아야 한다 할지라도, 인간의 삶에는 섹스나 사랑과는 무관한 것이 많다. 영양섭취, 직업의 업무수행이나 자유시간 보내기에 설정된 수많은 일은 탈-성적 성질을 갖는다. 여기에 이들은 직·간접적으로도 종의 번성과 보존에 봉사하지 않는다. 그리고 그것은 쇼펜하우어의 좁은 의미에서의 반자연적이 아니다. 그러므로 [자연적 사랑 *]에 따르면 이 닦기, 아침식사, 버스 타기, 일하기, 축구하기, 텔레비전 보기, 잠자기, 기타 등등의 하찮은 일상생

_____

27) 쇼펜하우어, 『성애의 형이상학』, 556. "그밖에 남색의 폐기의 참되고 최종적이고 깊숙한 형이상학의 근거는, 살려고 하는 의지가 그러한 것의 긍정의 귀결 곧 삶의 갱신이 전적으로 단면화된다는 데 있다."

활의 행동은 비도덕적인 것으로 나타낼 수 있을 것이다. 이 이의에서 벗어나기 위하여, 만약, 여기서부터 [자연적 사랑 *]의 잣대를 성행위에만 제한할 것이라면, 여전히 불충분한 비합리성이 생겨날 것이다. 한편으로 그것은, 만일 모든 생산 능력 있는 남자가 급한 경우 의지에 반하여 모든 수정능력 있는 여자와 성교를 가질 것이라면, 자연의 참된 목적에 봉사할 것이다. 요컨대 [자연적 사랑 *]에 따르면 강간 자체도, 이것이 오직 한 어린이의 출산으로 이끄는 한에서 도덕적으로 좋은 것으로 나타내어질 것이다! 예를 들어 한 신부의 순결성이나 한 수녀의 순결성이나 한 불임부부의 사랑스러운 섹스[28]는 거꾸로 자연의 '참된 목적'에 봉사하지 않는다. 이 행위 또는 입장은 요컨대 좁은 의미에서 자연에 위배되는 것이고, [자연적 사랑 *]에 따라 비도덕적으로 분류되어야 할 것이다!

다음과 같이 요약하여 확정할 수 있다. 그러므로 이들이 좁은 의미든 넓은 의미든 비자연적이기 때문에, 성행위를 비도덕적인 것으로 비난하려는 시도는 오늘날 여전히 널리 퍼져 있는[29] 오류추론에 기인한

---

28) 실제로 칸트는 『도덕형이상학』, A78, 『덕론』(*Tugendlehre*)에서 논구한다. "예를 들어 이것이 임신기간에, 혹은 부인의 불임기간에, 그의 성기의 속성을 사용하는 것이, 자연의 목적에 그리고 그럼으로써 또한 자기 자신의 의무에 대하여 거스르지나 않는지" 인과적 물음이 생긴다. 칸트는 이미 바울로부터 대변된 덜 만족스러운 입장에 기울어진다. 그러한 섹스는 최상의 경우에는 두 개의 악으로부터 더 작은 악으로서 받아들여질 수 있다. 또는 그 자체로서는 허용되지 않은 것이나, 그럼에도 이미 그러한 더 큰 과장은 허용된다. 그러한 판단은, 성적 유희는 그 자체로 비도덕적이라는 [섹스 2]의 그릇된 전제에 기인한다.

29) Ard(1989). Hunter(1980), 137. Baker(1987), 101. Harris(1995), 260. 아드에 따르면 자위는 사람이 "우리 문화의 범위에 있는 대부분의 어린이들은 그들의 정상적인 성적 본질과의 연관에서 그들에 흥미를 갖는 자들과 실험의 정상적인 결과로서 관찰할 수 있기 때문에, 도덕적으로 따질 필요가 없다." 비판이 된 오류추론의 문제에 대하여서는 베이커 또한 주의를 기울였다. 헌터 또한 조심스럽게 자연적 사랑을 비판하였다. "모든 비자연적인 것이 비도덕적이라는

다. 교조적 편견에서 벗어나 자유로운 윤리학을 옹호하는 전망에서는 동성성교와 이성성교 행위 사이의 결정적인 도덕적 차이를 찾을 수 없다. 모든 경우에 필자는 일목요연한 문헌에서 이전의 [자유사랑 1] 주장에 도출된 평가에 반대근거를 확신하는 공개적 주장을 발견하지 못했다.

[자유사랑 3] 동성성교는, 만약 그것이 두 인격 사이의 오직 진짜 사랑으로 표현된다면, 이성성교처럼 정확하게 도덕적으로 따질 필요가 없다.

또한 사회에서나 최소한 국가 법규정에서도 동성과 이성의 성활동의 도덕적 가치는 동등하다는 인식이 관철되고 있다.[30] 1993년 5월 7일 『신오스나부르크 신문』(Neue Osnabrücker Zeitung)은 "성교육이 기본법을 위배한다"라는 표제 하에 혼전 및 혼외 성교와 마찬가지로 동성성교는 가톨릭교회의 성교육에서는 "본질상 독일헌법의 기본법과 공적으로 일치될 수 없다"는 기사를 내보냈다. "성교육은 기본법이 정하는 인간의 존엄에 어긋나고 마찬가지로 인격의 자유로운 발전에 어긋나고, 그럼으로써 기본법 보호의 핵심영역을 위배한다. 혼전, 혼외 그리고 동성의 성활동은 기본법에서 보호되어 있는 '인간본질'의 부분이다." 무엇보다 이러한 판결은 앞서 나간 자유화 또는 형법 175조의 최종삭제를 의미한다. 이 삭제는 이성의 명백한 표시로 평가될 수 있

것은 명쾌한 것이 아니다." 해리스 또한 '자연적인 것은' 그 자체로 도덕적인 것과는 무관함을 강조한다.
30) 거기에 국민정서가 이를 받아들이지 않는다. '동성연애주의자'는 욕하는 말이다. 그리고 남성 동성연애자들은 극우익에서뿐만 아니라 또한 시민사회의 계급의 범위에서도 종종 왕따당하고, 업신여겨지고 혹은 전적으로 범죄자처럼 추격된다.

다. 1994년 3월 12일 『프랑크푸르트 룬드샤우』(*Frankfurt Rundschau*) 신문은 권리로서 175조항의 삭제를 역사적 사건이라고 나타내었다.

"연방의회는 목요일 저녁 법사위원회의 추천서를 따랐다. 그리고 오랫 동안 논란의 여지가 있었고 성과학으로부터도 엄격하게 거부된 형법 175 조항을 궁극적으로 삭제하였다. 의회는 새로운 청소년보호규정 182조항 을 다수로 결의하였다. 이 규정에 따라 16세 이하의 청소년은 남성이든 여성이든 성의 남용에서 보호되어야 된다. 그러나 이 처벌의 성격은 성적 자기규정을 위한 결핍된 능력의 이용에 한정된다. 175조항은 '오직' 여자 청소년을 위한 보호연령의 경계는 지금까지 16세 이하였을 때, 동성성교 행위를 여전히 18세 이하로 더 엄격하게 금지하였다."

이런 연관에서 독일연방공화국은 1969년까지 감옥에서 남자들 사이 의 동성성교를 여전히 처벌하였다. 뿐만 아니라, 예를 들어 젤로넥 (Jellonek)[31]의 글을 읽으면 어떤 가공할 만한 방식에서 제3 제국에서 의 동성성교 활동이 추적되었고 법률의 보호 밖에 놓였는지 눈앞에 생 생하게 떠올릴 수 있다. 동시에 당시의 강단철학은 동성과 이성간의 사랑의 관계의 윤리적 등가를 교회의 배척과 국가적 범죄몰이에서 방 어하려는 모험을 벌이지 않았다. 교회와 관련하여, 점차로 몇몇 소수 의 기독교인들은 동성섹스활동은 이성섹스활동에 비해 그 자체로 도덕 적으로 좋지도 나쁘지도 않다는 점을 인정하기 시작하였다. 그래서 미 국의 주교 무어는 이렇게 말하였다.

"나는 성활동을, 우리가 그것을 통하여 서로 상대방의 사랑에 붙들려

---

31) Jellonek(1990) Burkhard Jellonek, *Homosexuelle unter dem Hakenkreuz — Die Verfolgung von Homosexuellen im Dritten Reich*, Braunschweig, Schö-ningh.

있게 되는 신비에 가득 찬 선물로 생각한다. 남녀간의 이 선물을 통하여 새로운 인격이 세상에 나온다. 심리학자의 안목에 따르면 성활동은 사랑, 우리의 감정, 희망 그리고 정서의 전체영역을 뚫고 들어간다. 많은 사람은 성활동의 힘은 우리가 신을 향하여 염원할 때 나오는 힘과 동일하다고 믿는다. 나는 개인적으로 충분한 책임을 지는 동성섹스활동의 관계는 더 이상 오랫동안 신의 의지에 반대되는 것으로 고찰하지 않는 날이 곧 오리라 믿는다."[32]

여기에서 방어된 [자유사랑 3]은 윤리적인 관점에서 동성성교가 이성성교와 등가라는 것이 동성성교가 결혼의 권리를 갖는다는 것을 함축하지는 않는다. 더 많은 것은 5절에서 다루겠다. 마찬가지로 동성성교와 이성성교의 관계의 원칙적 도덕적 등가로부터, 모든 동성연애주의 성교가 도덕적으로 따질 필요가 없을 것이라는 점이 귀결되지는 않는다. 이성에서와 같이 동성연애주의자의 놀이방식처럼 어린이들과 청소년의 성적 남용과 매춘이라는 두 개의 특수한 문제영역들은 4절과 7절에서 더 자세히 탐구하겠다.

4. 간 음

이 절은 이전에 '금지된 사랑'의 형식들로 분류되었던, 의존하는 자, 연소자나 친척과의 간음에 대한 논의이다. 성범죄처벌법의 개혁 이래

---

32) Wiedemann(1991), 166. 독일 신학자 틸케(H. Thielcke)도 비데만에서 인용된 인식에 들어왔다. 동성에 정초된 인간들은 명백히 이성 연애방식에 정초된 자와 같이 "이렇게 혹은 다르게는 사랑할 선택의 가능성이 없다. 그러나 그들은 근본적으로 동일한 사랑의 능력, 동일한 지각, 희망, 열망을 갖고 있다. '동성애주의자들 사이에도 또한 깊은, 신체, 정신 그리고 영혼을 포괄하는 영혼이 있다.'"

이들은 약간은 더 경멸시되어 자기규정에 반대되는 범죄행위로 분류되었다. 그럼에도 이 관계는 부분적으로 잘못되어 있다. 실제로 한 인격의 자기결정에 거스르는 성행위는 남용이나 강요의 성격을 갖는다.[33] 여기서는 원초적으로 성행위를 연인의 의사에 맡겨야 한다는 것을 의미한다. 연인은 오로지 그들의 자유의사에 따라 섹스를 하지만, 그들 중 어느 누군가 원치 않으면 섹스를 하지 말아야 한다. 그러므로 중립적으로 말해서 의존적인 자와, 연소자와 가까운 혈연적 친척과의 섹스는 문제가 된다. 이것이 자동적으로 또는 최소한 일정한 조건하에 실제로 도덕적으로 기각될 만한 남용을 제시하는지는, 낱낱이 탐구하여야 할 것이다. 여기서 우리는 근친상간의 특별한 문제, 즉 혈연친척과의 성교의 문제는 나중에 다루기로 한다. 먼저 짧게 다룰 것은 형법이 의존적인 자와 연소자와의 다양한 섹스의 형식에 대하여 무엇을 말하는가이다.

형법 176조는 근본적으로 14세 이하의 어린이와의 성행위를 금지한다. 나아가 1994년 3월까지 일정한 조건하에서[34] 16세 이하의 소녀와의 '완전히 한 동침'을 금지하였다. 이와 대조적으로 소년의 경우에는 동성성교 행위를 18세의 연령에 이르기까지 금지하였다. 개혁이 된 182조를 통하여 통일적으로 16세 이하의 소년소녀들은 성남용(性濫用, Sexueller Missbrauch) 앞에 보호된다. 여기서 '성남용'은 '성적 자기규정의 결여된 능력의 이용'으로 정의된다. 나아가 174조에 따라 다른 자에게 학업, 교육 혹은 생활수행의 후견으로 의탁되어 있거나 봉사관계 혹은 업무관계상 종속된 16세 이하 또는 18세 이하의 소위 보호명령이 되어 있는 소년소녀와의 섹스는 금지한다. 보호명령에 속하여 있

---

33) 실제적으로 해당되는 형법 책의 구절에서는 반복된 성남용이 화제가 된다.
34) 요컨대 '유혹'이 관건인 한에서 이 개념의 엄밀화를 위하여서는 다음 아래를 보라.

는 자들은, 특별한 하위그룹으로서 신체적으로 아직 미숙하다고 상정된 어린이들이 속한다. 최종적으로 174조 a는 연령을 불문하고 '죄수들, 장기적으로 보호되고 있는 고아나 환자'와의 남용될 수 있는 섹스는 금지한다고 되어 있다.

그다지 체계적이지 아니한 이 규정에서 드레허와 트륀들레(Dreher/Tröndle)[35])에 따르면 일정한 의존관계 내에서 어린이와 청소년의 방해되지 아니한 성적 발전과 자유는 보호되어야 한다. 이러한 정식화로서 세 개의 상이한 목표의 설정이 단면으로 부상하였다. 이들은 철학적 분석을 위하여 나누어서 토론하는 것이 낫다.

첫째, 가장 중요한 목표는 실제적 성남용을 아예 못하게 막아야 한다. 둘째, 의존적인 관계의 남용은 이용고리가 끊어져야 한다. 셋째, 어린이와 청소년의 방해되지 아니한 성적 발전은 보호되어야 한다. 먼저 한 인간의 남용 혹은 한 동물의 남용은[36]) 아주 일반적으로 신체적이고 심리적인 부당한 취급에 있을 수 있고, 착취, 이용과 다른 추행에 있을 수 있다. 모든 종류의 성남용에 특징적인 것은 관련된 행위가 인격의 의지에 거스르고 그의 적합한 관심이 대중적 방식에서 훼손되어 있는 것이다. 특별히 어린이들의 성남용 또는 청소년들의 성남용은 성적 영역뿐만 아니라, 마찬가지로 심리적인 공포와 구타, 착취 그리고 강요된 소년노동까지 기타 등등을 포함한다. 성남용은 다른 측면에서 어린이들에 제한되어 있는 것이 아니라, 가벼운 뻔뻔스러운 짓과 성가시게 하는 폭력에서 강간에 이르기까지 모든 연령과 모든 성의 인격에

---

35) Dreher/Tröndle(1993) Eduard Dreher/Herbert Tröndle, *Beck'sche Kurz-Kommentare, Bd. 10, Strafgesetzbuch und Nebengesetze*, München, C. H. Beck, 1021.

36) 사람은 예를 들어, 이전에 어떻게 개들이 노동하는 동물로서 혹사당하였는지, 혹은 여전히 닭이나 거위들을 북적거리는 닭장 안에 키우는 것, 그리고 다른 동물학대들을 생각한다. 3장 4절을 참조하라.

대하여 펼쳐 있을 수 있다. 성뿐만 아니라 모든 임의적 남용이 도덕적으로 나쁘다는 것은, 더 이상 물을 필요가 없다. 다음의 토론을 위하여서는 단지 특수한 테제가 확정되어야 한다.

[자유사랑 4] 한 인격의 의지에 거스르는 모든 성남용, 폭력적이거나 강요된 성행위는 비도덕적이다.

현대사회에는 다양한 의존성의 관계가 존재한다. 무엇보다 로즈(Rodes)[37])에 따르면, "예를 들어 영업관계에서 경쟁적 제공자 사이의 선택, 의자와 환자 사이의 관계, 변호사와 의뢰인 사이, 게다가 신부와 참회인 사이, 선생과 학생의 관계, 경관과 범죄자 사이, 간수와 죄수 사이에서 보호명령의 관계와 같은 것이 그것이다." 만약 의사가 여자 환자를, 선생이 여학생을, 경관이 여성범죄자나 어떤 다른 행위자의 어떤 다른 의존적인 인격을 실제로 남용하면, 요컨대 의존관계에 따라 성행위를 강요하면, 이것은 자명하게 도덕적으로 나쁘다. 이것은 직접적으로 [자유사랑 4]에서 귀결되고 전적으로 반복될 필요가 없다. 중요한 것은 단지 그러한 행위의 도덕적 기각이 곧 남용의 성격과 의존관계에서 유래하지 않는다는 것이 고려되어야 한다. 추가적으로 성남용에서는 성적 성가심과 강요에서 여전히 의존관계가 놓여 있는지, 예를 들어 여자가 직장에서 상사로부터 혹은 '오직' 한 직장동료로부터 성적으로 강요되었는지, 작은 소녀가 아버지나 아저씨로부터, 혹은 '오직' 한 이방인으로부터 강간되었는지, 문제가 전혀 되지 않는다. 그러나 지금 모든 의존적인 자와의 섹스가 자동적으로 그러한 남용을 제시하는 것일 필요는 없다. 무엇보다 거리의 신문은 여의사와 환자, 여선

---

37) Rodes(1983) Robert E. Rodes, *Sex, Law, and Liberation*, in: *Thought* 58, 57.

생과 학생, 목사와 신도 자녀 그리고 아버지와 의붓딸 사이에 진짜 삶과 사랑이 가능하다는 것을 가르쳐준다. 우리의 [자유사랑 1]로부터 특별히 더 나아간 계가 도출된다.

[자유사랑 5] 의존적인 자와의 성관계는, 만약 이것이 두 인격들 사이의 쌍방간의 사랑의 한 적합한 표현을 제시한다면, 도덕적으로 따질 필요가 없다.

이것은 그밖에 형사법적인 판정과도 아주 좋게 일치된다. 174조 a는 요컨대 결코 전체를 싸잡아서 죄수나 환자와의 모든 성관계를 금지하는 것은 아니다. 단지 행위자가 그들 입장을 남용하거나 또는 질병이나 도움의 필요성을 이용하여 희생자에게 원치 않은 성행위를 강요하는 것만이 금지된다. 여기에서 진짜 사랑에 근거하는 성관계는 명시적으로 허용된다. 무엇보다 섹스 또는 사랑은 일정한 의존관계에서 그 자체로 위험을 감추고 있다. 이는 무엇보다 더 앞선 자와 의존적인 자와의 필연적으로 떨어진 객관적 거리를 없애고, 그럼으로써 아마도 제3자의 적법한 관심을 다치게 한다. 예를 들어 경관이 그와 같이 여성 범죄자를 사랑하여 선입견을 갖고 그녀를 정상적인 법적 추적에서 따돌리게 한다. 이런 경우를 싸잡아서 가설적으로 제외할 수는 없다. 이러한 추가적 전망의 법규정에서 만약 그가 쌍방의 사랑의 섹스를 요구한다면, 일정한 의존적인 자와 섹스를 못하게 하거나 전적으로 금지하거나 하는 것이 정당화될 수도 있다. 그러나 그러한 섹스 자체가 도덕적으로 따질 필요가 없다는 사실에서 변화된 것은 없다.

부분적으로 [자유사랑 5]와의 일치에서 형법은 의존적인 자들의 둘째 그룹에서, 소위 보호명령을 가진 자를 판결한다. 요컨대 독일법률 용어에서 말하는 대로, 174조는 오직 '학습, 교육, 보호봉사 혹은 작업

관계에 결합된 의존성의 남용'에서만 성관계를 금지한다. 여기서 독일 형법(StGB)에 대한 벡크의 짧은 주석(Beck'sche Kurzen Kommentaren)은, 의존성의 남용은 항상 앞에 놓여 있다고 설명한다.

"만약 범행자가 의도를 감춘 채 그의 힘과 우위를 보호명령을 통하여 인식될 수 있는 방식으로, 혹은 만약 범행자가 그의 힘의 수단의 인식에서 그에서 기인하는 의존성을 이용한다면, 이것은 성적인 남용이다. … 여기에 진짜 애정관계가 성립하고 있으면 성적 남용은 결여된 것이다."38)

무엇보다 그러한 남용약관은 모든 보호명령과 관련하여 동일한 잣대로 인정되는 것은 아니다. 일정한 연령미달일 경우에 법은 의존적인 자들과의 섹스를 정언적으로 금지된 것으로 설명한다. "누군가 성행위 1을 그에게 학습과 교육을 위하여 혹은 생활의 뒷바라지로 맡겨놓은 16세 이하의 한 인격에게, 성행위 3을 18세가 채 되지 않은 입양아에게 행한다면, 5년까지의 자유형이나 벌금형으로 처벌된다." 입양아와는 달리 친자식들과의 성관계는 각별한 문제이다. 즉 입양된 의붓자녀와 달리 더 나아가 근친상간의 일반적인 문맥에서 조사할 때39) 여기서 먼저 연소자와의 성관계 테마에 직면한다.

우선 [자유사랑 5]의 유추에서 사랑과 섹스와의 관계에 대한 [자유사랑 1]로부터 다음이 도출된다.

[자유사랑 6] 연소자와의 성관계는, 만약 그것이 두 인격 사이의 쌍방의
　　　　　　사랑의 적합한 표현을 제시하지 않으면, 도덕적으로 따질

---

38) Dreher/Tröndle(1993), 1025. 양자의 측면에 명시적으로 의존관계가 없는 보호명령을 갖는 자들에게, 성적으로 동기가 주어진 행위주모자에게는 자유형이 인정된다.
39) 근친상간은 또한 형법 측면으로부터 분리된 항목 § 173에서 다루어진다.

필요가 없다.

이 역시 어린이나 청소년과의 섹스가 도덕적으로 항상 허용될 것이라는 것을 의미하지는 않는다. 먼저 많은 경우 언론에서 보도되는 대로, 이미 [섹스 4]를 통하여 기각될 것으로 나타내어진 진짜 남용, 동물 같은 강간과 강요가 현안이다. 다른 곳에서는 그들이 참된 쌍방의 사랑의 적합한 표현으로 제시되지 않을 때, 도덕적으로 따질 필요가 있는 한에서, 연소자와의 섹스는 남용이 덜하거나 적나라하게 성관계를 강요하는 폭력은 아니다. 어린이와 청소년의 심리적인 발전을 보면 종종 전적으로 성인의 진짜 사랑을 하기에는 여전히 미성숙되어 있다. 모든 경우에 [자유사랑 6]의 결정적인 '만약·약관'은 대부분 14세 이하의 어린이들과 14세와 16세 사이의 많은 청소년들 사이, 또한 가능한 방식에서 많은 18세 이하의 보호명령이 되어 있는 청소년들에게는 여전히 불충분하다.

이에 반하여 지금 사랑은 [자유사랑 1]의 테제에 따라 성관계의 도덕성을 위하여서는 충분하나 무조건적 필연은 아니라는 이의를 제기할 수 있다. 섹스는 관련된 자의 관심을 필연적으로 위배하는 것이 아니다. 다만 양쪽의 파트너가 섹스를 자의적으로 인정할 때만, 할 수 있다는 것은 <어느 누구도 다치게 하지 말라>라는 근본원칙과 일치된다. 이것은 특별히 이전에 인용된 '합리적 섹스 윤리'의 결정적으로 자유화된 원칙을 옹호한다.

[자유사랑 7] 섹스는, 만약 관련된 양쪽 인격이 무엇을 자의적으로 기대한다는 인지를 인정한다면, 이미 도덕적으로 따질 필요가 없다.

예를 들어 아드는 결정적으로 모든 성인들뿐만 아니라, 또한 모든 어린이에게도 "그의 혹은 그들의 자유로운 성적 가능성의 동일한 발전과 연습"의 권리를 인정하였다. 모든 경우의 연령과는 독립적으로 어린이들과의 섹스는, 그들이 오직, '오케이!'라고 말하는 한, 도덕적으로 허용될 수 있을 것이다. 이러한 대충의 판단은 그럼에도 상대화되어야 한다. 어린이의 '자의적' 인정은 드물지 않게 단순한 성의 호기심의 징표나 유혹의 결과를 제시한다. 마지막 개념은 입법에서 일방적으로 이해되어서, 한 남자는 한 소녀에게, "선물을 통한 도덕적 미성숙을 이용하고, 선입견이나 유사한 방식의 약속을 통하여 성교를 남용한다."[40] 거꾸로 한 여자에 의하여 한 소년이 받는 유혹은 명시적으로 보아 덜 문제시되었고 모든 경우에 처벌을 받지 않았다. 유혹은 일정한 잣대에서 어느 누구에게 어떤 것을 조르거나 본래적으로 하려고 원치 않는 것을 강요하는 부드러운 형식이다. 그리고 그것은 규칙상 객관적으로 관련된 인격을 위하여서는 나쁜 것이다. 유혹은 섹스 이외에 흡연, 술혹은 마약과 카지노 등이 있다. 아주 일반적으로 말해서 유혹하는 자는, 만약 아마도 행위의 귀결이 유혹받은 자의 참되고 장기적으로 고려되는 관심을 어겼다면, 그런 면에서 다른 사람을 해롭게 한다. 연소자와의 성교에서 그러한 관심의 훼손은 정말로 상이하게 보일 수 있다. 동시에 소녀의 앞날에 대한 삶의 계획을 극적으로 약화시키게 될 원치 않은 임신은 하지 말아야 할 것이다. 종종 이것은 어린이가 몸을 주었다는 것을 나중에 깊이 후회하게 하는 '오직' 심리적인 요소이다. 확실히 처녀성의 상실은 오늘날 오직 몇몇의 소수의 소녀에게만 진지

---

40) Dreher/Tröndle(1993), 1073. 이 정식은 이전 동독의 형법 149에서 나온다. 드레허/트뢴들레에서 남용은 나중에 "선물, 알코올, 성적인 접촉과 같은 수단으로 의지에 위배하는 자의 의지를 좋게 혹은 최소한 미결정적인 것으로 엄밀하게 만들기"가 된다.

한 아픔을 줄 것이다. 그러나 임신 앞에서의 불안, 섹스에 대한 혐오, 성인으로부터 이용이나 남용되었다는 감정, 혹은 도피적 모험에서 자신을 전혀 사랑하지 않는 남자에게 몸을 주었다는 의식, 이러한 모든 것은 또한 냉철한 소녀의 감성적 자존심을 다치게 하였을 것이다.

특별히 동성의 성행위의 유혹과 관련하여 쇼펜하우어는 『도덕의 기초에 대한 수상작』, 5장에서 남색 또는 '경험이 부족한 어린 부분과의 유혹에서' 부당함을 보았다. 그것은 소년을 '심리적으로 도덕적으로 부패하게 하는' 지경에 놓이게 만든다. 지금 이 도덕적인 부패의 비난은 동성섹스 그 자체가 비도덕적이라는 것을 함축한다. 1장 3절에서 언급된 대로, 이 쇼펜하우어의 신념은 유지될 수는 없음에도 불구하고 특별히 다음 동성의 성적 유혹에 거슬러 다음의 추가적 이의를 제기할 수 있다. 성과학은 동성의 성향이 심리적으로 결정된 것인지 즉, 생리적인지 또는 호르몬의 요소로부터 생겨나는 것인지, 혹은 동성의 성활동의 원인41)이 심리적인 영역에서 찾을 수 있는 것인지, 요컨대 아마도 소년기 초기의 체험을 통하여 각인되었는지 혹은 첫 성경험을 통하여 규정된 것인지를 정확하게 모르고 있다. 특별히 남색은 청소년의 동성연애의 성향을 촉진한다는 가설하에서는, 한 소년은 이성성교보다는 동성성교의 유혹을 통하여 더 많이 피해를 입게 된다. 이상적으로 이해가 충분하고 성적으로 완전히 해방된 사회에서도 동성성교는 이성성교보다는 덜 채워지고 덜 행복한 삶을 의미할 것이다. 이에 대한 근거는 동성연애자가 아이들을 가질 수 없다는 데에만 놓여 있지 않다. 이성성교의 가능성들은 동성성교의 가능성보다 전체적으로 더 풍부하고 더 만족스러울 것이다.42)

---

41) LeVay(1994). 성적인 성벽 생물학적인 구성요소에 대한 새로운 인식들은 르베이에서 발견된다.

42) 동성애가 이성애의 삶보다 자연히 덜 만족스러운 것이라는 오해는 피해져야 한

그럼에도 한 소년의 동성성교의 유혹이 어째서 한 소녀의 이성성교의 유혹보다 도덕적으로 아주 더 나쁜 것인지, 이 빈약하고 단순히 가설적인 논의에 충분하게 근거를 주어야 하는지는 더욱 의심스럽다. 예를 들어 만약 마이클 잭슨의 억측적인 동성성교의 행위가 비난을 받고, 동시에 자명하게도 다른 정상 스타의 이성성교관계가 용인되는 것을 보면, 이것은 오직 비합리적이고 히스테리컬한 편견을 갖는 시민성 도덕의 정신분열로 볼 수 있다.

[자유사랑 4]에서 진짜로 섹스의 남용된 형식으로 이미 부각된 탈도덕성을 간과하면, 어린이들과 청소년들과의 성관계의 본래적인 문제는, 어떤 성이든 간에 그들이 무지하다는 근거하에, 종종 섹스가 실제로 그들의 참된 관심에 놓여 있는지 그렇지 않은지는 알 수 없다는 데에 있다. 또한 위의 인용에서 이미 어린이들의 성적 발전 가능성의 자유로운 연습문제를 만들었던 합리적인 성윤리의 저자는 최소한 다른 자리에서[43] 나이 많은 남자와 어린이들 사이의 섹스는 어린이들이 여전히 그들의 정보화된 승인(informed consent)에 있지 않기 때문에 거부된다는 점을 지적한다. 이것은 모든 경우에 [섹스 6]을 더 엄밀하게 확정하게 한다.

[자유사랑 8] 만약 그들이 어린이의 또는 성장하는 어린이의 무엇보다 참되고도 장기적인 관심을 거슬렀다면, 연소자와의 성관계는 도덕적으로 기각될 만하다.

다. 또한 자연히 모든 동성애자가 어떤 이성애자보다 더 불행할 뿐만 아니라, 규칙상 이성애자가 그가 갖는 가능성들 때문에 동일한 삶의 상황에서 동성애자보다 더 행복하고 만족스럽게 산다는 것으로 이해되어서는 안 된다.
43) Ard(1986), 172.

여기에 앞서 소년소녀들이 평균적으로 그들의 성교의 희망과 목표를 자유로이 규정하기에, 14세나 혹은 16세, 18세인지를 설명하는 것이 철학적 과제는 아니다. 이전에 인용하였던 독일 형법의 연령제한은 전체적으로 확실히 신빙성 있어 보이지는 않는다.

최종적으로 여전히 명백한 두 입장이 있다. 모든 경우에서 하나는 [자유사랑 8]의 죄를 뒤집어 쓴 경우, 성인은 기껏해야 비도덕적으로 비겁하게 처신한다. 만약 누군가가 성경험이 없는 어린이가 체험하지 못한 것을 그 자신의 본래적 욕망을 채우려고 이용한다면 그는 타자의 관심에 위배한다. 거기에 반해 연소자가 다소간에 자의적으로 성인과의 섹스에서 자신의 몸을 드러내놓고 그의 욕망을 만족시켜 주면, 그는 자명하게 타자의 관심에 위배되어 행동하는 것이 아니라 모든 경우에서 그 자신의 관심에 위배하여 행동하는 것이다. 그가 하는 행동은 아마도 어리석은 짓으로 보인다. 모든 경우에 있어서 이것은 본래적 의미에서 비도덕적인 것은 아니다. 둘째, [자유사랑 8]에서 연소자와 관련하여 오직 나사를 조인 자의적인 규칙이 현안이 아니다. 또한 성인과의 섹스는 만약 그가 파트너의 참된 관심을 위배하고 있다면, 유추적으로 도덕적으로 기각될 수 있다. 무엇보다 보통 성인에서는 양 파트너가 서로 사랑하는 한에서 또는 [자유사랑 7]의 원칙에서, 양자가 섹스를 의지적으로 알 수 있게 인정하였던 한에서, 그와 같은 관심의 위배는 없다고 보아도 된다.

요컨대 '간음'의 마지막 그룹은 소위 친척 혹은 근친상간, 가까운 혈연적 친척과의 섹스이다. 구약성서는 거기에 관련하여 아주 상세하다. 남자의 관점에서 보면, 자신의 할머니, 딸과 손녀와의 성교뿐만 아니라, 예를 들어 숙모, 처의 자매 혹은 며느리와의 성교가 발견되며 나아가 「레위기」, 18장 16절에는 혈연친척의 성교문제가 별도로 나온다.

"너는 여인과 그 여인의 딸의 하체를 범하지 말며 또 그 여인의 손녀나 외손녀를 아울러 데려다가 그의 하체를 범하지 말라. 그들은 그의 살붙이니 이는 악행이니라. 너는 아내가 생존할 때 그의 자매를 데려다가 그의 하체를 범하지 말라."

이 마지막 규정은 구약성경의 표상에 따라, 남자 측면에서 일부다처제가 공공연하게 일상적으로 허용되었음을 명백하게 한다. 그밖에 구약성경은 부인의 죽음 이후에 홀아비에게 그의 딸 또는 자매와 결혼하는 것을 금지하지 않았고, 단지 어머니와 딸 또는 두 자매들과 동시에 성교하는 것을 금지하였다. 그러나 이 문제는 근친상간의 문제와는 전적으로 독립적이므로 나중에 5절에서 정조의 테마와 관련하여 설명할 것이다. 나아가 다음에는 처의 자매, 며느리 혹은 의붓딸에 대한 성관계는 고려되지 않는다. 여기에는 또한 실제적 혈연친척이 현안이 아니다. 진짜 근친상간은 오직 직계친척과의 섹스뿐이다. 요컨대 남자의 관점에서, 어머니 또는 할머니, 증조할머니, 혹은 딸과 손녀, 증손녀, 기타 등등 또한 마찬가지로 평행적인 선상에서 여자형제와의 섹스이다.

지금 칸트와 함께 정확하게 생각하여야 할 것은 '모든 종류의 상업적 섹스(commercii sexualis)'로 근친상간을 반박할 어떤 근거가 있는가이다. 칸트의 입장은 다음과 같다.[44]

"근친상간의 도덕적 근거들은 오직 유일한 경우에만 무조건적이고, 다른 경우에는 단지 조건적이다. 그래서 형제자매 사이의 근친상간은 오직 조건적으로, 국가에서는 허용되지는 않는다. 그러나 자연에서 근친상간은 없다. 첫 인간은 첫 형제자매들과 결혼하여야 하기 때문에, 오직 자연만

---

44) 칸트, 『도덕철학강의』, 1518.

스스로 형제자매에 거스르는 경향을 제한하였다."

그러나 자연에 대한 이 이중 항고(抗告)는 불만스럽다. 한편으로 자연은 형제자매와의 성교에서 자연에 위배되는 의지를 만들었다. 또는 형제자매 사이의 성적 흡인은 정상적 관계보다 약하지 않다. 가정된 경험적 기록은, 저 드문 경우들의 섹스에 대한 도덕성에 대하여서는 언급할 것이 없다. 여기에는 자연적으로 거스르는 의지가 덜 각인되었고 형제자매는 스스로 형제/자매일 뿐만 아니라, 에로틱한 사랑을 원하는 것이 아니다. 문제적인 사실로서 기껏해야 형제자매 사이의 섹스는 비자연적이라는 것을 가리킨다. 여기서 나아가 주장된 형제자매 사이의 근친강간의 탈도덕성을 도출하자면, 우리는 그럼에도 자연적 사랑의 원칙을 필요로 한다. 모든 자연적인 것은 도덕적으로 좋고, 거기에 반해 모든 자연에 거스르는 것은 도덕적으로 나쁘다. 그러나 이것은 이미 3절에 비추어 근거가 없는 것이다.

거꾸로 사람은 오랜 시간 이전에 첫 인간은 "첫 형제자매와 결혼하여야 하였다"는 칸트의 가정으로부터 기껏해야,「창세기」, 4장 17절에서 카인은 혹은 아담과 이브의 다른 아들은 궁핍한 상황에서 창조의 역사를 통하여 호모사피엔스(homo sapiens)의 종에서 급작스러운 마지막 운명을 준비하기보다는 기꺼이 그의 자매와 침대로 들어가길 결정하였을 때, 두 악으로부터 더 작은 악을 선택하였고 비도덕적으로 행하지는 않았다는 결론을 이끌 수 있다. 그러나 누군가 한 딜레마에서 더 나쁜 임의선택 가능성을 통하여 도덕적으로 올바로 행한다면, 결코 그러한 딜레마에 처해 보지 않은 자에게서 그와 마찬가지로 도덕적으로 동일한 행위의 결정을 올바르게 행할 것을 함축하지는 않는다.

그와 같은 사안의 부분적인 도덕적인 정당화처럼, 요컨대 형제자매의 근친상간에 대한 칸트의 도덕적 비판은 나타날 성싶어 보이지는 않는다. 그럼에도 여전히 오늘날 근친상간이 "국가 안에서는 허용되지 않는다"는 칸트의 코멘트는 적용된다. 형법 173조에 따르면 18세 이전에 완전히 서로 동침을 한 형제자매는 2년까지 자유형 혹은 벌금형으로 처벌된다. 이 규정에 대하여 철학적으로 뒷받침할 만한 어떠한 근거들이 있는가? 드레허와 트뢴들레45)의 주석에 따르면 근친상간 조항의 첫째 목적은 '결혼과 가족, 그러나 성적으로 남용된 파트너의 심리적인 통합'을 보호하는 데 있다. 마지막 심리적인 통합에 관련되는 것은, 그럼에도 결코 그렇게 강요적인 것은 아니다. 형제자매의 근친상간에서 실제 성남용은 엄격한 성적 강요의 형식에서보다는 오직 밋밋한 유혹의 형식으로만 앞에 놓여 있다. 여기에 놓인 논쟁은, 원초적으로 형제자매가 서로 성적으로 열망하는 사랑의 관계에 해당된다. 근친상간 조항의 둘째 목적은 결혼과 가족의 사전 보호의 목적으로 오직 입법자가 형제자매가 서로 결혼하고 가정을 이루는 것을 원하지 않는다고 해석할 수 있다. 여기에는 상대적으로 실제로 근친상간으로 위협당하는 위험이 도사린다는 좋은 근거가 있다. 즉, 가까운 근친상간에 의한 혈연친척의 번성은 대 브록하우스(Grosser Brockhaus)의 설명에 따르면, 인간에서는 "이것이 앞서 현존하는 유전적 열성의 결함과 질병의 명시화를 선호하게 하도록" 작용하게 한다. 특히 예전에 고립된 지역의 근친상간을 결코 피할 도리가 없었던 곳에서, 잘 알려진 시골 저능아의 정신박약의 이유는 근친상간 때문이었다고 볼 수 있다. 모든 경우에 근친상간의 법적 금지에 대한 중요 동기는 가까운 혈연친척과의 섹스에서 생길 수 있는 유전적 해악을 피하게 하자는 데에 있다.

---

45) Dreher/Tröndle(1993) Eduard Dreher/Herbert Tröndle, *Beck'sche Kurz-Kommentare, Bd. 10, Strafgesetzbuch und Nebengesetze*, München, C. H. Beck, 1015.

그럼에도 이 논의는 형제자매의 근친상간의 개별경우 도덕적 질을 하락시키기에 약하다. 먼저 오늘날에는 효과적인 피임수단이 있다. 두 번째는 이미 내연의 자녀문제의 토론에서 언급되었던, 모든 규칙에서 출산된 후세에 대한 관심과 보호로 섹스에 비도덕적 근거를 주려는 것은 충분치 못하다. 근친상간으로 정신적으로나 육체적으로 기형아가 태어났다 할지라도, 보통은 가치 있는 삶을 영위할 수 있다. 그리고 이 어린이를 위하여 전적으로, 혹은 지체장애아로 태어나게 될 유일한 선택 가능성에서도, 아마도 그 어린이에게는 출생을 통하여 실제로 피해가 가지 않는다. 자연히 국가나 사회의 이상적 가치는 가능한 한 지체장애 어린이들이 덜 출생하는 것이다. 그러나 이것이 근친상간이 자동적으로 모든 개별경우에서 다른 인격체의 정당화된 관심을 위배되고 있어야만 하고 요컨대 본래적 의미에서 도덕적으로 금지되었을 것이라는 것을 의미하지는 않는다.

예를 들어 무엇보다 서로 사랑하는 형제자매를 둔 부모는 그들의 자녀들에게 섹스를 금지시키는 좋은 이유들이 있다. 하나는 건강한 손녀 손자를 얻지 못하고 근친상간으로 피해를 입을 것이라는 것이다. 또 다른 이유는, 그들의 딸과 아들이 장기적으로 청소년의 근친상간이라는 열애의 충동에 빠지지 않고 대신에 다른 '정상' 파트너들과 사랑과 섹스에 노력한다면, 충만하게 행복한 삶을 살아갈 것이라는 데서 출발한다. 부모의 이러한 관심의 배후에서 <어느 누구도 해치지 말라>의 이해를 통한 형제자매 사이의 섹스는 도덕적으로 확실히 따질 필요가 없다는 것은 아니다.46) 그럼에도 불구하고 개별 경우, 형제자매의 근친상간에 대한 공리적 정당화는 한 쪽 측면에서 사랑하는 자, 다른 측

---

46) Baumrin(1975), 123. 근친상간의 성교가 이혼의 경우나 어떤 강간의 형식을 제시한다면, 바움린은 모든 경우에 지나치게 문제를 단순하게 만든다.

면에서는 철저히 친척의 경쟁적 관심의 형량에 따라 가능한 것으로 보인다.

이제 최종적으로 부모자식 사이의 근친상간을 고찰하겠다. 칸트는 무엇보다 근친상간은 위험 때문이라기보다는 다른 근거로서 '무조건' 비도덕적이라고 하였다. 이 자리에서는 여전히 다음의 현안으로서 성적 남용이 문제가 아니고, 양 인격체들이 서로를 사랑하고 성적으로 욕망하고 있다는 전제가 강조된다. 이상적인 사랑의 관계에서 양 파트너가 동등하게 권리를 갖는다는 격률로부터 출발하면, 칸트는 모자(母子)나 부녀(父女) 사이의 성관계(性關係)는 제외된 것으로 생각한다. 이것은 어린이들이 그들의 부모에 대하여 그들의 삶의 기간에 평등의 원칙(Gleichheitsprinzip)에 반박되는 일의적 관계를 유지하여야 한다고 보았기 때문이다.

"근친상간의 안목에서 도덕적인 근거들이 무조건적인 유일한 경우는 어린이들과 부모의 공동체이다. 이 두 번째 부분의 안목에서 또한 전체의 삶을 통하여 지속되어야 하는 고려는 필요하다. 그러나 이 고려는 성의 안목에서 평등성을 배격한다. 양 인격체 사이의 가장 큰 복종은 성의 공동체에 있고, 부모와 어린이들 사이는 오직 복종이 일의적이다. 어린이들은 오직 부모에 복종되어 있으므로 공동체는 아니다."

요컨대 오이디푸스와 요카스테 같은 관계가 비도덕적이어야 하는 것은, 오이디푸스가 요카스테를 항상 어머니로 존경하고 그녀에게 '복종'하여야 했기 때문이다. 그러나 이 관계는 결코 동등한 권리를 갖는 연인이나 아내에게는 해당되지 않는다. 그럼에도 이러한 따지기에서 어린이들과 부모 사이의 평생의 복종요구는 실제와는 거리가 멀고 근거가 주어지지 않은 것이다. 자연히 60세의 나이든 아들은 그의 90세 어머니를 여전히 존경하게 되고 하여야만 한다. 그러나 종종 많은 나이에는 어머니에게 더 이상 어린이로는 복종하지 않으면서, 아들이 어머니를 어린이처럼 취급하고 돌보는 역할교환(役割交換)을 관찰할 수 있다. 나머지로 주목되는 것은 칸트의 이의로서 유추하여 보자면, 입양아나 의붓자녀와의 섹스 또한 비도덕적인 것으로 거부되어야 한다. 형법은 그러한 관계를, 어린이가 어린이 연령을 훌쩍 넘기고서 허용하였고 그럼으로써 남용의 위험 또는 연소자의 유혹의 위험이 더 이상 있지 않게 되자, 문제가 없는 것으로서 양해하였다.

칸트적 요청으로서 형법 173조 주석에 있는 결혼과 가족의 법령에 의한 광범위한 결혼 파트너의 동등성은 가능한 근친상간의 문제를 넘어선다. 이는 어머니와 아들 사이 혹은 아버지와 딸 사이의 섹스를 전적으로 형제자매 사이의 근친상간보다 더 큰 문제로 보이게 한다. 첫째로, 그러한 성관계의 문제는, 그때마다 다른 부모의 관심이 크게 피해를 보는 데 있다. 이것이 원초적으로 근친상간의 문제가 아닌 파혼의 문제일지라도 부모의 결혼을 보호하기 위해서는 특별히 동일한 가족 이내에서 성관계는 금지되어야 한다는 것이 정당해 보인다. 매일의 좁은 공동생활에서 자신의 아이와 성관계를 갖는 것은, 본질적으로 가족 밖의 문맥에서 근친상간의 파혼이나 파트너와의 결별의 확률보다 더 크다. 따져보아야 하는 것은 마찬가지로 법적으로 허용된 보호아동과 의붓자녀들과의 성관계에 자유로이 적용된다. 둘째 문제는 부모와 아이들 사이의 커다란 연령차에서 기인한다.[47] 자연히 개별경우에서 50세 여성과 20세 청년이 일생 동안 행복한 결혼생활을 하는 것을 생각할 수 있다. 그러나 그러한 관계는, 만약 60세 여성이 30세 남자를

---

47) 다른 측면에서 이러한 나이 격차에서는 여전히 결코 근친상간의 위험이 없을 것이다.

위한 모든 성적 매력을 잃어버렸다면, 늦어도 10년 후에는 깨어질 것이다. 50세 남성과 20세 여성과의 유추적 관계에서는 이 문제가 덜 중요할지도 모른다. 그럼에도 여기서 이야기할 수 있는 것은, 소녀가 만약 동년배의 청년과 결혼한다면 더 행복할 것이라는 것이다. 확실히 연령 차이는 보통, 모든 규칙에서 근친상간이 아닌 사랑의 관계에서 도덕적으로 불필요하고 따질 필요가 없어 보인다. 그렇지 않다면 아마도 여기서 토론으로 따져보아야 하는 부모와 아이들 사이의 섹스를 도무지 정언적으로 비도덕적인 것으로 입증할 수 없다. 그럼에도 근친상간에서 남아 있는 문제성은 아마도 다음의 추천을 통하여 가장 잘 암시될 것이다. 누군가 자신의 아이를 실제로 사랑하면, 아이가 스스로 그것을 원할 때라도 그는 그와 함께 사랑을 나누지 말아야 한다. 더 자세히 말하자면 다음이다. 누군가 딸, 아들, 그의 자매나 형제를 마음으로부터 사랑하고 그가/그녀가 잘되는 데에 관심을 갖는다면, 그가/그녀가 유아적 또는 형제자매의 사랑을 넘어서 아버지, 어머니, 형제자매에 대한 에로틱한 성적 경향을 느낀다고 할지라도, 그는 그의/그녀의 관심에서, 추가적으로 아마도 근친상간으로 기형으로 태어날 자식의 관심에서, 그와/그녀와의 섹스를 거부하여야 한다.

5. 정조: 결혼

정조(貞操)에 관한 수많은 문제는 결혼에서뿐만 아니라 다른 모든 것과 고강도의 이중관계로 결합되어 있다. 여기서는 문제의 원인을 인간본질의 비합리적인 모습에 국지화시키는 것으로는 불충분하다. 즉, 엥엘하르트(Engelhardt)[48]와 더불어 확언할 수 있는 것이 있다. "성활동이란 정열로서 나타내어지고, 정열은 비이성적이다. 이들은 이성에 반하여 가치표상을 무너뜨리고 의무(義務)의 구조를 기형화한다." 철학자는 정조의 영역에 정확한 가치표상의 기초를 제공하고 일목요연한 의무의 작용반경을 규정하여야 한다. 일상생활에서 사람들은 정조에 도움이 되지 않은 권리와 부당한 권리의 용어로 토론하고 있다. 파트너 A는 파트너 B를 사랑하고 오랫동안 함께 살아왔다. 만약 파트너 B가 새로운 파트너 C를 사랑하고 그와 내적으로 성교를 가지려 한다면, 파트너 A는 파트너 B의 인격에 대한 권리를 갖는 반면, 대신 파트너 B는 자동적으로 부당한 권리로 치환된다. 여기에 충분한 근거가 있다.49) 그럼에도 어떠한 범위에서, 그러한 법 요구가 도덕적으로 적법한지 어떤지는, 더 자세한 탐구를 필요로 한다. 다음에서는 먼저 도식적으로 말해서 B가 지금까지 A와의 관계를 끝내는 곳에서, B는 C와 새로운 관계를 위한 파트너변경 윤리학을 염두에 두어야 한다. 이어서 B가 A와 관계를 완전히 포기하려 하지 않고 혹은 할 수 없고, 동시에 C와 더 나아간 에로틱-성관계를 받아들이려 한다면, 거기서 생기는 문제를 토론하여야 할 것이다. 용어는 아주 통일적인 것은 아니다. 첫 번째 관계는 때때로 잡혼(雜婚), 두 번째는 일부다처(一夫多妻)로 나타낸다.50) 만약 B가 A와 결혼하였다면, 파트너변경은 이혼(離婚)을, 삼각

---

48) Engelhardt(1987) Tristram H. Engelhardt, Jr., *Having Sex and Making Love*, in: Shelp(1987), 61.

49) 칸트,『도덕형이상학』, A108. 예를 들어 칸트는 이혼의 도덕적 귀결을 다음으로 묘사한다. 요컨대 "만약 결혼한 부부의 하나가 도망한다거나 타자소유에 헌신한다면, 타자는 모든 시간에 그리고 거부할 수 없게, 사안을 그의 강제에 동일하게 되돌려주는 것이 정당화될 것이다."

50) '일부다처'는 특별히 한 남자의 부정을 나타내고, 여자의 경우는 '일처다부'로 나타낸다. 독일어에서는 성별과 관계없이 대부분 단순히 '일부다처'로 이야기한다. 잡혼은 브록하우스에 따르면 '확고한 파트너의 결합이 없는 무규칙 성교'로서 나타낸다. 여기에는 잡혼의 개념 아래에 넓은 의미에서 성적인 관계를 빈번한 파트너교환으로 이야기할 수 있다.

관계에서는 간통(姦通)을 의미한다.

소설이나 영화 제목에서와 같이 이전부터 유지되어 온 위대하고 영원한 사랑의 로맨틱한 신화는 현실 앞에서는 허구적이다. 심리학적 자연법으로서 대강 관찰할 수 있는 것은, 모든 에로틱-성적 사랑은 누구나 여전히 깊은 감정을 점차적으로 누그러뜨리게 만들고 그들의 특별하고 개별적 반감기를 거치게 된다. 격렬하고 맹목적인 사랑의 초기단계는 조용하고 응결된 사랑, 또는 신뢰와 우정의 상이한 긴 기간을 통하여 해체된다. 그리고 종종 최소한 파트너는 그의 성적 욕망을 더 이상 이제까지의 그의 연인에서 만족하고 싶지 않고, 새로운 파트너와 만족하고 싶은 단계로 넘어간다. 쇼펜하우어는 이러한 반감기는 강한 잣대에서 성에 의존적이라고 주장한다.[51]

"남자는 본성상 사랑을 참지 못하고, 여자는 꾹 참고 견디는 경향이 있다. 남자의 사랑은 주목할 만하게 사랑이 만족을 얻었을 순간 감소한다. 거의 모든 여자는 남자가 이미 갖고 있는 것보다 더 많이 그를 자극한다. 남자가 이제는 그만 하려고 할 때, 그에 반해 여자의 사랑은 곧 그 순간에 올라간다."

이것은 매우 거짓이다. 현실적으로는 남녀의 참을성에 큰 차이가 없다는 것을 관찰할 수 있을지라도, 에로틱-성관계의 모험에 빠지는 자는 누구라도 사랑의 유한성과 이 관계가 깨질 가능성을 생각해야만 한다. 특히 혼전, 또한 이혼과 재혼에서 파트너변경은 그 사이에 일상다반사(日常茶飯事)가 되었다. 그렇지만 한 행동방식의 빈도횟수가 그들의 도덕적 질을 말해 주는 것은 아니다. 특별히 한번 선택하였던 파트너에 대한 자신의 감정에 대하여는 어떤 보증을 할 수 없고, 그렇기

---

51) 쇼펜하우어, 『성애의 형이상학』, 530.

때문에 본래적으로 결코 영원한 사랑을 약속할 수 없을지라도, 최소한 유의미한 방식에서 영원한 정조를 약속하기 위하여, 그의 사회적 성행위를 그렇게 널리 통제할 수 있어야 한다는 입장은 대변될 수 있다. 예를 들어 프롬52)은 그렇게 설명한다. "어느 누군가를 사랑한다는 것은, 강한 감정일 뿐만 아니라, 그것은 또한 결정이요, 약속이다. 사랑이 오직 감정일 터이라면, 이것은 결코 스스로를 항상 사랑하겠다는 약속의 기초가 될 수 없다." 실제로 우리의 결혼문화에서는 최소한 에로틱-성관계, 즉 결혼의 규범적 형식은 영원한 정조의 한 약속으로 특징짓는다. 그럼에도 이것은 먼저 모든 내적인 관계가 결혼의 형식적 혹은 내용적 성격을 갖느냐, 즉, 그러한 약속에 근거지어져 있어야만 하는가에 물음을 던진다. 칸트는 주장한다.53)

"만약 남녀가 서로 즐기려 한다면, 이들은 필연적으로 결혼하여야 한다. 이것은 순수이성의 법규정에 따라서 필연적이다. 자연적 성행위는 하나의 성(性)이 타자의 성기(性器) 일부를 사용함으로써 타자에게 헌신하는 향유이다. 이 작용에서 한 인간은 그 자신의 고유한 인격에서 인류의 권리를 거슬러 투쟁하는 일을 한다. 이것은 한 인격이 다른 인격으로부터 동일하게 물건을 획득하는 한에서, 저 인격은 반대로 다시 이 인격을 획득하는 것이 가능하다. 왜냐하면 그렇게 인격은 다시 스스로를 획득하고 그의 인격성을 회복한다."

본질적으로 이미 [자유사랑 1]의 방어에서 지적한 것처럼, 섹스는 오직 결혼제도 내에서만 도덕적으로 허용될 수 있을 것이라는 이 특수한 논의는 현실적으로 근거를 가질 수 없다. 먼저, 왜 한 인간이 사랑의 게임에서 그의 인격의 특성을 상실하고 그 자신 스스로를 비인격적

---

52) Fromm(1980), 68.
53) 칸트, 『도덕형이상학』, A107-108. 「법이론」, 25절.

'물건'으로 만들어야 하는지는 인정하기가 어렵다. 둘째, 왜 이것이 개별인격에 있는 인류의 권리에 반박되는지는 분명치 않다. 셋째, 단순히 그런 권리의 존재는 거의 문제로 여겨진다. 마지막으로, 칸트의 생각은 기껏해야 모든 경우 남녀가 서로 사랑하여 즐기려 하는 한에서, 비례적이고 반대적인 인격적 헌신의 형식에서 뒤따라야 한다는 점이다. 모든 경우에서 정조의 약속이 사랑의 관계의 종말을 넘어서 영원히 타당해야 한다는 것은 근거지어질 수는 없을 것이다.

자연적으로 개별경우에서 자연법을 고려하지 않고, 점차로 약해 가는 사랑의 감정과 사랑의 덧없음을 인식하게 되면, 파트너와의 영원한 정조의 약속은 불가능하고 도덕적으로 따질 필요가 없다. 그럼에도 타자와의 성관계를 거부하려는 자유로운 합의는 항상 양자의 관심에서 철저히 매듭지을 수 있다. 최소한 양자의 입장에서는 그럼에도 에로틱-성관계의 임의변경의 형식은 파트너가 서로 영원한 정조의 의무를 지려고 하지 않고 오직, 그들이 서로 함께 살다가는 한에서, 어떻게 그들의 서로의 사랑이 유지되는가에 대하여서만 합의할 수 있다. 헌터(Hunter)[54]가 주목한 대로, 인간은 파트너와 함께 생활하는 과정에서 종종 파트너의 부정적 모습을 발견한다. "혹은 그들은 그들의 삶의 다른 영향과 발전의 근거에서 스스로 변한다. 혹은 그들은 타자의 인격에서 더 큰 관심을 발견한다. 만약 결혼서약이 '우리 서로가 사랑하는 한에서'라고 되어 있었다면 그렇게 문제가 없었을 것이다. 그러나 '우리가 서로 사랑하는 한에서', 왜 어느 누가 결혼약속을 결정하는지는 도무지 이해하기 어렵다."

이 생각은 영원한 정조를 갖춘 결혼을 선호하는 의미에서, 누구나

---

54) Hunter(1980) John F. M. Hunter, *Thinking about Sex and Love*, Toronto, Macmillan, 77.

유한한 일부일처만을 함축하는 사랑의 관계, 잡혼에 대한 정언적 논의를 확실하게 제시하고 있지는 않다. 어떤 방식에서 어떤 공생형식이 가장 적합한지의 물음은 인격적 성향, 희망 그리고 기대에 강하게 의존하며, 그것은 더 나아가 여기서 설명할 필요는 없다. 도덕철학의 에세이는 어떤 에로틱-성관계가 윤리적으로 허용되는지에 대해서만 논의를 세울 수 있다. 그리고 이것과 관련하여서는 다음의 사실이 정당화된 것으로 보인다. 한 측면에서 파트너 A와 이별을 위한 결별은 모든 규칙에서 고통과 연민을 의미한다. 또한 잡혼의 관계에서 A는, B가 더 이상 그/그녀를 사랑하지 말고, 새 그/그녀 C를 사랑한다는 것에 대하여, 보통은 슬퍼하지 말고 기만되지도 말아야 한다. <어느 누구도 다치게 하지 말라>라는 근본사상에 따라서 B를 위하여서는, A가 염려하지 않고 그/그녀를 믿지 않는 것이 도덕적으로 더 나을 것이다. 다른 측면에서는 그/그녀가 B와 사랑의 기쁨을 즐길 것을 결정하였을 때, 동전의 양면으로 끝나버린 사랑의 관계에 대한 고통과 슬픔은, A가 떠맡아야만 하였고 떠맡았던 사랑의 게임의 피할 수 없는 위험으로 간주될 수 있다. 이 게임의 패배를 위하여서는, 스포츠에서의 우승자나 경력과 일을 위한 싸움에서 성공한 승자와 같이 파트너를 도덕적으로 무책임하게는 만들지는 말아야 한다. 짧게 표현하자면, 사랑에서는 모든 것이 허용된다. 사랑의 게임은 공정하다. 왜냐하면 처음부터 버림받은 자의 역할을 분배받은 것이 아니기 때문이다. 떠나간 사랑에서 떠나는 자는 새로운 파트너와 더 행복하기 위하여 동일한 확률로서 존재할 수 있다. 그밖에 개별자들을 위하여서는, 사랑의 기쁨이 아마도 이별의 슬픔보다 더 멀리 더 높이 올라가기 때문에, 함께 하는 사랑의 게임은 해볼 만하다. 우리 시대에는, 옛날 노래 가사에서처럼 사랑의 기쁨은 오직 한순간 지속되고 사랑의 슬픔은 일평생을 지속하리라는 것은 결코 화두가 될 수 없다.55) 만약 양자의 파트너가, 섹스와 공생의 기쁨이 그들의 상대방의 사랑이 유지되는 시점까지 맛볼 것이라는 전제하에 사랑의 기쁨을 가졌다면, 만약 파트너가 다른 파트너를 마지막에는 떠난다 할지라도 도덕적으로는 철저히 승인된다.

그럼에도 이혼 또는 결혼에서의 파트너변경은 세분하여 판정하여야 한다. 여기에는 파트너가 명시적으로, 특별히 일생을 함께 할 의무를 따를 것으로 여겨지는 곳에서 영원한 사랑과 정조의 의무를 다하고 있다. 어떤 도덕적인 구속이 이 전통 결혼서약에 다가오는가? 결혼식의 단순히 의례적이고 제도적인 전망을 도외시한다면, 결혼은 특별히 사랑하는 자의 관심을 조화롭게 하는 것에 봉사하여야 한다. 양자의 파트너는 '영원한' 정조를 바탕으로 함께 사는 것이 장기적으로 보아 가장 좋은 것이라 믿는다. 진짜 결혼위기의 등장은 이 믿음을 그럼에도 거짓으로 입증할 수 있는 데 있다. 이론적으로 파트너 중 하나만 혹은 양 파트너가 관계를 끝내려 한다는 데에는 두 가지의 근본상황을 구분하여야 한다. 마지막의 경우에는 <어느 누구도 다치게 하지 말라>의 전망으로부터, 결혼파기불가의 기독교적 편견을 고려하지 않고 사건상황의 국가적 제한을 고려하지 않고, 양 파트너가 서로 이혼을 전제하였을 뿐만 아니라 이혼을 통하여 제3자의 관심, 특히 자신의 자녀의 관심이 다치지 않는 한에서, 도덕적으로 따질 필요가 없는 방식에서 이 관계는 명백하게 끝내도 좋다.

이에 반해 아주 빈번히 도덕적으로 더 따질 필요가 있는 경우는 파트너 B가 C와 새로운 에로틱-성관계를 시작하기 위하여 파트너 A와 끝내려고 함으로써 생긴다. 혼음관계의 좌절에서와는 달리 파트너 A는 여기서 사랑의 게임에서 패배는 피할 수 없는 것이라는 지시로 위

---

55) "사랑의 기쁨은 한순간을 계속하지 못하나, 사랑의 슬픔은 일생을 계속한다." 이 시 구절은 피임이 쉽지 않던 시절의 소녀가 도피적인 사랑의 모험을 하고 임신하게 되어 그녀의 연인으로부터 내버려지게 되었을 시대에나 타당하였다.

안을 받을 필요가 없다. 파트너 A는 파트너 B에게 권리로서 '게임규칙'을 어겼다고 비난을 하여도 좋다. 파트너 B 또한 그가 도덕적 딜레마에서 최소한 한 인격에게, 요컨대 파트너 A 혹은 C를 가슴 아프게 하여야만 한다는 지시로서 자신을 정당화할 수 없다. 만약 파트너 B가 이미 내적인 관계를 C와 함께 시작하였다면, 사실상 C는 파트너 B와의 더 나아간 공생을 원하는 것이다. 그럼에도 이 관심은 법률상 또는 도덕상 확실히 동등한 잣대에서 내적으로 파트너 A의 합당한 관심과 같을 수 없다. 끝내는 그리고 최종적으로 C는 보통은 그가/그녀가 기혼 파트너와 성관계를 시작하면, 그는/그녀는 무엇을 용인하여야 하는지를 안다.

결혼에서 생겨난 어린이들은 이들의 이혼에서 여전히 추가적으로 고려되어야 하는 문제이다. 심리학자와 교육학자의 인식에 따라서 '20-25년' 이상 지속되는 공생의 상황이 다음 세대 성장을 위하여 가장 적합하다는 그로스(Gross)[56]의 주장은, 아마도 시간의 범위와 관련해서 과장된 것일 것이다. 무엇보다 더 명백한 것은 대부분 나이 어린 아이들은 이혼과 관련하여 수난을 당해야 한다. 다른 측면에서 문란한 파트너와 형식적으로만 산다면, 이것 또한 아이들에게 도움이 되지 않는다. 아이들을 위하여서는 아마도, 풍비박산이 된 가족 내에서 계속 사는 것보다는 사랑이 충만한 양부모와 함께 새로운 삶을 사는 것이 더 나을 것이다. 마찬가지로 장기적으로 보아서, 실망하고 상처받은 파트너 A를 위하여서는 나중에 새로운 파트너와 행복한 삶을 계속 이어나가기 위해 이혼을 인정하는 것이 더 좋을 것이다. 최종적으로 결혼서약의 파기는 도덕적으로 최소한의 부분에서 정당화될 수 있다. 영

---

56) Gross(1991) Helmut Gross, *Für eine Ontologie der ausgetretenen Pfade*, in: *Philosophisches Jahrbuch* 98, 59.

원한 사랑과 정조의 경건한 언약은 본래적으로 모든 개별적인 인간에게 지나친 요구이므로 실제적인 방식에서 파트너로부터 전적으로 기대할 필요가 없다. 헌터에 따르면[57] 모든 경우에, "우리가 십 년보다 더 길게 생각하였던 임의적인 기간을 위하여, 어떻게 진지하게 그런 약속을 해야 하는지 이해하기가 어렵다." 만약 결혼서약의 파기를 두 인격 사이의 계약체결에서 합당하게 인정된 것으로 유추하여 규정한다면, 개별계약 파트너는 모든 경우에 서로가 받아들일 수 있는 형식에서 계약을 파기하여도 좋을 가능성을 인정하여야만 될 것이다. 만약 파트너 A와 B가 그들의 관심, 직관 그리고 성향에서 그렇게 멀리 이질화되었다면, 그래서 파트너 B를 위하여 파트너 A와 함께 살아야만 하는 것이 고통이라면, 파트너 B의 이혼 또는 이별의 희망은 윤리적으로 고찰했을 때 옳을 것이다. 반면에 만일 그가/그녀가 에고이스트의 동기에서 파트너 B에게 그/그녀와 함께 사는 인생의 강요를 시도한다면, 도덕적 비난은 거꾸로 파트너 A에게 쏠릴 것이다.

결혼과 유사한 결합에서 이혼 또는 파트너변경은 도덕적으로 결코 문제가 없다는 것이 사실로부터 확정될 수 있다. 누군가 새로운 상대에 대한 호감에서 지금까지의 인생의 파트너를 버리고 아이들에게 더 이상 아버지나 어머니의 역할을 하지 않는다면, 그는 여기서 엄청난 근심과 고통을 받게 된다. <어느 누구도 다치게 하지 말라>는 전망으로부터 모든 규칙에서 그러한 결정은 A에 대한 피해가 아이들과 새로운 파트너 C를 위한 '적법한' 이용을 통하여 결코 상환되지 않기 때문에, 도덕적으로는 쓸데없는 것이어도 좋다. 여기에 만약 공리적 전망으로부터 B의 관심과 욕구를 계산한다면, 전체적인 개별관심의 형량에 따라서 다른 개별경우에 이혼은 도덕적으로 철저히 대변될 수 있을

---

57) Hunter(1980), 77.

것이다.

파트너변경 또는 이혼에서 논리적으로 파트너 A와 결합한 파트너 B가 에로틱-성관계를 C와 시작하는 것이 가능한 유일한 길은 아니다. 삼각관계에 포함된 모든 사람들이 이것을 전적으로 좋다고 하는 것을 생각할 수 있다. 도식적으로 말하자면, A와 C는 동일한 인격 B를 사랑한다. A도 B를 사랑하고 C도 B를 사랑한다. A와 C는 이것을 알고 받아들인다. 일부다처의 이상적인 형식은, 사랑은 섹스를 정당화한다는 이전의 근본명제에 따라 도덕적으로 따질 필요는 없다. 이상적 삼각관계는 오직 이론일 뿐, 실제로는 존재하지 않는다는 이의를 제기할 수 있다. 왜냐하면 어느 누구도 두 사람과 동시에 에로틱-성적 사랑을 할 수는 없기 때문이다. 종종 B가 새로운 파트너 C를 사랑한다는 사실은, 그가/그녀가 더 이상 충분히 A를 사랑하지 않는다는 것에 대한 증거를 제시한다. 일반적으로 엥엘하르트58)는 다음을 주장한다. "만약 한 인격과 성적 우정(性的友情, sexuelle Freundschaft)을 발전시킨다면, 이것은 어느 누구와도 그밖의 성적 우정을 갖지 않겠다는 것을 의미한다."59) 명시적으로 이전에 제의한 판정기준으로부터 사람은 일정한 인생의 단면에서 오직 한 인격만을 실제로 사랑할 수 있다는 것이 도출된다. 1장 1절에서는 사랑을 위하여 특징적인 것으로 '특별히 인생의 모든 기쁨은 사랑하는 자와 나누는 것'이 희망으로 인식되었다. 어느 누군가는 어떻게 인생의 모든 기쁨을, 무엇보다도 사랑의 기쁨을 A와 C와 동시에 나눌 수 있을까? 지금 사랑은 절대적인 '예' 혹은 '아니오'가 아니라, 오히려 많거나 혹은 적다. B가 A를 사랑한다는 것은,

---

58) Engelhardt(1987), 59.

59) Wasserstrom(1975), 213. 비슷하게 봐서스트롬은, 사람은 "모든 성교를 수반하는 성벽의 감정들은 일정한 시점에 오직 인격에 대하여서만 느낄 수 있을 것"으로 의미한다.

말 그대로 B가 모든 좋은 것을 A와 그리고 오직 A와 하려 한다는 것을 의미하지는 않는다. 한편으로 A와 B의 관심은 부분적으로 발산할 수 있다. 다른 한편으로 이중결혼을 하는 많은 자들은 표면적인 성관계뿐만 아니라 많은 인간들과 깊은 인격적 성향, 우정 또는 사랑을 느끼고 그러므로 '동시에' 두 명의 사랑하는 자들과 침대로 가려고 원하는 것이 경험적 사실이라는 것이다. 그래서 엥엘하르트는 위의 인용과 연결하여 다음을 인정한다. "나는 그럼으로써 일부다처제나 일처다부제를 무조건적으로 배제하기를 원하는 것이 아니라, 오직 솔로몬 왕이 최소한 모든 그의 천 명의 여자와 성적 우정을 유지하지는 않았다는 것을 말하고 싶다."

얼마나 많은 사람들을 동시에 사랑할 수 있는가와 같은 물음은 삼각관계의 도덕성을 위해서 무조건적으로 결정적인 것은 아니다. [자유사랑 1]의 원칙은 오직, 사랑은 섹스에 대한 도덕성을 위하여서 제3자의 관심이 건드려지지 않는 한에서 충분하다는 것을 말하고 있다. 마지막에 토론한 여전히 자유화되지 않은 [자유사랑 7]의 원칙에 따르면 사랑은 그럼에도 필연적이 아니다. 필연적인 것은 오직 관련된 인격이 섹스를 할 수 있게 인정하는 것이다. 이상적인 삼각관계 이전의 추상적인 기술은 단순히 다음과 같이 변경될 수 있을 것이다. A와 C가 동일한 인격 B와의 섹스를 원한다. B는 A뿐만 아니라 C와도 섹스를 원한다. A와 C는 이것을 알고 이것을 받아들인다. 여기에 무엇이 도덕적으로 제외될 것인가? 본래적으로는 아무것도 없다. 그러나 자신을 파트너 B와 나누려는 것은 A도 C도 거기에 어떤 것을 반대하지 않은 확률은 일반적으로 그다지 크지 않을 것이다. 이론적으로는 거꾸로 B가 사랑하는 자에게 다른 자와 성관계를 맺을 자유를 인정하는 확률은 높아질 수 있다. 유일한 파트너 D를 끌어들임은 서로 변경되는 삼각관계의 편입물로 볼 수 있다. 사랑의 기하학(幾何學)에서는 행복하게 밀

집된 삼각형의 임의적인 이론적 복합형태가 구성될 수 있을 것이다. 문학과 영화에서는 환상과 인위적 설정에 미답의 영역을 요청하고 있다. 대부분 그것은 무엇보다 현실적인 삶에서는 다르게 보인다. 누구나 사랑하는 자로부터 사랑받기를 원하는 것은 인간 본질의 보편적인 근본방향일 뿐만이 아니다. 이 희망은 만약 A가 B를 사랑한다면, A는 동시에 스스로 희망하기를, B가 A 자신 이외에는 어떤 다른 자를 원하지 말아야 한다는 특별한 각인을 가정한다. A는 B의 사랑을 진심으로 어떤 제3자 C와 나누고 싶지 않다. 그리고 만약 B가 C를 사랑하는 것을 알게 되면, A는 질투와 분노와 고통으로 반응한다. A, B, 그리고 C의 행동이 그러한 표준상황에서 도덕적으로 어떻게 평가될 수 있는지는 개별적 경우에서 검토되어야 할 것이다.

베렌슨60)에 따르면 질투는 모든 진짜 사랑의 필수불가결한 구성요소이다.

> "한번도 질투함이 없이 누군가를 사랑한다는 것은, 사랑의 진실 혹은 깊이를 의심스럽게 만드는 것이다. 여기서 문제는 다음이다. 만약 나에게 한 관계가 모든 것을 의미한다면, 만약 그것이 나의 삶을 살 만할 가치가 있는 것으로 만들고 내가 어떻게 세계를 고찰하는가의 방식에 영향을 준다면, 이 관계를 위협하는 모든 것은 자연히 적대성과 비난의 대상으로 보이게 될 것이다."

최소한 일정한 범위에서 질투는 보통 인간적이고 자연적인 것으로 볼 수 있다. 그럼에도 질투가 모든 경우와 모든 형식에서 도덕적으로 인정될 수 있을 것을 의미하는 것은 아니다. 밀접한 관계에 있는 두 인간이 서로 살아가려는 사실은 모든 경우에 B의 삶에서 모든 세세한

---

60) Berenson(1991), 74.

내용들을 걱정하여야 하고, 허용하여야 하는 전 지구적인 지령의 권리를 A에게 자동적으로 주는 것은 아니다. 모든 두 사람의 관계는 파트너들에게 고유한 관심의 추구를 위한 공간을 허용하여야 할 것이고, 그곳에 그러한 '적법한' 관심에 대하여 정확한 경계를 짓는 일은 어려운 것이다. A가 B에게 이성의 매력적인 인격 C와의 사회적인 교제를 금지해도 좋은가? B가 점심식사에 C를 초대하는 것, C와 산책하는 것, 혹은 콘서트를 같이 가는 것, C와 키스하는 것을 A가 금지하여도 좋은가? 그와 같은 물음은 결코 일반적으로 답변될 수는 없다. 인간의 삶이 섹스가 갖는 높은 가치에 직면하면, 대부분이 강한 에로틱한 관계 또는 아주 밀접한 성관계에 경계선을 긋는 것은 믿을 만한 것으로 보인다. 그러므로 결혼뿐만 아니라 잡혼의 관계에서도, A에게 도덕적으로 허용된 것은 파트너 B에게 제3자와의 내적인 관계를 최후통첩으로 금지하는 것이다. '당신은 나에게 머물든지, 그렇지 않으면 나는 당신을 버리겠소.'

<어느 누구도 다치게 하지 말라>의 전망으로부터 B는 자신의 모든 규칙에서 그가 C와의 내적인 관계를 통하여 A에게 해를 끼친다는 비난을 감수하여야 할 것이다. 모든 경우에 만약 A의 그가/그녀가 부정을 알면 근심과 고통으로 반응한다는 것을 생각하여야 할 것이다. 'A가 모르는 것은 A를 화나게 만들지 못한다'는 생각에 따라, 확실히 B는 C와의 관계를 감추는 전략을 추구할 수 있을 것이다. 그럼에도 이것은 봐서스트롬[61])이 주석한 대로, '혼외성교의 침묵은 남편의 속임수'이므로 도덕적으로 문제이다. 아주 일반적으로 진리에 대한 침묵이나 감춤은 의도적인 비진리의 주장과 더불어 도덕적으로 거의 폐기될 만

---

61) Wasserstrom(1975) Richard Wasserstrom, *Is Adultery Immoral?* in: Baker/Elliston(1975), 209.

한 것이다. 여기서는 속임, 기만 그리고 현혹의 도덕적 차원을 자세히 토론하지는 않겠다. 약간의 주석이면 충분할 것이다. 먼저 기만이나 속임은 만약 속이는 자가 자신을 위하여 이점을 취하려 하고, 속은 자에게 자신의 기만이나 단순히 침묵하는 것이 아닌 물질적 혹은 비물질적 피해를 입히려 한다면 비도덕적으로 보인다. 두 번째로 명시적인 속임수나 단순하고 투박한 기만을, 모든 침묵이나 은폐는 쓰레기통에 던져져야 할 것이다. 그래서 철저히 가능한 것은 A가 B에게 일정한 문제를 그의 참된 관심에서 침묵하는 것이다. 종종 의사는 환자들에게 불치의 병에 대해서 모르게 하곤 한다. 그 스스로는 제 3 자가 자신에 대해 부정적으로 말하는 판단을 못하도록 막으려 할 것이다. 의무론적 윤리학의 모든 맹세에 따른 특별한 상황에서 거짓말은 도덕적으로 허용되어도 좋은 것이고, 사정에 따라서는 도덕적으로 요청된 것이기도 하다.

이런 주석으로 자유로이 증명되지 않은 것은, 사태의 비밀은 항상 관련 파트너의 관심에 놓여 있다는 점이다. 그 외에 앞서 나가는 생각들은, 만약 B가 파트너에게 이미 부정하게 되었다면, B가 어떻게 처신하여야 하는지의 문제는 이차적인 물음과 관련된 것으로 보인다. 요컨대 개별경우에 A에게 진실을 설명하여야 하는 것, 혹은 비밀로 하는 것이 도덕적으로 좋은지 문제가 거기에 달려 있다. 그러나 어떠한 상황에서 성적 부정(性的 不貞)이 도덕적으로 스스로 대변할 수 있는지 일차적인 물음은, 그렇게 결정될 수 있는 것은 아니다. 지금 여기저기 정숙한 척해 가며 A가 이전에 B의 부정을 알았는지 혹은 아닌지는 상관없이, A는 B가 어느 다른 누구와 내연의 관계를 유지하고 있다는 것을 원치 않기 때문에, B만이 거기에 반해 B의 관심을 거스를 수 있다고 논의할 수 있다. 거기에는 더 나쁜 그리고 더 나은 항변이 있다. 더 나쁜 항변은 황금률의 의미 때문에 생긴다. 만약 A가 에로틱-성관계를 제 3 자와 유지하면, B가 거기에 반대하지 않는다는 전제하에, B는 그의/그녀의 행위가 '네가 원치 않는 것은, 또한 그것을 너에게 하는 것을 다른 누구에게 추가하지 말라'는 격률과 일치한다는 지시로서 자신을 정당화하기를 시도할 것이다. 여기서 B는 철학적으로 구체적인 이 도덕적 원칙의 적용에서 A가 역할의 교환을 전제한다는 점을 묵과하게 될 것이다. A가 자신을 속이는 것이 아무런 상관이 없을지라도, B는 A가 속임당하는 것을 원치 않는다는 것을 안다. 그러므로 황금률로부터 사람은 최상의 경우에 '누구라도 스스로 부정하다면 파트너로부터 정조를 요구할 권리가 없다'는 공정성의 원칙을 도출할 수 있다. 모든 경우에 부정을 도덕적으로 정당화하는 짓은 하지 않는다. 더 나은 항변은 A의 관심의 '적법성'을 묻는 것이다. 즉, 위에서 토론된 문제와 유추하여 파트너변경의 A는 사랑과 같은 고강도 감정의 영역에서 모든 시간에 생각하여야 하는 부정을 일종의 운명 같은 것으로서 설명하는 것이다. 누군가 스스로에게 사랑의 게임을 허용하면, 누군가 특별히 이 게임을 언젠가 새로운 파트너와 계속하려는 생각을 갖고 있으면, 그는 강제방식으로 스스로 기만되는 위험을 감수하여야 한다. 이러한 고려는 최소한 혼인관계를 위해서는 충직한 논의를 갖는 것으로 보인다. 파혼자에게 이것은 미안하다는 말로서 일이 설명되는 것은 아니다. 왜냐하면 그는 결혼서약에서 제 3 자와의 성관계를 거부할 것을 명시적으로 약속하였기 때문이다.

이 언약의 파기가 얼마나 나쁜지를 일목요연하게 토론하기 전에, 제 3 자의 도덕적 입장을 밝혀야 할 것이다. 일반적으로 사람은 도덕적으로 미심쩍은 행동에 대한 협조는 그 스스로 도덕적으로 미심쩍다는 점에서, C를 비난하려고 하게 될 것이다. 실제로는 B의 정조가 관련되는 곳에 A의 기대가 상처받게 되는데 C도 함께 책임이 있다는 것은 반론이 없다. 예로 [테제 4]에 따르면 <어느 누구도 다치게 하지 말라>는 원칙에서 C의 행실은 따질 필요가 없는 것은 아니나, 그의/그녀의 행실은 사정에 따라 적극적인 타자공리를 가질 수 있다. 요컨대 [테제 6]의 일반화된 의미에서 철저히 도덕적으로 대변될 수 있거나 허용된 것일 수 있다. C를 위한 전체상황은 B를 위한 상황과는 다르다. B의 관계에 대한 C의 관심이 등한시된다 할지라도, B가 혼외관계를 이용하는 것은 가능한 거기에 해당되는 A의 피해를 넘을 수 있다.

때때로 이혼을 대변하는 도덕적 입장은 결정적으로 B가 남성이냐 여성이냐에 따라 다르다. 그래서 이미 구약성경은 이중적 도덕을 선포하였다. 거기에 따르면, "여자는 남자보다 아주 더 엄격한 도덕적, 형법적 규범화의 규제를 받는다. 만약 결혼한 남자가 미혼인 여자와 성관계를 가지면 그는 결코 결혼파기를 한 것이 아니다. 만약 그가 기혼인 여자와 성관계를 가지면 결혼파기는 생긴다. 그러나 여자는 모든 혼외 성관계로, 즉 미혼자와의 성관계로도 결혼을 파기한다."[62] 몇몇 유명한 철학자들은 이 차이를 합리적으로 정당화하기를 시도하였다. 그래서 흄은 『도덕원칙의 탐구』, 6장에서 설명하였다.

"이런 점에서 도덕적 신빙성이 결여된 여자는 영악하고 저속하다. 그녀는 그녀의 명예를 상실하고 모든 모욕을 받아들인다. 그래서 여자는 그냥 창피해하며 뒷전으로 숨어 성욕에 빠진다. 그리고 한번 그릇된 걸음을 내디딘 여자는 다시는 뒤도 돌아보지 않게 된다. 만약 한 남자가 우연한 기회에서 잘못된 행동을 하게 되면, 그는 명예를 되찾아 다시 제자리로 돌아오는 행동을 한다. 그러나 한번 이러한 길을 걸어갔던 여자는 앞에 놓인 장애물을 치우려고 더 나은 것 한 가지를 곰곰이 생각하고, 충분한 자기통제를 한다. 그녀가 한 행동은 무엇 때문인가?"[63]

---

62) Gründel(1984), 1150. Schenk(1987), 50. 또한 비교로서 셍크에게 '첩'에 대한 교회의 입장에 대한 상세한 논의가 있다.

63) Hume(*Moral*) David Hume, *Eine Untersuchung über die Prinzipien der*

쇼펜하우어는 이전 인용과 연관하여 사랑에서 남자에게는 불안, 여자에게는 이에 반해 안정성이 있다고 주장한다.

"이것은 종의 증가와 보존에 방향이 지어진 강력한 자연적 목적 때문이다. 남자는, 만약 많은 여자들이 그를 원한다면, 한 해에 수백 명의 자녀를 생산할 수 있다. 여자는 그에 반해 한 해에 오직 한 아이(쌍둥이는 제외하고)를 생산할 수 있다. 그래서 남자는 항상 다른 여자들을 둘러본다. 이에 반해 여자는 남자에게 확고하게 붙어 있다. 이에 따라 결혼의 정조는 남자에게는 인위적이고, 여자에게는 자연적이다. 그리고 여자의 결혼파기는 자연에 대한 거스름 때문에, 남자의 결혼파기보다 더 많이 용서할 수 없고 또한 그렇게 주관적이다."

그럼에도 이들이 여성의 이혼을 바라보는 입장은 유지될 수 없다. 이들 입장은 단지 경험적으로 거짓으로 보이는 전제들에 기초한다. 첫째, 흄은 여자는 남자보다 결혼을 비밀리에 파기시킬 욕정에 빠질 기회를 더 많이 갖는다고 주장한다. 쇼펜하우어는 말하기를, 아마도 여자의 결혼파기는 임신 때문에 남자의 결혼파기보다 객관적으로 더 나쁠 것이라는 것이다. 여기서 쇼펜하우어는 남자의 외도는 여자와 똑같이 내연의 자녀의 생산으로 이끌 수 있다는 점을 묵과한다. 둘째, 쇼펜하우어의 논증은, 추측컨대 완전무결한 도덕적 행동방식을 자연성으로부터 도출하는 것이 얼마나 범죄적인 자연주의적 오류추론인지를 시사한다. 셋째, 일정한 잣대에서 여자의 부정은 도덕적으로 따질 필요가 있고, 남자의 부정은 동시에 도덕적으로 따질 필요가 없다는 단계를 만드는 것은 부적합한 것이다. 마지막으로, 남녀는 이성성교(異性性交)를 한다. 이때 모든 남자는 결혼하지 아니한 여자와 섹스를 해도 좋고,

---

Moral, Stuttgart, Reclam, 1984.

그에 반해 여자들은 결혼 전에는 어떠한 남자와도 섹스를 해서는 안 되고 결혼 후에는 한 남자와만 섹스를 해야 한다는 것이 어떻게 정당화될 수 있는가? 여기에서는 완전히 새로운 논리학이 필요하다.

요컨대 무엇이 결혼파기를 실제로 쓸모 없게 만들며, 현실에서 결혼파기는 얼마나 쓸모 없는 것인가? 결정적인 점은 다음에 있다. B가 C를 사랑하였다는 사실은 B가 A를 더 이상 사랑하지 않았고 또는 더 이상 성적인 욕구를 갖지 않았다는 진짜 신빙성 있는 반증에서 나온다. 이 인식은 모든 규칙에서 A에게는 아주 고통스러운 것이다. 그러나 지금 B는 뒷전에 돌려진 성적 욕망의 사실에 대하여 도덕적으로 전혀 책임지지 않을 수 있다. 왜냐하면 이것은 본질적으로 이전에 언급된 '자연법칙'의 결과이기 때문이다. 나아가 B에 대한 C의 내적인 관계는 그 자체로 고찰하여 도덕적으로 용인된다. 도덕적인 비난은, 오직 그가/그녀가 A와 결혼하면 관계를 끊겠다고 약속하였던 B에 관계된다. 지금 결혼파기가 간접적으로 파트너에게 얼마나 큰 '피해'인가 하는 것은 일반적으로 타당하게 헤아릴 수 있는 것이 아니다. 이전과 같이 명료하지 않은 것 하나는 '피해'가 이미 내적인 관계의 사실에 있는지, 혹은 만약 A가 B의 외도를 알 때, 도덕적으로 합당한 피해를 공언할 수 있는지의 여부이다.[64] 다른 하나는, 얼마나 강하게 당사자가 결혼파기에 고통당하고 있는지, 관용, 자존심 그리고 그때마다의 파트너의 명백한 인격적인 수모와 같은 아주 개별적인 사실에 의존한다. 모든 경우에서 명백한 것은, 아이들의 관심에서, 성적 부정은 규칙상 이혼보다는 덜 나쁜 것이다. 버트란드 러셀이 『결혼과 도덕』에서 설명하였던 대로이다. "만약 남자와 여자가 서로 많이 사랑하면, 그래서 그

---

64) 비교 : 또한 무엇보다 흄으로부터 인용된 세상물정을 널리 체험한 라폰테의 유명한 격률이 있다.

들의 어느 누구도 자신이 부정의 유혹을 받지 않았다고 느끼면, 그것은 아주 좋은 경우이다. 그러나 부정이 좋지 않은 것은, 그것이 한번 일어나면 어떤 끔찍한 것으로 생각되기 때문이다."[65]

다음으로는 결혼의 의무와 강간의 두 가지의 관점을 짧게 살펴볼 수 있다. 칸트의 입장에 따르면 결혼은 원초적으로 소유관계이다.[66] 여기서 파트너는 "타자의 성기(性器)를 사용하는 권리를 갖는다." 유사하게 투촐스키(K. Tucholsky)는 냉소적으로 결혼을 "상대의 성기 사용을 위한 이익공동체"로 나타내었다. 그러한 사고방식에서는 결혼에서 의무의 존재를 무제한적으로 긍정하여야만 할 것이고, 반면에 결혼관계 내에서 강간행위의 가정은 어리석은 것으로 나타날 것이다. 그럼에도 오늘날 최소한 시민사회에서는, 결혼에 대한 입장은 점점 공동체에서 섹스를 항상 상대적인 성향과 사랑에 입각하여 표현되는 것으로 나타낸다. [자유사랑 1]의 연관에서 계속 논의하였던 대로, 사랑하는 자는 모든 규칙에서 내적 통합의 부드러움과 육체적 접촉욕망을 갖는다. 요컨대 보통의 방식에서 섹스는 솔직한 자유선택이므로 의무로 올려질 필요가 없다. 자연히 모든 결혼에서는 모든 다른 에로틱-성관계와 같이 파트너의 일정한 상황에서 이따금 섹스를 원치 않는다고 한다. 거기서 한 파트너는 결혼의무의 억측에 붙잡혀 다른 파트너에게 섹스를 강요하는 대신에 그에 대한 이해를 보여야 한다. 원칙적으로 이전의 원칙 [자유사랑 4]에 따르면 모든 성남용, 요컨대 또한 남편의 의지에 반하는 성행위는 도덕적으로 폐기될 수 있다. 다른 측면에서 명백한 것은, 오랫동안 내적으로 서로를 신뢰하고 매일 침대를 함께 쓰는 결혼파트너에서는 침실 안에서부터 행위가 남용의 성격을 가정하게 되므

---

65) Verne(1972), 314.
66) 칸트, 『도덕형이상학』, A108.

로, 무단 침입자의 성적 성가심 혹은 진짜의 강간에 문턱을 더 높여야 한다. 그밖에 한 파트너의 성적 무관심이 지속된다면, 그는 확실히 상대방으로부터 성적 반대급부를 기대하지 않아도 좋다. 장기적으로 자신의 결혼 '의무들'을 다하지 않으려 한다면, 그는 자신의 파트너가 성욕을 다른 누구와 만족시키려 한다는 점을 용인하여야 할 것이다.

최종적으로 소위 동성연애자(게이 또는 레즈비언)에 대해 약간 언급할 것이 있다. 위에서 주장된 동성 그리고 이성의 성적 사랑의 관계의 도덕적 등가는 사회적 또는 국가적으로 제도화된 결혼의 생활형식이 동성 섹스파트너에게 공개적으로 있어야 할 것을 함축하지는 않는다. 확실히 예전에는 동성끼리의 결혼금지는 아무것도 정당화될 수 없는 '무거운 차별화'라는 관점으로 표명되었다. 그러나 이 테제는 결코 제대로 유지될 수 없다. 결혼은 내용적이고 형식적인 구성으로 이루어진다. 내용적인 요소는 본질적으로 영원히 정조를 지키며 함께 살겠다는 사랑하는 자의 결심에 있고, 형식적인 요소는 의무와 특권, 무엇보다 세금, 의료보험, 연금 그리고 가족법에서 생겨난 의무와 특권을 규정한다. 자연히 어느 누구도 영원한 사랑과 정조를 약속하는 동성연애자 커플을 금지하지는 않을 것이다. 물음은 단순히 국가가 동성연애자 커플에게 이성연애 커플과 동일한 특례를 베풀어야 하는가이다. 이 특례와 의무는 가정의 목적을 장려한다. 아이들을 낳고 교육하는 것은, 이전의 많은 경우처럼, 여성은 오랜 시간 동안 직업을 포기해야 하고 반면에 남성은 그의 수입으로 가족을 부양해야 함을 의미한다. 조세법의 입안으로 가족을 엄호하는 사회적인 잣대는 자식 없는 노동자 커플로부터 가족의 재정적 피해를 부분적으로 상쇄시키는 데 있다. 여기에 독일연방공화국 가족정치의 비일관성과 불합리성을 상세하게 논하려는 것은 아니다. 오직 두 가지 점들은 강조되어야 한다. 하나는 동성 부부들은 정의상 아이를 낳지 못하므로 언급된 특례를 필요로 하지 않는다. 두 번째는 특례의 보증을 위하여서는 부모가 결혼하였는지 아닌지 차이를 두지 말아야 한다. 셍크(Schenk)[67]가 주목한 대로, 그것은 이렇다.

"국가의 과제는 이것이다. 스스로 부모가 되려는 모든 남녀에게 최상의 주변조건을 만드는 것이다. 그리고 특별히, 그들에게 자녀의 삶에 피해가 생기지 않도록 염려하는 것이다. 가족보호는 사실적 가족에 기초되어야 한다. 그리고 물적 특권은 구체적 교육실행에서 특별히 정해져야 한다. 이것은 이들이 어떠한 삶의 형식을 취하는지에 의존하지 않는다."

1993년 10월 14일 자 『신오스나부르크 신문』은, 연방법정은 곧 조만간 "이성부부와 비교하여 동성부부의 불이익이 기본법과 합일될 수 있는지, 법제정자가 이들 쌍에게 이들의 법적인 공생의 보장을 가능하게 하는 것이 의무인지 아닌지"를 앞서 보도하였다. 만약 이 심의회에서 선입견에 물들지 않은 이성과 근엄한 사태에서 이를 본다면, 다음과 같은 판단이 내려져야 할 것이다. 동성 부부에 대한 재정보조는 정당한 것으로 여길 수 있다. 그 이유는 동성 부부에 최소한 가족의 구성의 원칙이 함의되어 있기 때문이다. 수십 년 간 자녀들의 교육기간과 양육기간에 지원되는 세금감면, 자녀 지원금, 그밖의 특전들은 사실적인 더 많은 부담의 몫을 동성 부부에게도 동일하게 요구하기 때문이다. 그렇기 때문에, 만약 한 파트너가 대략 나중의 자녀교육과제의 준비로 돈벌이를 하지 않고, '오직' 가계만을 염려하면, 한 동성 부부에게 첫 아기의 출산 이전에 이미 일정한 특전을 보증해 주는 것이 합당하다. 또한, 만약 가정주부들이나 가사일을 하는 남자들이 자녀양육

---

67) Schenk(1987) Herrad Schenk, *Freie Liebe — wilde Ehe — Über die allmäh-liche Auflösung der Ehe durch die Liebe*, München Beck, 235.

때문에 수십 년을 직업이 없이 합당한 자신의 연금요구를 누릴 수 없다면, 직업을 가진 남편 또는 아내의 사망 후에 그의 연금혜택을 누린다는 것은 정당화된다. 동성 부부는 자녀가 없기 때문에 파트너가 소득이 없는 가정주부 역할을 하는지, 가사일을 하는 남자 가정부 역할을 하는지에 강요된 바가 없다. 만약 이들이 가계를 공동으로 떠맡고 있다면, 이들 부부에게 별거 중인 노동자들에 비해 특전이 인정될 필요는 없다. 지금까지 법 운용이 동성 부부의 부당한 차별화가 진행되는 곳에서, 무엇보다 상속법에서는 몇몇 다른 점들이 정당화된다. 여기에는 구 독일민주인민공화국 인민의회(PDS) 정당이 1990년 6월 6일 제출하여 랍스(Laabs)[68]가 출간한 보고서를 읽는 것이 의미 있어 보인다.

(1) 지속적으로 같이 살아가는 동성 부부에게는 결혼관청의 제안서에 따라 그들의 공생이 공인될 수 있다.
(2) 결혼관청의 공인의 법 귀결은 공생의 파트너를 위한 것이다.
-- 공생의 현안에서 서로 반대적 입장의 권리[69]
-- 어떤 다른 것이 합일되지 않은 한에서 재산공유
-- 법적 유산책정은 결혼파트너에게 귀속될 수 있는 그런 형식에서
-- 형법소송의 법질서의 규정의 적용에서 한 결혼파트너의 법적 지위의 수령

---

68) Laabs(1991) Klaus Laabs, *Down the Slippery Slope — Arguing in Applied Ethics*, London, Croom Helm, 281.
69) Laabs(1991). 1992년 8월 18일자『신오스나부르크 신문』에 따르면 이것은 녹색당 대변인 하이데 륄레의 말이다. 참고 : 비슷한 내용의 논의들은 랍스에 있다.

6. 자 위

자위(自慰)에 대한 도덕적 판단의 파장은 아주 넓다. 한편으로 그것은 음란한 악습으로 자기능멸, 또는 놀랍게도 자살이나 살인으로 저주되기까지 한다. 그래서 칸트는 말한다.[70]

"자연에 위배되는 범죄(Criminibus contra naturam)에는 자연적 본능에 대립하는 성적 성향의 사용이 속하며, 여기에는 자위(오나니)가 들어간다. 자위는 모든 대상 없는 성적 성향의 남용이다. 만약 우리의 성적 성향의 대상이 점점 없어지면, 그럼에도 우리의 성능력의 사용이 대상 없이 존재하게 되면, 그것은 성적 성향의 남용이다. 이것은 다시 인류의 목적에 반하게 되고 반대로 동물성으로 정립된다. 여기서 인간은 인격을 팽개치고 동물로 떨어진다."

다른 한편으로 엘리스(Ellis)[71]는 자위를 흡족한 자유시간의 전념으로 칭찬하였다.

"사안에 따라 청교도적으로 주입된 이유 없는 공포와 불안 없이 결코 해로울 것이 없고 좋은 것을 행하여 긴장을 푸는 인간행동방식은 순간의 자위 이외에 다른 것을 상상할 수 없다."

어떠한 통찰이 윤리적 근본원칙 <어느 누구도 다치게 하지 말라>에서 올바른 근거를 갖는다고 주장할 수 있는가? 철학이 무엇을 말할 수 있는가? 1장 1절에서 유지될 수 없다고 인정한 도그마를 간과한다면, 거기에 따라 섹스는 그 자체로 비도덕적이다. 그리고 유일하게 후세생

---

70) 칸트, 『도덕철학강의』, 1520.
71) Ellis(1985) Albert Ellis, *Sex without Gulit*, New York, Lyle Stuart, 25.

산으로 합법화될 수 있다면, 자위에 반하는 첫째 이의는 인간은 그가 우연적인 방식으로 자위를 한다면 일반적으로 창피하다는 것이다. 베이커(Baker)[72]는 말한다. "우리는 자위를 부끄럽게 생각하는 침대 적시기와 같이 일종의 침대에 배설하는 것으로 여기는 경향이 있다." 지금 확실히 많은 경우에 창피는 철저히 행위의 부도덕성을 드러내 보이는 표시이다. 이것은 모든 경우에 타당하지는 않다. 전적으로 인간이 부끄러움으로 반응하는 경우는 세 가지 상황의 유형으로 구분할 수 있다. 첫째로, 속이거나 훔치는 것은 이미 그 짓을 하는 동안에 그것이 부당하였기 때문에, 사람은 그것에 대하여 그 짓이 발견되지 않을 것이라 희망하는 사실에서 부끄러워한다. 그러한 행위는 전형적으로 나중에 발견되지 않을지라도, 나쁜 짓으로 또는 비도덕적인 것으로 받아들여진다. 둘째로, 사람은 신체적, 정신적 혹은 심리적 약점, 예를 들어 어두운 지하실로 가는 것을 불안해하고 부끄러워한다. 사람은 어리석어서 기만하는 자의 모든 근면을 신뢰한다. 그러한 행위는 타자에게 알려졌는지 아닌지에 상관없이, 도덕적으로 부당하거나 나쁘게 행하였다는 의식과 일치하여 나가지 않는다. 특별히 베이커가 언급한 침대 적시기를 비도덕적으로 보는 것은 어리석을 것이다. 셋째로, 만약 우연한 방식에서 우리가 내적인 성 혹은 성활동과 성행위가 촬영된다면, 특별히 벌거벗음의 연관에서 부끄러워한다.

그러나 고찰한 사실만으로는 이 행위가 비도덕적이라 믿을 아무것도 제시하지 않는다. 예를 들어 보통사람은 오직 서로 사랑하는 부부의 성교만 생각한다! 그러므로 아마도 억측된 자위의 탈도덕성(Amoralität)은 부끄러움의 전망에서 독립적 근거를 찾아야 한다. 그러

---

72) Baker(1987) Robert Baker, *The Clinician as Sexual Philosopher*, in: *Shelp* (1987), 97.

한 시도는 1977년 워싱턴에서 매카트니(McCartney)[73]가 인용한 아메리카 가톨릭회의에서 다음과 같이 정식화되었다. "자위는 도덕적 질서가 요구하는 서로간의 참된 사랑의 문맥에서 충만한 헌신을 이루려는 관계를 결여하고 있다." "자위의 탈도덕성은 본질적으로 불완전한 성적 특성에 기인한다. 왜냐하면 이 특성은 본질적으로 사랑에 봉사하는 언어에 길들여 있지 않기 때문이다." 자위는 실제 사랑하는 두 파트너 사이의 섹스와는 달리 불충분하고, 상대방의 적절한 사랑의 표현을 담지 못한다. 그런 점은 인정하여야 한다. 그럼에도 여기서 자위의 탈도덕성의 충분한 근거를 찾아보기란 어렵다. 첫째 잣대로 보자면, 많은 자들에게 자위는 단지 인간적 활동성으로 촉진된다. 탁구게임 혹은 체스게임, 생일파티를 여는 것, 영화관에 가는 것, 기타 등등 그것만으로는 그다지 충분하지는 않다. 그러나 어떤 것이 완전하지 않고 가시적이지 않다고 해서 여전히 그것이 나쁘다는 것은 아니다. 두 번째 비난과 관련하여서는, '만약-그러면'의 언명으로 지금까지 엉클어진 [자유사랑 1]의 테제가 말하는 바, 섹스는 모든 경우에서, 만약 두 인간이 서로의 적합한 사랑의 표현을 제시한다면, 도덕적으로 따져볼 여지가 없다. 이는 이미 [자유사랑 7]이 강조하였던 대로, 결코 사랑만이 섹스를 정당화할 수 있다는 것은 아니다. 즉, 만약 섹스가 두 사람의 사랑의 적합한 표현을 제시하지 않으면, 섹스가 비도덕적으로 강요되었다는 것이 아니다. 두 사람이 서로 사랑하면, [자유사랑 1]의 근거는 보통은 부드러움과 성적 접촉의 욕구를 발전시키려고 생각한다. 섹스는 그들의 양쪽 측면의 관심에 놓여 있다. 그러므로 그들의 성관계는, 이 것이 타자의 적법한 관심을 거스르지 않는 한에서, <어느 누구도 다치

---

73) McCartney(1987) James J. McCartney, *Contemporary Controversies in Sexual Ethics, A Case Study in Post-Vatican II Moral Theology*, in: *Shelp*(1987), 219-232.

게 하지 말라>는 원칙에 따라서 도덕적으로 따질 필요가 없는 등급을 매겨야 할 것이다. 동일한 사고에 따르면 자위도 또한 도덕적으로 대변될 수 있는 것으로 보인다. 어느 누군가 욕망을 채울 목적에서 자기 스스로를 만족시킨다면, 이것은 그의 관심에 놓여 있다. 그밖에 최소한 사실로, 승인될 수 없는 것은, 어째서 그의 행위가 타자의 정당화된 관심에 위배되는지이다. 요컨대 이것은 어느 누구도 해치는 것이 아닌, 무엇을 더 원하는가이다.

이런 밋밋한 사고의 비판가들은, 인간이 하려고 하는 모든 것은 실제로 그의 참된 관심에 놓여 있고 그를 위하여 실제로 좋은 것은 아니라고 지시한다. 특별히 자위는 통제할 수 없음 혹은 의지박약의 한 표시이다. 아우구스티누스는 옹호하여 말하기를, 인간은 항상 정신이 몸을 통제하게 해야지 몸에 정신이 종속되지 않게 처신하여야 한다고 하였다. 만약 한 인간이 그의 몸이 정신을 지배하게 준비하고 제공하게 한다면, 그는 인간성을 도착(倒錯)하게 하는 것이다. 아우구스티누스는 자위를 '육체를 통한 정신의 지배'에서 순결, 단념과 금욕의 이상에 반하는 패러다임을 제시한다. 지금까지 그렇게 급진적으로 흄처럼 독신, 금욕, 참회, 고행 그리고 수도승과 같은 일련의 덕의 전체를 싸잡아서 완전히 목적이 없는 멍에로 비난하여서는 안 된다.74) "이 멍에들은 이성을 무디게 하고, 심장을 얼어붙게 하고, 환상을 메마르게 하고 마음을 쓰디쓰게 한다." 자기지배, 강한 의지와 절제는 성활동의 영역에서 또한 도와주어야 하는 참된 덕을 제시한다는 점은 철저히 인정할 수 있다. 최소단위로 이러한 덕은, 누구나 성에 대한 욕망이나 희망을 최소한 그렇게 널리 지배하게 요구하여, 결코 다른 자들을 그들의 의지에 반하여 성적으로 성가시지 못하게 한다. 나아가 피임약의 시대에는,

---

74) 흄, 『도덕원칙의 탐구』, 198.

누군가 자의적으로 성적 절제의 결심으로, 결혼 전에는 다른 사람과 섹스를 하지 않고 또한 자위하지 않겠다고 약속할 수 있는 것은, 절대적으로 반대하지 않는다. 일시적인 혹은 일생의 순결은 많은 인간에서는 의미 있는 일일 수 있다. 그러나 이것은 확실히 하여야 한다(muss)는 아니다. 일반적으로 자기지배, 의지의 강함 그리고 절제는 결코 삶에 아름다운 것들의 포기를 요구하지 않는다. 그것은 식사, 음주, 사교성과 인간관계에도, 혹은 섹스에도 있다. 그리고 그렇게 사람이 단순히 모든 식사와 음주를 폭식과 술잔치로 비난하지는 말아야 하듯이, 그렇게 또한 사람은 자위를 단순히 훈련을 받지 못한 성탐닉으로 비난할 수 없다.

코스닉(Kosnik)[75]도 엄밀하게 자위는 자기중심주의, 고립 그리고 인간관계에서 책임도피의 표상을 제시한다는 비난을 퍼부었다. "자기 본래의 성활동의 자의적이고 의식적인 착취는 인격발전과 그들의 사회적 통합의 진지한 방해를 가져온다." 자위는 요컨대 관련된 자들을 위하여서는 이미 토마스 아퀴나스가 의미하였듯이, "인간을 위한 선에 반하는 것이다." 이 논의가 얼마나 견딜 수 있는지를 판정하기 위하여 술이나 마약과 비교하여 고찰할 수 있다. 확실히 술이나 마약은 모든 규칙에서 소비자가 그들의 본래의 참되고 장기적인 관심에 위배한다는 의미에서 나쁘다는 점을 인정할 수 있을 것이다. 이를 넘어서 마약은 대부분 아웃사이더들에게 부정적 영향을 끼친다. 마약소비자는 직업의무와 가족부양을 소홀히 하게 되고, 마약을 사기 위하여 범죄를 저지른다. 일반적으로 마약중독의 치료를 위해서는 엄청난 비용이 들어간다. 그와 같은 불이익은 타자에게도 생겨난다. 또는 최소한 일정한 확

75) Kosnik(1977) Anthony Kosnik(Hrsg.), *Human Sexuality, New Directions in American Catholic Thought*, New York, Paulist Press, 227.

률로서 그러한 기대에서, 술과 마약은 관련된 사람 자신에게 나쁠 뿐만 아니라, 동시에 타자에게도 나쁘고 그러므로 도덕적으로 나쁘게 판정된다.

이와 반대로 자위는 정상적으로 관련된 사람 스스로에게 나쁘지 않고, 그의 참된 관심에 거스르는 것은 아니다. 아드가 설명한 대로, 자위는 우리 문화영역에 있는 많은 어린이들에서 "그들의 호기심의 귀결로서 그들의 보통의 성적 본질과의 연관에서 실험의 기쁨"으로서 관찰할 수 있다. 그러므로 자위는 "해로운 것이 아니라, 보통 어린이들에서 기대될 수 있는 행위"이다. 자위는 규칙상 성관계로 가기 위한 발전과정에 생긴 일정한 시간의 여유에서 자신에게 헌신한다. 대부분의 부모들은 본래적 체험으로부터 코스닉의 진단에 따라서 자위는 청소년들에서 적당한 시간에 우정, 사랑 그리고 타인과 성관계로 발전하는 데 방해가 되는 것이 아니라는 점을 염두에 두는 것이 좋다. 단, 그밖의 건강한 성인이 다른 섹스파트너를 찾지 않고, 자위로 만족하려 한다면, 이 경우 잘못된 발전 혹은 인격적 장애에 대해 말할 수 있다. 그러나 만약 자위가 극단적으로 개별인간에서 대체적으로 질병으로 나타난다면, 이것은 불쌍한 인간이 비도덕적으로 행위하고 있는 것은 아니다. 어떠한 한에서, 그러한 병리학적 행태가 타자에게 전가된다고 하는지는 상상하기가 어렵다.

이 절의 완성과 독자에게 이야깃거리를 제공하기 위하여 코멘트 없이 18세기의 수많은 논문의 하나인 「자위에 대한 투쟁」[76]을 인용하겠다. 1746년 자가넥(G. Sarganeck)[77]이 증명하려는 것이 있다. 그는 라

---

76) 여기에서 빠진 텍스트에서 요구된 '규칙에 따라 결혼한 시민을 위한 과세는' 위에 언급된 근거들로부터 인정될 수 없는 것으로 보인다.

77) Sarganek(*Warnung*) Georg Sarganek, *Überzeugende und bewegliche Warnung vor allen Sünden der Unreinlichkeit und heimlichen Unzucht*, Zuellichau

인 강 동부지역에 사는 사람의 추잡함과 비밀 매음에 대한 확신을 갖는 경고를 하였다. 먼저 의학적으로/해부학적으로 "누군가 음욕에 가득한 자는 그의 영혼, 삶, 그리고 생명력을 가장 나쁘게 몰락시키고 그럼으로써 흉악한 살인범이다"라고 말한다. 이러한 주장의 근거는 다음과 같다.

"정자는 모든 인간신체의 가장 강력하고 고귀한 유체이다. 이것은 무수히 많은 임파선(Vasa lymphatica)을 통하여 다시 혈액으로 되돌아가게 된다. 그리고 우리의 몸과 삶에 상쾌한 힘, 따스함과 생생함을 준다."

추측컨대, 여기서 다음이 귀결된다.

"육욕의 노예는 그의 ① 기억, ② 환상, ③ 추후느낌, ④ 확실성, ⑤ 의지와 욕구, ⑥ 전체 몸과 별도성, ⑦ 정자의 통로(Vasa Spermatica), ⑧ 눈과 심장의 힘을 전적으로 자연스럽게 필연적으로 파멸시키리라."

누군가 자위로 만족한다면, 자가넥에 따르면, 요컨대 그것은 자기살인이다. 정자의 낭비가 건강을 해치는 것이라는 '해부학적 입증'은 자위의 저주를 함축하는 것일 뿐만 아니라, 동시에 모든 다른 성적활동의 행위의 저주를 함축한다. 그래서 저자는 자유로운 마음으로 다음을 인정한다.[78] "누군가 그 자체가 부당하면, 결혼에서 당당하게 되는 것이 불가능하고, 자위를 통하여서도 정당화될 수 없다." 더 정확하게 그는 결혼생활에 대한 교훈명제로 이어나간다.[79] "만약 한 남녀가 서로

1746.

78) G. Sarganeck, *Warnung* 523.

79) G. Sarganeck, *Warnung* 523.

육욕에 빠지면, 이것은 신의 법정에서 신에 대항하는 처벌되어야 할 우상숭배이다."80) 그러므로 누군가 자위하는 자는 "신의 판결에 따라 죽어야 마땅한" 살인자로 설명하는 것은 불충분하다. 이 기발한 판단은, 정자는 작은 인간임을 포함하고, 그래서 요컨대 누군가 정자를 탕진하는 자는, 이 작은 인간임을 부패시킨다는 자가넥의 가설에 근거를 준다.

"신 스스로가 한 인간의 첫 번째 형태를 이미 놀랄 만하게 형성하는 곳에, 혹은 그러한 놀라운 힘을 집어넣은 곳에, 이 힘은 인간적 신체에 첫 번째 숨결, 근원과 삶의 시작을 줍니다. 초점을 맞추십시오! 그렇게 느끼지 않습니까? 자연 스스로가 당신에게 말하는 것은, 당신이 당신의 손으로 부패시키는 것, 그것이 한 인간이라는 것입니다. 만약 당신이 자궁의 두려움을 헤집고 나오고 자살할 수 있다면, 그것은 큰 악행입니다. 온전한 인간은 이러한 동물적 매춘을 통하여 스스로 절멸될 수 있었을 것입니다."

7. 포르노그래프와 매춘

인간신체의 나체상연이 예술인가 포르노그래프인가 하는 문제는 여러 차례에 걸쳐 심도 있게 토론되어 온 것이다. 이 책은 응용윤리학에 관한 것이지 미학에 관한 것이 아니기 때문에, 예술개념을 정의하고자 하지는 않겠다. 여기에 반하여 다른 개념들은 일정한 잣대에서 다음과 같이 적절하게 규정할 수 있다. 포르노그래프는 의도적으로 신체와 신체행위에 대하여 관찰자, 독자, 시청자를 성적으로 자극하기 위한 기

---

80) 「히브리서」, 13장 4절.

124

술이나 설명이다.[81] 포르노그래프의 가장 중요한 유통매체는 문학, 사진집, 영화 또는 비디오이다. 가능한 도덕적인 문제는 생산자 혹은 소비자의 측면에서 생각할 수 있다. 포르노그래프 소설부터 시작하겠다.

포르노그래프 독자는 독서로 마음이 동하는 보통의 동기 이외에 아마도 성적으로 자극되기 위한 의도를 갖는다. 이것은 개별경우에 독서를 통하여 자위의 충동을 이끌어낼 수 있다. 앞에서 보았듯이 자위는 그 자체로는 도덕적으로 따질 필요가 없기 때문에, 포르노그래프 독서를 반대하는 이의제기는 없다. 생산에 관계되는 것으로 포르노그래프 작품의 저자들에게 비난이 퍼부어진 것은 이 저작들이 독자를 부패하게 한다는 데 있다. 이 비난은 두 가지 의미를 지닐 수 있다. 첫째, 독자가 성적으로 자극되도록 부채질하는 것이다. 둘째로, 사람들은 포르노그래프 독서를 통하여 타자를 성적으로 괴롭히거나 스스로 강간의 유혹에 빠질 수도 있다. 첫째 이의는 도덕적으로 문제가 없다. 왜냐하면, 스스로 원하는 성충동은 도덕적으로 따질 필요가 없어 보이기 때문이다. 이에 반하여 두 번째 이의는 단적으로 경험적으로 유지될 수 없어 보인다. 독자가 범죄소설의 독서를 통하여 범죄자가 되고 도둑과 살인자가 된다는 증거는 없다. 마찬가지로, 독자가 포르노그래프 소설의 독서를 통하여 어린이들에게 성추행을 하고 성폭력이나 강간을 하게 될 것이라는 것은 증명되지 않은 생각이다.[82]

더 나아간 이의들은 짧게 언급될 수 있을 것이다. 첫째, 포르노그래프 제작자는 그의 책을 통하여, 예를 들어 그것이 화면상으로 살아 있는 자나 죽은 자와의 성체험을 기술하는 한에서, 관련된 자의 주변상

---

81) Ussel(1970), 234. 더 나아간 논문들은 우셀에 의해 리스트가 만들어졌다.

82) 형법 184의 주석에 유사한 설명은, 만약 이들이 "배척으로 혹은 과중하게 관찰자에서 성적인 자극의 고취를 목표로 하고 거기에 성적인 예의범절의 경계를 넘어서면, 포르노그래프의 상연으로 간주된다."

황을 다치게 할 수 있을 것이다. 이것은 실제로 비도덕적이다. 모든 규칙에 있어서 포르노그래프 소설은 그럼에도 역시 순수한 환상작품이다. 둘째, 순수하게 우연히 그러한 작품에 접한 독자는 성에 대한 상세한 기술을 통하여 그들 인간에 대한 윤리적 혹은 종교적 직관을 다치게 하거나 모욕할 수 있다. 한편으로 독자는 그를 거스르게 하고 모욕하는 책을 곧장 덮어버리고 쓰레기통에 던질 수 있다. 다른 측면에서 포르노그래프 문학에는 보통은 실제로 구매자들에게 유통되는 일목요연한 통제메커니즘이 있다. 셋째, 여성주의 입장에서 특히 폭력포르노그래프 제목에는 여성비하나 여성모멸을 나타내는 표현이 나온다. 실제로 폭력포르노그래프 문제는, 이 문제가 광범위하게 퍼져 있는 영화나 비디오 분야에서 좀더 자세하게 토론되어야 될 것이다. 모든 폭력의 우상화에는 최소한 인간을 타자에 거슬러 폭력적이고 뒤이어 비도덕적인 행위로 굴종시키게 하려는 경향이 내재한다. 그렇기 때문에, 성의 영역 혹은 탈(脫)성의 영역에서이든 도덕적으로 미심쩍어 보이는 점이 인정되어야 할 것이다. 그러므로 사람은 최소한 성폭력의 관점에서 변조된 슬로건 "폭력포르노그래프는 이론이고, 강간은 실천이다"를 인정할 수 있다. 독일의 여성잡지 『엠마』(Emma)[83]에서 광고되어 온 본래의 테제 "포르노그래프는 이론이고, 강간은 실천이다"는 거기에 반하여 브렘메(Bremme)[84]가 인정하였던 대로, "복합적 문제의 조야한 단순화"를 제시한다. 여기서는 동물학대자나 살인자의 판타지나 강간자의 자학적인 판타지를 다룬 저작의 금지에 대한 찬성(Pro)과 반대(Contra)를 토론하는 자리는 아니다. 이 순간, 그와 같은 주변현상은 그때마다의 문학적 장르를 위하여 전형적인 것은 아니다. 모든 경우에

---

83) [역주] 『엠마』(Emma)는 성적 문제를 다루는 독일 잡지이다.

84) Bremme(1990) Bettina Bremme, *Sexualität im Zerrspiegel — Die Bebatte um Pornographie*, Münster/New York, Waxmann, 223.

그것은 포르노그래프 문학을 그 자체로 비도덕적이라 비난판정을 하는 것이 정당화될 수 없다는 지시로 충분하다.

다음으로는 포르노그래프 사진잡지, 영화 그리고 비디오 분야를 다룰 것이다. 원칙적으로 그러한 것의 소비는 포르노그래프 소설처럼 도덕적으로 따질 필요가 없는 한에서, 타자의 어떤 관심도 다치게 하지 않는 것으로 평가될 수 있을 것이다. 그러나 이와 다른 생산조건에 따라 배우, 즉 표지모델에 대한 문제가 생긴다. 브렘메[85])에 따르면 1970년대 아르헨티나에서 코담배 영화의 제작을 위해서 여성들이 "실제로 죽음에 이르기까지 고문당하였고", 1987년 네덜란드에서는 "일주일에 거의 70명의 어린이들이 포르노그래프 제작을 위하여 성적으로 능욕되고 남용되었다." 이와 관련하여 어린이 포르노그래프와 폭력포르노그래프 제작은 국가로부터 법적으로 강력한 처벌대상이 된다. 형법 184조는 "폭력행위, 어린이들의 성남용 혹은 동물과의 성행위를 대상으로 하는" 모든 영화 상영을 금지한다. 포르노그래프의 제작과 유포뿐만 아니라 그 소비도 매우 비판적으로 판정되어야 한다. 만약 요컨대 그러한 불법 포르노그래프 제작에서 위에서 언급한 방식의 부정행위가 저질러진다면, 소비자는 그 소비를 통하여 함께 죄를 짓는 것이다. 예를 들어 자신의 성만족을 오직 폭력포르노그래프 화면의 체험에서 생겨나는 단순성향에 맡긴 학대음란증자는 확실히 도덕적 책임은 없다. 만약 포르노그래프 제작이 타인의 관심의 훼손이 발생하지 않는다는 전제하에 이루어진다면, 소비자가 이런 목적달성에 부응하여 자학적, 피학대 음란잡지, 영화 혹은 비디오를 보더라도 도덕적으로 그에게 큰 비난을 퍼부을 수 없을 것이다. 그럼에도 드러나게 폭력포르노그래프 제작물에 빠져들고, 그 제작으로 다른 사람들이 광범위한 방

---

85) Bremme(1990), 66.

식에서 해롭게 되었다면, 소비자는 거기에 대하여 책임이 있다. 그것은 예를 들어 집단 중 한 명이 집단강간에서 '오직' 방관자로 보고만 있었다 해도 함께 책임이 있다고 보는 경우이다.

브렘메[86]의 설명에 따르면, 보통의 포르노그래프 영화 제작에서는 종종 도덕적으로 따질 필요가 발생한다. "외적인 강요에서 제작된 것이 아니다. 그럼에도 빈번히 돈 때문에 포르노 시장으로 뛰어들었다는 결정적인 단서가 나타나야 한다. 이런 경우에는 결코 '자의성'을 말할 수 없다. 포르노 제작에서 신체적, 심리적인 긴장은 특히 심하다. 노동시간은 길고, 모델의 신체적, 정신적인 상태는 보살펴지지 않는다." 더 중요한 토론은 착취이다. 그러나 이것은 포르노그래프뿐만 아니라 수많은 노동자의 삶을 포함하므로 이 글의 범위를 넘어선다. 여기에 인간은 재정적인 궁핍으로부터 그 자신 스스로를 비하시키는 행위로 설득될 수 있는 점만을 주목할 때, 이런 성행위에 대한 도덕적 미심쩍음이 뒤따른다. 물론 모든 포르노그래프 사진이나 영화가 카메라 앞에서 출연자를 비하하는 것은 아니다. 그럼에도 불구하고, 이 위험은 모든 포르노그래프 산업에 도사리고 있다. 모든 경우에도 약삭빠른 모델은 전적으로 " '일'이, 예를 들어, 플레이보이(Playboy)와 재미를 보았다는 것, 그들은 그렇게 잘 사진이 찍혔다는 것에 대하여 자랑스럽다"고 주장한다. 이와 다른 측면에서 두려워할 것은 값싼 너절한 포르노 출연자들은 그들의 나체를 종종 카메라 앞에서 재연하여야 한다는 것, 또는 스스로에 위배되는 매춘을 하여야 한다는 것이다. 먼저 예상가능한 것으로, 여성 배우는 연기자로서의 준비가 기대되는 것뿐만 아니라 제작자, 카메라맨, 혹은 상대배우로부터 실제의 섹스를 요구받는다. 이러한 근거에서 『엠마』는 포르노그래프는 매춘보다 더 나쁘다는 주장을

---

86) Bremme(1990), 66.

대변하였다. 브렘메[87])에 따르면 잡지는 "포르노 연기자들은 규칙상 매춘부들이 아니라는 것이고, 그 이유는 포르노 산업에서 이들은 너무 헐값의 보수를 받기 때문이라는 것이었다는 점"을 조사하였을 것이다. 아마도 많은 매춘부들은 그들의 활동을 '아주 작은 악'으로 간주한다. 그 이유는 그들이 매춘부로서 소비자에게 그들이 준비한 상품을 판매할 수 있기 때문이다.

그럼에도 이 언명은 거의 속이 들여다보인다. 그리고 오히려 여성주의의 적(敵)의 전선(戰線)의 '포르노우'(PorNo) 저널리즘의 기만으로 보인다. 포르노 배우의 활동은 '객관적으로' 카메라 앞에서 벌거벗은 신체를 '단순'히 보여주는 위치로 비하하게 되어 있다. 그리고 어떤 핍쇼(Peep-Show)에서, 즉 자위행위를 하는 남자의 눈앞에서 함께 성기부분을 갖다 들이대는 행위보다 더 자신을 떨어뜨려 버린다. 그러나 이때, 먼저 검토되어야 하는 것은 보통의 포르노 제작에서 인격적인 자기비하의 위험은 아마도 그러한 작품이 소비자에게 새롭게 유통된다는 것이다. 폭력포르노그래프 생산과 관련하여 다음과 같이 토론할 수 있다. 보통의 포르노 소비자는 이들 출연자들이 이들을 후안무치하거나 비하하여 떨어뜨려 누른다고 느낀 화면(畵面)에, 경제적인 이유 때문에 그렇게 하는 줄을 안다. 만약 그러면 그는 잡지의 구입을 통하여, 비디오 대여를 통하여 혹은 영화 관람을 통하여 그 자신도 함께 책임이 있다고 여기게 만든다.[88]) 유사한 방식에서 섹스와 전혀 관계가 없는 보통의 소비자는, 만약 그 제작에 있어서 대량으로 타자관심이 위배되었다면, 거기에 자신도 함께 책임이 있다고 여긴다. 예를 들어, 동

---

87) Bremme(1990), 65.
88) Berger(1991), 146. 미국에서의 포르노그래프의 소비가 강간율을 높이지 않는다는 것은 통계적으로 베르거가 인용한 대로, 칸트와 골드슈타인의 연구를 통하여 통계적으로 입증되었다.

물학대에 해당되는 좁은 닭장에서의 달걀의 생산, 개발도상국에서 커피노동자를 착취하는 덤핑가격의 커피 생산 또는 영업이 여기에 속한다. 자연히 이것은 달걀을 먹고 커피를 마시는 것이 그 자체로 비도덕적일 것이라는 것을 의미하는 것은 아니다. 달걀을 먹는 자와 커피를 마시는 자의 도덕적인 공동책임은 오직 변경된 소비방식을 통하여 따져볼 수 있다. 소비자의 공동책임은 생산에 수반되는 부정적 현상의 제거에 공헌하여야 한다는 데에 있다. 이것은 특별히 협소한 공장의 달걀과 자유로이 풀어서 키운 닭의 달걀, 또는 치보(Tchibo)의 콘체르트 커피와 제3세계 진열대의 '공정하게' 거래된 커피 사이에, 스스로를 위하여 도덕적으로 더 낫고 더 비싼 선택을 결정하는 도덕적 의무를 함축한다. 지금 포르노에는 여전히 '도덕적 생산'이라는 상표가 없다. 그러므로 사람은 '그들이 의심스러운 경우에'(in dubio pro eos)는 원칙에 따라 처신하게 된다. 베르거(Berger)[89]가 강조한 대로, 오히려 "인간의 자유와 삶의 형식을 제한하고 싶어하는" 사람의 측면에 증명부담이 놓여 있다. 이것들은, 약간의 확률로서 제한되어야 하는 행위가 타자들에 해를 입히고 또는 개인들의 권리와 함께 갈등에 처한다. 보통의 포르노그래프 작품 제작이 출연자의 참된 관심에 위배되었다는 것이 증명되지 않은 한에서 영화, 비디오 혹은 잡지의 소비는 도덕적으로 따질 필요가 없다.[90]

이러한 충분한 포르노그래프 토론에 따라 매춘의 도덕적 전망에 대한 탐구는 짧게 도외시할 수 있다. 업무차 미국에 가는 여행자는, 구매하는 사랑은 도덕적으로 타당하다고 여길 것이다. 왜냐하면 한 측면에

---

89) Berger(1991) Fred Berger, *Pornography, Sex, and Censorship*, in: Bruce Russell(Hrsg.), *Freedom, Rights and Pornography*, Dordrecht, Kluwer, 146.
90) 텔레비전 방송프로그램의 윤리성은 프로그램이 시청자의 관심을 거스르는 한에서 프로듀서가 책임을 지지 시청자가 지지는 않는다.

서 [섹스 7]에 따르면 섹스는, 이미 만약 관련된 인격이 그것을 자의로 인정하고 그것이 기대로 인지되는 한에서, 도덕적으로 따질 필요가 없을 것이기 때문이다. 다른 측면에서 상업적 합일의 단순한 사실은, 매춘에서는 서로가 성행위와 충동을 의지적 그리고 인지적으로 행하게 하기를 인정한다는 것을 가리킨다. 양쪽 논증은 그럼에도 비판적인 분석을 필요로 한다. '자의로'는 보통 '강요된 것'의 반대개념으로 이해된다. 그러한 조야한 분류에서 자의에 의한 섹스는 도덕적으로 따질 필요가 없다. 반면에 강요된 섹스는 매음의, 남용이나 강간의 형태에서 폐기될 수 있다. '자의로는' 무엇보다 항상 같은 '자의로는'이 아니다. 더 섬세한 차이들이 논의되어야 한다. 여기서 앞선 [자유사랑 7]의 근거지음은, 만약 두 파트너가 의지적이고 인지적으로 섹스를 인정한다면, 규칙상 섹스는 관련된 자들의 관심을 거슬러 충돌하지 않는다. 일상은 항상 우리에게 반복하여 가르치기를, 무엇보다 경험이 없는 인간은 종종 '자의로' 매매와 계약을 허용하여서 최종적으로 그 자신의 고유한 관심에 위배되게 충돌한다. 이 문제에서 [자유사랑 7]의 자유원칙의 방어자는 정보화된 함의에 관련된 것으로부터 무엇이 기대되는지 인식하는 자의 자의적 인지를 생각하여야 한다. 아주 정확하게 양 파트너가 오직 그들을 위하여 이 행위가 단기, 중간, 그리고 장기적으로 어떤 결과들을 갖는지를 안다면, 그들의 참된 관심에 놓인 자의적 인지를 보증할 수 있다.

지금 매춘부를 찾는 자유로운 성구매자는 그에게 무엇이 기다리는지를 알아도 좋다. 그가 기대하는 것은 사랑이 아닌, 단지 금전에 따른 그의 성적 욕망의 채움이다. 매춘부 또한 일정한 의미에서, 만약 그녀가 몸을 자유로운 성구매자에게 내어 맡길 때 무엇이 그녀를 기다리는지를 안다. 그녀는 그를 만족스럽게 해주기 위하여 무엇을 하여야 하는지를 안다. 어떤 기술에는 어떤 가격을 요구할 수 있는지도 안다. 에

이즈나 그녀의 일에 따른 다른 건강상의 위험성에 대해서도 안다. 그럼에도 그렇게 두려워할 것은, 많은 매춘부들이 그들의 매춘 경력 초기에 그들 자신에게 본래적으로 무엇을 허용하였는지를 모른다는 것이다. 다음과 같은 매춘부의 상상은 아마도 그렇게 보인다. "지금까지 섹스에서 나는 사랑하는 이들과 많은 재미를 본 것이다. 만약 내가 미래에 이에 대하여 돈을 요구할 수 있다면, 더 좋을 것이다! 나는 자유롭게 성구매자를 찾고, 그들과 잠을 자고 싶어하고, 개인적으로 그렇게 끝내는 거야. 그리고 나는 부자가 될 거야." 만약 실제로 그러하다면, 섹스는 그녀의 관심에 놓여 있는 것이고, 그녀의 입장에서 승인된 것임을 의심할 이유가 없다. 그럼에도 거리나 홍등가에서의 매춘부의 실제적, 일상적 매춘은 전적으로 다르게 보일 것이다. 첫째, 탁월한 콜걸(call girl)이 아닌 이상, 매춘부는 결코 성구매자들을 자유로이 찾을 수 없다. 보통은 매출에만 관심이 있는 포주가, 그들이 그녀에게 얼마나 비동정적인지는 상관이 없이 거기 와서 계산으로 봉사하는 매춘부들을 챙기고 있다. 그러므로 매춘부에게 재미를 만들어주는 자의의 섹스나 그러한 섹스는 결코 담론대상이 될 수 없다. 둘째, 포주에게 종속됨으로써 섹스는 희망했던 그러한 부(富)와는 전적으로 아무 상관이 없다는 점을 알게 된다. 셋째, 매춘부는 자유로운 성구매자들에게 해야 하는 많은 일들이 자신을 거스르고 자신을 비하시켜 깎아 내린다는 점을 인식해야 한다. 이러한 배후근거에서 이전에 인용한 『엠마』의 조사가 있다. 즉, 매춘부는 여전히 고객과의 의사소통에서 최소한의 것을 지녀야만 할 것이고, 먼저 어떤 고객에게 그녀 스스로가 무엇을 준비하고 보여줄 수 있는지를 협상하여야 한다. 포르노그래프 제작품을 위한 공동노력에서 매춘의 '장점'을 인식하려고 한다면, 이것은 단순한 눈요기로 나타나야만 한다. 동일한 방식에서 포르노를 상연하는 자는 자연히 카메라 앞에서 포즈를 취하는 것, 고객에게 그들이 무엇을 준비하고 있는지 협상할 수 있을 것이다.91) 그리고 그녀는 거기를 넘어서 충분한 카메라 팀과 생산자와 충분한 의사소통을 하고, 최종적으로 동료배우와 관계를 갖는다!

　보통의 경우 매춘부의 행위와 충동이 그녀 자신을 깎아 내린다는 사실은 매춘이 본래적인 의미에서 자유로이 비도덕적으로 행위한다는 것을 의미하는 것은 아니다. 단지 매춘은 단순히 어리석은 것이다. 즉, 매춘은 매춘부의 참되고 장기적인 관심을 거스르는 짓이다. 이와 거꾸로, 매춘부와 자유로운 의지로 거래하는 모든 성구매자는 일정한 의미에서 그들 자신의 참된 관심을 위배함으로써, 이미 이런 안목에서 도덕적으로 미심쩍게 처신한다. 많은 유흥업소를 방문하는 많은 사람들은 추측컨대 결혼한 자들이므로, 그들은 결혼파기를 범하고 있는 것이다. 그리고 이것은, 로즈가 주목한 대로, 결혼파기에 책임을 돌리게 만드는 매춘부의 행위에 부정적인 빛을 던진다. 그럼에도 더 나아가, 매춘부들을 재정적으로 착취했던 포주들은 도덕적으로 가장 나쁜 역할을 한다. 그리고 이들은 무엇보다 매춘부들을 종종 몸종이나 노예처럼 다루고 계속 그들을 강제로 깎아 내리는 활동을 한다.

---

91) Nuttall(1993), 93. 누탈에 의하면, 포르노그래프 소비의 도덕적 문제는 단지, 관람자가 성적으로 흥분되는 인격과 인격적인 관계를 갖지 않고 '이들은 그럼으로써' 오직 '대상으로만' 취급되는 것을 일별해 보는 데 있다. 그러나 동일한 방식에서 또한 비 포르노그래프 필름의 배우는 만족의 '대상으로만' 봉사하는 것으로 보인다.

제 2 장

삶

1. 삶의 의미

삶의 의미에 대한 물음에는 상이한 답변이 있다. 대(大)선험적 삶의 의미의 물음은, 어떻게 해서든지 삶의 의미를 찾는 데 있다. 조금 덜 대선험적인 삶의 의미의 물음은, 인간현존의 의미에 대한 것이다. 왜 우주에 삶이 있는가? 왜 인간이 있는가? 기타 등등이다. 이런 물음을 다루기 위하여서는 이 책의 범위가 아주 넓다.[1] 여기에서는 단지 개인 삶의 의미가 어디에 있는지와 같은 온건한 테마만 다룰 것이다. 개별 인간의 삶의 의미를 유의미하게 만드는 것은 무엇인가? 다음에서는 가시적으로 양립할 수 없이 널리 유포된 두 입장을 토론할 것이다. 기독교입장은, 삶의 의미는 사후(死後)에 천국(天國)에 확실하게 들어가기 위하여 도덕적으로 선하게 산다고 말한다. 이교도의 입장은 사후의 삶을 믿지 않기 때문에 저마다의 개인은 지상에서 천당을 실현할 것을 권한다. 모든 내용적 차이에도 불구하고 양자의 입장은 동일한 짧은 공식으로 줄일 수 있다.

[삶의 의미 1] 삶의 의미는 도덕적으로 선하게 사는 것이다.

---

1) Fehige/Meggle(1998). Kanitscheider(1995). 상이한 답변이 파이게와 메글레의 단편집에서 모아졌다. 카닛샤아더의 소논문은 '대' 물음에 대한 부정적 답변으로 영리한 변론을 대변한다.

이에 반해 세속적 버전은 어떤 인물이 선하며 무엇이 그들의 부(富)나 행복에 기여하는가를 목표로 삼는다.

[삶의 의미 2] 삶의 의미는 행복하게 사는 것이다.

이 원칙은 행복주의(幸福主義, Hedonismus) 방식으로 고찰할 수 있다. 왜냐하면, 행복주의라는 단어는 그리스어로 헤도네(hedone), 곧 쾌락(快樂), 향유, 만족에서 오는데, 롤즈(Rawls)[2]에 따라, "그 자체로 유일하게 선한 것은 만족할 만한 느낌이라는 주장이거나 인간만이 쾌적함을 추구한다는 심리학적 주장"으로 이해할 수 있기 때문이다. 유사하게 호프마이스터(Hoffmeister)는 『철학개념사전』[3]에서 행복주의를 개별인간의 행복과 목표를 오직 쾌의 감정에만 두는 이론이나 인생관으로 특징지었다. 특별히, '모든 형식에서 삶의 향유에 헌신하는 잡지'『미식가』(美食家)는 다음 표어를 선전한다. "삶의 의미는 삶을 사는 것이다. 감성적일수록 더 유의미하고 고강도일수록 좋다." 그러한 표면적 행복주의(oberflächlicher Hedonismus) 공식의 짧은 변형은 다음과 같다.

[삶의 의미 3] 삶의 의미는 가능한 한 즐기는 것이다.

이에 반해, 싱어[4]는 권리로서 이의를 제기하였다.

---

2) Rawls(1975) John Rawls, *Eine Theorie der Gerechtigkeit*, Frankfurt a. M., Suhrkamp, 601.

3) Hoffmeister(1955), *Wörterbuch der philsophischen Begriffe*, Hamburg, Meiner, 293.

4) Singer(1984) Peter Singer, *Praktische Ethik*, Stuttgart, Reclam, 294.

"우리 대부분 인간은 의도적으로 누군가를 염려함이 없이 오르지 즐기기만 한다면 행복할 수 없다. 우리가 가질 수 있을 즐거움은 곧장 텅 비어 있고 공허하게 보인다. 우리는 삶의 의미를 즐거움 저편에서 찾고, 거기서 유의미하다고 여기는 것을 행하는 곳에서 목표실현과 만족을 발견한다. 우리의 삶이 우리 자신의 고유한 행복과는 다른 의미를 갖는다면, 우리는 아마도 행복하기 위해 필요로 했던 것을 얻자마자, 우리에게서 행복이 다시 사라지는 것을 보게 된다. 행복하기 위하여 행복을 추구하는 사람들은 종종 그것에서 빗나간다. 반면, 다른 사람들은 전적으로 다른 목표에 전념하면서 그것을 발견한다. 사람은 이것을 '행복주의의 역설(逆說)'이라고 표현하였다. 이것은 우리 일상의 관찰에 비추어 맞고 목적의식적 인간으로서 우리의 본질과 일치한다. 그리고 그것은 우리가 우리의 목적을 향하여 일하고 그것을 얻는 한에서 행복과 목표실현에 도달한다. 우리의 본래의 행복은 어떤 다른 것을 향하는 노력의 부분적인 산물이며, 그 산물로써 우리의 눈을 단지 행복한 방향에만 돌림으로써 도달하는 것은 아니다."[5]

'행복주의의 역설'은 맛있는 음식과 음료수의 향유, 댄스파티, 축제, 영화감상 등 지속적인 감성적 욕망의 추구가 현실적으로 만족스러운 행복 만들기가 아님을 명백히 한다. 이로써 오직 표면적 행복주의만은 [삶의 의미 3]에 따라 어리석다. 호프마이스터의 말에 따르면 이것은 "더 날것이거나 더 섬세한 형식의 향락덩어리"를 번식시킨다. 다음 계몽된 행복주의(aufgeklärter Hedonismus)의 원칙의 변주로서 나타난 [삶의 의미 2]는 싱어의 비판적 주석도 꿰뚫어보지 못하였다. 왜냐하면 거기에 따르면 삶의 의미는, 가능한 한 스스로를 단순히 향유하는 데에 있지 않고, 더 복합적이고 포괄적으로 행복해지는 데 있다. 이 테

---

5) Hartmann(1926). 87. 하르트만도 이미 비슷하게 주목하였다. "실제적인 행복은 엉뚱한 곳에서 찾아든다." 행복은 항상 찾는 곳에는 없다. 행복은 항상 선물로서 오고 삶을 빼앗거나 삶을 억지로 얻게 하지도 않는다.

제의 더 자세한 해명과 자유로운 방어를 위하여서는 행복의 중심개념이 먼저 정확하게 정리되어야 한다.

　호프마이스터는 행복을 "조화의 느낌, 희망과 내적으로 일치하는 만족상태"로 정의하였다. 이러한 기술은 행복과 매우 밀접한 개념이지만 동일하지는 않다. 한편으로는 그것은 좀더 정확한 분석에서 개념적으로 어느 누군가 행복하고 그럼에도 동시에 불행하다는 것이 배제됨으로써 입증된다. 다른 측면으로, 사람은 행복의 권리를 요구함이 없이 철저히 자신의 삶에 만족할 수 있다. 행복 또는 행복하기는 공히 어떤 단순만족과는 다르다. 행복은 한 사람에게 어떤 것이 아주 적합한 것으로 다시 경험될 때 특별히 거기에 맞춘 높은 감정이라기보다는 오히려 짧고 강한 감정으로 나타난다. 만약 오랫동안 가슴에 품었던 희망이 마지막으로 채워질 때, 예를 들어 사랑받는다는 것을 체험할 때, 칭찬이나 선물을 받을 때, 오랫동안 지향했던 목표에 도달했을 때, 진심으로 거기에 대하여 기뻐할 때 행복의 감정은 올 것이다. 이에 반해 만족의 감정은 약하고 지속적이다. 이것은 대충 행복에 대한 가시적 체험으로 점진적으로 변하게 되는 조화로운 상태이자, 밋밋한 연대기적 형식이다. 희망이 채워지는 사이에 내적으로 도달되는 일치의 만족은, 설사 고강도의 행복의 기쁨이 오래 전부터 약해진다 해도 여전히 지속된다. 다음에서 만족과 행복 이전의 점진적인 차이는 큰 역할을 하지 않는다. 더 중요한 것은 행복과 만족의 공통된 원천을 눈앞에 놓고 소위 여기에 어떠한 역할이 행복의 가치로 작용하는지이다. 프라이 (Frey)[6]는 특별히 동물의 삶과 비교하여 인간의 삶에 특별한 가치를 부여하는 활동을 다음 목록에 담았다.

---

6) Frey(1983), 109.

"예를 들어 스스로 사랑에 빠져 결혼하거나, 어느 누군가의 삶에서 필요한 것을 돕고, 아이를 낳고, 아이들이 클 때까지 보살피고 뒷바라지하고, 일하고, 직업에서 만족을 체험하고, 음악을 듣고, 그림을 감상하고, 책을 읽고, 계획하고 이들을 행동에 옮기고, 수년간 열심히 연습해서 스포츠나 예술 혹은 학문적 성공을 추구한다. 이들은 다소간에 어떤 한 인간의 삶의 구조에서 채워지게 된다."

필자는 여기서, 실제로 이 모든 활동이 행복을 보증해 주는지, 프라이의 목록이 충분한지, 그들의 더 나아간 행복의 원천의 체험을 위하여 결핍된 것이 무엇인지는 상세하게 나열하고 싶지 않다. 오직 몇몇의 중요한 행복을 위한 활동성의 계기만이 열거될 것이다. 싱어가 정식화하였던 대로, 우리는 목적을 향하여 목표를 세우고 거기에 도달하는 한에 있어서, 행복, 목표실현 그리고 만족에 도달한다. 그러한 목표는 물질적이거나 정신적일 수 있고, 높거나 낮은 것, 중요하거나 하찮은 것이기도 하다. 일반적으로 부의 획득, 만족할 만한 인간관계의 구축, 직업상의 목표 혹은 예술과 학문 활동에서의 성공과 같은 것은 삶의 인정된 목표이다. 그러나 동시에 이색적인 관심과 개인의 취미를 찾는 것도 여기에 속한다. 한 번밖에 없는 인생에서, 영국과 프랑스 해협을 수영으로 건너고, 남태평양 피지 섬의 우표를 다 모으고, 32개의 삶은 계란을 3분 이내에 먹어 기네스북에 기록을 올리고, 기타 등등 많은 것들이 있다. 만약 그와 같이 스스로 선택한 목표에 도달되면, 아마도 행복은 자동적으로 찾아들 것이다. 거기에 개별경우에 성공한 것은 객관적인 잣대로 규정되는 것이 아니라, 유일하게 관련된 자기 자신의 판정기준을 통하여 규정된다. 그밖에 행복과 만족의 잣대를 위하여서 그때마다 얼마나 높이 목표가 정해졌는지는 전혀 문제시되지 않는다. 예를 들어 오랜 동안의 훈련 뒤에 4시간 이내에 마라톤 완주를 이루어낸 누군가는 그의 유능한 트레이닝 파트너가 3시간 이내에 이루어낸 것과 똑같이 거기에 대하여 행복할 수 있을 것이다. 무엇보다도 행복, 기쁨, 그리고 성공에 대한 자랑은 보통방식으로 다른 사람이 추구할 만한 목표 또는 실적의 달성을 인정하는 것과 같은 잣대에서 올라간다. 나아가 규칙상 성공에 대한 행복과 만족은 도달된 목표가 인간의 오랜 기간의 삶의 계획에 대하여 중요하면 중요할수록 지속적이다.

　모든 경우에 그러한 제한과 변형을 고려하지 않더라도 딱 잘라 말해서, 성공은 인생을 행복하게 만든다. 성공 앞에서는 많은 일이 필요하다. 일은 결코 속된 쾌락주의 향유를 제공하지 않는다. 그럼에도 이미 그 목표를 향하여 일하는 것은 종종 만족에 도움이 된다. 목표에 한 걸음 다가갔다는 의식, 성공을 향한 사전의 기쁨은 대부분 모든 경우에 행복을 향한 부정적 전망에서 삭감되고 전체적으로는 긍정적인 대차대조로 이끈다. 이것은 사람으로 하여금 실제적 인생계획만을, 인격의 능력에 있는 그러한 목표만을 설정하라는 것, 즉 적당한 긴장에서 도달할 수 있는 것을 사전에 전제하게 한다. 다른 경우에서 사람은 지속적 실패로 낙담하고 목표는 짧게나 길게 보아서 포기한다.

　자기 스스로 정한 목표에 도달하고 그것을 향하여 일하는 것은 요컨대 행복을 위한 충분조건은 아니다. 거꾸로 행복해지기 위한 긴장과 성공은 필연적이지 않다는 것은 수많은 보기를 통하여 입증될 수 있다. 한 인간이 행복해지는 결과가 예기치 않게 권총의 총구 앞에 물거품이 될 수도 있다. 또한 물질적이거나 비물질적인 본질의 행복의 경우는 6개 숫자의 로또처럼, 꿈에 그리던 여자나 남자를 만나는 것처럼, 아주 드문 경우에서만 채워진다. 여기는 지금 포괄적인 행복을 가져다주는 가치의 목록을 작성하는 곳은 아니다. 필자는 대신에 모든 삶을 위하여 명백하게 행복과 만족에 채워져야만 하는 몇몇의 일반요인을 제시하고 싶다. 최소한의 돈의 소유, 최소한의 건강, 또한 최소한의 친구와 가족범위에서 온전한 사회적 관계가 그것이다. 돈이 행복을 위한 그때마다의 필요조건이긴 하지만 충분조건은 아니다. 필자는 세인의 말을 반박하지 않는다. 돈만이 인생을 행복하게 만들지는 못하나, 거꾸로 돈이 없어서 삶을 자선이나 보조금으로 최저생계비 이내에서 분투해야만 하는 인생은 결코 행복할 수 없으리라는 세인의 주장은 맞는 말이다. 누군가 에이즈나 암과 같은 만성병에 시달리고 병이 치료된다고 희망할 수 없다면, 결코 행복하게 될 수 없을 것이다. 한편 누군가 확실히 건강도 돈도 있음에도 불구하고, 어떤 중대한 결핍 때문에 그의 아내, 자녀, 동료와 이웃에게 업신여김을 당한다면, 결코 행복한 삶을 살 수 없을 것이다.

요컨대 계몽된 행복주의의 의미나 내용은 '행복'과 '만족'의 설명으로 이해할 수 있다. 다음에 필자는 인간적인 삶의 의미가 행복해지는 데만 있는 것이 아니라는 선택가능한 행복주의 입장을 방어하고자 한다. 가장 근본적인 이의는 인간적인 삶이란 도무지 의미를 갖는 것이 아니라는 것이다. 예를 들어 네이글(Nagel)[7]은 이와 같이 말한다.

"대부분 인간은 방황하는 삶이란 어리석은 것이라는 감정을 가지며, 몇몇 인간은 아주 강한 감정을 갖는다. 돈을 벌기 위하여, 의복, 식사, 주택, 향락을 즐기기 위하여, 매년 그렇게 삶을 유지하지 위하여, 가족을 벌어 먹이기 위하여, 경력을 쌓기 위하여, 배우고 일하는가? 그러나 그 다음은 무엇인가? 어떤 최종목적에 도달하려고 이렇게 한다는 말인가? 삶은 전적으로 예술적으로 만들어놓은 복잡한 여행이고 어느 곳으로 가지 않는다."

그럼에도 이 관찰은 네이글[8] 스스로가 인정하는 것과 같이, 현실의

---

7) Nagel(1984), 25.

삶이 무상하다는 느낌을 지울 수 없다. 기껏해야 개인의 삶이란 자신을 넘어서는 선험적 의미를 갖지 않는다. 그러나 이것은 가능하면 그렇게 행복하고 만족스럽게 사는 각 개인의 삶이 내재적 의미가 있다고 보는 행복주의 입장에 위배되는 것은 아니다. 그렇게 네이글은 인간적 삶이 아마도 부질없을 것임을 다음과 같은 선택가능한 입장으로 설명한다.

"우리는 일차적으로 무엇이 요긴한 것인지, 명예, 향유, 덕성, 사치, 성공, 아름다움, 정의, 지식, 우리 영혼의 구원 혹은 단순한 생존을 진지하게 받아들인다. 인간의 삶이란 풍부한 긴장, 계획, 사려, 성공과 실패로 가득 차 있다. 그럼에도 인간은 한 걸음 옆으로 비켜가고 그 사이에서 그들 스스로의 삶의 길을 동일한 호기심으로 고찰하는 특별한 재능을 갖고 있다. 그들은 또한 개미 한 마리가 모래 위로 이리저리 가는 길을 추적하는 것이다. 그리고 이것은 냉정하고 동시에 재미있다. 우리는 우리를 밖에서 관찰한다. 그리고 우리는 우리의 감각과 노력이 전적으로 우연성과 제한성에 처해 있음을 명백히 깨닫는다."

요컨대 네이글이 상세하게 보여주려고 한 것같이, 인간현존의 무상함이나 무의미성은 오로지 외부의 전망에서만 생겨난다. 이 전망으로 한 방문자는 전 우주로부터 개인의 삶을 고찰할 것이다. 그런데 그러한 외적 전망은 삶의 실천적 요구와는 무관해 보인다. 위에서 강조된 것은, 개별인간들이 도달하려고 자기 스스로가 선택한 목표는 일정한 방식에서 자의적이다. 이들은 그 자체로 약간의 객관적 타당성이나 중요성을 갖는 무조건적인 상호주관적 승인을 필요로 하지 않는다. 이것저것을 도달하려고 하는 것이 나의 목표라는 단순한 사실은, 이러한

---

8) Nagel(1984), 25.

방향으로 일하는 것이 나에게 행복과 만족을 줄 것이라는 것으로 전제되었을 경우에만 의미가 있다는 것을 보증한다. 이 목표는 실제적으로 계획되었고 앞선 성공을 약속하는 것이고, 나에게 최소한 한 번은 도달할 것으로 희망하게 한다. 내가 이 목표 저 목표를 도달하려고 하기 때문에 이것저것을 하는 것이 옳고 유의미하다는 나의 신념은 일상에서 추호의 흔들림이 없이, 영원한 관점9)에서(sub specie aeternitatis) '도대체 이 모든 것을 왜'라고 물어야만 하는 물음에 항상 빠진다. 다른 측면에서 많은 인간은 이 물음이 가설적, 철학적 물음이 아니라, 전적으로 실천적 물음으로 설정되었을 때 실존적 위기에 빠진다. 그들의 삶과 노력이 전형적으로 무의미할 것이라는 구체적인 감정을 얻을 때는, 지금까지의 모든 고강도 노력이 성과가 없었고 목표에 도달하려는 희망이 사라졌을 경우나, 혹은 노력하였던 목표에 확실히 도달하기는 했지만 행복과 만족은 기대한 것만큼 찾아오지 않았을 경우이다. 마지막은 특히 목표가 하찮은 것으로 혹은 쓸모 없는 것으로 인식되었을 때이다. 이는 아마도 기네스북에 실리기 위한 어리석은 기록과 같은 것이다. 그러나 이것은 관련된 자가 거짓목표를 설정하였다는 것만을 지시하고 있다. 어느 누군가 올바른 목표를 위해 노력하는 한에서, 거기서 행복하고 행복으로 만족하는 한에서, 그는 자신의 삶을 결코 어리석은 혹은 무의미한 것으로 여기지는 않을 것이다.10) 전체적으로 필자는 실제 우리의 삶은 내적인 전망의 가치를 지니며, 동일한 삶은 외적인 전망으로부터는 불필요하다고 주장한다. 예를 들어 네이글의 안목11)에 반대하여, "한 쪽에서 대상은 둥글게 보일 수 있고, 다른 쪽에

---

9) [역주] 스피노자(1632-1677)가 사용한 용어로서 특정한 시간에 가릴 것 없이 보편적으로 영원하다고 기술된 실재에 대한 관점을 의미한다.

10) Meggle(1997), 192. 메글레의 관찰을 보라. 무의미의 감정은 일차적으로 관련된 자가 무엇을 원하는지 명쾌하지 않다는 데 대한 상황증거이다.

서는 계란 모양으로 보일 수 있다." 둘 다에 본질적으로 큰 문제가 있어 보이지는 않는다. 모든 경우에서 계몽된 행복주의 입장은 오직 개별인생의 내재적 의미만을 규정하려 하고, 대선험적인 삶의 의미의 물음은 전적으로 논외의 문제로 본다.

다음으로 종교적 테제 [삶의 의미 1]과 계몽된 행복주의의 [삶의 의미 2]의 입장은 서로 엇갈린 갈등이 주제이다. 그렇게 전적으로 양자의 입장은 첫 눈에 모순으로 보이는 한에서, 다음과 같이 중요한 공통점을 한눈에 발견한다. 이전에 파스칼이 그의 유명한 '내기'[12]로 명백하게 시도하였던 것처럼, 만약 어떤 사람이 [삶의 의미 2]에 합당하게 요청된 목표 '행복하게 되어라'에 도달하려 한다면, 그것은 '신의 법칙과 일치하여 살아가라'는 행동격률을 갖는 일정한 전제하에서는 이성적이다. 파스칼의 사고실험은 정확하게 다음의 것이다. 만약 어떤 사람에게서, 현생의 삶이 오직 두 번째 영원한 삶의 이행단계만을 제시한다고 생각한다면, 그것은 여전히 가능하거나 또는 그럴듯할 작은 등급의 믿음에서나 있을 일이다. 나아가 현생의 삶을 도덕적인 비난 없이 행동하며 살았던 사람만, 사후에 행복이 가득한 삶을 산다고 가정할 경우도 마찬가지이다. 셋째로, 거기서 또한 항상 행복할 수 있는 모든 현생의 삶이 전체적으로 그 유한성 때문에 오직 유한한 긍정적 가치만을 가질 수 있다고 보는 경우가 있다. 이에 반해 천국에서 가능한 영원한 삶이 무한한 큰 가치를 가질 것이라는 경우도 마찬가지이다. 만약 이 전제가 모두 채워진다면, 결정이론의 의미에서 도덕적으로 잘 살려는 것은 합리적이다. 왜냐하면 오직 사람은 현생의 삶과 마찬가지로 가능한 현생 이후의 현존도 포함하는 전체 삶의 가치를 극대화하기

---

11) Nagel(1992) Thomas Nagel, *Über das Leben, die Seele und den Tod*, König-stein, Hain, 373.

12) 비교 : Pascal(1936), 2부 「신과 함께 하는 인간」, II 2.

때문이다. 여기서 필자는 이런 논의 혹은 다른 전제에서 발견하였던 문제에 전념할 수는 없다.[13] 오히려 필자는 단지 파스칼의 생각을 통하여 모든 경우에도 양자의 원칙인 [삶의 의미 1]과 [삶의 의미 2]에는 공통되는 근본사고가 발견된다는 점만을 지적하고자 한다. 요컨대 양자의 경우에서의 삶의 의미는 전체적으로 가능한 한 행복과 만족에 있다는 점을 가정한다. 삶의 의미가 단지 현생의 혹은 보충적으로 현생 이후의 두 번째 삶을 포함하는지는 상관이 없다. [삶의 의미 1]과 [삶의 의미 2]의 차이는 순수한 신앙의 조항으로 환원된다. 요컨대 사후에도 삶이 가능한가? 여기에 특별히 논의하는 삶이 전적으로 의미 혹은 가치의 물음과 무관하지 않기 때문이다.

[삶의 의미 2]에 기술된 목표 '행복하게 되어라'에 도달할 수 있는지의 물음은, 동시에 [삶의 의미 1]에 놓인 '도덕적으로 행동하라'는 격률을 뒤따름이 없이, 자연히 종교적인 그레첸의 물음에 속하는 사후의 문제이다. 여기서 많은 명망 있는 철학자들은, 비도덕적 인간은 그의 삶에서 현실적으로 행복하게 될 수 없으며 따라서 도덕적으로 좋게 행동하는 것은 이해된 인격 스스로의 관심에 놓여 있을 것이라는 입장을 취하였다. 그렇게 흄에게서는 특별히 '명예에 대한 사랑'이 도덕행위의 중요한 동기로 떠오른다.[14]

"우리는 종종 명망과 명예를 얻고 유명해지려는 끊임없는 우리 행위를 나중에 이야기하게 하고, 그것이 우리 주변인물의 눈에서 어떻게 비치는 지를 헤아리게 된다. 우리 스스로를 끊임없는 이러한 습관의 반추에서 가다듬게 하는 것은 모든 권리와 부당한 권리에 대한 모든 감정을 살아 있게 만든다. 순수한 동물적 순응성은 점차적으로 가치 안에 가라앉고, 반

---

13) Cargile(1966). Mackie(1985).
14) 흄, 『도덕원칙의 탐구』, 208.

면에 모든 것은 내적 아름다움과 도덕적 승리자를 선호하게 된다."

흄에 따라 우리는 점차적으로 '완성된 윤리성'의 상태에 도달한다. 여기서 요구되는 것은 단지 '더 큰 행복의 올바른 중재와 지속적인 선호'이다. 특별히 흄은 인간성, 관용성과 봉사성이라는 사회적 덕은 제대로 이해된 고유한 관심으로부터 얻어져야 될 것이라는 근거를 제시한다. 여기에 흄은 "한 인간은 그의 재능을 가꾸기 위하여 제한받지 않을 힘을 갖는다. 우리는 그가 행복이나 향유를 위한 어떠한 욕구와 요구의 선택을 할 것이라는" 허구성을 이용한다. 결단은 명백하게 도덕의 호의에서 내려져야 된다. 왜냐하면, "모든 인간은 탐욕과 야욕에 악착같이 매달리면 성공을 시기하게 된다. 좁은 덕의 길을 고집하는 한에서 인간은 호의와 선한 희망을 확신하게 된다. 영혼의 내적인 평화, 고유한 불가침의 의식, 자신의 본래적 처신에 대한 만족할 만한 회상, 이 모든 것은 행복을 위한 절실하고도 필연적인 전제"이기 때문이다.

도덕적 행위는 행복을 위한 필연적 조건이다. 요컨대 누군가 비도덕적으로 행동하면 행복할 수 없다. 이 테제는 두 개의 부분주장으로 나눌 수 있다.

(a) 누군가 비도덕적으로 행동하면, 나쁜 지식을 확신한다.
(b) 누군가 나쁜 지식을 확신한다면, 행복하게 될 수 없다.

테제 (a)에는 흄 스스로가 충분하게 해명하지 못한 두 형태의 도덕적 또는 비도덕적 행위가 구분된다. 본래적인 의미에서 비도덕적, 즉 도덕적으로 폐기되거나 범죄적으로 행동한다는 것은, <어느 누구도 다치게 하지 말라>의 격률을 무시하는 것이고, 에고이즘의 형량에서 타자의 정당화된 관심을 위배한다. 더 약화된 의미에서, 만약 어느 누군가 인간적 행동, 보시(布施) 그리고 봉사활동의 사회적 덕을 결여한다면, 그는 이미 비도덕적으로 행동하는 것이다. 그럼에도 그와 같은 에고이즘의 처신이 자동적으로 나쁜 지식의 확신을 초래한다는 점을 결코 주장할 수 없다. 많은 인간은 물질적으로 그렇게 어렵게 살아가서는 단순히 보시나 봉사활동을 수행할 수 없다. 그러나 적절한 도덕교육을 누리지 못한 많은 인간은 저마다의 부당의식과 나쁜 지식의 확신을 발전시키기 위한 능력을 결여하고 있기 때문에 참된 비도덕적인 처신에 한해서 테제 (a)는 문제가 된다. 이에 반해 테제 (b)는 최소한 약화된 형식에서 타당한 것으로 보인다. 그에 따르면, 누군가 나쁜 지식을 확신하는 자는 충분히 행복하게 될 수 없다. 그럼에도 이 원칙은 오직 도덕적 행동을 위한 약한 동기를 제공한다. 좋은 지식의 확신 이외에 요컨대 행복을 향해 나아가기 위한 일련의 필연적 조건, 특별히 위에서 언급된 돈과 최소한의 소유의 잣대가 있다. 그리고 구체적인 선택으로, 가난과 배고픔 때문에 채식을 하고, 좀도둑질과 사기협잡을 통하여 먹거리와 돈을 번다고 한다면, 그것은 아마도 꼬르륵거리는 위보다는 덜 나쁘지 않은 지식의 확신이라고 가늠하여도 좋을 것이다. 모든 경우에 실제의 가난에는 다음의 도덕설교가 마음을 찌를 것이다.

"모든 고귀한 인물들은, 공리나 금전상의 이득을 통하여 자신의 고귀한 본질을 알리기 위하여, 너무나도 배반과 사기를 반대하는 경향이 강하다. 그리고 많은 사기꾼은 발견되지 않고 성공적으로 숨어 지내기를 원할 것이다. 진지한 인간은, 만약 그가 철학에 대해 아는 바가 있다면, 가치 없는 일 때문에 마지막에 속임을 당했고, 최소한 스스로도 감당할 수 없는 향락을 단념하였다는 것을 알아차릴 것이다."

모든 인간의 도덕행동이 잘 이해하는 사람의 관심에 놓여 있을 것이라는 흄의 테제는 전적으로 제한되어야 한다. 실제적으로 인간애, 관용성, 봉사활동의 사회적 덕은 그의 본래의 삶과 그의 친족의 삶을 위하여서 오랫동안 충분히 염려했다고 생각하는 사람에게서 발견된다. 특별히 나이가 들어 더 세련된 인간이 스스로 이타적인 타자에 관심을 돌린다는 것은 매우 흥분되는 일로 간주된다. 그래서 예를 들어 싱어는 다음과 같이 교시한다.15)

"퇴직은 많은 인간에게 문제이다. 왜냐하면 사람들은 목적이 없는 삶 속에서 즐거워할 수 없기 때문이다. 해법은 자연히 새로운 목표를 발견하는 데에 있다. 그것은 우표수집이나 자원하여 하는 복지사업 등의 일이다. 많은 인간은 우표수집에서 그들 삶의 적절하고도 완전한 의미를 본다. 그러나 다른 인간은 그들이 속한 세계에 그의 상황을 의식하고 그들의 목표에 대하여 추후사고를 하는 한에서 우표수집에서 벗어난다. 이 그룹에 몇몇 윤리적 입장이 그들이 벗어나지 못하는 삶의 의미와 목적을 준다."

이 관찰은 철저하게 계몽된 행복주의의 원칙과 일치하고 있다. 누군가 자유로이 윤리적 입장을 취하고, 요컨대 다른 사람을 돕겠다는 목표를 정하고, 인간적 행동, 보시 그리고 봉사활동의 사회적 덕을 행하겠다고 결정한 자는, 그의 삶에 내재적 의미를 부여함으로써 삶의 풍성한 목표달성, 행복과 만족을 발견한다. 거기에 반하여 윤리적 입장을 통하여 인간의 삶에 삶을 뛰어넘는 선험적 의미를 부여할 수 있다는 가정은 유지될 수 없는 것으로 입증된다. 네이글16)이 말하는 대로, 다음과 같이 인정될 수 있다.

---

15) Singer(1984) Peter Singer, *Praktische Ethik*, Stuttgart, Reclam, 296-298.
16) Nagel(1992), 374.

"많은 사람은 세상의 많은 비참한 것 가운데 기아, 질병, 고문 등을 지구로부터 추방하기 위하여 그의 삶 전체에서 이 악에 종지부를 찍기 위한 민첩한 노력을 해나갈 수 있다. 이 목표는 삶에 더 이상 회의적인 의심에 방치되지 않는 실제적인 의미를 주는 것으로 보인다. 그럼에도 이 목표가 그렇게 손쉽고 또한 강요적이라면, 그들은 세계로부터 이 어리석은 문제를 해결하기에는 적합하지 않다. 어떻게 인간 삶의 본래적인 가치가 악을 제거하는 데 놓여 있을 수 있단 말인가? 만약 어느 누구의 삶도 항상 이미 그 자체로서 의미를 가질 수 있다면, 어떻게 곧장 그것이 타자의 의미 없는 삶과의 전념에 따라 삶의 의미를 얻을 수 있단 말인가?"

네이글의 외적인 전망에 선 한 외계인이 내재적인 계몽된 행복주의를 고찰한다면, 마지막 코멘트는 다음과 같이 긍정적 방향이 나올 수 있을 것이다. 삶의 의미는 행복하고 만족하는 것에 있기 때문에, 타자를 돕는 것, 목표에 도달하려는 것, 그 자체의 사실에서(ipso facto) 객관적으로나 상호주관적으로, 즉, 일반적 판단일치에 따른 모든 시도는 유의미하다. 그러므로 자발적인 사회참여는 특별한 잣대에서 스스로 행위자의 행복과 만족에 기여한다. 그리고 이것은 주관적으로도 유의미하다. 게다가 타자가 행복하게 되는 일에 손발을 걷고 나설 수 없다면 불행할 수 있고 그 자신의 삶을 무의미한 것으로 고찰할 수 있는 인간이 있을 수 있다. 그럼에도 싱어에 따라서, 윤리적 입장을 취하지 않은 사람은 무의미하거나 불행한 삶을 강제로 살아가야만 한다는 결론이 나오지 않는다. 모든 별개의 삶의 내재적 가치는 최종적으로 즐거움, 행복과 만족에서 소유의 측면으로 나가고, 이 잣대를 통하여 거기에 합당한 연민, 불행과 불만족의 합계를 통하여 규정된다. 이것은 어떻게 그리고 어떤 목적의 추구에서 행복과 연민이 생겼는지에 의존하지 않는다. 다음절에서는 어떻게 그와 같은 행복의 대차대조를 대략 숫자상 상호주관적으로 타당한 방식으로 제시할 것이다.

2. 삶의 가치

식물, 동물, 인간의 삶이나 존재는 다른 생명체를 위하여 유용하고 가치가 있을 수 있다. 여기서 이러한 삶의 외재적(外在的, extrinisch) 가치는 논쟁대상이 아니다. 삶의 내재적(內在的, intrinisch) 가치가 충분하다는 것은 먼저, 삶의 체험, 지각 또는 의식이 출발하는 곳에서 생긴다. 식물이나 다른 하위의 삶의 형식에서는 우리가 아는 모든 그러한 지각능력이 결여되어 있다. 그러므로 그런 삶은 내재적으로 가치가 없다.17) 대부분 동물의 삶은 아마도 종(種)에서 종으로 분지(分枝)되는 곳에서 가치의 전가가 있을 것이다. 이 가치는 규칙상 더 풍부하고 더 고도로 발전된 동물의 의식에서 더욱 클 것이다. 동물의 삶의 가치에서는 이후 '채식주의' 테마와 관련하여 다루게 될 것이다. 여기서는 먼저 인간의 삶의 가치의 이론을 요약할 것이다. 이 이론에서는 많은 상세한 문제는 다루지 않고 기껏해야 각주에서 토론할 것이다. 그럼에도 이 문제는 과거 삶의 가치에 대한 퇴화된 불신의 개념에 새롭고 정서적인 실천적 목적을 위하여 엄밀한 의미를 부여하기에 충분할 것이다.

한 인간 P의 삶은 보통, 연, 월, 일, 기타 등등으로 나눈다. 다음으로 설명할 수 있는 것은 P가 그의 일생에서 가졌던, 자궁 안에서의 첫 번째 지각에서 마지막 죽음의 불안에 이르기까지 모든 체험의 양을 낱낱이 살펴보는 것이다. 체험의 일상적 개념으로 특별하게 명쾌한 것은 아니나, 사람은 종종 그것을 사건(Event)으로 이해한다. 여기서 사람은

---

17) 비교 : Singer(1984). 싱어는 다음을 말한다. "의식하는 체험을 갖지 못하는 인간본질은 그 자체로 가치를 갖지 못한다." 싱어는 모든 경우에, 윤리적인 설명에 있어서 사람은 그의 본질을 통하여 결코 의식하는 것에 대한 체험을 가질 수 없는 본질과 정상적인 발전의 경과에 있어서 그러나 여전히 의식을 갖지 못하는 신생 동물 혹은 인간 본질 사이를 구분하여야 한다는 점을 간과한다. 이 구분은 나중에 토론될 낙태의 문제에서 전적으로 결정적이다.

어느 정도쯤 관련이 있고, 예를 들어 그것을 목격하였거나 다른 방식으로 체험하였다. 텔레비전에서 추적한 아폴로호의 달나라 여행, 1989년 윔블던 경기, 형의 결혼식, 거기서 신랑측 증인으로 있었다는 등등. 끊임없이 그때마다 사건에 결합된 개인적 체험이나 지각이 근거에 놓여 있다.

모든 별개의 사건이나 체험 E는, 지금 P를 위하여서는 서장 4절에서 수적인 설명으로 규정할 수 있는 공리주의의 공리함수로 일정한 주관적 가치를 갖는다. P는 합당하게 정의되고, 규범화되고 상호주관적으로 비교될 만한 공리함수 $U(E, P)$를 전제한다. P의 전체 삶의 가치는 그들의 모든 체험의 가치의 합계로서 규정할 수 있다. 일정한 시점 t까지에 놓인 삶의 단면에 해당되는 가치는 그때까지 체험된 사건의 가치의 합계와 같다. 그리고 또한 P의 삶의 개별적 날들의, 한 달, 혹은 한 해의 가치는 그때마다 체험의 가치의 합당한 합계를 통하여 표현될 수 있다. 그럼에도 불구하고 특별히 죽음에 대한 물음을 위한 탈-도덕성(A-Moralität)의 윤리적 탐구를 위하여서는 일반적으로 이미 살았던 삶의 가치가 아니라, 앞으로 더 살아야 하는 미래의 삶의 가치가 중요한 역할을 한다. 이 가치는 단순히 P가 미래적으로 체험해야 할 합계에 대한 유비추론으로 정의할 수는 없다. 왜냐하면 도무지 P가 미래에 어떤 것을 체험하게 될지 확정된 것이 없기 때문이다. 예를 들어, 나는 내일 나에게 무엇이 일어날지 아무것도 알지 못한다. 나는 교통사고로 죽을 수도 있다. 혹은 아주 많이 다쳐서 남은 인생 동안 스포츠활동을 하지 못할지도 모른다. 그러나 나는 또한 에베레스트 원정대 참가자에게 4만 유로의 후원금을 준다는 좋은 소식을 들을 수도 있다.[18] 내일 나에게 주어질 수 있는 가치계산을 위하여 어떤 선택을 해

---

18) [역주] 실제로 이 책의 저자인 렌젠 교수는 에베레스트 주변의 산을 비롯하여 세계 도처의 높은 산을 등정한 프로 수준급 전문산악인이다.

야 한단 말인가? 지금, 나에게는 미래의 사건에 대한 모든 엄밀한 지식이 결여되어 있을지라도, 나는 역시 일련의 신뢰할 만한 추측을 갖고 있다. 예를 들자면, 나는 먼저 앞서 언급된 중상의 교통사고에 거의 극소의 가능성을 둔다. 유감이지만 아주 즐거운 에베레스트 원정대 재정지원이라는 놀라운 일도 높은 확률로 보지 않는다. 이에 반해 높은 확률을 가진 것은 다음과 같은 일상적인 하루의 경과이다. 먼저 9시까지 잠을 잘 것이다. 그 다음 아침식사를 마치고 대학으로 달려갈 것이다. 그리고 정신철학에 대한 책을 집필할 것이다. 점심에는 대학식당으로 갈 것이다. 오후에는 편지들을 처리할 것이고, 17시 30분경에 가족에게로 달려갈 것이다. 저녁식사 전에 약 15km 조깅을 마칠 것이다. 늦은 저녁에 다시 컴퓨터 작업을 할 것이고 하루가 끝날 즈음에 텔레비전을 약간 볼 것이다. 특별하게 자극적이지 아니한 가치를 갖는 하루는, 먼저 오직 비본질적으로 구분된 하루의 가치와 함께 놓여 있다.

이론적으로 한편으로는 주관적 이용함수의 충분한 인지에서, 다른 한편으로는 거기에 합당한 주관적 확률함수의 기대가치, 예를 들어 내일의 혹은 다른 미래의 P의 삶의 단면의 기대가치를 통해 P의 삶의 가치를 '계산할 수 있다.' 요컨대 그때마다 확률로서 중재된 별개의 사건의 가치의 합계는 P가 문제시되는 시공간에서 체험할 수 있는 합계이다. 렌쩬[19]이 선호하는 그러한 계산은 실천적으로 어렵거나 전적으로 불가능할 수 있을 것이다. 쉽지 않은 것은 일차적으로 삶이 항상 충격적이거나 놀랄 만한 일을 기대한다는 것, 그리고 종종 보통 사람이 합리적 방식으로 기대할 수 있는 것보다 전적으로 다른 삶의 경과를 접하지 못한다는 데에 있다. 가장 큰 문제는 인간 P의 미래에 일어날 수 있는 모든 사건의 집합이 너무 포괄적이어서, 이를 위하여 실제

---

19) Lenzen(1991).

적인 방식으로 충분하게 정의된 확률함수도, 이용함수도 전제할 수 없다는 데에 있다. 무엇보다 P의 살아 있는 삶의 기대가치를 최소한 일정한 수적인 범위 내에서 일정한 신뢰성의 등급으로 평가하기 위하여 다른 방법을 생각할 수 있다.

건강프로그램을 위해 제안된 첫째 방법은 페렛(Perrett)[20]에 따라, 먼저 인간 P가 지불하려고 준비한 금액의 중재에 기초한다. 이는 그의 사망리스크를 일정 퍼센트로 내리기 위한 것이다. 만약 P가 대략 1%의 사망리스크의 절감을 위하여 500유로의 보험금을 지불할 준비가 되어 있다면, 인간 P의 미래 삶에 대한 측정가치는 요컨대 이 금액의 100배인 약 5만 유로에 해당될 것이다. 그럼에도 이 논제는 어지간히 부적절하다. 왜냐하면 인간 P가 삶의 연장을 위하여 지출해야 하는 보험금은 그들의 재정상태에 크게 의존하기 때문이다. 오직 자신의 기본 욕구의 만족만을 채울 수 있는 아주 가난한 사람은 삶을 연장시키는 보험의 사치를 부리지도, 부리려고 하지도 않을 것이다. 그러나 이것이 그가 삶의 가치를 하찮게 생각한다는 것을 의미하지는 않는다.

문제는 삶의 연장을 위해 지불하는 보험금 대신, 예고된 삶의 단축에 대한 피해액에 기초를 두어야 하는 방식의 변주로 해결할 수 있다. 좀더 정확하게, 최소한 금액 M으로부터 출발하여야 한다. 금액 M은 P의 사망리스크 상승에 대한 감소로서 1%를 요구할 것이다. 그러면 P가 여전히 살아야 할 삶의 측정가치는 거기에 해당되는 M의 100배로서 정해야 할 것이다. 특별히 그의 모든 욕구와 희망의 충족을 위하여 충분한 돈을 가졌다고 믿는 백만장자는 그렇게 많지 않은 지불금액 때문에 사전에 사망리스크에 들어가려고 하지 않을 것이다. 이것은 그의 삶이 '무한한', 무제한의 고가치를 지녔음을 의미하는 것이 아니다. 단

---

20) Parrett(1992), 195.

지 그에게는 푼돈이 그의 삶의 질 또는 삶의 가치를 개선하는 데 도움이 되지 않을 것을 의미한다. 어떻게 이런 삶의 질이 준비되는지는, 단지 그가 얼마나 가졌느냐의 소유관계에만 놓인 것이 아니다. 돈만으로는 결코 인생을 행복하게 하지 못한다. 무엇보다 인생의 행복은 건강상태, 개인과 가족 간의 관계, 기타 등등에 의존한다.

백만장자와 가난한 자뿐만 아니라, 더 나아가 중산층도 관련된 문제란 합리적이고 사회적으로 정당한 방식으로 일정한 사망리스크 상승에 대한 예방계산을 하는 데 있다. 그들의 삶을 그날의 일에 맡긴 광부는 단순히 그들에게 고용자가 주는 위험수당으로 만족하여야 한다. 일반적으로 오토바이 운전자는 명백히 상승된 사고나 사망리스크에 대하여 스스로 재정적 배상의 상승률을 자유로이 정할 수는 없다. 아마도 노동조합 또는 고용주는 다음의 생각을 저울질할 것이다. 위험에 처한 인간이 u 나이를 먹었으므로 보통은 앞으로 여전히 v 년을 더 일할 수 있을 것이다. 요컨대 그의 연봉은 w 유로, 노동과정에서 가정된 x %의 임금상승이면, 전체적으로 y 유로의 전체수입을 계산할 수 있다. 위험수당은 보험 수학적으로 그렇게 계산될 수 있어야 한다. 동일한 경우 z % 상승된 사망리스크에서는 y 유로의 전체수입이 기대된다. 그러한 계산은 결과적으로 경제과학자가 제안한 모델을 넘어서 한 인간 P의 삶의 가치를 인간 P의 전체의 삶의 수입과 등식으로 놓게 한다.21) 그럼에도 이러한 논제 또한 부적절하다. 왜냐하면 동일한 수입을 갖는 두 인간의 삶의 질은 완전히 다를 수 있기 때문이다. 유능하고 잘 교육된 자녀를 둔 건강하고 혈색 좋은 아버지가 있다면, 그는 예쁘고 사랑스러운 여인과 결혼하였을 것이다. 뚱뚱하고 우악스러운 술주정뱅이

---

21) 비교 : Parrett(1992), 주석 13과 14, Acton(1976)의 목차, Nida-Rümelin(1996)
   의 삶의 '객관적 가치'에 대한 2절에서의 비판적 고려를 참고하라.

의 얼굴로, 버릇없는 자녀를 둔 아버지는 마약중독이거나 부정을 저질렀거나 난폭하거나 칠칠치 못한 여자와 결혼하였을 것이다.

그러므로 필자는 여기서 그들의 본래 모습에서 선택을 갖는 이성적인 방법을 제안하고 싶다. P의 상승된 사망리스크는 P에게서 기대될 삶의 상실의 크기로 계산하는 것이다. 이러한 견적을 내기 위한 근본 아이디어는, 예를 들어 지금까지 위에서 기술한 방식에 따라 인간 P의 삶의 하루의 평균가치를 규범화하는 것이다. P의 삶의 하루는 상호주관적으로 비교될 수 있는 공리함수로 규정한다. 그 다음 이 하루와 P에 가정된 사망리스크 상승을 통하여 예상되는 잃어버리게 될 나날의 숫자를 곱한다. P의 전체의 미래 삶의 기대가치는, 지금까지 예상되는 삶의 기간을 미래적으로 정초된 삶의 표준에서 삶의 질의 평균가치와 곱하는 것이다. 거기에 삶의 기간의 평가는 통계 데이터에 의지하여야 하고, 무엇보다 특별히 P의 건강상태가 고려되어야 할 것이다. 그리고 미래 삶의 단면의 가치를 위해서는 수정요인으로 직업과 가족의 관점에서 나중의 삶에 관련된 변경을 위한 주관적 확률이 고려되어야 할 것이다. 이러한 방식으로 살지 않았던 날의 주관적 가치가 명료하게 확정되는 것은 아니다. 해명되어야 할 불확실성과 부정확성이 늘어난다 할지라도, 미래에 P가 여전히 살아야 할 삶의 가치를 예상하기를 시도하면 할수록, 다음의 종합평가를 정당화할 수 있을 것이다. 대부분의 인간의 삶은, 거의 모든 그들의 존재의 시점에 적극적 기대가치를 갖고, 이런 의미에서 살 만한 가치가 있다. 뿐만 아니라 다음의 타당한 원칙이 근거지어진 것으로 보인다. 정신적으로 '정상'이고 건강하고 금전적으로도 충분하며, 상대적 자유를 누리고 자기규정으로 살아가는 대부분 인격의 삶은 철저히 긍정적이다. 그렇기 때문에, 여전히 살아야 하는 삶의 기대가치는 규칙상 P가 나이가 많을수록, 즉 P가 살아야 할 시간이 적으면 적을수록, 그러므로 P가 체험하여야만 하는 적

극적인 것이 적으면 적을수록, 적다.[22)

여기서 특별히 P를 위한 삶의 기대가치의 조기상실은 일차적으로 젊으면 젊을수록 크다는 점이 귀결된다. 싱어는 이 원칙의 비판으로 다음의 메타포를 사용했다.

"사람은 자의식적인 삶의 본질을 고생스럽고 불확실한 여행으로 볼 수 있다. 그 상이한 단계에서 상이한 희망, 시간, 긴장이 특별한 목적 혹은 장소에 도달하기 위하여 투자된다. 예를 들어 나는 네팔 여행, 특별히 에베레스트 산 아래 티안보케(Thyanboche) 수도원의 트레킹 여행을 생각한다. 만약 그러한 여행을 계획하는 동안에 극복될 수 없는 장애물이 등장한다면, 자연히 약간은 실망하게 될 것이다. 그러나 나의 실망은 내가 이미 여행 계획을 확정했고, 휴가도 냈을 때와 비교하면 별 것 아닐 것이다. 아마도 변경할 수 없는 카트만두로 여행지를 선택하거나 혹은 나의 목적에 조금은 빗나가더라도 이미 생각해 둔 티안보케 수도원 방향으로 트레킹을 할 것이다. 이와 비슷하게 사람이 아이를 낳지 않으려는 낙태를 결정하는 것을, 여행을 전적으로 시작하지 않은 것과 같이 간주할 수 있다. 그러나 이것은 그 자체로 진지하게 나쁜 것은 아니다. 왜냐하면 여행하는 자는 여전히 계획하지 않았고 목표를 정하지 않았다. 시간이 지나면서 점차 목표가 정해진다면, 여행을 사전에 중단하는 것은 더 나쁠 것이다. 삶의 마지막에 대부분의 것이 도달되면 다시 삶의 상실은 그가 이전의 삶의 단계에 있을 때보다 덜 나빴을 것이다."[23)

---

22) 이것은 포괄적인, 여기서는 상이한 두 인격의 삶의 가치의 비교를 위하여 원칙적으로 말한 나머지 조건에 대하여 타당하다. 모든 다른 것이 동일하다면, 동생은 형보다 살아갈 시간이 더 길므로 더 가치 있는 삶을 갖는다. 그러한 사려는 일반 병원에서 부족한 가운데서 인공적인 폐나 간의 대용이나 기부된 장기의 최상의 이용가능한 결정을 내려야 할 때 생긴다.

23) Singer(1998), 13. 싱어의 인용은 자를로이스에서 열린 1992년 '선호도' 발표회 동안에 있었던 잠정적인 입장에 관련된다.

여기서 싱어가 잠정적으로 앞서 토론했으나 내용적으로 아주 문제가 많은 낙태의 정당화시도가 도외시되도록 한다면, 사람은 싱어가 입증한 것을 최소한 인정할 수 있을 것이다. 곧 죽어야만 한다는 것을 알게 된 한 인간의 삶의 상실은, 그가 더 많은 계획을 갖고 본래적으로 더 많이 도달하려고 하였던 목표를 가졌으면 가졌을수록, 더 나쁘게 느꼈을 것이다. 특별히 심적인 고난, 낙담 그리고 죽음 앞의 공포는, 나이 든 사람보다는 젊은이에게서 더 많이 각인될 것이다. 나이가 들어서 충만하고 오랜 삶을 회고하여 돌아볼 수 있다면, 그 앞에 놓여 있는 죽음은 젊은이의 경우보다는 덜 충격적일 것이다. 이런 의미에서 죽음의 주관적 고난은 사실상 삶의 시작에서부터 삶의 중간까지 올라가고, 자연적으로 삶의 마지막에 다시 내려갈 것이다. 그러나 누군가 죽음을 통하여 고난당하는 피해는 이런 두려움, 불안 그리고 절망의 복합성과는 도무지 같지 않다. 만약 한 성인이 그의 삶의 한가운데에서 야망에 찬 계획과 희망이 충만한 정점에서 급작스럽게 고통 없이 죽었다면, 그에게 죽음의 주관적 고난은 절약되었다. 그럼에도 불구하고 그에게는 수많은 행복한 삶의 시절에 대한 상실의 객관적 피해가 첨가될 것이다. 그럼에도 이러한 객관적 피해는 일반적으로 그밖에 여전히 살아야 하는 삶의 앞선 길이에 비례적이다. 요컨대 이 피해는 삶의 시작에서는 결코 작은 것이 아닐 뿐만 아니라 삶의 중간에서는 더 크다. 예를 들어 맥마한(McMahan)은, 30살에 죽는 것은 60살에 죽는 것보다 더 나쁘다고 인정한다. 마찬가지로 15살에 죽는 것은 30살에 죽는 것보다 나쁘다.[24] 모든 인간은 합리적 방식으로 30살에 죽는 것보다는 60살에, 또는 15살에 죽는 것보다는 30살에 죽는 것을 더 선호

---

24) 비교 : McMahan(1998), 13. 이 작업 또한 '선호도' 발표회에서 강연된 버전에 따라 인용된다.

할 것이다. 그럼에도 동일한 의미에서 태어나자마자 곧장 죽는 것보다는 '일단' 15살에 죽는 것이 오히려 더 합리적이다. 맥마한이 신생아의 죽음이 15살 아이의 죽음보다 더 나쁘다는 것을 신빙성이 없다고 설명한다면, 그는 그럼으로써 여전히 나이와 함께 감소되는 살아야 할 삶의 가치에 대한 단조법칙(Monotoniegesetz)[25]을 위배하고 있는 것이 아니라, 오히려 그는 이 자리에서 삶의 객관적 상실을 단순히 주관적으로 체험되는 죽음의 고난으로 바꾸었다.

3. 삶의 권리

'삶의 권리(權利)'에 대한 담론은 과거 수십 년 간의 철학적 토론에서 생물학적 문제해결에 공헌하기보다는 오히려 더 많은 문제를 야기하였다. 일반적으로 개별인간의 삶의 권리를 위배하는 것이 비도덕적이라는 사실에 뒤이어 혹시, 그리고 언제 생명 L을 죽이는 것이 비도덕적인지를 결정할 수 있기 위하여, 혹시 그리고 언제 생명 L이 삶의 권리를 갖는지를 특징적인 방식으로 설명하여야 한다. 예를 들어 툴리(Tooley)는 낙태와 유아살인의[26] 도덕성에 대한 중요한 물음에 답변하기 위하여 다른 시민적 권리와 삶의 권리를 다음과 같은 유비추론으로 해석하였다. 한 인간의 삶의 권리는 선거권(選擧權)과 유사하다. 한 인간이 정신적으로 성숙하였으면 그는 선거권을 갖는다. 이것과 비슷하게 동물의 이 권리를 유의미하게 수행하기 위하여 동물은 먼저 그의 삶의 권리를 얻어야 한다. 동물이 정신적으로 발전되어서, 그가 그 '자

---

25) [역주] $a < b$이면 임의의 c도 $a + c < b + c$, $ac < bc$임을 나타내는 법칙을 단조법칙이라 한다.

26) 비교 : Tooley(1990), 166와 Tooley(1983)의 단독 연구논문을 참고하라.

신의 개념에 대하여 체험에 의하여 지속적으로 이어지는 주어의 자아를 갖게' 된다면, 비로소 삶의 권리를 얻는다. 한편으로 '한 개인은 만약 그가 이 개념의 언어를 표현할 수 있다면', 이 개념을 갖는다는 전제하에서 귀결되는 것이 있다. 동물은 도무지 삶에 대한 권리를 갖지 못한다. 다음절의 결론에는 이 테마에 대하여 다시 언급할 것이다. 다른 측면으로 툴리와 함께 인간과 관련하여 내린 결론은 다음이다.

"유아는 삶의 발전단계에서 탄생 후 짧은 시간 이내에 계속 이어지는 자기의 개념을 갖지 못한다. 그는 자중하는 삶을 살지 못하기 때문에 대부분의 경우 유아살인이 도덕적으로 허용된다고 확실하게 믿을 만한 좋은 근거가 있다."

도덕철학의 작업은 쉬운 것이 아니다. 일반적으로 우리가 설정한 격률과 도덕원칙 사이의 광범위한 합의는 없다. 유감이지만 상식에 의한 도덕적 직관 또한 전적으로 신뢰할 만한 잣대는 아니다. 이미 서문에서 강조한 대로 응용윤리학의 기술은 이론과 적용 사이의 영구적이고 상호변경적인 균등화이다. 즉, 한편으로 이론적 일반명제의 관점에서, 앞서나가는 '소박한' 도덕적 직관을 비판적으로 검토하고 상황에 따라서 기초가 약한 것은 폐기하는 것이다. 또한 다른 측면에서는 거꾸로 이론적 기초를 구체적 실천 결과의 관점에서 되묻는 것이 필요하고, 주어진 경우에는 고쳐야 한다. 이러한 방법론적인 난점과 무관하게 전문철학자가 본래적 이론의 가정을 문제삼기 위하여 도덕적 판단을 터무니없이 받아들이지 않는 경우를 놀라워하여야 한다. 특히 툴리는 규칙상 신생아를 죽이는 것은 직관적으로 물음 밖에 깊숙이 놓인 비도덕적이라는 사실을 기회로 이용하였다. 삶의 권리가 있는 곳에서 생물은 그러한 권리의 획득을 이의시하는 생각을 수정하거나 전적으로 포기하는 일이 생긴다. 만약 철학적으로 만족할 만한 윤리학을 발전시키려 한다면, 삶의 권리라는 단순한 문제적 개념을 폐기하여야 한다. 그리고 대신에 근본적으로 직접적인 선택사항으로, 왜 또는 어떤 조건하에서 한 생명체의 죽임이 도덕적으로 폐기되어야 하는지에 대한 탐구를 하여야 한다.[27] 이것은 <어느 누구도 다치게 하지 말라>의 근본원칙의 안목에서 어떤 내용과 범위에서 생명체의 죽임이 그에게 피해를 끼치는지를 생각하여야 할 것이다. 이것은 결코 하찮은 과제가 아니다. 이전에 에피쿠로스는 메노이코이스(Menoikeus)에게 보내는 한 유명한 편지에서 죽음은 도무지 나쁘지 않다는 신념을 그의 동료에게 심으려 하였다.

"모든 선악(善惡)은 지각(知覺)에 기인한다. 때문에 죽음은 우리에게 아무것도 아니라는 생각에 익숙해져라. 그러나 죽음은 동시에 지각의 소멸에 기인한다. 혐오스러운 악, 죽음, 이들은 별것이 아니다. 왜냐하면 우리가 있는 한에서 죽음은 없기 때문이다. 만약 죽음이 거기 있으면, 그곳에 우리는 더 이상 없다."[28]

이 생각은 확실히 하찮은 방식으로, 죽은 자는 그의 삶의 상실을 더 이상 상실로서 지각할 수 없음을 명백하게 만든다. 혹은 싱어[29]가 그렇게 정식화한 것과 같다. "우리가 존재하기를 중지하였다면, 우리는 우리가 이전에 지각하였던 쾌락을 더 이상 아쉬워하지 않게 된다." 그럼에도 죽은 자는 그의 죽음으로 결코 실제적인 상실을 당하지 않았다

---

27) Finnis(1973). Hare(1990), 2절 그리고 Warnock(1990), 219를 보라.

28) 에피쿠로스, 『서한』, 176. 사람은 여기서 나머지 좋은 불일치를 본다. 이 불일치로서 에피쿠로스는 '가장 혐오스러운 악'을 도무지 악이 아니라고 설명하였다.

29) Singer(1984) Peter Singer, *Praktische Ethik*, Stuttgart, Reclam, 119.

는 귀결을 갖지는 않는다. 이것은 다음의 사고실험을 통하여 명백하게 할 수 있다.

태어난 이후 모든 것을 공동으로 계획하였던 쌍둥이 형제 라인홀드와 귄터가 있었다. 그들은 동일하게 서로를 사랑하였고, 동일하게 친구로 여겼고 동일한 고통을 나누어가졌다. 그래서 주변사람들은 "너는 어떤 삶을 더 살고 싶으냐?"라는 물음을 던졌다. 이것은 라인홀드가 답변하든지 귄터가 답변하든지 상관없다. 형제의 공통목표는 모든 8천 봉우리를 정복하는 것이다. 세계에서 8번째로 높은, 히말라야의 살인자의 산이라 불리는 낭가 파르밧(Nanaga Parbat)을 정복한 이후에 그들은 어려움에 빠졌다. 서쪽 산기슭의 눈사태가 귄터를 덮친 것이다. 라인홀드는 기적적으로 길깃(Gilgit) 계곡마을로 살아 돌아왔다. 눈사태는 매우 갑작스럽게 일어나서 귄터는 불안도 고통도 느끼지 않았다. 그는 정상을 정복하였다는 승리의 기쁜 감정을 갖고 죽었다. 그는 사람들이 이야기하는 유미적(唯美的)인 죽음을 맞았다. 이후 라인홀드의 삶은 상처로 얼룩졌다. 처음에 그는 스스로 조심스럽지 못했다고 매우 강하게 자신을 질책하였다. 그는 또한, 눈사태가 그의 형 대신 자신을 내리쳐야 했을 것이라고 생각했다. 그러나 시간은 모든 마음의 상처를 치료하였다. 일년 후 그는 새로운 계획을 꾸몄다. 그는 새로운 여행을 시작하였고, 이후 알찬 삶을 보냈다. 만약 귄터가 눈사태의 죽음을 벗어났더라면, 그에게 그러한 삶이 약속될 수 있었을 것인가? 사고는 그에게서 모든 것을 빼앗아갔다. 사람들은 모든 경우에 이런 물음을 던진다. "너는 어떤 운명을 선택하였을 것인가? 라인홀드의 삶인가 혹은 귄터의 삶인가?" 이 물음은 명백하게도 살아 있는 자의 호의에서 답변될 수 있을 것이다. 그리고 동시에 인간이 말할 수 있는 대로, 라인홀드가 눈사태로 죽었다면 그는 더 큰 상실을 경험하였을 것이다. 이것에 대하여, 말해도 좋거나 말해야 하는 것은, 귄터는 눈사태로 죽음으로써 큰 상실을 체험하였다는 것이다.

요컨대 에피쿠로스에 반하여, 죽음은 죽은 자를 위하여서는 철저하게 나쁘다. 확실히 삶의 상실은 관련된 자의 삶이 더 행복하고 풍만하게 채워져 있을수록 더 나쁘다. 어떤 사람이 자신의 죽임을 통하여 자신에게 끼치는 피해는, 그가 다른 경우에 체험하였을 미래의 삶의 가치에 해당된다. 혹은 람(Lamp)[30])이 정식화한 대로이다. "어째서 죽임이 잘못인지는, 삶이 살 만한 가치가 있다는 데 있다. 이것은 인간에게도, 동시에 다른 생명체에게도 타당하다. 이것은 대부분 성실한 인간의 직관과도 일치한다."[31]) 원칙적으로 종종 삶의 권리에 아주 느슨하게 적용된 개념은 죽임의 도덕적 판정 때문이다. 이 개념으로, 왜, 그리고 어떤 잣대에서, 죽임이 생물의 관심에 위배되는지의 설명은 필수불가결하게 되었다. 필자는 이 개념을 전적으로 거부할 수 없다고 믿는 자에게 다음의 원칙을 각인시킬 것이다.

[삶의 권리] 한 생명체 L은 정확하게, 만약 꼭, L의 죽음이 도덕적으로
　　　　　　허용되어 있지 않으면, 삶에 대한 도덕적 권리를 갖는
　　　　　　다. [32])

---

30) Lamp(1988), 43.

31) Devine(1978), 21. 합당하게도 드베인은 삶의 상실을 사람이 한 인간 또는 한 동물에게 죽임을 통하여 첨가시킬 수 있는 해악으로 인식하였다. 드베인은 의도하기를, 게다가 삶의 상실은 식물에 대하여서조차도 해악을 제시할 것이라고 하였다. 이것은 그럼에도 단지, 만약 식물의 생명이 내재적 가치를 가질 것이라면, 즉 식물이 생물학적으로 그를 위하여 어떤 적극적 혹은 쾌적한 지각을 갖는 사정에 있을 것이라면, 유지될 수 있을 것이다.

32) Piegsa(1993), 13. 비슷한 의미에서 픽사는 말한다. "'삶의 권리'는 [다른 것이 아니다] 한 인간의 삶을 충분한 정당화 없이 탈취하여도 좋다는 요구이다."

4. 피 임

오늘날 통용되는 피임방법은 두 종류이다. 하나는 난자의 수태를 금지시키는 것이고, 다른 하나는 자궁 안에 이미 임신되어 자리잡은 난자의 안착을 방해하는 것이다. 그러므로 이들은 전적으로 사전 낙태형식으로 볼 수 있다. 이들은 다음절에서 이야기할 것이다. 여기서 우리는 첫째 방식의 피임에 논의를 제한할 것이다. 윤리의 최소원칙 <어느 누구도 다치게 하지 말라>에 따라 콘돔의 사용, 피임약 복용과 동등한 잣대는, 만약 이를 통하여 어느 누군가 다른 사람에게 해악을 끼칠 것이라면 도덕적으로 따질 필요가 있다. 그러나 그러한 피임이 누구를 해롭게 할 것인가? 불임정자, 섹스를 통해 생겨나는 정액은 잠재인격인가? 임신으로 생겨날 잠재인격은 피임으로는 도무지 살아남을 수 없다. 요컨대 생겨나지 않을 인격을 해롭게 할 수 없다. 그러나 불임정자나 정액은 피임 때문에 동시에 해롭게 되지 않는다. 보통의 경우에 배아는 나중에 행복하고 살 만한 가치가 있는 삶을 살아갈 생명의 본질로 발전한다. 반면에 불임정자는 본질적으로, 불임으로 그를 빼앗을 수도 있을 그러한 삶을 살아가지 않는다. 불임난자세포의 생명은 보통 월경으로 끝나고 본래적으로 맹장과 같이 '무가치하다.' 이 평가는 유사하게도 남자의 정자세포에 대해서도 타당하다. 피임은 이러한 존재를 갖는 삶의 정상발전을 빼앗는다. 이러한 관점에서 피임은 모든 다른 형식의 도덕적, 성적 절제 또는 정상과정을 거치면 결과를 얻는 성교를 함이나 하지 않음과 동등한 가치를 갖는다. 이러한 단순한 설명과 관련하여 철통같은 가톨릭교회뿐 아니라 저명한 철학자들이 피임을 도덕적으로 폐기될 것으로 설명하였다면 놀라워하여야 한다. 가톨릭교회의 이러한 입장은 성교가 유일하게 결혼에 의해 도덕적으로, 또한 오직 후세를 생산하는 목적에서만 허용된다는 독단에 기인한다. 교황 피우스 11세는 1930년 교황교서(Casti connubi)에서 결혼의 첫째 목적으로 후세생산은 '신적인 법칙의 불변의 요청'이라고 선언하였다.[33] 그는 이런 선언의 결과에 합당하게 '인공적' 피임을 비도덕적이라는 근거로 비난하였다. "만일 한 아이를 영접할 가능성이 결혼부부에게서 인공적으로 배제된다면, 최종적으로 그들은 스스로 신적인 의지와는 담을 쌓는다." 교황 바울 6세는 교황교서(Humanae vitae)에서 가톨릭 부부에게 다음과 같이 이 입장을 강화하였다. "부부행위를 행하는 동안 나타나는 임신조짐의 예견을 따라가면서 번식을 방해하는 목적으로, 수단을 목적으로 하는 행위는" 금지된다. 바울 6세는 '인공' 피임 금지를, 자연임신이 신의 창조의 손에서 인간의 본질로 기록되었고 신을 통한 창조라는 점을 통하여 입증하였다. 그럼에도 이 안목은 그 자체로 모순적이고 사실적 근거가 없다. 소위 바울 6세의 입장의 불일치는 오직 인공적이나 자연적이지 않은 피임형식은 비도덕적이라는 데에 있다. 결여된 근거는 다음과 같은 점으로 설명할 수 있다. 성생활은 보통 번식에 봉사한다. 이것은 창조에서 입증된 생물학적 사실이다. 이로부터 번식에 봉사하지 않은 성행위의 도덕적 가치에서 이끌어낼 것은 아무것도 없다.

극단적인 것은 바울 6세의 피임약위원회가 피임은 '저주받을 패륜, 선취된 살인'이라고 한 주장이다. 1988년 11월 카파라(Caffara) 연구소의 도덕신학대회에서 어떤 사람은 이 테제를 다음과 같은 그로테스크한 논의로 뒷받침하였다. "피임수단을 사용하는 자는 삶을 악으로 고찰하기 때문에 새 생명의 탄생을 원치 않을 것이다. 이것은 자신의 희생자의 존재를 악으로 여기는 살인자와 같은 입장이다." 가장 거친 논

---

33) 이것과 다음의 인용은 1990년 52호 『슈피겔』 지의 표제 「교황과 욕구」(122-134)에서 유래한다.

의는 결론이 될 수 없다. 피임도구 사용자는 일정한 시점까지 아이를 낳으려 하지 않을 것이지만, 이것은 피임도구 사용자가 결코 아이를 갖지 않을 것을 의미하는 것은 아니다. 그가 모든 가톨릭 신부처럼 그의 삶에서 아이를 출산하지 않았다 할지라도, 그가 아이들을 항상 '악으로' 고려한다는 것을 의미하는 것은 아니다. 그럼에도 불구하고 이 논의는 그 또는 가톨릭 신부 어느 누구도 아이를 얻지 않을 것을 희망한 것이 된다. 인용된 논의에는 완전한 오류추론과 가정이 숨어 있다. 그래서 이 논의는 가장 극악한 극단으로 나타낼 수 있다.34)

피임이 낙태와 똑같이 그렇게 폐기되어야 할 것임을 입증하기 위한 철학적 시도에 비하여, 피임에 대한 그러한 비난은 무조건 없어져야 할 것은 아니다. 그럼에도 이 논의는 오류에 가득 찬 불합리성이 숨어 있다. 예를 들어 회스터35)는 "빈번한 성교시에 적극적 피임의 방안을" 다음과 같이 해석하였다. "모든 경우에 전적으로 구체적이고 임신능력 있는 난자세포가 인격의 생성으로 가는 첫째 단계의 길에서 방해되는 일은 아주 드물지 않다." 난자세포가 그들의 본래의 임신을 자립적으로 이끌어 갈 그러한 첫째 단계를 수행할 수 있느냐 하는 것이다! 여전히 이어지는 "불임난자세포의 죽임과 태아의 죽임으로 한 인격적 본질의 미래존재가 죽어간다는 평행화의 시도는 어리석은 짓이다." 많은 논문으로 유명하게 된 헤어의 진지한 사려는, 포괄적 성적 절제의 피임형식은 도덕적으로 낙태와 동등한 가치를 갖는다는 것이다.36) 이 이

---

34) 비교 : Cohen(1975). 가톨릭 성이론의 소위 인공피임의 거부에 대한 충분한 철학적 비판은 교황교서(Humanae vitae)에 있다.

35) Hoerster(1989) Nobert Hoerster, *Forum, Ein Lebensrecht für die menschliche Lebensfrucht?*, in: *Juristische Schulung* 89, 176.

36) Hare(1989), 12, 219. 헤어는 낙태를 단지 '의학적으로 복잡한 피임과정'으로 나타내었다. 그는 "여기서부터 대변된 입장에서 피임과 낙태는 실제적으로 동일한 가치를 갖는다"고 설명한다.

상한 입장을 위하여 헤어[37]는 다음과 같이 논의하였다.

"만약 제가 태어난 것이 기쁘면, 저는 제가 중절되지 않았다는 데에서 기쁨을 감출 길 없습니다. 또한 부모님께서 피임수단을 사용하지 않고 성교를 하셨다는 데서 기쁩니다. 저는 이 기쁨 때문에 황금률과 연관하여 중절하지 않을 의무를 질 뿐만 아니라 또한 출산의 굴레에서 벗어나지 않을 의무 또한 집니다."

일반적으로 인간이 출산되는 것이 기쁘다는 관찰로부터 먼저 도출되는 것이 있다. 이들이 출산되면 거기에 기쁨을 가질 또는 관심을 가질 잠재인격이 있다. 여전히 전적으로 존재하지 않은 한 인격에 대한 희망으로부터 둘째로 황금률의 특별한 변형으로 출산의 도덕적 의무(임의적으로 많은 후손!?)가 생겨나야 한다. 그러나 이런 과정의 생각은 공히 단순히 개념적으로 유지될 수 없는 잠재인격에 대한 관심이나 희망에 기인한다. 여전히 생산되지 않은 인격, 즉 무정난자나 정액은 역시 어떤 희망도 갖지 않고 임신될 희망도 없다. 먼저 난자가 수정되고 자궁에 착상된 다음에서야 유의미한 방식으로 관심, 희망이나 선호도에 귀인될 수 있는 새 생명체의 삶이 시작된다. 케트쿰(Ketchum)[38] 또한 권리로서 다음을 강조한다.

"만약 제가 아이를 낳지 못하면, 제가 임신하거나 출산을 중단할 그런 아이는 없습니다. 그런 아이가 없기 때문에, 태어나게 할 그의 권리를 다치게 하거나 그의 어떤 관심을 그릇된 방식으로 무시하였을 가능성도 없

---

37) Hare(1990) Richard M. Hare, *Abtreibung und die Goldene Regel*, in: Leist (1990b), 143.

38) Ketchum(1987) Sara Ann Ketchum, *Medicine and the Control of Reproduction*, in: Shelp(1987), 20.

습니다. 존재하는 저의 본질은 비실재적 인격의 권리를 갖습니다. 비실재적 인격은 제가 갖는 권리와 똑같은 관심을 갖지 못합니다."39)

싱어는 이전에 여전히 상식의 입장을 대변하였다. "사람이 아이를 세상에 내보내려고 그 아이에게 호의를 보여준다고 말하는 것은 어리석은 일이다. 왜냐하면 이 아이에게 호의를 보여주고 있는 시점에 도무지 그런 본질이 존재하지 않기 때문이다." 그래서 싱어40)는 생각 끝에 새로운 결론에 도달한다. "우리가 본질적으로 불행한 아이를 세상으로 내보낸다면, 나쁜 짓을 한 것이다." 만약 그렇다면, 우리가 본질적으로 행복한 아이를 세상에 내보낼 때, 우리는 왜 어떤 선행(善行)을 하지 않느냐를 설명하기가 어려워진다. 이 논의는 다음과 같이 분석할 수 있다.

(1) 아이의 생명에 앞서 예견하기를 부정적 기대가치를 가질 수 있는 불행한 아이가 세상에 나온다면, 이것은 도덕적으로 악(惡)하다.
(2) 그의 생명에 앞서 긍정적인 기대가치를 가질 행복한 아이가 세상에 나오는 것은 도덕적으로 선(善)하다.
(3) 행복한 아이가 세상에 나오지 않는 것은 도덕적으로 악(惡)하다.

위 논의의 반박을 위하여 서장에서 발전시켰던 윤리학의 이론적 근

---

39) Hunter(1980), 117. 헌터는 헤어로부터 취해진 입장에 적중하게도 다음과 같은 두 개의 반대의 시점을 특징화하였다. "이 세계에 나가기를 기다리는 몸에 여전히 제공되지 않은 영혼이 있고, 이 기다리는 자들은 서로 양립될 수 없는 조건에서 존재한다면, 그러면 우리는 진지한 출산의 의무에 대하여 말할 수 있다." 고난당하는 몸 없는 영혼에 대한 그러한 허구가 없이는 출산의무의 테제는 어떤 종류의 의미도 갖지 않는다.
40) Singer(1984) Peter Singer, *Praktische Ethik*, Stuttgart, Reclam, 139.

거가 기억되어야 할 것이다. 임의의 행동 H의 도덕적인 가치는 H가 직간접으로, 즉 중장기적으로 일정한 생명체의 관심을 거스르는지에 달려 있다. 이 상황에서 또한 H 행동의 수행의 시점까지 존재하지 않는 본질을 배후에 고려하여야 한다는 점을 생각해야 한다. 한 생명의 출생에 대한 윤리적 판정의 어려움은 지금 출산되어야 하는 존재자의 관심이 이미 계산되는지 아닌지가 명백하지 않다는 데에 있다. 양자의 안목은 일정한 신빙성의 요구로서 대변될 수 있다. 엄밀한 의미에서 출생이란, 한 개인이 생겨나고 그의 미래관심이 나중의 행동의 관점에서 보살필 수 있는 선 조건만을 정하는 것을 말한다. 이 경우 싱어의 전제 (1)은 사람이 세상에 나오는 것을 출생으로 해석하는 한에서, 틀렸다. 왜냐하면 그의 미래의 발전에 앞서 예견되는 불행한 본질 U의 단순한 출생은 그 자체로 또는 오지 않은 U의 관심에 위배되는 방향으로 정해진 것은 아닐 것이다. 출생한 자나 부모를 위한 도덕적 문제는, 본질이 그렇게 멀리 발전하여 이 본질이 견디기 어려운 고난을 시작하기 이전에 생겼을 것이다. U를 그의 고난에서 벗어나지 못하게 하는 맨 나중의 최상의 행위 곧 금지, 또는 정확하게 U를 그의 고통으로부터 제거하지 않은 것은 도덕적으로 거짓이다. 거기서 (2)도 (3)도 추론할 수 없다.

다른 경우 푸르디(Purdy)[41]와 함께 옳게 여겨야 할 것이 있다. 출산 작용의 도덕적 가치평가를 위하여 U에 앞서 예견된 고통이 나중에 후견이 되어야 한다. 그러므로 질병을 가진 아이 혹은 기형아를 세상에 내보내는 것은 도덕적으로 진지하게 나쁠 것이다. 그러면, 전제 (1)은 불행한 본질 U의 출생이 U의 미래관심에 위배될 때, 요컨대 올바른

---

41) Purdy(1982) Laura M. Purdy, *Genetics Disease: Can Having Children Be Immoral?*, in: Samuel Gorovitz [u. a.] (Hrsg.), *Moral Problems in Medicine*, Englewood Cliffs, N.J., Prentice Hall, 377-384.

한에서 U를 위하여 악할 것이다. 그러면 나아가 도출된 의미에서 U의 출산을 중지하는 것은 도덕적으로 선할 것이라고 할 수 있을 것이다. 그럼에도 이것은 자연히 중지된 출산이 U를 위하여 또는 U의 관심에서 생겨날 것을 뜻하지 않는다. 왜냐하면 단순히 잠재인격 U가 출산되지 않는다면, 미래관심의 담지자로서 그런 인격은 전적으로 있지도 않을 것이다. 이 금지의 반대가 도덕적으로 악한 한에서, 이 금지의 찬성은 도덕적으로 선하다.

우리는 지금 한 '행복한 본질' G의 출생상황을 고찰하였다. 전제 (2)는 강한 의미에서 G의 관심에서 G의 출생은 G를 위하여 좋고, 그러므로 도덕적으로 좋다는 것을 올바로 유지할 수 있을 것이다. 거기서 금지된 출산이 G를 위하여 나쁘고 또는 G의 관심에 위배되는 방향이 정해지리라는 것이 귀결되지 않는다. 왜냐하면 다시 한번 반복해 말하자면, 만약 G가 출생하지 않는다면 미래관심의 담지자로서 남아나 여아가 없기 때문이다.

전제 (3)은 요컨대 정상적으로 이해하면 거짓이다. G의 출생의 금지는 기껏해야 이 금지의 반대가 요컨대 도덕적으로 좋은 한에서, 간접적 그리고 거의 잘못으로 이끌려지는 의미에서 '도덕적으로 좋지 않은 것'이라 할 수 있다. 사람은 이것을 전적으로 의지하는 대로, 돌릴 수도 있다. 그러나 어떤 것이 도덕적으로 좋지 않다는 것이, 결코 도덕적으로 나쁜 것이라는 것을 의미하지는 않는다. 근본명제 <어느 누구도 다치게 하지 말라>에 따라 정상피임은 도덕적으로 따질 필요가 없다. 왜냐하면 이것은 현실에서는 전적으로 출생되지 않았기 때문이다. 아주 강력한 관심 혹은 희망을 가질 수 없는 단순히 잠재적 본질의 관심을 거스르는 것은 개념적으로 불가능하다.

5. 유복자 탄생(에어랑엔 베이비)

1992년 가을, 뇌사 중인 임신녀 마리온 플로흐(Marion Ploch)의 삶을 여러 가지 방법을 통하여 인위적으로 유지하게 했던 사건이 있었다. 이를 통해 임신 4개월 된 배아를 살리기 위한 에어랑엔 대학병원의 실험은 아주 격렬한 토론을 일으켰다. 『신오스나부르크 신문』은 10월 15일 다음 사실을 보고하였다.

"뇌사 중인 한 여성이 임신을 견뎌야 한다. 에어랑엔 대학병원에는 일주일 전부터 큰 교통사고의 희생자인 18세 소녀가 인공적인 삶을 유지하고 있다. 왜냐하면 그녀는 임신 4개월이기 때문이다. 아기는 1993년 3월 세상에 나올 예정이다."

다음날, '에어랑엔 베이비'(Erlanger Baby)의 경우가 독일에서 처음이 아니라는 것을 알게 되었다. 즉, "에어랑엔 법의학자 뷰머링(H.-B. Wuermeling)에 따르면, 이미 1991년, 3개월 동안 인공적으로 산모의 몸의 기능을 유지한 후에 건강한 아이가 세상에 나오게 되었다." 이에 곧 첫 번째 윤리적 입장표명이 공표되었다.

"이전의 도덕신학자를 위하여 에어랑엔의 경우는 원칙적으로 대변될 수 있다. '주어진 사정을 감안하면 여기에 책임을 져야 할 것이 있다'라고 푸르거(Furger) 뮌스터 대학 교수는 말했다. 모든 경우에 뇌사상태인 여자의 몸에서 커가는 생명을 제거하지 않고 유지하게 하는 것은 윤리적으로 허용되지 않는다. 전적으로 불확실한 실험 앞에서 개신교교회 윤리전문가는 경고하였다. 하노버고등교회위원 바르트(H. Barth)는, 만약 임신녀의 부모와 아이의 아버지가 배아생명을 명시적으로 유지하려고 한다면, 과중하게 따질 필요가 없다고 말하였다. 자민당(FDP) 연방의회의원 슈말츠-야

콥슨(C. Schmalz-Jacobsen)은 연방의회에서 유복자[!]의 모성의 문제에 전념할 것을 요청하였다. 저명한 여성주의자이고 『엠마』 잡지의 편집자인 슈바르처(A. Schwarzer)는 '그것을 전도된 것으로 본다'고 말했다. '내가 생각하기에 아이들은 살아 있는 어머니를 갖고 싶을 권리가 있고 여성은 자신의 신체의 권리를 갖는다.'"

그 다음날, 깊은 충격 가운데 기독교민주주의연맹(CDU)과 기독교사회주의연맹(CSU), 사회민주주의당(SPD), 자유민주당(FDP)의 여성 정치가들은 에어랑엔 뇌사상태 여성의 임신유지를 거부하는 입장을 표명하였다. 즉, 여성의 몸이 임신수행목적으로 사용된다면, 죽은 여성의 인권은 얼마나 보잘 것 없느냐 하는 것이다. 사민당 여성정치 대변인 볼프(H. Wolf)는 의사의 행위를 '배양액'을 위하여 생모의 가치를 강등시키는 것이라고 비판하였다. 태어나지 않은 자의 삶의 권리는, 기계적인 도구의학의 도움으로 죽은 여자의 기능을 유지하게 하는 것을 정당화하지 못한다.

또한 1992년 10월 30일 의사신문 열람서류에도 격렬한 비판이 지배적이었다. 적극적인 안락사 협조자로 유명한 외과의사 헤케탈(J. Hackethal)은 극단적으로 논의하였다.

"그 여성 환자는 고강도의 치료를 동의한 적이 없었다. 삶과 신체불가침에 대한 자기규정과 권위에 대한 그녀의 인권은 심하게 훼손되었다. 이것은 셸레 교수(Prof. Scheele)의 집도로 생긴 것이고 법에 거스르는 신체훼손이고 보호명령의 남용과 같은 독살이다."

슈바르처는 그의 불쾌함을 다음과 같이 강화하였다.

"아이를 성장하게 하려는 실험을 하기 위하여 죽은 여자의 몸을 이용하는 것은 나에게 아주 심각한 인권침해로서 보인다. 이것은 사체 도둑질이나 마찬가지이다. 죽은 자의 몸을 출생기계로 강등시키는 것이다. … 의사들은 더욱 강해질 것이다. 의사들은 아이를 낳게 하기 위하여 무방비 상태의 여성의 몸을 이용하고 있다."

이러한 격앙이 가라앉은 다음, 그러한 방책의 도덕성에 대해 신중한 판단을 내리는 것이 쉬울 것이다. 일정한 방식에서, 아직 숨이 끊어지지 않은 죽은 자에게 '죽음의 권리' 또는 선언될 다른 권리가 올 수 있는지가 먼저 고려되어야 할 것이다.42) 이것은 전적으로 단순한 테마가 아니다. 2장 3절에서 전략적으로 찬성한 것이 있다. 삶과 죽음의 윤리적인 문제는 기본적이고 근본적인 삶의 권리에 대한 항소를 통하여 답변될 수 있는 성질이 아니다. 이것은 언제 그리고 왜 생명체 L이 죽임을 통하여 삶의 권리가 훼손되었는지를 일반적으로 설명하는 한에서 답변되어야 한다. 이어서 삶의 권리의 원칙에 따른 본질 L에 파생된 방식에서, 만약 그리고 오직 만약, L을 죽이는 것이 비도덕적이라면 사람은 L에게 삶의 권리를 인정할 수 있다. 이러한 전략은 일반화될 수 있다. 여기에 있는 문제상황에 대해서는 먼저, 존엄으로 L을 죽게 하지 않게 할 때, 왜 L이 다치게 되는지를 탐구한다. 그리고 만약 그리고 오직 L을 죽지 않게 하는 것이 비도덕적이라면, L에게 죽을 권리를 인정하기 위하여 이 기준을 사용할 것이다. 그러나 어떠한 안목에

---

42) Jonas(1994), 23. Brinbacher(1994)와 Angstwurm(1994)의 모음집. 이 패러독스 상황은 다음의 일목요연한 인용구의 근거이다. 요나스는 권리로서 '죽은' 임신녀에 대하여 '제멋대로 의미를 갖다 붙여' 말하는 것에 대한 주의를 주었다. 그럼에도 이것만으로는 여전히 의학적인 방책에 대한 거부의 근거가 자연히 제시되지 않는다. 또한 장기이식에 대한 허용에 대한 일반적인 기준으로서 그의 뇌사에 대한 심사숙고에는 합리적인 기초가 없다. 비교 : 특히 비른바허와 앙스트부엄의 모음집을 보라.

서 죽은 자에게 해를 입힐 수 있는가?

일반적으로 말해서 행동 H는, 만약 H가 직접작용으로 개인 L에게 혹은 나중의 L의 관심이나 희망에 거스를 때 해를 입힌다. 이 정의는 H의 행동수행의 시점에까지 여전히 존재하지 아니한 개인의 관심에 거슬러서 H가 목표를 두는 경우를 포괄하고 있는 것만은 아니다. H가 또한 행동수행의 시점에까지 더 이상 존재하지 않는[43] 개인들의 관심에 거스르는 목표를 향한 경우도 생각됨직하다. 유언상 죽은 자의 확정된 최종의지에 거스르는 것들은 범례적인 보기일 것이다. 만약 누군가 유언을 하기를, 자신이 뇌사상태에 빠졌을 때 곧장 장례를 지내기를 희망하고, 인공적으로 생명을 유지하는 것을 희망하지 않는다면, 최근에 널리 알려진 시체의 '긴급 테스트'(Crash-Test) 같은, 죽은 자의 희망과 반대되는 의학적인 행위는 도덕적으로 따질 필요가 있다. 모든 경우에 죽은 자가 유복자 아이에 대해 가질 억측적인 후견의 요구는 그밖에 수술로 인권이 훼손되었다고 하는 단순한 주장보다 더 신빙성 있는 설명을 제시한다. 그래서 확실히 메르켈[44]과 더불어 수수께끼로 발견할 수 있는 것이 있다. 어째서 그녀의 몸을 더 이상 생물학적 부패과정으로 진행되도록 내버려두지 않고 오히려 그녀의 아이의 존재근거로서 유지하게 하는 것이 죽은 자의 권위에 반하는 것이냐는 것이다. 그럼에도 불구하고 사람은 원초적으로 뇌사자가 신체불가침의 관심을 갖는다고 가정하여도 좋다. 이런 전제하에서 에카르트(Eckart)가 이미 인용한 의사신문 열람서류에서 말하였던 "이익형량(Güterabwä-

---

43) 비교 : Merkel(1992), 20. 또한 메르켈은 이야기한다. "자명하게도 … 산 자의 죽음을 넘어서 지속되는 사후의 관심이 있다. 이것은 그러나 단지 삶의 시간에 의식하고 있었고 그리고 사후의 삶의 실현을 의욕하였고 자명한 것으로 전제하였던 자들에게만 있을 수 있다."

44) Merkel(1992), 20.

gung)45)을 하여야 한다. 그리고 이것은 확실히 지금 인공적으로 삶을 유지하는 환자의 죽을 권리, 그리고 태어나지 않은 아이의 삶의 권리와 관련하여서이다." 여기에 많은 것이 에카르트의 안목을 옹호하고 있다. "모든 경우 공리유용의 비교에서 배아의 삶의 가치는 우위에 있고, 환자의 죽을 권리는 나중에 있다." 또는 이것은 에어랑엔 병원의 책임 있는 외과의사가 정식화하였던 대로, "죽은 생모의 행동방식의 관점에서나 아이의 호의에서 확실히 요구될 수 있다."

게다가 현실에서 대부분의 유복자 탄생의 경우는 여전히 도덕적으로 문제가 되지 않는다. 신체불가침에 있는 뇌사자의 관심은 모든 규칙에 있어서 먼저 많은 사람들의 물음으로 제시된 배아의 삶의 관심으로 상쇄된다. 이에 대해서는 다음절 '낙태'에서 토론할 것이다. 뿐만 아니라 임신한 여자는 정상방식으로 자신의 아기가 미래에 생존하는 일에 관심을 가지고 있었을 것이다. 그러므로 배아를 구원하기 위한 의사의 시도는 종종 '죽은 자'의 전체 관심에 놓여 있고, 그래서 그들에게는 강도 높은 의학치료도 도무지 해가 되지 않는다. 그러므로 단지 윤리적 원칙 <어느 누구도 다치게 하지 말라>는 결론을 허용한다. 유복자 탄생의 시도들은 보통의 경우에 도덕적으로 따질 필요가 없으며 도덕적으로 허용된다.

이에 따라서 모든 개별경우에 이들의 도덕적 요청이 귀결되는 것은 아니다. 이 문제는 이런 경우 어떠한 의학적 보호가 필요한지의 물음과 아주 밀접한 연관관계에 있다. 한 측면에서 이는, 다른 환자의 회복이나 보살핌에 더 많은 공리를 가져올 수 있는 아주 높은 금전적인 비용과 연결되어 있다. 다른 차원에서는 유복자 임신으로 세상에 나오는

---

45) [역주] 'Güterabwägung'은 법이나 윤리학에서 동일한 가치를 갖는 두 재화가 동시에 현실적 가치를 가질 수 없을 때, 혹은 두 개의 기본권이 충돌할 때, 양자 법익의 우열을 가리는 방법이다.

아이에 기대되는 공리는 정상임신의 경우보다 희박하다는 것이다. 한 편 미래 삶의 질이나 가치는 단지 아이가 엄마 없이 자라야 하는 사실만으로도 낮아진다.[46) 또한 임신단계 초기의 아기의 생존확률은 낮아진다. 그리고 유복자 임신에서는 아기를 위한 추가적인 심리적 건강의 복합성을 염두에 두어야 한다. 인턴 의사인 셰틀러(G. Schettler)는 이렇게 지적한다.

"인공영양의 방식으로 배아의 신체적 성장이 보장되는지는 아주 불확실하다. 모든 경우에 투입된 주사는 어머니 기관 안에서 정상적으로 성숙하는 상태와는 비교할 수 없다. 게다가 배아가 사고로 상해를 입었는지 그 누가 알 것인가? 사고의 귀결은 쇼크로 또는 죽음으로 이끌고 갈 것이다. 곧장 임신의 최종단계, 곧 임신의 초기단계는 실험거부로 이끌고 갈 것이다. 하지만, 경우에 따라 아이를 낳기 위하여 뇌사기관을 이용하는 것은 정당화될 수 있을 것이다. 뇌사가 일찍 정해지면 질수록, 곧 임신이 초기단계이면 그럴수록 상황은 더 문제적이다."[47)

그의 비관적인 견해는 정당화되었고 의학실험은 결국 실패하였다. 1992년 11월 17일 신문은 간결하게 보도하였다.

"에어랑엔 베이비는 죽었다. 뇌사상태의 임신한 여성의 태어나지 않은 아이로 유명해진 '에어랑엔 베이비'는 월요일 밤에 사망하였다. 18세 생모

---

46) 슈바르처의 견해에 따르면 "미래에 태어날 인간을 죽은 자의 몸에서 성장하게 하는 것이 강요될 수 있는지 따져볼 수 있다." 이것은 그럼에도 특별히 심각한 문제로 보이지 않는다. 왜냐하면 세상에 내보내진 유복자 아이에게는 나중에 "나는 그러한 상황에는 태어나지 않았으면 더 좋았을 것이다"라고 말하리라는 가정은 없어 보이기 때문이다.

47) 비교 : 1992년 10월 30일 『의사신문』 열람집. 입장표명에 대하여서는 브로텐하이머-루키우스/시들러(1993).

는 에어랑엔 대학병원에서 유산을 경험하였다. 5주 반에 걸쳐 병원의 의사들은 생모의 삶을 인공적으로 유지하였다. 계획은 조기출산으로 임신 32주 이내에 생존능력 있는 아이를 세상에 내보내는 것이었다. 사산 이후 뇌사자의 인공호흡은 중단되었다."

6. 장기이식

앞절은 유복자 출생을 목표로 한 임신한 여성의 살아 있는 신체기능의 인공적 유지를 토론하였다. 여기서 예상되는 윤리적 관점은 한 쪽 측면에서는 죽은 자나 그 친척의 신체훼손불가침에 대한 관심이고, 다른 한 측면에서는 태어나지 않은 아이의 생명의 공리(功利)이었다. 뇌사자의 이식 가능한 장기적출에 대한 윤리적 문제상황도 유사하다. 한편으로는 신체훼손불가침에 대한 관심과 다른 한편으로는 중환자의 건강회복을 위한 이용자 사이의 관심의 평형이다. 사후탄생과 사후 기관 접수 사이에는 윤리적으로 중요한 차이가 있다. 뇌사상태의 임신한 여성은 정상적으로 자신에게서 아기가 계속 자라나며 살아가기를 바란다. 이에 반하여, 일반적으로 사고희생자는 결코 타인의 건강회복에 내적인 관심을 갖는다고 진단할 수 없다. 다음은 어떤 것이 도식적 형식에서 사후 장기적출을 도덕적으로 대변할 수 있는 조건인지를 토론할 것이다. 이어서 살아 있는 동안의 장기기증자의 특수문제에 전념하게 될 것이다.

사고희생자가 살아 있는 동안 장기기증을 약속하였다면, 여기에는 의견의 충돌이 없다. 그리고 <어느 누구도 다치게 하지 말라>는 격률이 유일하게 가능한 정보를 준다. 도덕적으로 따져보아야 하는 여지가 없다! 이에 반하여 죽은 자가 장기기증을 약속하지 않았다면, 여기에는 그가 명시적으로 표명한 경우와 그가 표명하지 않은 경우를 구분하여야 한다. 첫 번째 경우 장기기증은 원칙적으로 거부되어야 한다. 두 번째 경우에는 죽은 자의 예상되는 관심을 대변할 수 있는 가까운 친척 등을 통하여 알게 하는 것이 유의미해 보인다. 이에 다음과 같은 합당한 경우가 고찰되어야 한다.

(1) 가족이 장기기증을 인정한다.
(2) 거부한다.
(3) 의견을 표명하지 않는다.

제 3 자들이 죽은 자의 선호도에 관련하여 항상 오류에 빠진다는 것이 가능하다 할지라도, 장기적출은 (1)의 경우는 따질 필요가 없고, (2)의 경우는 최소한 도덕적인 폐기로 거부하여야 한다. 그럼에도 불구하고 생각할 수 있는 것은 공리적인 장기기증의 정당화는 죽은 자의 희망이나 가족의 명시적인 희망에 여전히 반한다는 점이다.

이제 경우 (3)을 고찰하자! 여기서 조심스럽게 오직 허용된 것만 말할 수 있거나 위험한 근본명제에 따라 명시적으로 금지하지 않은 모든 것은 허용된 것으로 생각할 수 있다.[48] 첫 번째의 방식은 죽은 자의 신체훼손불가침의 예상된 관심을 통하여 동기가 부여된다. 두 번째 방식은 절박하게 장기기증자를 기다리는 자의 관심 또는 희망을 통하여 동기가 부여된다. 여기에는 몇몇 철학적 문제들이 상세하게 떠오른다.

---

48) 혹은 세 번째로, 이에 관련된 의견을 살아 있을 시간에 표명하는 한에서, 문제적 경우들을 회색지대로부터 방해하기를 시도할 수 있다. 엘제써(Elsässer 1992, 26)가 강조한 대로, 그렇게 많이 장기기증을 기다리는 자의 궁핍과 연민의 안목에서 개별적인 사람에게 자신을 알리고 사후의 장기적출에 대한 그의 자유로운 의사표시를 설명할 법적인 장치가 필요하다.

한편으로 죽은 자가 살아 있던 시간에 공공연한 신체훼손불가침에 대한 관심이 합리적으로 제시되는 한에서 고려되어야 한다. 본래적으로 모든 인간은 사후 자신의 시체에서 장기가 적출되는지, 안 되는지 상관이 없을 수 있다. 실제로 많은 사람들은 사후의 장기적출에 대해, 시체가 가능한 한 '아름답게' 땅에 들어가는 것이 중요해서가 아니라, 다른 경우로서 그들이 사고 이후 사전에 죽은 것으로 설명될 수 있기 때문에 거부하는 것이다. 그래서 라인란드 팔츠 법무장관은 1994년 8월 4일 신문보고에 따라, 법률제정의 철회를 근거지었다. 그에 따라서 장기적출은 '변형된 이의의 해소'에 따라 허용되어야 한다. 도살과 다름없는 인간의 가장 근원적인 불안을 없애기 위해서이다. 그렇게 가정하면, 타당하게 된 신체훼손불가침성에 대한 희망이 얼마나 합리적으로 이해될 수 있을지 또는 얼마나 그러한 관심이 강하고 좋을 수 있을지에 관한 물음이 남는다.

한 인간 P의 시체가 사고 이후에 건드리지 않고 의학적 간섭이 없이 혹은 장기기증 없이 매장되는 것이 인간 P에게 실제로 얼마나 가치가 있는지, 원칙적으로 사람은 2장 2절에서 삶의 가치규정처럼 동일한 방법으로 기술할 수 있다. 그래서 인간 P에서 그에게 사후 장기적출, 예를 들어 신장이식으로 생겨나게 될 주관적 훼손의 크기를 요구할 수 있다. 이는 여기서 그 금액의 고지를 통하여 정확하게 될 수 있고 적절한 피해상감으로도 고려될 수 있다. 여기서 실재론적인 평가에 도달하기 위하여, 이 이식은 그들이 살아 있을 때 사고나 질병을 통하여 신장을 상실했다면 그로 인해 생겨났을 법한 피해와 비교하여야 한다. 어떤 구체적인 계산이 없이 거의 확실하게 보이는 금액범위가 있다. 예를 들어 신장환자는 그들의 건강의 회복을 위하여 장기이식을 지불할 준비가 되어 있는 금액을 내어놓을 것이다. 그러므로 확실히 장기적출은 죽은 자의 명백한 희망에 반하여 공리적인 시각으로부터 정당화될 수 있다. 신체훼손불가침에 의한 사후 훼손당하는 자의 관심은 장기수혜자에 의한 장기이용의 관심보다 규칙상 무게가 덜 나갈 것이다.

그러나 다른 측면에서 고려하여야 하는 것은, 장기기증자를 기다리는 자의 희망이 어떻게 합법적인 관심을 제시하는가이다. 이 관심은 그 자체로서 공리적으로 계산되어야 할 것이다. 1994년 8월 4일『신오스나부르크 신문』의 사설은, 장기적출에서 죽은 자의 신체에 대한 권리와 죽은 자의 장기이식을 통한 생존의 권리 사이에는 도덕적이고 종교적인 이익형량이 관건이 된다는 점을 주장하였다. 그러나 단어 그대로 이해하자면 이 주장은 유지될 수 없다. 어떤 인간도 행복, 안일 혹은 건강에 대한 권리는 없다. 특별히 신장병 환자는 장기이식을 통한 자신의 건강회복을 권리로서가 아니라 그가 법적이나 도덕적으로도 요구할 수 없는 선물로서 생각하여야 한다. 예를 들어 가난한 자는 부자가 그에게 선사할 수도 있는 백만 유로에 대한 권리를 가질 수 없는 것과 같다. 만약 가난한 자가 부자의 돈을 훔친다면, 그는 그의 적법한 관심에 위배하여 행동하는 것이다. 거기에 반하여 부자는 가난한 자에게 돈을 주지 않아도, 법칙도 도덕도 거스르지 않는다. 일어날 수 있는 사고의 사후 장기적출을 허락하지 않는 자는 합당하게도 본래적인 의미에서 비도덕적이지 않다. 즉, 그는 이식을 기다리는 환자의 적법한 관심을 거스르지 않는다. 이에 반해 환자는, 기증자의 의지에 거슬러 장기를 훔친다면 기증자의 적법한 관심을 위배하는 것일 것이다.

요컨대 단순한 갈등으로서 두 개의 동등한 권리를 갖는 가상적인 관심 사이에 나타나는 첫 입장은 최종적으로 비대칭적으로 보인다. 이 상황에서 신체훼손불가침의 적법한 사후관심은 상대적으로 약하고 거의 비합리적이다. 그럼에도 중환자의 건강회복에 대한 강하고 누구도 이를 따라할 수 있는 도덕적으로 탄원할 수 없는 관심에서 가늠되어야 한다. 필자는 개별경우에 일반적으로 공리적인 저울이 어느 쪽으로 기울어질 것인지 전망할 수는 없다. 필자는 그럼에도 모든 경우에 엘제써(Elsässer)[49]와 함께 정치적으로 문제가 되는 '변형된 이의의 해소'를 관용할 것이다. "만약 살아 생전에 이 해체를 표명하지 않았던 한 죽은 자의 가족이 계획된 조직배양에 대한 정보를 갖고, 적정기간 내에 그에 대한 수술의 반대를 공언하지 않았다면, 장기적출은 허용되는 것으로 설명된다."[50]

이제 장기제공자가 아직 죽지 않은 경우의 장기적출의 문제에 대해 검토해 보자. 몇 해 전까지 가톨릭교회는 어머니가 딸의 생명을 구하기 위해 자신의 장기를 기증하는 것은 도덕적으로 허용되지 않는다고 하였다. 근거는 이것이다. '문제시되지 않는 좋은 의도를 갖는' 어머니는 그의 장기의 통합성을 해치고 있을 뿐만 아니라, '생사의 유일한 주' 신의 최상의 권리를 침해하였다. 인간에게는 단순히 '이용권리'(Nuntzungs-Recht)만 있는데, 그녀는 자신의 신체와 장기에 대한 '처분권리'(Verfügungs-Recht)로 월권(越權)한 것이다.[51] 그러나 뮌헨의

---

49) Elsässer(1992) Antonellus Elsässer, *Transplantationsgesetz ist längst überfällig — Moraltheologische Überlegung zur Diskussion um das Gesetzesvorhaben*, in: *Niedersächsisches Ärzteblatt* 23, 26.

50) 1997년 6월 25일 연방의회로부터 장기이식법이 의결되었다. 『신오스나부르크 신문』의 보도에 따르면, "만약 제공자가 살아 있을 때 스스로 장기기증에 대한 어떤 설명도 하지 않았다면, 가족은 장기적출을 결정할 수 있다." 거기에 죽은 자의 '강요된 의지'가 고려되어야 한다. 1997년 6월 26일자 이 신문의 사설에서 베름저(J. Wermser)는 권리로서, 가족의 대리판정은 단지 긴급해결일 수 있다고 하였다. "최상은, 모든 시민이 오해 없이 명쾌하게 그의 가능한 장기적출에 대하여 공언하느냐 혹은 반대하느냐이다."

51) Elsässer(1992), 22. 이것과 그리고 다음의 인용은 엘제써에서 나온다. 그밖에 또한 칸트는 『도덕철학강의』에서 다음의 입장을 대변하였다. 인간은 그의 몸을 사용하거나 또는 "그 자신을 저당할 수 없다. 인간은 치아나 혹은 다른 지절을 그 자신으로부터 팔 수 없다." 칸트는 이것을 그럼에도 인간은 창조자의

182

한 도덕신학자는 10년 간의 연구와 토론 이후, 장기기증은 기독교적 행실과 일치할 수 있다는 신념에 도달하였음을 그의 믿음의 형제들에게 보고하였다. 거기에 따르는 정곡을 찌르는 논의가 필요하였다. "그리스도와 인간 사이의 자연적인 삶의 연대는 값을 매길 수 없는 방식에서 강화되었다. 그러므로 본래의 나는 나와 그리고 공생의 인간과 그리스도 사이의 초자연적인 존재공동체로 연합하게 되었다. 이것이 또한 공생하는 그리스도의 사랑의 실천에서 가장 외적인 곳까지, 이웃에 의한 나를 본래의 나처럼 고찰하도록 정당화되고 요청되게 하였다. 최종적으로 이것은, 만약 공생하는 인간의 무사안일을 위한 길이라면 우리 몸의 장기의 희생을 의미한다."

현재 교회의 입장은 1990년 11월 1일, 독일주교협의회와 독일개신교교회위원회의 한 성명에서 장기이식 테마를 정식화하였다. 그것이 고지하는 바는 이것이다.

"교회의 안목에서 보자면, 자의적인 장기기증을 거스를 근본적인 이의는 없다. 삶과 몸은 창조자의 선물이다. 인간은 창조자의 선물을 확실히 임의로 사용할 수 없다. 그러나 이것은 이웃사랑으로 받아들여도 좋다. [이러한 근본명제로서] 재생세포의 기증, 두 개로 이루어진 장기를 기증하는 것, 또는 생명에 영향을 주지 않는 장기기증은 허용된다. 그러나 결코 생명에 중요한 장기는 안 된다. 이전부터 지금까지 요컨대 신만이 생사의 주인이라는 공리가 타당하다. 그러므로 인간 또한 개별장기와 관련하여 제한된 처분권리를 갖는다. 그렇지만 결코 전체로서 존재에 대한 총체적 처분권(處分權)을 갖는 것은 아니다. 그러므로 인간이 직접적이고

'소유물'이라는 점으로 근거를 주지 않았다. "인간이 그 자신의 소유물이라면, 그것은 모순이다. 이 말은 그가 한 인격인 한에서 타자의 사물의 소유를 가질 수 있는 주어가 된다는 뜻이다. 사물과 인격, 소유자와 소유물이 동시에 있는 일은 불가능하다."

의식적으로 그의 본래의 삶을 죽이는 것은 금지된 것이다."

여기서 주목할 것이 있다. '전체로서 존재에 대한 총체적 처분권의 거부'는 예수 그리스도가 그의 본래의 삶을 타자의 삶을 위하여 희생하였다는 종교의 입장에서는 아주 의미심장하다. 여기서 더 이상 토론 대상이 아닌 것은 장기기증을 통하여 결코 기증자의 생명이 위험시되지는 말아야 한다는 것이다. 논쟁 중인 것은 단지 실천화된 장기기증이다. 장기기증에 있어서 기증자는 모든 규칙에 있어서 결코 전체의 존재를 도박에 맡기는 방향으로 나가서는 안 된다.

예를 들어 엘제써의 입장에 따르면, 한 신장기증자는 '인륜적으로 이의'가 발생하지 않도록 하기 위하여 일련의 조건을 채워야 한다. 따라서 장기이식의 성공을 위하여 단기적이거나 장기적인 위험, 장기 기증자와 수혜자 사이의 계약관계, 강요와 의무부과나 이익지향과 영업행위의 배제를 꼼꼼하게 살펴야 한다. 도식적으로 고찰하자면 모든 장기이식에서는 세 가지 입장을 구분하여 살펴볼 수 있다. 기증자, 수혜자 그리고 의사이다. 원칙적으로 그들의 모든 행위는 도덕적인 차원을 염두에 둔다. 그럼에도 엘제써로부터 언급된 대부분의 요소의 윤리적인 부분은 논쟁의 여지가 있다. 기증자와 수혜자 사이의 조직이 서로 맞는 것과 같이 기증자를 위하여 의학적으로 중요한 것은 장기기증의 급성 그리고 만성 위험을 구분하는 것이다. 장기이식의 앞서 예견되는 성공을 규정하는 이 모든 것은 저절로 굴러가야 한다. 그럼에도 이러한 탐구의 윤리적 함축이란 무엇인가? 엘제써는 기증자와 수혜자의 수술위험에 대한 포괄적인 정보가 도덕적으로 요청된다는 점을 주의 깊게 보아야 할 것이다. 여기에는 장기이식의 특수한 문제가 놓여 있지 않다. 적어도 독일에서는 모든 전문적 수술의 위험에 대하여 의사의 일반적인 설명의무(Aufklärungspflicht)를 법률적으로 규정하고 있다.

그러므로 장기이식의 특별한 도덕적 문제는, 유일하게 장기기증이나 장기거래의 상업화의 영역에 집중하게 된다. 엘제써에 따르면 여기에 두려워할 것이 있다. "재정적 이유로 인간이 노예화되고 인간의 육체가 도구화(instrumentalisieren)되는 의학적인 위험"이 있다. 그밖에 장기이식물의 분배는 배타적으로 의학적이 아니라 상업적 기준을 쫓아가게 된다. 부자 환자들은 가난한 환자들에 반하여 명백하게 선호된다. 그러므로 모든 경우에 평등 취급(Gleichbehandlung)의 근본명제가 의학에서 포기될 것이다.

비난의 첫 번째 복합성은 장기거래는 인간의 노예화, 인간 몸의 도구화라는 것과 기증자는 재정적 궁핍 때문에 기증한다는 것이다. 그럼에도 이는 상대화되어야 한다. 먼저 누군가 스스로를 노예화하는 자는 본래적인 의미에서 그의 자유 또는 자기규정의 상실을 의미하고, 다른 자에게는 그에 대한 또는 그의 몸에 대한 처분권리를 갖는다는 것을 의미한다. 그러나 여기에서는 계산에 따른 장기기증은 담론의 대상이 아닐 수 있다. 이와 다른 의미에서 사람은 궁극근거로서 생존활동이 못마땅하여 자신의 의사와는 무관하게 몸을 파는 일을 통하여 노예화된다고 말할 수 있다. 1993년 10월 28일 『신오스나부르크 신문』의 다음 경우는 이러한 노예화 논의를 밑에 깔고 있다.

"인도에서 구매한 신장은 공짜나 다름없다. … 누군가 외국에서 살아 있는 신장을 구매하고 이식한다면, 그의 질병보험공제를 통하여 보험처리를 할 수 없을 것이다. 신장병 때문에 3년 이상 주 3회 투석하여야 했던 상인은 봄베이의 한 병원에서 살아 있는 28세 인도인의 신장을 이식받았다. 류네부르거(Lüneburger)는 수술과 모든 의료비용으로 총 3만 5천 달러를 지불하였다."

이런 경우는 다르다 할지라도, 그것은 가능할 뿐만 아니라 아마도 새로운 사실의 근거에서 합법적 장기보관기관에 의한 자유시장조직에서 많은 사람은 재정궁핍에서 장기기증을 권유받게 될 것이다. 특별히 신장제공자는 아마도 그의 나머지 신장에서 수혜자와 똑같이 나중에 일어날 발병상황의 위험에 빠질 것이다. 무엇보다 더 이 절박한 위험만이 모든 장기거래를 비도덕적으로 비난하고 또는 법적으로 금지하는 충분한 근거가 되는지는 문제가 된다.

전 세계의 많은 사람들은 가난하고 비천한 노예 수준의 삶을 살고 있어 어렵게 생계비를 벌어야 하고, 부자국가의 시민들은 그런 조건하에서 무위도식한다는 점은 좋지 않다. 산업국가가 제3세계의 기아와 궁핍을 격감하여 주는 데 더 많이 기여한다면 좋을 것이다. 이러한 사실을 일반화하여 보자면, 장기이식을 위해 제3세계를 찾는 것은 확실히 적합한 수단은 아닐 것이다. 그러나 또 다른 측면에서 장기거래의 허용이나 확장으로 인해 일반적으로 개별기증자들이 다친다고 주장하는 것은 문제가 있을 수 있다. 이는 오직 착취가 관건인 한에서, 즉, 장기기증자의 재정적인 궁핍상황을 이용하여 적절한 보상도 치러주지 않을 때의 이야기이다. 엘제써가 인정하였던 대로, 단순히 진지하게 조직기증, 장기기증에 연관된 비용의 적절한 피해배상을 염두에 두어야 할 뿐만 아니라, 그것을 넘어서 또한 합당한 위자료와 일정한 '사후대비책의 인정'도 고려해야 한다. 이 연관관계에서 헌혈을 위한 물질적 사례는 이전부터 도덕적으로 따질 여지가 없는 것으로 간주됨을 기억하여야 한다.

개별 장기기증에 대한 합당한 요금의 확정은 확실히 생명윤리의 과제는 아니다. 그러나 대략의 금액에 대한 약간의 설명은 필요하다. 유감스럽게도 인용된 보고로부터 수혜자가 낸 3만 5천 달러에서 얼마가 봄베이의 병원 측에 주어졌는지, 얼마가 기증자에게 주어졌는지는 알

수가 없다. 만약 병원과 기증자가 5 : 5의 비율로 돈을 받았다면, 신장 기증자를 위한 1만 7,500달러는 인도의 사정으로 볼 때 확실히 착취는 아니고 적절한 가격이다. 이전의 신문과 텔레비전 보도에 따르면, 장기를 거래하는 중간상들이 부당하게 많은 몫을 챙기는 반면, 봄베이의 많은 빈민들은 신장을 고작 1,000루피에 내놓고 있다고 한다. 이것은 절대로 용납할 수 없는 일이다. 이런 일들이 일어나지 않도록 법적인 제도를 만들어야 한다. 이것은 그럼에도 본래적인 도덕적 착취의 문제이고, 그 자체로 장기기증 또는 장기거래의 문제는 아니다.[52]

엘제써 심사숙고의 두 번째 복합성은, 기증된 장기의 분배는 의학적인 기준이 아니라 시장경제의 기준에 따라서 이루어진다는 점에 관련한다. 그러므로 부자 환자는 가난한 환자에 비하여 건강을 살 수 있는 확률이 높다. 그러므로 의학에서 평등 취급의 원칙이 손상된다. 지금 실시되는 장기거래는 부자들만 장기이식을 제공받게 강요하지 않는다. 지금까지 의료보험체계는 원칙적으로 사고희생자의 이타적인 기부에서 투석비용이나 수술비용 같은 고정기부비용을 포함한 전체 신장기관 이식과 결합된 지출을 감당하였다.

모든 경우에 수요와 공급의 오해와 관련하여 가격이 지나쳐서는 안 된다. 또한 부자에게 열려 있을 장기이식의 거대한 검은 시장이 생겨나는 것을 염려해야 한다. 그럼에도 진지하게 질문되어야 하는 의학에서 동등성의 원칙의 손상은 실제적으로 윤리적으로 폐기되어야 된다. 일정한 방식에서 건강은 항상 이미 구매될 수 있는 것이고 구매되었다. 부자들은 더 건강한 거주지에서 살아갈 수 있고, 더 좋은 식품을 살 수 있고, 가난한 자보다는 더 훌륭한 의사들의 치료를 받을 수 있

---

52) Schöne-Seifert(1996), 622. 셰네-자이페르트는, "본래적인 스캔들로 실행되는 장기거래는 세계의 궁핍의 지속"이라고 강조한다.

다. 부자들은 또한 가난한 자보다는 더 건강한 축에 속할 수 있는 것도 사실이다. 가난한 제3세계 사람들은 이미 소년기에 여러 악조건 속에서 지나치게 일하도록 강요받고 있으며, 병이 나더라도 의사의 도움을 받기가 쉽지 않았다. 건강의 지속뿐만 아니라 질에서도 유럽인들에 비해 열악한 조건 속에서 살고 있다. 궁핍, 기아 그리고 그로 인한 질병과 관련하여 의학적 동등취급의 글로벌의 원칙이 적용될 수는 없다. 만약 여기에 윤리적으로 비판될 것이 있다면, 부분적으로 소유에 대한 극단적인 불평등분배이지, 많은 쾌적함 이외에 더 많은 돈으로 더 나은 건강과 더 오랜 삶의 기대를 구매할 수 있다는 사실에 있지 않다.

그럼에도 장기거래의 자유화나 확장으로 전적으로 엘제써가 테마에 부친 더 나아간 위험이, 어긋난 궤도의 '미끄러운 비탈길'(slippery slope) 논증53)의 위험에 결부되어 있다. 최근의 보도가 입증하는 대로, 특히 각막과 신장 거래의 상업화는 장기매매에 관련된 마피아까지 끼어드는 결과를 가져왔다. 독일의 TV 잡지『귀기울여 보아』(Hörzu)의 보도에 따르면, 1994년 1월 7일 '소년사냥'이라 할 만한 사건이 일어났다. "소년 쟁송(Jenson)은 장님이다. 사람들이 그에게서 안구를 빼앗았다. 콜롬비아에는 이런 일이 흔히 일어난다. 프랑스 TV 저널리스트 로뱅(M.-M. Robin)은 라틴아메리카의 불법 장기거래에 대한 말로 다 할 수 없는 가공함을 보았다." 쟁송은, "장이 아파서 콜롬비아 빌레타(Villeta)의 국립병원으로 보내어졌다. 거기서 그는 붙잡혔다. 다음날 쟁송의 눈은 붕대로 감겼다. 그는 피를 많이 흘렸다. 소년의 어머니는 망연자실하였고, 사람들에게 항의하였다. 그러나 사람들은 그녀를 거

---

53) [역주] 한 명제 P가 받아들여질 수 없다는 것을 보여주기 위하여, 계속 뒤이어 지는 사건은 P로부터 귀결된다고 하는 논의이다.

들떠보지 않았다. 쟁송은 다행히 살아났지만 눈을 잃었다." 『귀기울여 보아』는 어떻게 멕시코에서 아이들의 신장이 불법으로 매매되는지를 자세히 보도하였다.

"1992년 11월 15일 6세의 디아나 칼리잘레스(D. Carrizales)가 사라졌다. 목격자는 낙심한 어머니에게 한 남자가 소녀를 자동차로 태워갔다고 이야기하였다. 디아나와 같은 일은 매년 수천 명의 어린이에게 일어났다. 그들은 유괴되어 허위서류를 받아 미국 국경을 통과했다. 여기에는 세 가지의 가능한 이유들이 있다. 불법 입양, 미성년 매춘, 그리고 장기거래이다. 9살배기 소년은 사라지고 나서 몇 주가 지난 후 다시 나타났다. 등에는 흉터가 나 있고, 주머니에는 2,000달러가 들어 있었다. 검사를 한 결과, 소년에게는 신장이 하나 없었다."

만약 이와 같은 보도가 사실이라면, 이식 가능한 장기 때문에 인간을 납치하고 죽인 것이다. 만약 이러한 보도가 과장되고 날조된 것이더라도, 그러한 범죄의 가능성은 도처의 장기자유거래에 나타나고 있다. 그러나 다른 측면에서 장기이식에서 일어나는 범죄를 차단하고 통제하는 실제적인 수단을 생각해 봄직하다. 즉, 국가적으로 인정된 병원에서 특별하게 검증된 의사만이 장기이식을 할 수 있게 하는 것이다. 또한 기증된 장기의 출처에 대한 엄격한 검사와 통제 메커니즘의 창구를 열어놓아야 한다. 그리고 끝으로 장기이식 전체의 거래를 담당하는 조직을 만들어 적법한 활동을 하도록 하는 것이다. 예를 들어 이것은 혈액기증(血液寄贈)의 영역을 적십자(赤十字)가 담당하는 것과 같다.

7. 인공수정

만약 정상성교로 아이를 얻을 수 없는 부부가 아이를 원한다면, 인간의학(Humanmedizin)에서는 배우자의 유전자를 이용한 인공수정을 시술한다. 시험관 아기를 비롯한 인공수정은 다음 방식으로 간략하게 설명할 수 있다.[54] 먼저 호르몬 자극에 따라 여성의 성숙한 난자세포를 천자법(穿刺法)으로 채취한다. 동시에 남편은 정자를 내주어야 한다. 대략 난자 채취 후 4-6시간까지 모든 난자세포는 수정(授精)된다. 이틀이 지나 난자세포 내부의 핵융합이 일어나고 이에 따라 수정과정이 종결된다. 그렇게 만들어진 배아는 4에서 8세포단계를 지나 이어서 자궁으로 옮기면서 임신이 될 수 있다.

로마가톨릭교회는 이러한 체외수정(體外受精)을 반대하는 첫째 이의를 제기하였다. 1968년 교황교서에서 교황 바울 6세는 "양자의 혼인행위에서 신으로부터 원하였던 결합을 지적하였다. 결혼한 부부의 내적 구조에 근거하여 가장 가까이 결합하는 혼인행위는 남자와 여자의 내적인 존재에 기록된 법칙에 따라 새 생명을 출산하게 한다."[55] 그러므로 한 아이의 출생은 도덕적으로 단지 결혼에 의한 성교에서만 허용된다. 그러나 그런 심사숙고는 교황의 성도덕의 근본명제들을 옳다고 생각하는 몇몇 독실한 가톨릭 신자들로부터만 옹호될 수 있을 것이다. 그런 생각은 좀처럼 따라가기 어렵다. 왜냐하면 한편으로 그런 생각은 아이를 갖고 싶어하는 자에게 가톨릭 교의에 따라 성교를 도덕적으로 합법화하게 하는 것이고, 다른 한편으로 한 아이의 출생은 남자와 여자가 기독교식 결혼으로 결합하였을 때만, 도덕적으로 받아들일 수 있

---

54) Hepp(1987). 자세한 설명을 위하여서는 예를 들어 헵을 참조하라.
55) Ducharme(1991). Ramsey(1970, 1972). 이 논의는 더쳄에서 인용된다. 비슷한 이의는 가톨릭교회 외부의 예를 들어 램지가 하였다.

게 하기 때문이다. 그러면 어째서 기독교식 결혼에서, 그밖에는 터부
시되는 성교를 하지 않으면서 아이에 대한 희망을 실현하기를 시도하
려는 처신이 비도덕적인가? 교황의 입장의 내적 불일치와 관련하여 더
챔(Ducharme)[56]에서 인용된 이의가 있다. 성경에 의하면 예수는 결혼
의 성교로 출생하지 않았다. 그렇기 때문에, 단지 신의 아들의 '육화'
(肉化, Fleischwerdung)가 비도덕적이었을 것이라는 지적의 이의가 허
용될 수 있을 것이다.

요컨대 체외수정에 대한 이의는 그 임신확률이 10% 정도로 상대적
으로 낮다는 사실에 관계한다. 이러한 배아를 위해 라이스트(Leist)[57]
는 극소의 생존기회에서 낙태윤리와 '재생산윤리' 사이의 직접적 연관
을 도출하였다. 이 연관은 다음에 있다.

"체외수정으로 아이를 출산하는 행위는 높은 확률로 배아의 '죽임'을
포함한다. 그러므로 이것은 '죽임'의 한 형식으로 고찰하여야 한다. 고유
한 행위의 결과로 미리 알면서도 죽게 내버려두는 것은 넓은 의미에서 최
소한 죽임의 한 형식이다. 체외수정에 의한 생산은 배아들이 높은 확률로
죽게 놔두는 상황으로, 미리 알고 의도한다는 것을 의미한다."

그러므로 체외수정은 '러시안 룰렛 게임'과 비교될 수 있다. 이 권총
으로 사람은 90% 확률로 죽게 된다. 그럼에도 체외수정의 실패를 곧
배아의 죽임으로 보는 입장은 어리석다. 낙태와는 달리 체외수정은 정
상적이면 살 수 있을 한 생명을 의지적으로 그리고 인지적으로 없애려

---

56) Ducharme(1991) Howard M. Duchrme, *The Vatican's Dilemma, On the
Morality of IVF and the Incarnation*, in: *Bioethics* 5, 57-66.

57) Leist(1990b) Anton Leist(Hrsg.), *Um Leben und Tod — Moralische Probleme
bei Abtreibung, künstliche Befruchtung, Euthanasie und Selbstmord*, Frank-
furt a. M., Suhrkamp, 182.

고 하는 것이 아니라, 한 본질에게 단지 아주 적은 기회일지라도 생명을 주려고 도와주는 것이다. 확률로 보자면, 체외수정을 확실히 복권이나 러시안 룰렛으로 나타낼 수 있을 것이다. 그럼에도 러시안 룰렛으로서가 아니라 담보 없이 약 10%의 확률로, 요컨대 생명을 얻는 게임으로 계산하여야 할 것이다.[58]

진지하게 받아들여야 하는 이의는 잉여배아들이 생기는 특별한 체외수정의 형식이다. 사람들은 체외수정의 임신확률을 높이기 위하여 여성에게서 규칙상 수태 이후에 다시 돌려 보내야 하는 것보다 더 많은 난자를 채취한다. 그러므로 경우에 따라서는 몇몇의 시험관에서 임신된 난자들이 별도로 남아 있을 수 있다. 이들 난자들은 재생을 위하여 냉각되거나 배양액에서 몇 시간을 계속 배양된다. 예를 들어 이들은 의학연구를 위해 봉사하고 결국 죽게 된다. 배아실험에 대한 논쟁은 다음절에서 살펴보게 될 것이다. 여기서는 시험관아기를 출산하는 것이 도덕적으로 정당화될 수 있는지가 주요 관심사이다. 1990년 가결된 배아보호법(ESchG)은 모든 실험 또는 "모든 타자공리를 위한 인간 배아의 사용 즉 배아보존에 봉사하지 않은 목적의 배아사용을 금지할 뿐만 아니라", 동시에 체외수정실험에 최대한 세 개의 난자가 수정 또는 배양되는 것, 거기에서 생겨난 모든 배아들은 자궁으로 돌려 줄 것을 요구한다. 수정(授精)의 경우에 세 배아들보다 더 많은 배아들이 생겨나는 경우 이들은 동결 보존된다. 그러한 경과는 계속 독일연방의사협회 중앙위원회에 보고하여야 한다. 던스탄(Dunstan)[59]은 그러한 제

---

58) 또한 체외수정을, 죽었다고 판정받은 인간이 특별한 약품으로 구원될 수 있는 상황과 비교할 수 있다. 모든 경우에 단 10%의 확률만 갖는다. 어느 누구도 극소의 회복기회에도 불구하고 이 약품을 처방할 의사에게 살인의도를 가정하지는 않을 것이다.

59) Dunstan(1988) Gordan R. Dunstan, *The state of the question*, in: Dunstan/Seller(1988), 15.

한들이 어떻게 윤리적 근거를 가질 수 있는지에 대해 물음을 던졌다. 좀더 정확하게 말하자면, '배아생명에 대한 존중에 근거해 모든 임신된 난자들은 어머니의 자궁으로 돌려 주어야 한다고 요구한다면' 무엇을 본래적으로 사람이 의도하느냐 하는 것이다. 그는 이 입장은 다음의 딜레마로 갈 것으로 생각한다.

"병원연구에서 해명한 대로, 둘 혹은 셋의 보충 배아는 배아의 수정기회를 높이려 하는 것이다. 이 경우에 둘 혹은 셋의 인간배아는 다른 선(善)을 위한 수단으로 이용할 것이다. 혹은 어머니와 아기를 위한 복합임신의 위험을 피하기 위하여, 자연이 자신의 고유한 양식으로 선택을 해낼 것으로 희망한다. 이 입장은 도덕적으로 매우 경건해 보인다."

첫 번째 선택사항에 관련하여 새로운 연구는, 체외수정의 임신확률은 실제로 재이식된 배아의 수로 증가한다고 하였다. 힌니와 미헬만(Hinney/Michelmann)[60]의 통계에 따르면, 한 개의 배아의 전이에는 임신확률이 9%에 달하고, 반면에 둘 또는 셋의 배아의 동시전이에는 14% 또는 23%로 확률이 증가할 수 있다. 이에 반해 넷 혹은 더 많은 배아전이는 임신기회를 의미심장하게 높이지 않는다. 이러한 기준의 도덕적 함축을 중재하기 위하여 체외수정을 위해 세 개의 수임능력이 있는 난자들이 채취되었다고 가정해 보자. 앞에서 살펴본 바와 같이 한 개, 두 개 혹은 세 개의 난자세포가 채취될 수 있다. 즉, B1, B2, B3이다. B1의 배아는 자궁에 이식되고 그 생존확률은 위의 통계에 따라 9%에 달한다. 자세히 탐구하여야 하는 것은 B2를 순간적으로 혹은

---

60) Hinney/Michelmann(1992) B. Hinney/H. W. Michelmann, *Die In-vitro-Fertilisation als Therapiemassnahme bei Kinderlosigkeit*, in: *Zeitschrift fuer Allgemeinmedizin* 68, 1104.

계기적으로 자궁으로 돌려놓아야 하는지이다. 개별배아의 생존확률은 단지 비본질적으로 B1보다 B2에서 더 작다. 왜냐하면 만약 하나가 임신된다면, 양자의 배아는 통계에서 말한 14% 생존확률로서 반반의 기회를 동일하게 갖기 때문이다. 그러나 거기에는 또한 쌍둥이 임신가능성이 있다. 그러므로 여기서 모든 배아의 생존가능성은 전체적으로 약 7.5%에 달한다. 먼저 계기적인 B2에서는 둘 중 하나의 배아가 이식되고 다른 배아는 동결 보존된다. 만약 통계적 데이터에 근거하여 단지 9% 확률로만 기대될 수 있는 첫 번째 배아이식 이후에 희망된 임신이 되면, 두 번째 냉동처리된 배아는 운명에 맡겨진다. 어머니는 첫 번째 임신에 연관하여 그를 회태(懷胎)하려 할 것이다. 또한 91% 확률로 첫 번째 배아가 생존하지 못하였고 이어서 두 번째 배아가 이식되는 경우가 나타난다. 약간의 계산으로 알 수 있는 것은, 모든 개별배아의 생존확률은 이러한 과정에서 대략 8.5%에 달하고,[61] 또한 비본질적인 B1의 표준가치와는 다를 것이다. 유비추론으로 세 난자세포의 임신의 경우에 모든 개별난자에 대한 뒤이은 순간적으로 되돌리는 B3에서는 최소한 1/3 × 23%의 생존확률을 얻는다. 즉, 약 8%이다. 마찬가지로 계기적으로 이식되는 B3에서는 약 8%의 가치를 갖는다. 요약하면, 관

---

61) E1과 E2의 태아의 아마도 어느 누가 먼저 이식되는지 아프리오리하게 동일하다는 전제하에 확률은 이것이다. 만약 Ei이 첫 번째로 이식되면, 1/2 곱하기 확률 Ei에서, Ei(i = 1 혹은 i = 2)이 생존하고, 만약 Ei가 첫 번째로 이식되지 않으면, Ei은 생존하는 확률은 1/2 곱하기이다. 첫 번째 확률을 사람은 '기초생존가치'로서 B1에서는 9%로 잡을 수 있다. 반면에 나중의 것은 '기초생존가치' 곱하기 첫 번째 가임 난자세포가 생존하지 않는 확률, 요컨대 0.09 × 91%, 또는 대략 8%이다. 그러므로 생겨나는 것은 전체적으로 0.5% × 9% + 0.5% × 8% = ca. 8.5%의 가치이다. 이 계산은 그밖에 동결 보존의 방식이 그렇게 잘 발전되어서 배아들이 그렇게 오래 그때마다의 필요에 따라 보존될 수 있고, 그리고 다시 녹인 이후에 동결 보존이 없는 배아가 높은 생존기회를 가진다는 단순화된 가정을 전제한다.

련된 배아의 전망으로부터 체외수정에 둘 또는 셋의 난자세포들이 임신되는지, 그러므로 여자의 자궁에 계기적 혹은 동시적으로 난자세포들이 돌려져야 하는지는 상관이 없다. 앞서 보았듯이 모든 배아는 실천적으로 동일한 7.5%와 9%의 생존확률을 갖는다. 그러므로 여러 배아의 회귀에서 둘 혹은 셋의 배아가 배아의 생존수단을 위하여 동시에 희생된다는 비난은 유지될 수 없는 논증이다. 이러한 앞선 경과는 배아에서 반복된 의학적 간섭을 기대함이 없이 여자의 수태기회를 유의미한 방식으로 높이는 것뿐만 아니라, 또한 문제시되는 배아는 거의 불변의 생존확률의 안목에서 해롭게 되지 않는다. 만약 단지 이식된 배아의 하나만 생존한다 하더라도, 누구나 생존하기 위한 동등한 공정한 기회를 갖는다.

위의 인용에서 나타난 던스탄의 두 번째 비난과 관계하여 보자면, 확실히 셋까지의 배아에 대한 동시이식에는 산모의 희망이 동반한다. 요컨대 복합임신은 따라오지 않고, "자연은 고유양식을 어겨가며 취사선택을 모험하지 않는다." 그럼에도 이것은 예를 들어 임신장애가 체외수정으로가 아니라 호르몬투입으로 치료되는 여자의 입장같이 매우 불경건하다. 즉, 산모 스스로 낙태선택을 하는 것이 그녀의 양식으로 결코 허용할 수 없을지라도, 쌍둥이 또는 세 쌍둥이를 얻는 것을 진정으로 원치 않더라도 불경건하다. 단순히 임신을 겁내는 소녀들과 여성들이 있다. 이들은 단순히 임신하게 되었다는 것이고, 그럼에도 열광적으로 자연이 그녀들의 문제를 해결해 주므로 결코 낙태하지 않겠다는 여성들이다. 즉 그녀들은 여전히 그들의 나머지 날들에 이를 것이다. 누가 여기서 도덕적으로 매우 경건하다고 말하겠는가? 그 외에도 모든 체외수정 지원자는 그들 스스로 복합임신 리스크를 감당할 수 있는지를 결정할 수 있다. 만약 그들이 성공확률이 높은 동시이식을 선택한다면, 배아보호법은 그들로부터 이중 혹은 삼중 임신을 요구한다.

만약 이것이 그들에게 부담을 준다면, 그들은 하나의 배아만 이식되는 낮은 확률에 만족하여야 한다. 모든 경우에 배아보호법을 통하여 요구된 체외수정 방법을 도덕적 결함으로 여길 것은 아무것도 없다.

다음으로는 비동질 혹은 이질적 체외수정의 상이한 형식에서 등장하는 문제를 짧게 토론하여야 한다. 가장 중요한 변이로서 ① 여성의 난자가 배우자의 정자가 아니라 비배우자의 정자, 즉 익명의 정자제공자의 정자와 수임된다. ② 거꾸로 비배우자 여성의 난자세포가 남자의 정자와 수임된다. ③ 체외수정은 배우자 사이의 유전형질로 생겨나지만, 배아는 다른 여자의 자궁, 즉 소위 대리모에 이식된다. 이와 별도로, 체외수정이 (a) 배우자의 불임 때문에 혼인부부 또는 부부유사관계에서 시행되는 경우와, 또는 (b) 혼인부부 이외의 상황에서 아이를 희망하는 인물이 자연방식으로 출생할 수 있는 이성 상대자를 갖지 못한 경우를 구분하여야 한다. 힌니와 미헬만[62]에 따르면 독일연방의사협의회 지도지침은 유일하게 ①-(a) 유형만 인정한다. ②와 ③의 유형, 즉, "나중의 배아제공을 목표로 하는 인간난자의 수정 혹은 소위 대리모에 배아이양을 목적으로 하는 수정"은 배아보호법을 통하여 명시적으로 금지한다.[63]

①-(a)와 ②-(a)의 방식에 거슬러 그룬델[64]이 표명한 첫 이의는 다

---

62) Hinney/Michelmann(1992), 1099.

63) Wuermeling(1987), 106. 모든 경우에 법제정 이전에 빗나가는 의견이 없지는 않다. 뷰멜링은 보고한다. "1962년 형법의 입안은 이질적인 체외수정을 형사위협으로 금지한다. 독일의사회는 그러한 금지에 반대를 공언하고, 이 방식을 비의료적인 것으로 거부하였다. 나중에 독일의사회는 그러한 방식을 추천하지 않았다. 그러나 그럼에도 일정한 지침선을 허용하였다. 유럽의회는 이질적인 인공임신에 대한 법적인 기관을 만들고 특히 정자제공자의 익명성을 보증할 것을 추천하였다."

64) Gründel(1987), 91.

음이다. "이질적 수정에는 곧 불임파트너의 불임성이 '확정되었다는' 여전히 이질적인 요소가 혼인한 부부에게 있다." 이런 생각으로 사람들은 배우자의 불임시에 자녀의 입양을 자유로이 거부하여야 할 것이다. 그 외에도 이의는, 불임파트너는 정상으로 한 아이에 대한 본래 희망에서든, 파트너를 위한 사랑에서든, 체외수정을 승인하였다는 결정적 사태를 묵인한다. ① 사태에 거스르는 다음의 유보는 특별하게 정자기증자의 익명성에 관계한다. 비른바허(Birnbacher)[65])에 따르면 소홀히 할 수 없는 심리적 혹은 물리적 리스크를 아이에게 떠맡기지 않는 것은 도덕적으로 따질 필요가 있다. 이것은 이질적 수정이나 체외수정을 통하여 정자제공자로 출생된 아이를 겨냥하여, 그의 아버지의 유전경력을 인지할 가능성이 생긴다는 것이다. 나아가 그룬델[66])에 따라 따져보아야 하는 것이 있다. 정자기증자의 익명성을 통하여, 애써 맺을 필요가 없는, 반(半) 형제 관계가 생겨날 가능성이 있다. 그러한 심사숙고에 거슬러 출생된 많은 아이들은 그들의 육적인 아버지를 모른다는 것이다. 그러므로 반 형제 사이의 원치 않은 성관계 또한 체외수정 없이도 가능하였을 것이다. 그밖에 유비추론으로 다음의 이의가 일어날 수 있다. 유전적인 동일성의 권리의 침해는 결코 그렇게 강하게 무게를 두지 않아서, "저는 기꺼이 저를 나아주신 아버님의 무지에서 태어나지는 않았습니다"라고 아이는 말할 수 있을 것이다.

류베(Lübbe)[67])의 강연에 따르면, 체외수정으로 출생된 아이는 유전자 승계에서 그의 유전적 동일성에 합당한 시간과 장소에 대한 권리를

---

65) Birnbacher(1990a) Dieter Birnbacher, *Gefährdet die moderne Reproductionsmedizin die menschliche Würde?*, in: Leist(1990b), 273.

66) Gründel(1987), 92.

67) Lübbe(1988) Hermann Lübbe, *Anfang und Ende des Lebens. Normative Aspekte*, in: Lübbe[u. a](1988), 23.

갖는다. 여기에서 체외수정 배아 또는 배아를 위한 정자는 오랫동안 냉동되어 있어서, 아이가 정상의 성교작용을 통하여 생겨났을 것으로 볼 수 있게 만든다. 비슷하게 그룬델[68]도 거기에서 따질 점을 말한다. 수년을 넘게 인간의 핵질료는 냉동보관소에서 일정한 방식으로 '지시가 있는 대로' 보전될 것이고, 사람들은 이미 죽은 배우자의 정액에서 새로운 생명을 출생시키려고 할 것이다. 여기에 확실히 인정되어야 하는 것이 있다. 먼저 남편의 사후에 냉동 저장된 시험관의 정액으로 임신하려고 하는 한 여자의 잠재적인 근거들은 일반적으로 인정하기 어렵다. 그러나 다시 비교할 수 있는 방식에서 이를 통하여 생겨난 아이의 피해는 아주 적다. 그래서 지난 십 년 동안 미혼모 자녀의 법적인 상태와 지위는 명백하게 개선되었다.

유형 ①에 대한 더 나아간 이질적 체외수정의 문제는, 만약 여성이 정자은행에서 특별한 정자를 선택하는 것이 허용된다면, 그래서 그녀의 선택에 따라 일정한 유전적 특성, 성별, 피부색, 신체크기, 지성, 기타 등등을 가진 아기를 만드는 일이 생겨날 수 있다. 1991년 3월 11일 독일통신사(dpa) 보도에 따라 한 독신녀의 특별한 사건은 '분노'의 파도를 일으켰다.

" '오점이 없는 임신'은 영국의 대중들을 격앙시켰다. 영국의 산업도시 버밍햄의 병원에서 한 여성이 남성과 성관계도 없이 약 550유로의 비용으로 인공임신을 하였고, 지금 출산을 앞두고 있다. 이 여성은 정자기증자의 피부색, 태어날 아기의 피부와 눈의 색을 규정하려 하였다. '처녀 몸에서의 탄생'에 대한 일요일의 신문보도는 곧장 분노의 파도를 일으켰다. 여자 국회의원은 말하였다. '이것은 아이를 소모품으로 만드는 것이다.' 그녀는 정자시장에서의 모성의 습성에 대하여 경고하였다. 수많은 의사들

---

68) Gründel(1987), 85.

은 이러한 방식의 모성은 심리학적, 나중에는 성적인 문제를 일으킬 것이라고 경고하였다. 영국의 체외수정의 선두주자 브롬위치(P. Bromwich)는 소비성향에 대하여 경고하였다. '만약 통조림을 사려고 한다면 상점에 가서 사면 된다. 몇몇 사람들은 동일한 행위를 아기를 만드는 것에서도 할 수 있다고 믿는다.' 또한 버밍햄의 샌더(M. Sander) 주교는 다음과 같이 표명하였다. '아이는 선물이지 권리는 아니다. 아이는 남녀 사이의 사랑에서 생겨나야 한다.'"

추측컨대 많은 독자들은 여기에 표명된 심사숙고에 정서적으로 동감할 것이다. 그럼에도 그들의 윤리적 극기는 덜 명백하다. 아래의 문장은 상기논의를 요약한 것이다.

(1) 성교에 대한 '보상'의 차원에서 여성이 정상성교에서 아이를 얻어도 좋다는 안목은, 보수적 성도덕과 일치하지도 않고 일반적 형식에서 계몽된 도덕원칙으로도 정당화될 수 없다. 신문보도의 경우, 여성이 레즈비언 연애를 하거나 이성성교에 무관심하다면, 어째서 성적 절제가 곧 그녀의 아이에 대한 희망을 도덕적으로 불신하여야 하는 것인지는 인정하기가 어렵다. 만약 여성이 결혼을 하였다면, 또는 출산능력 있고 출산의지가 있는 남성과 확정된 공동체에서 함께 살려는 경우라면 전적으로 다르다. 거기서 시도된 성적 절제와 연관을 갖는 체외수정은 이미 파트너가 보통은 병에 걸린 것이거나 불능한 것으로 느끼기 때문에, 고유한 발생적 조력이 없이는 그녀의 아이의 출산은 기대할 수 없다. 그러한 문제는 레즈비언이나 독신녀에서는 나타나지 않는다. 그러므로 여기서는 오직 가족의 사회적 상황의 도덕적 관련만이 탐구되어야 한다. 이들에서 이질적인 시험관아기가 성장한다는 점은 아래 (2)에서 다루겠다.

(2) 인용에서 타당하게 된 '심리학적 혹은 성적 문제'는 유감스럽게

도, 이들 어머니 혹은 후세를 위한 것인지가 고려되지 않았다. 어머니를 위한 문제는 어머니의 손에 달려 있는 것이 아니고 더 특별하게 다루어야만 한다. 이것이 스스로 해결될지라도, 이들은 <어느 누구도 다치게 하지 말라>에 따라 도덕적으로 무관할 것이다. 특별한 이질적 체외수정 형식에서 기대할 수 있는 아이를 위한 예측가능한 사건적인 문제는 아래에서 토론된다.

(3) 자연히 아기들은 소모품이 아니다. 그리고 만약 3개월 이상의 배아가 마음에 들지 않아 '교환될' 또는 출생 이전의 일정한 감별법에 따라 낙태로 유도될 때, 실제로 자신의 후세와 관련되어 설치된 정자시장의 생각은 폐기되어야 한다. 그러나 만약 한 여성이 다양한 정자 기증자의 정자들 중에 선택할 가능성을 갖는다면, 즉 자신의 아기에게 특정한 피부색과 매우 중요할 수 있는 우생학적 요소의 일정한 특질을 제공해 주려 한다면, 이것은 그녀가 한 아기를 출생하길 원했던 수년을 알고 지내온 연인을 선택하는 것과 마찬가지로 도덕적으로 따질 필요가 없음을 본다. 만약 개별경우에서 남성이 단지 출산자로서 요컨대 남용된다면, 그가 요컨대 자신의 희망에 반하여서 자신을 미래에 아이의 사회적 아버지로서 보지 않는다면, 이들의 과정의 마지막 결정은 도덕적으로 폐기될 수 있다. 성적 파트너의 선상에서 "나는 당신에게서 한 아이를 원한다"는 희망은 항상 "나는 당신과 함께 한 아이를 원한다"는 입장으로 나갈 것이다. 그러나 이질적 체외수정에서 이 생각은 무너진다. 왜냐하면 정자기증자는 여성이 그와의 사랑으로 아이를 얻고 그와 함께 성장하려는 것을 기대하지 않기 때문이다.

(4) 자연히 아이는 선물이다. 어느 누구도 이 선물에 법적 요구를 할 수 없다. 특별히 x 임의적 인격은 다른 x 성의 임의적인 친척에 대하여 "한 아이를 만들어라!"라는 권리를 갖지 않는다. 그러나 만약 한 여성에게 정자기증자의 자유로운 도움에 의하여 한 아이가 선물된다

면, 이것이 도덕적으로 부당한지는 논쟁 중이다!

(5) 남녀 사이의 평생의 사랑에서 한 아이가 생겨나는 것은 좋은 일이다. 그러나 세계를 일정한 방식에서 실제적으로 고찰한다면, 인간은 일생을 단지 최소한의 결혼생활에서 유지하여야 한다는 것이고, 단지 최소한의 아이만 계획된 혹은 그러한 희망된 관계의 산물이라는 것을 알게 될 것이다.

비른바허[69]에 따르면, "성장에 단점이 많은 상태에서 아이가 커가는 것을 알거나 인정하면서도 위험부담을 갖고 인공적으로 출산하는 것은 무책임하다. 아이는 사랑의 관계에서 성장하는 것이고 이들은 그의 발전에 불이익이 된다. 아이에 대한 도에 지나친 희망에서 아이가 잘되도록 성장을 도와주는 것은 아이에 대한 능력의 적절한 기준은 아니다." 저자가 더 정확하게 진술하고 있지 않을지라도, 그는 추측컨대 특별히 독신자나 레즈비언 어머니에 대한 상황을 눈앞에 두고 있다. 그러한 가족분위기는 아이의 발전을 위하여서는 확실히 최적이 아니다. 그러한 일반적인 평가는 동성애자 또는 독신녀와 독신남들은 아이의 입양 지원자로서 보통으로는 탈락된다는 것을 표현한다. 비슷한 생각으로 또한 일정하게 진행된 이질적 체외수정 형식을 거부할 수 있을 것이다. 예를 들어, 최근 신문에서 보도된 대로 이탈리아의 57세 또는 63세 여성에게 기증정자가 이식되었다. 아이의 심리적 발전을 위하여, 할머니 연령의 어머니로부터 양육되는 것은 확실히 최적은 아니다.

지금 그러한 입양과 양육 사이에 평행선이 적법한가 하는 물음은 철학적으로 의미가 있으나 쉽게 답변될 수 없다. 입양에는 이미 주지된

---

69) Birnbacher(1990a) Dieter Birnbacher, *Gefährdet die moderne Reproductionsmedizin die menschliche Würde?*, in: Leist(1990b), 273.

한 아이가 최소한 특별한 관심으로 존재한다. 그러므로 사람들은 아이를 이 가족 또는 저 가족의 손에 넘겨줄지의 선택으로 평가하게 된다. 아이가 그때마다 가족에서 최상으로 혹은 그럼에도 최소한 충분하고 좋게 성장할 수 있는지는 아이의 관심의 부합에 있다. 그럼에도 전적으로 한 체외출산에서는 현실적 혹은 미래관심의 담지자로 출생되어야 하는 개인은 전적으로 존재하지 않는다. 요컨대 아이를 위하여서는 부유한 최적의 양육자와 교육자를 찾는 것이 중요하지 않다. 왜냐하면 곧장 부모나 양육자를 변경하는 한에서 또한 출산되어야 하는 아이가 변경되기 때문이다. 그러므로 이질적 체외수정을 통해 낳은 아이의 도덕성의 문제는 입양부모의 선택과는 달리 답변하여야 한다.

우리는 피임문제와 연관해서 삶의 부정적인 가치를 갖는다고 예견되는 한 아이의 생명을 세상에 내보내는 것이 도덕적으로 나쁜가 하는 논쟁적 문제를 토론하였다. 언급했던 대로 유전적 문제는 최소한 키우는 자의 관심에서는 선악 건너편에 종속된 것이라는 입장을 약간 믿을 만하게 대변할 수 있었다. 그럼에도 최소한 사람들은 반대의 입장을 대변하고 싱어에 따라 '불행한 본질'의 생산을 비도덕적으로 생각할지라도, 단지 그것만으로는 어떤 이질적 체외수정의 경우도 비도덕적으로 범죄시할 수 없다. 특히 셰네-자이페르트(Schöne-Seifert)[70]가 주목한 대로, 미혼이나 레즈비언 여성들에게 인공수정을 통하여 아이를 낳게 도와주는 것에 대한 금지는 '인격적' 배아보호의 규범을 통하여 근거를 줄 수 없다. "경우에 따른 양자택일로 이 아이 혹은 저 아이는 전적으로 존재하지 않는다. 그리고 여기서 추측컨대 아이 때문에 생겨나는 모든 사회심리학적 피해는, 의심할 것도 없이 모든 경험적인 과

---

70) Schöne-Seifert(1990) Bettina Schöne-Seifert, *Philosophische Überlegung zu >>Menschenwürde<< und Fortpflanzungsmedizin*, in: *Zeitschrift für philosophische Forschung* 44, 467.

중한 곤란으로 아이가 나오지 않았으면 좋을 뻔하였다는 식으로 아이의 삶을 고통스럽게 만들었던 것보다 더 심하지는 않다."

이 생각은 동성의 커플이 한 여성의 난자기증으로 체외수정, 대리모로 한 아이를 세상에 내보내게 해야 하는 경우에 특별한 ②-b와 ③의 결합으로 전이될 수 있다. 또한 여기에 아이의 전망에서 말해도 좋을 것이 있다. 살아남지 못하기보다는 동성의 커플에서 성장하는 것이 나을 것이라는 것이다. 그럼에도 이러한 이질적 체외수정의 문제형식은 지금까지 고찰된 미래의 아이의 관심보다는 종종 아주 다른 근거에서 도덕적으로 이의시될 것이다. 이들은 규칙상 정자나 난자의 기증자의 관심에 위배된다. 정상적인 여성은 자신의 난자세포가 자신도 모르는 동성성교의 정자로 임신되고, 뒤이어 자신이 모르는 대리모에 보내지고, 최종적으로 동성 양육자와 혼인한 다른 남성의 슬하에서 성장하도록 하려 하지 않을 것이다. 결국 그 아이는 부분적으로 그녀의 아이다. 그녀는 차선의 사회심리적인 상황에서 아이가 성장하기를 요구할 것이다. 만약 남자들이 무엇보다도 아마 단지 재정적 이유에서만 정자기증을 하겠다고 나선다 할지라도, 사실상 그들의 정자로 무엇이 일어나는지에 대해 별로 의심이 들지 않더라도, 그들 또한 그들의 도움으로 출생한 아이들이 행복한 삶을 살아가는 것에 관심이 있을 것이다. 요컨대 생식세포기증자의 관심으로 그때마다 이질적 체외수정의 도덕적 신뢰성의 문제를 보자면 이것을 입양과 같이 유사한 잣대로 보는 것이 가능하게 된 것이다. <어느 누구도 다치게 하지 말라>에 정초된 판단은 대략 다음과 같이 돋보일 수 있다. 이질적 체외수정의 ①과 ②의 유형은 도덕적으로 타당한 것으로 여길 수 있다. 만약 출산되는 아이가 객관적으로 기대할 수 있고 생식세포기증자가 이런 상황에 해당되는 정보에 따라 인정한 가족적 또는 사회심리학적인 상황에서 성장하게 된다면, 이런 유형은 도덕적으로 타당할 것이다.[71]

결론으로 여전히 대리모의 문제상황에 대한 약간의 주석이 필요하다. 이에는 특별히 두 경우가 구분되어야 한다. 보통 ③-(a)의 경우 배아는 동질의 체외수정을 통하여 생긴다. 그리고 이어서 대리모의 자궁에 이식된다. 이에 반해 ③-(b)는 배아가 이질적 체외수정, 예를 들어 뒤이어 배아를 생산하는 다른 여자의 난자기증의 수단으로 생겨난다. 첫 번째 문제는 그룬델[72]이 대리모의 상업적 측면에서 내다보았다. 왜냐하면 고액을 주고 다른 어머니가 낳은 아이를 그녀가 일정한 방식으로 사들인 것이다. 여기에는 아기매매 같은 문제가 생긴다. 그러므로 대리모의 방식은 그의 견해에 따르면 인간적 인격의 존엄을 거스른다. 그리고 확실히 출산된 아이 또한 부모의 존엄을 거스른다. 이 연관에서 비난이 제기된다. 특별히 ③-(b)의 대리모는 매음과 비교가 된다. 그러므로 대리모의 존엄에 거스른다. 그러나 여기에 반하여 록우드는[73] 스스로 대리모 에이전트를 통하여 누구에게도 피해를 입히지 않는다는 논의를 하였다. "왜냐하면 만약 모든 것이 계획에 따라 진행되면, 에이전트와 대리모는 약간의 돈을 벌고 추가적으로 타인에게 행복을 가져다주었다는 만족을 가질 것이다. 대리모를 의뢰한 부부는 약간의 돈을 지불하였으나 오랫동안 희망한 아이를 가졌고, 아이는 태어났고 헌신적인 부모로부터 보살핌을 받게 될 것이다." 매음이라는 비난에 관계하여, 록우드에 따르면 다음의 차이점을 고찰하여야 한다. "매음은 일반적으로 매춘부 입장에서 보면 스스로 깎아 내리는 것이다. 그들은 또한 격하된 존재로서 고객을 위하여 존재한다. 내가 생각하기

---

71) Harris(1995), 216. 하리스는 '동성애자와 그리고 독신부모'의 토론에서 문제의 본질을 간과한다. 그리고 먼저 비문제적인 극단에서 "동성애자 여성과 독신여성에서 아이를 낳고 성장시키는 것을 방해하는 시도에 대하여 말한다."

72) Gründel(1987), 93.

73) Lockwood(1990) Michael Lockwood, *Der Warnock-Bericht, eine philosophische Kritik*, in: Leist(1990b), 257.

에 대리모는 본질적으로 격하된 것이 아니다. 대리모는 사랑하는 불임 부부를 대신하여 임신해서 그들이 염원해 마지않던 아기를 낳아주는 것으로서 이러한 행위를 깎아 내리는 것으로 보는 것은 적절치 않다."

이 답변으로 무엇보다 이타적 대리모의 특별한 형식만이 정당화된다. 여기서 한 여자는 사랑으로 그녀의 몸을 사용하게 한다. 보통의 경우에 대리모는 이를 재정적 이유 때문에 한다. 대리모의 경우에 그때마다 동기가 결정적 역할을 한다. 이것은 대리모 이외에도 대리모 임신을 희망하는 부모에도 해당된다. 1984년 워녹 위원회(Warnock-Kommission)의 견해에 따르면, 대리모 임신을 희망하는 부모가 본래 아이를 낳을 수 있는 경우인데 "그녀가 사회적 경력이 중단되는 임신을 피하기 위하여, 예를 들어 그들이 모델이나 영화배우라서 자신들의 대외 이미지가 손상되는 것을 피하기 위해 그랬다면", 이런 모든 경우에 대리모는 폐기될 수 있다.[74] 록우드는 이것은 흥미로운 철학적 연습이라고 불렀다. 더 정확하게는 그러한 실습이 왜 도덕적으로 허용될 수 없는 것인지, 왜 그는 이 연습을 다른 자에게 넘겨주려고 하였는지 설명하려고 하였다. 만약 건강하고 임신능력이 있고 어머니가 되고 싶은 여성이 아이를 정상적인 방식으로 세상에 낳기를 준비하고 있지 않으면, 이것은 그녀가 아이를 향한 희망이 특별하게 강하지 않고 진지하지 않다는 데 대한 상황증거이다. 여기에서 그녀가 아이를 향한 사랑과 경향은 그녀 자신의 결여된 임신의 생물학적 체험 때문에 정상적으로 발전하지 않게 된다. 모든 경우에 그녀가 어머니로서 교육가로서 나중의 의무를 특별히 진지하게 받아들이지 않게 됨을 염려하여야 할 것이다. 이 모든 것은 아이가 전체적으로 명백한 차선의 사회심리상황에서 성장하게 한다. 이러한 불이익은 나중에 아이가 그러한 상황하에

---

74) Lockwood(1990), 256. '워녹 보고' 8.17을 비교하라.

서는 태어나지 않는 것이 더 좋았을 것이라고 희망하게 될 것이 그렇게 심각하게 여겨지지는 않을지라도, 여기에 도덕적으로 따져볼 것이 있다. 만약 대리모가 낳아야 하는 아이가 어떤 사회심리적 범위에서 성장하는지를 안다면, 그녀는 자신의 협조를 거부할 것이다. 만약 아이가 탄생 이후에 계약주권자에게 양도되어야 한다면, 더 나아가 모든 대리모의 문제는 규칙상 임신 동안에 생물학적 선행과정을 통하여 대리모와 아이 사이의 관계가 생길 수 있고 아주 밀접한 정서적 관계가 감정의 갈등으로 이어질 수 있다는 데 놓여 있다. 하나의 그러한 갈등은 특별히 형식 ③-(b)에서 거의 회피할 수 없다. 이 경우에 그룬델[75]이 주목한 대로, "대리모 임신을 희망하는 부모에게 계약상 아이의 양도에 확정된 의무는, 그러한 계약은 선량한 도덕을 거스르기 때문에, 법적으로도 고소할 수 없다는 것이다." 또한 록우드[76]는 여기서 "의심할 것 없이 많은 경우에 이런 일이 틀어질 수 있다. 대리모가 생각이 변하여 아기를 갖고 싶어한다면, 여기에 용서와 연민이 양 측면에 있다. 아이를 포기하면 스스로 죄가 있다고 느끼는 대리모 자신에게나, 만약 진실을 알게 되면 정체성 문제 때문에 고통당할 수 있는 아이에게나 자연히 정서적 위험이 뒤따른다." 그러나 그는 말하기를, 이런 심사숙고가 최종적으로 결정적인 것은 아니라는 것이다. "아이가 태어나지 않았거나 다른 사람이 아이를 원했으면 더 좋았을 것으로 대리모와 입양부모가 서로 대립하는 문제가 그렇게 진지한지 믿기가 어려울 것이다." 그러나 확실히 이것은 단지 동전의 한 측면이다! 다른 측면도 그렇게 보인다. 배아기증 그리고/혹은 체외수정으로 생산된 배아를 낳을 도움을 결정 내리는 여자는, 자신의 승인을 전적으로 앞으로 살아

---

75) Gründel(1987), 93.

76) Lockwood(1990), 257.

갈 아이의 삶의 상황이 얼마나 입양부모가 자신의 아이처럼 희망하는
지에 의존하게 만들 것이다.

8. 배아연구

인간배아의 의학실험은 무엇보다 중요하게 체외수정과 연관이 있다.
요컨대 소위 잉여배아 사용이 이 논쟁의 중심에 서 있다. 먼저 조건적
물음이 토론되어야 한다. 삶의 기회가 없는 배아들을 실험에 사용한다
는 전제에서, 이들을 실험하여야 하는가? 뒤이어 탐구되어야 할 것은
이런 전제의 실현이, 즉 연구목적을 위한 인간배아의 의도적 생산이
도덕적으로 정당화될 수 있는지의 문제이다.77)

우리는 요컨대 의학실험실에서 존재했던 배아들은 생존능력이 없는,
즉 체외수정을 위해서는 더 이상 문제가 되지 않으므로 이전 혹은 이
후 죽게 되는 배아들이라는 점을 가정한다. 이들 배아는 내재적으로
가치가 많은 체험을 만들 수도 있는 발전단계에 도달함이 없이 존재한
다. 많은 저자들은 그러한 배아들로 어떤 종류의 의학실험도 해서는
안 된다고 한다. 왜냐하면 이는 인간의 존엄을 거스르기 때문이다. 그
래서 예를 들어 뮐러(Müller)78)의 견해에 따르면, "인간이 실험대상이
된다는 것은, 근본적으로 도덕적으로 허용될 수 없다. 이미 독일에서
이런 예가 있었다. 인간의 존엄은 양도될 수 없다. 인간의 존엄은 모든
인간존재의 모든 경과에 타당하거나 혹은 더 이상 근본적이고 충족적
으로 타당하지 않거나이다. 그러나 이것은 우리가 우리 사회의 최고의

---

77) Heuermann/Kröger(1989). 배아연구의 복합적인 법률적 판단은 호이어만과 크
뢰거를 보라.
78) Müller(1988), 52.

선으로 받아들이는 마지막 인간권위일 것이다."

또한 윤리문제 설정에서 이 인간권위에 대한 호소가 얼마나 어려운지의 상황증거는 저자가 구체적인 관심의 훼손의 지시로 자신의 도덕적 원한(moralische Ressentiments, 복수심)을 엄밀하게 할 수 없다는데 있어 보인다. 예를 들어 이에 대하여 특징적인 것은 슈타우딩어(Staudinger)[79]의 논의이다. 그는 "이것은 인간권위를 거스르는 것이다"라는 말로서 모든 체외수정을 거부하였다. "나는 이 이의에서 희망이 없고 탈출구가 없는 위급한 상황을 안다. 나에게 '허용되지 않은'(non licet) 모든 논의는 나에게서 반박될 수 있다." 앞서 인용된 뮐러의 견해가 배아연구의 반대에 관련된 것은, 이미 제3 제국(히틀러 정권)에서 인간에 대한 의학실험이 수행되었다는 데 기인한다. 그러나 이것은 전혀 다른 경우이다. 사람들은 나치 의사들이 유대인, 집시, 그리고 다른 소수민족들에게 의학실험이라는 미명하에 행하였던 것을, 거기에 희생자의 인권이 훼손되었다는 단순히 가벼운 이의로서 저주하지 말아야 한다. 사람들은 좀더 구체적으로, 그 당시 희생자들이 범죄적으로 자신의 관심과 의지에 거슬러서 다쳤고 가공할 만한 고통이 있었다는 사실, 그들은 종종 절단되었고 죽임을 당하였다는 사실에 주목하여야 한다. 그러나 그들과 비교하여 배아들의 실험이 담론일 수는 없다. 임신의 발전초기단계의 배아들은 의지를 갖지 않고, 감정이나 고통도 갖지 못한다. 또한 그들은 실험을 통하여 그들의 내재적 가치를 갖는 삶에서 박탈되지 않는다. 왜냐하면 사람들은 죽었다고 성스럽게 차별된 그러한 배아들을 사용하기 때문이다. 슈타우딩어[80]는 배아

---

79) Staudinger(1987) Hansjürgen Staudinger, *Schöne neue Welt. Eine Polemik*, in: Marquard/Staudinger(1987), 35.

80) Staudinger(1985) Hansjuergen Staudinger, *Nichttherapeutische Genexperimente am Menschen sind unethisch — Statement zu den Vorträgen über Gentech-*

실험을 단순히 다음과 같이 저주하면서 이들의 결정적인 차이를 묵과하였다. "더 명쾌한 방식으로 강제수용소에서의 인체실험은 비난판정을 받아야 한다. 자유로운 의사소통을 할 수 없는 인간과의 모든 실험은 거부되어야 한다." 이것은 정신박약환자뿐만 아니라 자백을 한 포로에 대하여도 타당하다. 이 귀결은 또한 낙태된 태아, 또한 실험연구를 목적으로 시험관에서 양육하는 인간배아에 대하여서도 타당하다. 이 귀결이 옳음은 대략 다음의 추론의 유형에 대한 것이다. "한 인간을 바다로 던지는 것은 비도덕적이다. 이와 마찬가지로, 한 구의 시체를 바다에 던지는 것은 비도덕적이다."

모든 경우에 배아의 의학실험은 배아에 추가될 구체적 해악에 대한 지시를 통하여 권리가 박탈되지 말아야 한다. 그래서 또한 비른바허[81]가 문제시한 실험은, 그가 명명한 대로, 배아가 '개별인간권위'에 위배되지 않는 것이다. 그럼에도 그는 이런 실험은 '종으로서 인간권위'에 위배된다는 점을 가리켰다. 결정적으로 새로운 개념은 다음과 같은 윤곽을 갖는다.

"이러한 초개인적인 의미에서 인간권위의 훼손, 처신에 특징적인 것은 우리가 직접적으로 반응하는 본능적인 불쾌와 혐오의 반감이다. 우리는 개별성, 고통을 느낌, 사고능력이나 자기의식을 합리적 윤리를 통하여 보호하여야 할 권리의 기준으로 만들어 입안할 수는 없다. 우리의 도덕적 정서들이 합리적 윤리법칙 이외에 다른 법칙을 따르고 거기에 합리적 윤리가 나타나는 것은 다음에서이다. 일반적으로 양자의 경우에서 시체훼손이나 식인풍습(cannibalism, 동족끼리 서로 잡아먹는 것) 행위 등은 도덕적으로 거부된다. 양자의 경우가 결코 직접 어느 누구에게 해롭게 되지

nologie, in: Hans Lenk(Hrsg.), *Humane Experimente?* Gentechnologie und Pschologie, München, Fink/Paderborn, Schöningh, 67.

81) Birnbacher(1990a), 275.

않을지라도 그러한 실천은 우리의 개념의 경우, 인간이 인간의 본성으로 무엇을 어떻게 하는가의 의미에서 '자연에 거슬러' 있다."

여기서 비른바허는 합리주의 윤리학에 반하여 인간행위의 일정한 영역의 터부시를 옹호하는 것으로 보인다. 배아실험과 똑같이 시체훼손과 식인풍습은 도덕적으로 저주를 받는다. 왜냐하면 이들은 혐오와 반감을 불러일으키거나 우리의 도덕적 감정과 위배되기 때문이다. 명시적으로 그것들은 개별인간의 개별관심에 위배되지 않을지라도 도덕적으로 폐기된 것으로 표명되므로, 외적으로 아주 중요하고 주의 깊게 상세히 검토되어야 한다. 최종적으로 <어느 누구도 다치게 하지 말라>는 윤리학의 근본법칙의 타당성이 시금석에 놓여 있다.

첫째로 고려할 것은, 도덕적 감정의 측면에서 도덕적 행위의 속성이 어떤 논리적 사태로 나란히 연결되었는지이다. 인간이 일정한 행위에서 혐오로 반응한다는 사실은 이러한 실천의 도덕적 폐기성에 대한 첫 번째 이유일 수 있다. 그러나 그러한 경우에 도덕적 감정이 앞에 놓여있든 없든 독립적인 합리적 담론으로 행위의 탈도덕성의 근거를 주는 것이 규칙상 가능하다. 예를 들어 나치 정권의 그와 같은 가공할 행위들은 예전에나 지금에나 모든 인간을 혐오와 경악으로 몰아넣는다. 그러나 홀로코스트(Holocaust, 유대인 대량학살)는 인간이 정서적으로 그렇게 반응하기 때문에 비도덕적인 것이 아니라, 거꾸로 행위가 도덕적으로 혐오스럽기 때문에 비도덕적이다. 탈도덕성의 설명이나 근거주기는 요컨대 인간에게 첨가되었던 수백만의 연민에 대한 지시를 통하여 여기에 엄격하게 요구된 합리주의 윤리학의 원칙을 따라간다. 그러나 두 번째로 비도덕적 행동방식이 존재하는 것은, 이들이 도덕적, 종교적인 혹은 그밖의 인간의 감정에 상처를 주기 때문이다. 음부노출증, 신성모독, 인격모욕, 비하, 부당한 비판 등은 전형적인 보기일 것이다.

그럼에도 그러한 행동의 탈도덕성은 합리주의 윤리학으로 설명할 수 있다. 여기에 대변된 형식의 <어느 누구도 다치게 하지 말라>에 따라서 만약 이들이 다른 자에게 피해를 끼치면 도덕적으로 따질 필요가 있다. 여기에 피해개념은 신체적인 피해뿐만 아니라 심리적인 침해를 포함하는 것으로 이해될 수 있다. 만약, 이미 별도의 개인감정과 관련된 사람으로부터 상처를 입었다면 피해에 대하여 말할 수 있다.

이제 비른바허가 예로 든 식인풍습을 고찰하면, 먼저 (a) 먹을 목적으로 인간을 죽이는 것과, (b) 다른 방법으로 죽은 인간을 먹는 것 사이를 구분하여야 한다. (a) 형식은 자명하게도 아주 비도덕적이다. <어느 누구도 다치게 하지 말라>의 타당성에 대한 보기는 여기서 찾을 수 없다. 왜냐하면 자명한 잣대에서 도살은 죽임을 당한 자의 관심을 대규모로 거스르기 때문이다. 이에 반해 (b) 형식은 죽은 자의 관심에 위배되어 보이지는 않는다. 이 형식은 최소한, 모든 상황에서는 아니지만, 비도덕적인 것은 아니다. 몇 년 전에 비행기가 안데스에 추락한 사건에서, 생존자가 살아남기 위해 다른 인간의 시체를 먹은 일이 있었다. 이것은 생존을 위하여 시체를 먹은 사람들, 이 실화를 바탕으로 만들어진 영화를 본 사람들에게는 혐오스러운 것이고 구역질나는 것이고 자연에 위배되는 일이었을 것이다. 그러나 이것이 모든 경우에 비도덕적이라는 것은 아니다. 비도덕적인 것은, 비록 죽은 자의 관심이 훼손된 식인풍습의 형식은 아니었을지라도, 누군가 어떤 상황에서 죽은 인간의 고기가 절실하게 필요하지도 않은데 먹는 경우이다. 추측컨대 그러한 전도된 행위는 심리적 이상증세의 결과나 정신병, 동시에 식인풍습에 대한 결핍된 사려능력의 증거일 것이다. 그래서 그 경우에 도덕적 잘못에 대하여 더 말할 것이 없을 것이다. 그러나 그러한 전도된 것은 <어느 누구도 다치게 하지 말라>를 통하여 제재가 되지 않고, 도덕적으로도 따질 필요가 없는 것이 아니라는 것은 확실하다. 동일한 방식에서 직접 인육을 먹는 것은 이미 앞서 토론된 도살의 경우처럼, 죽은 자의 관심에 위배되는 것은 아니다. 추측컨대 신체훼손불가의 죽은 자의 만용적인 관심, 가족의 합당한 관심, 또한 그러나 전적으로 일반적으로 외적인 위급의 상황을 제외하고, 결코 함께 있는 인간의 고기는 먹지 않는다. 거기에는 모든 인간의 종교적 또는 미학적인 감정에 기인하는 관심이 상처를 입는다.[82]

　이러한 여론에 따라 배아연구의 문제로 돌아가자. 여기서 우리는 합리적인 토론의 지반을 떠날 필요는 없다. 그 대신 정확하게 그러한 실험이 실제적으로 많은 시민의 도덕적 감정을 다칠지, 혹 이것이 비른바허가 의미한 대로, 배아연구의 탈도덕성의 근거나 상황증거를 제시하는지를 검토하여야 한다. 비록 실험으로 어느 누구도 다치게 하지는 않았다고 추측할지라도, 사실적으로 확정하여야 하는 것은, 비른바허처럼 결코 모든 인간이 동일한 혐오와 반감으로 채워지지는 않는다. 아마도 워녹[83])의 입장을 그쪽으로 인정할 수 있을 것이다.

　　"인간 종의 속성을 갖고 있다는 것, 전적으로 다른 카테고리에서 연구목적으로 한 배아를 어떤 다른 배아나 성장한 생명체로서 보는 것, 인간적이고 또는 인간의 세포로 되어 있다는 사실 때문으로만, 두 세포의 배아는 완전히 성숙된 어떤 다른 종의 본질과는 달리 고찰된다. 인간적인

---

82) 비른바허의 두 번째 보기는 모든 경우가 팽팽하게 전개되는 곳에 시체훼손에 대한 유사한 분석을 내어놓는다. '시체훼손'의 한 형식은 예를 들어 이식기관의 절취이다. 이는 병든 환자의 동료시민을 도울 수 있고 그리고 그러므로 최소한 공리주의적인 근본명제에 따라서 도덕적으로 정당화될 수 있다. 참된 시체훼손은 거기에 반해 합리적인 도덕의 원칙을 통하여 비도덕적인 것으로 제외될 것이다. 왜냐하면 시체훼손은 그의 가족과 그리고 다른 동료시민의 죽은 자의 감정 또는 관심을 거스르기 때문이다.

83) Warnock(1990) Mary Warnock, *Haben menschliche Zellen Rechte?*, in: Leist (1990b), 226.

것에 대한 그러한 선호는 때로는 비합리적 혹은 전적으로 자의적인 것으로 나타내어질 수 있다. 많은 사람들에게는 그 선호도가 동일한 근거로 주어지지 못했고 인종주의(Rassismus)[84]나 성제일주의(Sexismus)[85]처럼 정당화되지 못했다. 그리고 또한 사람은 종제일주의(Speziesismus)[86]에 대하여 말한다. 우리 모두는 워녹 위원회 멤버에 반해, 만약 사람이 자신의 본래의 종이 다른 종에 대하여 선호되지 않는다면, 인종주의는 정당화를 필요로 한다는 입장을 말한다."

그럼에도 생기는 물음은, 고유한 종의 관심의 선호도가 어디까지 나아갈 수 있느냐 하는 것이다. 『실천윤리학』 3절에서 첫 번째로 '종제일주의'(Speziesismus)를 비난하였던 싱어는 이것은 확실히 도덕적으로 정당화된다고 여겼을 것이다. 워녹[87]이 언급한 하찮은 갈등으로, 개보다는 오히려 인간의 생명을 구원하는 것이 더 정당화된다. 이러한 선호는 신빙성 있는 가설을 통하여 인간의 삶이 규칙상 동물의 삶보다 더 많이 가치 있다는 것을 정당화하게 한다. 더 많은 것은 다음절 결론 부분에서 다루어진다. 나아가 고통을 느끼지 않는 인간배아실험보다 고통을 느끼는 동물과 실험을 하여야 한다는 결정에 광범위한 일치가 있다. 가까운 근거는 인간배아실험은 같은 인간의 감정을 다치게 한다는 것이고, 동시에 고등동물에 있어서 동류에 대한 실험은 결코 정서적으로 맞지 않는다는 것이다. 다음의 행동의 선택에서 의견은 서로 달라진다. 한 측면에서 최근의 동물실험에 의하면, 감각적 반응에

---

84) [역주] 인종 특성에 따른 인종주의 태도를 지칭하는 개념이다. 특정 종족에 속한 인물이나 집단에 대한 차별화에 이 개념이 사용된다.

85) [역주] 성에 따른 불이익, 억압, 차별화에 이 개념이 나타난다.

86) [역주] 영국 생물학자 라이더(Richard D. Ryder)가 사용한 동물해방과 동물권리운동에서 나온 개념이다. 종제일주의는 종에 따른 동물의 불평등을 두둔하지만, 반-종제일주의는 인간을 포함한 동물의 동등을 요구한다.

87) Warnock(1990), 227.

도 고통을 느끼지 않는 배아의 실험은 고통을 느끼는 동물에 대한 실험에서보다 더 많은 불쾌를 가져온다.[88] 다른 측면에서 록우드[89]와 더불어 옳게 여길 수 있는 것은, "의식을 갖고 있고 고통을 느낄 수 있는 동물, 성장한 동물을 실험에 이용하는 것은 더 나쁘다. 내가 생각하기에, 다른 종이라 하더라도, 모든 이성적인 입장으로부터 나아가 감정을 느끼는 동물보다는 미시적인 세포덩어리로 감정이 없는 원형질(Protoplasm)로 실험하는 것이 더 선호될 수 있다." 구체적 입장에서 어느 쪽이 더 올바른 것이냐 하는 것은 모든 종을 넘어서 비당파적인 입장에서만 결정될 수 있다. 오직 거의 신적인 본질만이, 개별인간의 감정의 훼손이 동물에게 부과되는 심리적 고통보다 무겁게 측정되는가를 가늠할 수 있다. 우리는 제한된 전망으로 단지 어떤 근거가 어느 한 쪽의 입장으로 하여금 인간배아실험을 정언적으로 거부하게 하는데 좋은지를 자세히 탐구할 수 있다.

한 측면에서 실험거부는 과학자의 입장에서 인간생명에 대한 배아연구의 탈인간화의 두려움에 기인할 수 있다.[90] 그럼에도 이러한 견해는 비판적 검토에서는 유지되지 않는다. 베일리스(Baylis)[91]가 주목한 대로 모든 경우에서 인정될 수 있는 것은, 가능한 방식으로 살 능력이 있는 배아를 죽이는 것이 성장한 인간의 생명경시 풍조를 조장할 것이라는 점이다. 그러나 20-22주 이상 살아날 잠재력이 없는 무생명의 배아를 가지고 살아 있는 인간에게 유익을 가져오는 연구가 어떻게 인간

---

88) Birnbacher(1990), 275.

89) Lockwood(1990), 251.

90) Kass(1985) Leon Kass, *Toward a More Natural Science, Biology and Human Affairs*, New York, The Free Press, 58.

91) Baylis(1990) Francoise E. Baylis, *The Ethics of ex utero Research on Spare 'Non-viable' IVF Human Embros*, in: *Bio ethics* 4, 321.

생명의 경외를 감소시키는지 좀처럼 상상하기 어렵다. 다른 측면에서 실험의 거부는 인간배아의 실험에 대한 감정적 거부로 귀결된다. 사람들은 일목요연한 인간배아실험의 목적과 범위에 대하여 명쾌하지 못하다. 아마도 이들은, 과학발전을 이루려면 일정한 인간배아의 실험은 필연적이라고 주장하는 의학자들을 불신한다. 우리는 특별히 인간배아의 신체의학에 대하여 더 많이 알아야 한다.92) 이들은 또한 일목요연한 연구들이 실제적으로 불임부부에게 유익함을 주고 모든 기형적인 유전병을 없애려는 노력을 한다는 사실을 의심한다.93) 확실히 이들은 에드워즈(Edwards) 박사의 낙관주의 의견에 동조하지 않는다. 워녹94)의 설명에 따르면 체외수정프로그램의 창시자의 한 사람인 에드워즈 박사는 현재 그리고 미래의 인간배아연구에서 무수히 많은 의학적 치료의 유익함을 희망한다.

필자는 철학자로서, 의학자들의 주장대로 문제적 연구가 그렇게 필연적이고 유익함을 가져오는지 판정할 능력이 없다. 모든 경우에 생기는 의혹이 있다. 인간배아실험에 반대하는 일반적인 견해는 사실적으로 근거가 주어지지 아니한 선입견의 표현이라는 것이다. 이것은 그럼에도 배아연구에 대하여 전체적으로 도덕적 의심이 없다는 것을 의미하지는 않는다. 종종 철학적 토론에서는 배아들은 하늘에서 떨어진 것이 아니라, 지금까지 담론이었던 실험의 일반성보다 더 많이 관련된 '양친'이나 '생산자'에서 생겼다는 하찮은 사실을 간과한다. 예를 들어 만약 한 여자가 무수한 배아출산을 인정하였다면, 이에 따라서 첫 번째 임신 이후에는 더 이상 배아를 만들어낼 준비나 처지에 있지 못한

---

92) Austin(1989) Colin R. Austin, *Human Embryos — The Debate on Assisted Reproduction*, Oxford, Oxford University Press, 111.
93) Warnock(1990), 222.
94) Warnock(1990), 223.

다. 만약 이 여자가 나중에 배아들을 자신의 '작은 아이'로 느끼거나 이해하여 이에 대해 깊이 생각한다면, 그녀는 의학자들의 배아실험을 인정하려 들지 않을 것이다. 그러한 견해는 그러한 여자의 입장이 전적으로 수미일관하게 결과에 맞지 않다고 하더라도, 철저히 존중되어야 한다. 왜냐하면 만약 한 어머니가 이전의 배아들을 자신의 '작은 아이'로 고찰한다면, 그녀는 무수한 난자의 동시 체외수정의 설치를 거부하거나 생겨난 모든 배아들을 세상으로 내보내겠다고 선언하는 한에서, 사멸로 판정된 무수히 많은 배아들의 생성을 방지할 수 있게 할 것이다. 만약 이에 반해 베일리스[95]의 말대로 "생식세포 제공자의 자의적인 승인에 기인하는 정보가 앞에 놓여 있다면, 부모에게는 앞선 피해가 의도적으로 첨가되지 않는다." 그리고 <어느 누구도 다치게 하지 말라>에 따라 무수히 많은 배아의 의학실험은 도덕적으로 따질 여지가 없다.

이러한 결론은, 의학실험의 대상인 체외수정에서 '탈락한' 생명력이 없는 배아들이 관건이라는 전제에 기인한다. 지금 최종적으로 논의할 것은, 배아보호법으로부터 금지된 연구목적을 위한 의도적인 인간배아의 출산이 도덕적으로 정당화될 수 있는지이다. 셰네-자이페르트[96]에 따르면, 배아연구의 금지는 최소한 우리 인간성의 성향이 위험하게 된다는 점으로 근거지을 수 있다. 이 논의만이 어째서 출생된 그리고 '잉여'배아들에 대한 연구에 차이가 존립하는지 설명할 수 있다. 요컨대, 모든 규칙에 있어서 논의된 대로 그렇게 사용되는 연구가 사실상 관련된 배아들을 '인격적으로 부당'하게 취급하면, 이들을 한 여자의 자궁에 이식할 수 있기까지 '잉여'배아들을 예외 없이 냉동시켜야 한다. 그

---

95) Baylis(1990), 321.
96) Schöne-Seifert(1990), 469.

러나 이러한 논의는 앞뒤가 맞지 않는다.

사실 '우리가' '어느 여자'의 모든 배아의 이식을 요구한다는 것은 어리석다. '어느 한 여자'에게 임의의 무수하게 많은 잉여배아들의 이식을 요구하는 것도 동일하게 어리석다. 그러한 여자에게 결코 어리석지 않은 요구가 있다. 체외수정 순환주기에서 그녀가 희망한 임신에서 동시에 많은 난자세포들의 성공기회가 높아졌다면, 그녀는 그렇게 출산된 모든 배아의 동시적 회귀를 인정하고 그러므로 복합임신의 위기에 동의하여야 한다. 이는 잉여배아 생성을 방지하기 위함이다. 이는 2장 7절의 통계에 근거한 것이다. 어째서 동시이식에서 개별배아에 피해나 인격적 부당이 추가되지 말아야 하는가! 그들의 그때마다의 생존확률은 체외수정 순환주기 당 한 난자세포만의 임신확률은 앞선 보수적 표준경과에 비하여 실제로 변치 않는다. 이에 반하여 후속이식에서는 비록 아주 작은 확률일지라도 먼저 동결 보존된 배아가 최종적으로 이식되지 않은 것이므로 모든 경우에 단지 극소의 것이지만 생존기회가 빼앗기는 상황에 빠진다. 정확하게 여기서 잉여배아의 부주의한 출산이나 계획된 출산을 '인격적 부당'으로 이해할 수 있을 것이다.

지금 자연적으로 제기할 수 있는 배아의 초기생존확률의 계산은 도덕적으로 무관하다. 예를 들어 철학문헌은 빈번하게 인간배아들은 한 번의 초기발전단계에 어떠한 도덕적 권리도 갖지 못한다고 주장한다. 왜냐하면 그들에게는 인격 또는 인간다운 결정적 특징이 결여되어 있기 때문이다. 배아의 도덕적 상태에 관한 중요하고 어려운 토론은 이 절의 수준을 넘어설 것이다. 그러므로 다음장에서 '낙태'라는 주제로 다룰 것이다. 이 순간 오직 확정될 수 있는 것은, 누군가 낙태가 일정한 발전단계까지 도덕적으로 정당화된다는 시한부해법을 옹호하는 자는, 잉여배아에 대한 강력한 몰사를 도덕적으로 따질 필요가 없다고 믿는다는 것이다. 이에 반해 누군가, 한 생명체를 죽이는 것 또는 죽게 내버려두는 것을 도덕적으로 삶의 상실로 규정한다면, 그에게 이식 이후에 기대되는 삶의 기회가 주어지는 잉여배아 생산은 도덕적으로 문제적으로 나타나는 한에서 온전한 것으로 취급한다. 요컨대 잉여배아 생산의 탈도덕성은 확실히 온전한 초기의 낙태보다 나쁘지 않다.[97]

9. 복 제

여기에서는 특별히 배아의 체외수정방법에 대하여 좀더 자세히 알아보자. 요나스[98]는 논쟁의 여지가 많이 있는 복제의 재생기술을 다음과 같이 이야기하였다.

"클로닝은 유성 이외에 많은 식물에서 발생하고 여기에서 유전적으로 동일하지 않은 줄기세포의 엄격한 복사를 만드는 무성세포(無性細胞)의 증식(增殖)형식이다. 이 형식은 적절한 조건이면 봉오리를 피우는 정상적 이중체세포의 핵능력을 갖추고 있다. 일반적으로 동물에서는 이러한 선택의 번식이 거부되어 있다. 예외로서 몇몇 낮은 등급의 동물은 특별한 단일한 유전자의 핵 생식세포를 통한 성적 증가에 한정되어 있다. 이들을 반으로 나눈 핵 염색체는 다른 성의 합당한 절반과 새로운 개체분열과정을 이끌기 위하여 전체 접합포자와 연합하여야 한다. 거기에 모든 나머지의 유기체의 세포는 개체의 유전적 동일성을 정의하는 염색체의 완전한

---

97) 비교 : Austin(1989), 112. Hoester(1995), 98. Harris(1989). 해리스는 어머니의 건강을 확실하게 하기 위하여 낙태가 허용되듯이 최소한의 잣대에서 배아연구도 오늘 혹은 미래의 개인의 건강을 확실시하기 위하여 허용된다고 주장한다. 많은 사람은 한편으로는 배아연구에서 그리고 다른 한편으로는 낙태에서 생긴 도덕적 오점을 제대로 보지 못하고 있다.
98) Jonas(1987) Hans Jonas, *Technik, Medizin und Ethik — Zur Praxis des Prinzips Verantwortung*, Frankfuert a. M., Insel, 179.

이중나선을 갖고 있다. 이 사실을 이용하여 실험실 방법이 발전한다. 이 실험실 방법에서 적절하게 선택된 신체세포는 '자신의 것'과 동일한 과정을 시작할 수 있게 된다. 이 과정에서 수정된 핵세포는 곧 정확히 모계나 부계의 유기체를 복사한다."

여기에 요약한 '핵세포의 이전방식'에서 이론적으로 임의의 체세포를 채취할 수 있다. 핵세포에 포함된 염색체는 본래의 유전형질에 핵이 제거된 난자로 이식된다. 실제 개구리, 쥐, 소 그리고 양의 실험은 전적으로 특별한 공여세포(Donorzellen), 요컨대 배아섬유질에서 빼낸 만능세포(totipotente)에서 성공하였다. 알브레히트(Albrecht)[99])에 따르면 성장한 동물의 체세포는 모든 규칙에서 체세포이식에 쓸모가 없다. 왜냐하면 더 진화된 동물의 유전자는 다음을 포함하기 때문이다.

"수정된 난자는 다른 완성된 유기체로 가는 길이 조작되는 일련의 스위치가 있다. 예를 들어 신장세포가 한 번 신경세포로 안착되면, 이들은 미래에도 여전히 신장섬유를 생산한다. 이것은 철회할 수 없고 또한 유의미하다. 왜냐하면 이러한 엄격한 차별화가 없이는 고도로 조직된 동물이 생겨날 수도 없고, 오랜 시간 동안 삶을 유지할 수도 없기 때문이다. 만능세포, 요컨대 전체의 유전자 프로그램을 전개하게 하는 능력은 단지 난자세포와 정자세포만 갖는다. 이들은 배아발전 동안에 모든 다른 세포들을 잃는다. 그리고 확실히 이들은 급격하게 이루어진다."

지금까지 예외는 오직 양서류에서만 관측되었다. 에서[100])에 의한 1960년대 후반의 실험에 따르면 어미 개구리의 피부세포로부터 핵세

---

99) Albrecht(1998a, 1998b) Joerg Albrecht, *Ist Dolly eine Ente?, Probieren geht über Studieren*, in: *Die Zeit*(15. Januar), 35 / (29. Januar), 38.

100) Eser(1997), *Klonierung beim Menschen*, Stellungnahme von A. Eser, W, 5.

포이식을 하면 성장한 개구리는 아니지만 올챙이를 만들어낼 수 있다는 것이다. 거기에 따라 유전자 재생산은 최소한 일정한 경계선상에 있는 양서류에서 가능하다. 포유동물에서 그러한 실험은 1980년대 중반에 이루어졌다. 그러나 여기에 공여세포는 항상 최초의 분배단계의 만능배아세포에서 생겨났다. 1981년 제네바의 분자생물학자 일멘세(K. Illmense)는 상대적으로 널리 번식된 쥐의 배아의 핵세포로부터 쥐들을 배양하였다고 주장하였다. 그럼에도 그의 실험의 과학적 정확성은 대단히 의심스럽다. 전문가들이 이의를 제기한 것은, 유명한 양 '돌리'가 사실대로 성장한 양의 딸세포로부터 배양되었는지, 혹은 알브레히트[101]가 의도적으로 관측하였던 대로, 윌머트(I. Wilmut)와 그의 동료들이 우연히 무차별적으로 줄기세포를 붙잡았는지이다. 항상 그랬듯이, 확실시된 인공상태의 복제는 배양 중이라는 인위적 상태이다. 모든 경우에 미국의 물리학자 시드(R. Seed)는 터무니없이 오만한 예언을 하였다.

"더 이상 그의 담보물을 내어놓지 않은 알려지지 않은 익살꾼이 있다. 그럼에도 지난주에 회색 수염을 단 그의 얼굴이 전 세계 TV 화면에 나타나고 신문에 떠돌았다. 69세의 연구자는 라디오 인터뷰에서 단도직입적으로 선언하였다. '저는 인간을 배양하고 싶습니다.' 사람은 도덕적 의심 때문에 그를 무신론자로 들볶지 않았다. 시드는 원칙적으로 윌머트 연구자가 지난해에 복제 양 돌리를 세상에 보내려고 하였던 기술을 인간에게 적용하려는 것이다."[102]

알브레히트[103]에 따라 보도가 허황되지 않았다면, 슬퍼하며 남은 유

---

101) Albrecht(1998), 35.
102) Siegele(1998) Ludwig Siegele, *Die Babyindustrie — Richard Seed will Menschen klonen*, in: *Die Zeit*(15. Januar), 34.

족들은 죽은 아버지가 다시 소생하는 것이 가능하지 않은지를 경박하게 조회하였을 것이다. 부유한 아랍인들은 언제 경주용 낙타의 복제가 적합한지를 알려고 원할 것이다. 그리고 자연히 마릴린 몬로, 아인슈타인 혹은 히틀러를 다시 재생시킬 생각이 들 수도 있을 것이다. 그러한 연구의 상태에 더 높게 발전된 동물배아의 가능성과 경계에 대한 신뢰할 만한 예언이 불가능할지라도, 모든 경우에 그러한 프랑켄슈타인 프로젝트는 공상과학영화 '쥐라기 공원'처럼 실제로 입증되지 않으리라고 확정하여도 좋다.104)

본질적으로 널리 퍼진 배아선택방법은 소위 배아분리에 있다. 시험관에서 수정된 난자세포는 초기 발전단계의 배아분리에서 미시병리학적으로 나누어지고 그렇게 인공적인 쌍둥이가 형성된다. 이 방식은 오래 전부터 동물의학에서 입증되어 1993년에 처음으로 인간배아에 적용되었다. 브로이티감(H. H. Bräutigam)105)의 한 보고에 따르면 홀(J. Hall)은 체외수정된 잉여난자세포를 시험관으로 가져갔다. 그리고 이들을 두 부분으로 나누었고, 이들을 보호피로 싸고 이에 배양액을 공급하였다. 두 세포가 32세포로 분열되었을 때 홀은 실험을 중단하였다. 그 단계에서 배아들은 정상방식으로 자궁으로 이식된다. 그럼에도 홀의 배아들은 생명이 없었다. 이것은 조지워싱턴대학 윤리위원회가 실험을 인정하였던 조건의 하나와도 같다. 홀 자신은 자신의 실험으로서

103) Albrecht(1998a, 1998b) Joerg Albrecht, *Ist Dolly eine Ente?, Probieren geht über Studieren*, in: *Die Zeit*(15. Januar), 35 / (29. Januar), 38.

104) Albrecht(1998a, 1998b)와 Solter(1989), 112. Jonas(1987), 186. 만약 그밖에 '우수한 유전자의 복사'라는 일에 몰린다면, 사람은 대부분 이런 인물들의 복사는 그들의 신체세포가 오랫동안 먼지에 뒤덮여 있기 때문에 불가능하다는 점을 간과한다.

105) Bräutigam(1995) Hans Harald Bräutigam, *Nachwuchs nach Mass*, in: *Zeit-Punkte*, 69.

윤리적 토론을 끌어들이려 하였고 확실히 이 목표에 도달하였다. 1993
년 10월 27일 『신오스나부르크 신문』에는 이런 기사가 실렸다.

"세계 도처에 인간배아의 첫 복제는 강렬한 비판에 부딪쳤다. 바티칸은
L'Osservatore Romano 신문에서 전도된 결정에 대하여 말하였고 배아복
제의 가능한 귀결을 '공포의 스토리'라고 불렀다. 프랑스의 수상 미테랑은
텔레비전에서 그러한 공포스러운 이야기는 한번도 생각할 수 없을 것이
라고 설명하였다. 이것은 그에게 공상과학소설을 생각나게 한다. 독일자
유민주당(FDP) 부총재 멘젤은 인간의 인공생산을 세계 도처에서 금지시
켜야 하는 '공포'의 비전이라고 불렀다."

다음으로 정치가, 의사, 과학자들이 1998년 초 시드가 위에서 발표
한 인용에 반응하였다. 『독일의사신문』은 연방 학술연구 장관 뤼트거
스(J. Rüttgers)를 통해 인간에 대한 유토피아적 '인간복제실험'을 다음
과 같이 비난하였다.

"인간을 배양하려는 미국 과학자 시드의 발표 뒤에는 윤리적으로 엉클
어진 정신이 있다. 장관은 인간복제는 자유로운 민주적 법질서의 기초에
대한 정면공격이라고 강조한다. 그는 미국 대통령 클린턴의 제안을 환영
하였다. 클린턴은 복제금지에 손을 들어주었다. 독일연방의사회의장 빌머
(K. Vilmar)는 리처드 시드의 계획을 광기와 왜곡화라고 표현하였다. 실
험광인 과학자가 인간권위에 반하여 자신의 자아중심적 성취가능성을 밀
고 나가는 일은 생기지 말아야 한다는 것이다. 그러므로 그는 복제에 대
한 국제적 금지를 요구하였다."[106]

---

106) Klinkhammer(1988) Gisela Klinkhammer, "Pervertirung der Natur", *Der
US-amerikanische Physiker Richard Seed, der menschliche Klone herstellen
will, stösst auf scharfe Kritik*[Leitartikel], in: *Deutsches Ärzteblatt* 95, H.
4(23. Januar 1998), A-127.

이 격분이 정당화된 것인지를 재고하기 위하여, 먼저 복제를 위한 가능한 근거들이 존재할 수 있는지를 알아야 한다. 지금까지 복제 옹호자의 공개적인 설명이 이루어지지 않았기 때문에, 광범위한 경계의 관측에 의존하여야 한다. 예를 들어 부분적으로 재미있고 부분적으로 진지한 의도로 생각될 수 있는 요나스(H. Jonas)의 목록[107]이 다음과 같이 나와 있다.

"① 종의 개선이나 삶을 즐겁게 해주기 위하여, 아주 예쁘고 유능한 사람의 복제

② 유전병의 위험을 피하기 위한 건강한 인간복제

③ 과학연구를 위한 헌신적인 주체의 대량연속양산

④ 불임부부에게 아이를 만들어주기

⑤ 누구나 자신의 선택에 따라 유명한 것이나 고가품을 복제하기, 자기에 맞는 유전자형으로 아기 만들어주기

⑥ 미래의 아동의 성 통제

⑦ 특수한 전쟁과 평화의 종사자들을 위한 동일한 주체의 팀의 생산

⑧ 유전정보가 동일한 쌍둥이에서 장기이식을 위한 예비장기가 필요하기까지, 모든 인물로부터 배아복제 생산물을 냉동시키기

⑨ 복제에 결점이 생기지 않게 하기, 러시아인과 중국인을 물리치기

⑩ 어떻게 그런 일이 생길지 새로운 흥미로운 자를 기다리기"

대부분의 근거들은 사회적 전망에서뿐만 아니라 개별적 희망의 전망에서 토론할 수 있다. 그렇게 사람은 ②와 관련하여 일정한 건강한 '인종'으로 양육할 수 있다면, 그것이 사회를 위하여 실제로 장기적으로 유용한지 고려할 수 있다. 혹은 유전병의 위험을 피하려고 희망하는 장점이, 류(類)의 가능한 단점으로 일어나 복제를 통한 양식이 근친

---

107) Jonas(1987), 185.

상간 결과를 낳지 않는지, 한 복제의 보호가 다른 복제의 아직 알려져 있지 않은 질병의 감염에 대한 저항력을 갖고 있는지 등이다. 그러한 물음은 이 연구의 선상을 넘어서 유전윤리학[108]의 문맥에서 충분한 토론을 요구한다.

대신 여기서 다시 한번 강조되는 것은, 위 목록의 많은 프로젝트는 과학의 발생시점의 상태에서 실현될 수 없을 것이다. 또한 아마 미래에도 단순한 유토피아로 남을 것이다. 그럼에도 윤리학자는 단지 가능한 행동에 대한 도덕성의 문제도 다루어야 한다. 먼저 첫 번째로 주의 깊게 주목되어야 하는 인간의 복제는, 배아분리를 통하여, 핵세포이식을 통하여 출생되어야 하는 개인 K 스스로에 관련할 뿐만 아니라, 또한 다른 인격에 관련된다. 요나스의 설명은 확실히 사람이 특별히 ①, ②, ③ 혹은 ⑦을 일종의 삼차원 복사기처럼 이용할 것을 시사한다. 단추를 누르고 임의적으로 희망하는 숫자의 개인을 복사하기 위하여, 현실에서는 항상 수많은 인간의 협조와 승인을 요구한다. 첫째, 한 인격 X는 난자를 '수용세포'로서 사용한다. 둘째, 인격 Y는 핵세포이식을 위하여 그의 '공여세포'에 유전질료를 양도한다. 셋째, 대리모 Z는 실험실에서 조작된 난자세포를 자궁에 품을 준비를 한다.[109]

이러한 지시는 동시에 사람이 복제의 도덕성을 판정하기 위하여 이성적인 전망을 받아들여야 함을 암시한다. 요컨대 첫 번째 상위경우에 중심물음이 세워진다. "복제는 누구를 해롭게 할 수 있는가? 그렇다면 개별적으로 재검사되어야 하는 것이 있다. 또는 프로젝트 ①-⑩ 어떤 것이 <어느 누구도 다치게 하지 말라>의 규칙을 훼손하는가를 검토해 보아야 한다. 거기에 따르면 복제는 인권을 거스르고, 요컨대 고유하

---

108) 비교 : Bayertz(1987) 그리고 Irrgang(1998).

109) 극단적인 경우, 만약 임신할 수 있는 여자가 복제된 후세를 배타적으로 그녀의 본래의 유전형질로 희망하고 배아를 갖는다면, X = Y = Z일 것이다.

고 개별적인 유전적 동일성을 갖는 인간의 기본권을 거스른다."110)

이러한 견해의 주인공은 상이한 방식에서 그러한 권리에 근거를 대려고 시도하였다. 복제에 대한 그의 견해를 신빙성 있게 하기 위하여, 예를 들어 하버마스는 '유전적 노예지배'라는 메타포를 찾아내었다. 한 복제의 설계자는 유사한 방식으로 아이의 유전설비를 이용한다. 이는 옛날에 주인이 노예의 삶을 소유하였던 것과 같다. 복제인간은 노예와 비슷하다. 그 스스로 져야 하는 책임의 일부를 다른 인격에 전가할 수 있는 한에서 그러하다.111) 그럼에도 이것은 모두의 논의와는 다른 한 논의라는 것이고, 또한 동시에 하버마스112) 스스로가 인정하는 대로 부적절한 메타포일 뿐이다. 만약 책임의 전가가 단지 복제의 나쁜 유전설비와 설계자의 특성에 힘입는다는 데서만 근거되어야 한다면, 동일한 방식으로 정상적으로 출생한 아이는 누구나 그의 행동에 대한 책임을 생물학적 부모에 전가할 수 있다.

둘째로 하버마스113)는 인간의 복제는 자유롭고 동일한 법적 인격의 쌍방관계의 근본적 대칭에서 간섭하게 할 것을 타당하게 여겼다. 그럼에도 여기에서 하버마스는 두 방식의 관계를 서로 뒤섞은 것으로 보인다. 부모-아이 관계는 자연으로부터 비대칭적이다. 성교를 통하든 체외수정을 통하든, 혹은 복제를 통하여 아이가 생겼는지는 상관이 없다. 이에 반해 그밖의 규칙상 다 큰 성인 사이의 대칭적인 관계에서 도무

---

110) Klinkhammer(1998). 클링크함머가 인용한 연방의사협회 빌마(Vilmar) 의장의 말이다.

111) Habermas(1998a) Juergen Habermas, *Artikel in de Süddeutschen Zeitung*, Zit. nach, *Der Tagesspiegel*(28. Januar), 32.

112) Habermas(1998b, 1998c) Juergen Habermas, *Biologie kennt keine Moral — Eine Replik auf Dieter E. Zimmer/Zwischen Dasein und Design — Eine Antwort auf Reinhard Merkel*, in: *Die Zeit*(19. Februar / 12. März).

113) Habermas(1998b).

지 이해할 수 없는 것이 있다. 어째서 복제를 통하여 생겨난 인간이 정상으로 출생한 자와 같이 자유롭고 동일한 법적 인격상태를 갖지 않는지는 인정할 수 없다. 최종적으로 오늘날 정상인간과 일란성쌍둥이 사이에는 아무런 차이가 없다. 생물학적으로 고찰하자면, 이들은 자연적 방식에서 생겨난 복제인간 이외에 다른 것이 아니다!114)

에서115)는 다음과 같이 칸트적 근본사고에 정초된 셋째 견해를 강력하게 정식화하였다.

"요컨대 인간복제에서 문제가 되는 것은 한 인간의 유전자와 그의 유전자의 일치가 아니라 도구화이다. (a) 한 인간이 목적에 대한 수단으로서 그 자신이 아닌 자를 출산하고, 이 목적을 위하여 다른 인간에게 유전적 동등성(genetische Gleichheit)을 강요한다. (b) 한 인간을 제3자 목적에 종속시키기 위하여, 그의 유전적 동일성(genetische Identitaet)을 조작하는 것은 의심할 것 없이 도구화이다. 이 도구화는 인격의 핵심을 건드린다. 그러므로 이는 인권의 술어로서 보호된 자기목적성을 거스른다. (c) 복제된 쌍둥이로 생산된 아이는, 그의 유전자가 갖는 인간의 삶을 반복하기 위한 기대를 가질 것이다. 그는 앞서 살아갔던 삶을 살아가야 할 것이고,

---

114) 이것은 생물학자 짐머(Zimmer)가 1998년 그의 하버마스에 대한 반박에서 권리로서 강조한다. 뒤이어 그는 그럼에도 배아의 분쇄에 대한 다음의 유지될 수 없는 이의를 제기한다. "자연은 단지 복제인간을 만든다. 거기서 일란성의, 유전적으로 동일한 쌍둥이가 생겨난다. 그러나 그들의 비율은 낮게 나타나서 (0.35%), 그에게는 복제 금지는 진지하게 되고, 더 이상 감당할 수 없는 것으로 보인다. 따라서 만약 인간이 복제인간을 만들기 시작한다면, 그들은 그들의 존재를 감사하여야 하는 원칙에 거슬러 가게 된다. 그러므로 복제는 허용되지 말아야 한다." 이것은 우리가 이 책에서 여러 번 보았던 '자연주의적 오류'의 더 나아간 보기이다. 이것 그리고 저것을 행하는 것은 자연을 거스르는 비자연적이라는 점에서 결코 이것 그리고 저것을 행하는 것이 또한 비도덕적일 것이라는 것이 귀결되지 않는다.

115) Eser(1997), 8.

이는 타자와의 유전적 동일성의 일치 때문이지 그 자신의 '이질'의 동일
성 때문에 받아들여져야 하는 것은 아니다. 유전자의 이중화는 개별인격
과 거기서 귀결되는 권리의 권위의 거스름을 위하여 만든 제3자 목적과
결합된다. (d) 이 결합은 목표를 갖고 복제된 인간에서 누구나 그의 고유
하고 유전적으로 예기치 못한 동일성의 타자를 존경하게 되는 초보적 가
능성을 빼앗는다."

이러한 미궁의 이의에 올바로 설정될 것이 있다. (a) 정상적인 성적
재생산에서도 아이 또는 인간은 자기 스스로가 아닌 목적에 봉사하는
수단으로 낳는다. 만약 부모가 의식적으로 후세를 계획한다면, 그의
'목적'은 한 아이를 가지려 하는 데 있다. 그러나 이러한 '목적'은 결코
아이와 동일하지 않다. (b) 만약 이미 존재하는 본질의 유전자가 제3
자 목적의 관심을 거스르는 조작된 간섭이 문제라면, 도덕적으로 폐기
될 도구화 이야기가 나올 수 있다. 그러나 복제인간에서는 다량의 유
전조작을 통하여 곧장 먼저 새로운 개체가 출현한다. (c) 복제가 근본
적으로 '부모'의 기대를 통하여 동기가 부여될 수 있는지, 복제인간이
'그의 유전자를 가진 앞서 살았던 삶'을 반복할지, 결코 확정된 것은
없다. 또한 정상적인 개체성 증가에서 부모의 가능한 희망과 기대는
출생에 도덕성의 문제를 갖지 않는다.[116] (d) 확실한 것은, 우리가 한

---

116) 잘 알려진 대로 일정한 문화의 범위에서는 부모 특히 아버지는 종종 남성의
   후세를 얻고자 희망한다. 이것은 여자아이는 '이류계급'으로 여겨지고 그에 합
   당하게 나쁘게 취급되는 것(낙태되거나 혹은 태어난 이후에 살해되는 것)으로
   나타난다. 그러한 입장의 폐기성은 그러나 결코 출생 스스로 비도덕적일 것이
   라는 것을 함축하지 않는다. 나머지로 인정될 수 있는 것은, 클론은 때로는
   도덕적으로 심사숙고될 기대들을 통하여 동기화될 수 있다는 점이다. 아마도
   사람들은 하버마스(1998c)와 함께 "본래의 유전설비에서 자기 영웅화와 자기
   애를 이루려는 유전 생산자의 도덕적 외설"에 대하여 말할 수 있다. 그럼에도
   그러한 입장은 또한 개성의 차원에서 그의 고유한 유전자를 출산하기를 애쓰

인격 P에게 표하는 존경은, P가 유전적으로 유일하다는 사실에 기인하지 않는다. 첫째로 사람은 번식의 생물학적 메커니즘이 발견되기 전에, 오랫동안 표준규범으로 인간의 존엄을 인정한다. 둘째로, 일란성 쌍둥이에게 유전적 일회성의 결핍 때문에 인간의 존엄을 박탈하는 것은 불합리하다. 셋째로, 종종 인격이 그의 유전자보다 많다는 것은 충분하게 강조될 수 없다. 복제인간의 유전적 동일성[117]은 사회, 문화 그리고 사회화에 대한 커다란 영향의 안목과 관련하여 결코 동일한 인격성을 함축하지 않는다. 그러므로 사람은 키처(Kitcher)[118]와 더불어 누구에게나 오직 한번만 유전적 동일성이 있다고 정언명법으로 주장할 수 있다. 사람은 사람을 복사할 수 없다. 복제로 만들어진 아이는 다른 환경에서 그의 부모로부터 강요되어 성장하기 때문에, 그가 동일한 유전자를 가져야 한다고 할지라도 그는 그들로부터 구분된다.

복제에 거스르는 최종의 근본적 이의는 우생학의 전망에 관련된다. 우리가 예를 들어 한 레즈비언 '부모'의 커플을 고찰한다면, 이 커플은 불임 때문에 복제에서 도피처를 찾는다. 아마도 '부모'의 한 쪽의 유전적 결합과 같이 희망 리스트에 지성, 미모, 건강, 성별이 있을 것이다. 그러한 '사육' 실험의 도덕적 정당성은 광범위한 이질적 체외수정의 유비추론의 덫으로 판정할 수 있다. 여기에는 단지 정자기증자의 관심에

는 많은 파사(Pascha: 터키 문무고관 이름 앞의 칭호, 사령관)에서 비판될 수 있다.

117) Eser(1997), 5. 엄밀한 의미에서 세포이전의 유토피아적 방법은 유전적인 동일한 인격으로 이끌지 않을 것이다. 에서가 실행한 대로, 그러한 클론은 철저히 상이한 "유전적 선조, 증여-핵세포 그리고 세포질이 유래하는 두 번째 선조를 갖는다. 세포질은 확실히 그의 본래의 세포핵에서 제거된 것이다. 그는 그러나 그의 세포 내부에 여전히 항상 스스로 작은 유전자를 포함하는 한 세포기관의 여러 범례를 포함한다."

118) Kitcher(1998), 34.

염색체기증자의 관심이 나타나고 있다. 상세한 점에 대해서는 앞의 2장 7절을 보면 명백히 알 수 있을 것이다. 단지 범례적으로 위에서 말한 '부모'의 희망은 출생되는 아이의 관심에 거스르지 않게 정해진다는 점을 추가적으로 주목할 수 있다. 렌첸[119]은 다음으로 확답을 한다.

"(A1) 출생되는 인간 K의 전망에서는 복제를 엄격하게 따져야 할 도덕적 이의는 없다. K가 나중에 일정한 불이익과 따돌림을 경험해야 한다 할지라도, 이것은 모든 규칙에서 결코 K를 위하여 더 나을 것이다. 전적으로 복제로 태어나는 것이 태어나지 않는 것보다 좋았을 것이라는 데 더 무거운 비중을 둘 수 없다.

(A2) 나머지 관련된 자의 전망으로부터, 특별히 난자세포의 여자 기증자와 대리모는, 원초적으로 복제에 대하여 반대하여 말할 것이 아무것도 없다. 그들은 요컨대 의학방식을 통하여 계몽되고 이들은 합의로 그것을 이해하였다.

(A3) 복제와 결합된 현실의 도덕적 문제들은 유일하게 그렇게 출생된 생명체 또는 환경과 관계된다. 예를 들어 의학연구를 위하여, 또는 장기기증이나 세포기증을 위한 장기 '은행'에서 복제된 배아들의 남용은 도덕적으로 폐기되어야 한다."

유감이지만 마지막에서 많은 전문가들이 근본적으로 충분하게 고려하지 않은 결정적인 물음이 있다. 복제는 누구에게 피해를 끼칠 수 있는가? 이것은 약간은 충격적으로 보인다. 최근 과학자, 의사, 그리고 철학자들이 진지하게 고려하였던 것으로, 요나스[120]의 의미에서 유전자가 동일한 쌍둥이 이식을 위한 예비기관으로 복제아기를 출생할 수

---

119) Lenzen(1998) Wolfgang Lenzen, *Wem könnte Klonen schaden?*, in: J. Nida-Rümelin(Hrsg.), *Proceedings of the International Congress on Rationality, Realism*, Revision, Berlin, de Gruyter.

120) Jonas(1987), 185.

있느냐는 것이다. 그래서 홀은 1993년 첫 번째로 인간에서 배아분리를 수행하였다. 그 방법은 다음의 적용을 눈앞에 두었다.

"쌍둥이가 죽는 경우를 대비하여, 동일한 배아를 '백업복사'로 냉동실에 보존할 수 있을 것이다. 복사는 테스트모델로서 유전적 결점에서 검토될 수 있다. 그밖에 복사는 부속품 저장소로서 나중의 장기교환을 위하여 사용될 수 있을 것이다."121)

이전 배아는 해부학적 근거에서 결코 이식될 만한 장기기증자가 될 수 없었다. 그렇기 때문에 일차적으로 복제한 배아들은 출생되고, '유전자은행'에서 이용되고, 죽임을 당하는 것 현실이 될 수 있다. 약간 덜 극적인 것은 키처122)가 철저히 '이를 폐기될 수 없는 것'으로 생각하는 다음의 시나리오에서 나온다. "만약 한 가족의 외아들이 신장이식을 필요로 하나, 부모도 친척도 신장을 줄 수 없는 경우를 생각해보자. 그러한 경우에 복제 형제는 삶의 구원자가 될 수 있다." 이에 따르면, 예컨대 단지 신장 때문에 태어나고, 태어난 이후에도 부자유스러운 장기기증자로서 봉사하여야 하는 한 아이가 출생한다. 이러한 선행과정의 도덕적 기각은 출생이나 복제에 놓여 있는 것이 아니다. 즉 이미 2장 6절에 설정한 대로 거기에서, 만약 '장기도둑질'이 쌍둥이 형제의 관심에서 일어난다면, <어느 누구도 다치게 하지 말라>의 원칙의 과중한 침해를 제시하게 될 것이다.

홀의 눈에 포착된 복제된 배아사용 목적과 결부된 의학적으로 설명되지 않은 세부사항을 도외시한다면,123) 사람은 모든 경우에 다음의

---

121) Bräutigam(1995), 69.
122) Kitcher(1998), 34.
123) McCullagh(1987)와 Harris(1995), 170. 클론의 전망을 포괄한 배아 섬유질의 사용에 대한 세세한 의학적인 가능성에 대하여서는 맥쿨라와 하리스를 참조

잣대에서 도덕적 측면을 판단하여야 한다. 항상 이전의 실천화된 인간 배아의 출생은, 만약 이 배아 스스로가 오직 고유한 삶의 기회를 얻는다면 윤리적으로 허용된다. 그에게는 '백업복사'의 '테스트모델'이나 '보충장소'로나 어떤 다른 목적의 수단으로 제작된다는 것은, 도덕적으로 허용되지 않는 장기절단이나 전적으로 인간생명체를 죽이는 것과 같을 것이다. 그러므로 슈반쯔의 견해는 완전히 옳다. 그는 1993년 10월 27일 『신오스나부르크 신문』과의 인터뷰에서 유전자은행에서 인간 개체의 남용은 폐기되어야 하고 믿을 수 없는 일이라고 개탄하였다. 또한 에클과 로빈슨(Eccles/Robinson)[124]은 모든 복제된 본질에는 전통적으로 출생한 인간이 정상적 방식으로 즐기는 것과 동일한 도덕적 지위가 인정될 수 있다고 옹호발언을 하였다. "부모는 아이들을 낳았기 때문에만 있을, 아이들의 신장이나 심장에 대한 권리가 없다."

이 연관에서 짧게 링케(Linke)[125]가 기술한 방식에 전념할 필요가 있다. 이 방식에서 마르부스 파킨슨병에 시달리는 환자들은 낙태된 배아나 체외수정에서 생겨난 잉여배아로부터 추출된 인간 두뇌세포 주사를 맞는다. 이것은 만약 배아나 태아가 결코 생존가능성이 없었다면 정당화될 수 있다. 아마도 의도적 눈으로 포착한 의도적 배아출산에서 이들을 단지 다른 인간을 위한 두뇌세포의 생산자로 이용하는 것은, 도덕적으로 엄격하게 거부되어야 한다. 이것을 상호변경하면(mutatis mutandis) 솔터(Solter)[126]가 기술한 복제에 대한 다음의 '인간 의학적

하라.

124) Eccles/Robinson(1991) John C. Eccles/Dan iel N. Robinson, *Das Wunder des Menschenseins — Gehirn und Geist*, München, Zürich, Pieper, 76.

125) Linke(1996) Detlef B. Linke, *Hirnverpflanzung — Die erste Unsterblichkeit auf Erden*, Hamburg, Rowohlt, 24.

126) Solter(1998) David Solter, *An Dolley gibt es keinen Zweifel*, in: *Die Zeit* (29, Januar), 38.

관심'이 타당하다.

　"만약 예를 들어 한 인간에게 혈액암이 있고 피를 생성하는 세포를 갖는 새로운 골수를 필요로 한다면, 즉 혈액생성의 줄기세포를 필요로 한다면, 클론은 도울 수 있을 것이다. 이때는 새로운 인간을 성장하게 하지 말아야 한다. 왜냐하면 초기 배아에서 배아의 줄기세포가 얻어질 수 있기 때문이다. 원칙적으로는 초기의 아주 작은 배아에서 온전한 인간과 환자의 복제인간을 성장하게 할 수 있을 것이다. 그래서 장기가 생성되기 오래 전에 원하는 줄기세포만 형성하게 하는 발전을 이끌 수 있을 것이다."

　뒤이어 솔터는, 이 줄기세포 생산은 철학적·윤리적 문제에 분규를 일으킨다는 점을 확실히 인정하였다. "사람들은 이 온전한 본질의 성장을 금지시키고 오직 거기서 부분만을 얻는다." 그럼에도 그는 이것이 도덕적으로 대변될 수 있다고 보았다. 그의 입장에 따르면, "초기 배아들은 전적으로 어떤 장기, 조직배양이나 혈액보관과 구분되지 않기 때문이다." "실제로 모든 살아 있는 성장한 조직의 복제를 통하여 다시 충분한 생명체를 얻는다면, 배아나 조직배양은 원칙적으로 구분되지 않는다."

　사실적으로 복제에 대한 전망은 잠재적 생명체와 단순한 세포덩어리 사이의 경계를 허물어뜨리는 유혹을 한다. 그러나 철학자는 이 까다로운 회색 경계지대에 위급시에 거친 흑백논의를 조용히 탐색하여야 한다. 이런 의미에서 확정적인 것은, 한 배아는 '정상방식에서' 생명이 커가고 유의미한 방식의 선호도로 귀속될 수 있는 생명체라는 점이다. 이에 반해 개별신체나 난자세포는 그들의 본성으로서 결코 그러한 생명을 갖지 못하므로 또한 도덕적 고려의 대상일 수 없다. 단순한 조직과 배아 사이의 도덕적 차이에 대한 더 나아간 토론은 다음장에서 낙태와 연관하여 다룰 것이다.

제 3 장
죽 음

1. 자 살

자살(自殺)에 대한 일반적인 이의는 행위가 전적으로 그 명칭에 근거해서 판정된다는 것이다. 자살은 살인(殺人)이다. 혹은 아우구스티누스(Augustin)의 말을 따르자면, "누군가 한 인간을 죽이면, 그는 자신(自身)과 타자(他者)에 연루된 살인범죄를 저지른다."[1] 이것은 다음과 같이 형식적으로 추론할 수 있다. ① 스스로를 죽이는 자는 한 인간을 죽이는 것이다. ② 한 인간을 죽이는 것은 비도덕적이다. ③ 그러므로 스스로를 죽이는 것은 비도덕적이다. 그러나 두 번째 전제를 내용적으로 고찰하자면, 죽지 않으려는 한 인간을 죽이는 것은 비도덕적이다. 그러므로 논리적으로 올바르게 결론 ③을 유지하기 위해서, 전제 ①은 다음과 같이 한정되어야 한다. ①-1 누군가 자기 자신을 죽이는 자는 죽고 싶지 않는 한 인간을 죽이는 것이다. 이것은 현실적인 살인과는 다르다. 그럼에도 이것은 모든 규칙에서 자살은 아니다. 자살자는 요컨대, 더 이상 오래 살고 싶지 않을 뿐만 아니라 죽고 싶은 사람이다. 요컨대 윤리적으로 고찰하자면 자살(Selbstmord)은 결코 살인

---

1) 아우구스티누스, 『신국』, 1권 21절. 필자는 여기와 아래에 사용된 인용에 대하여 비른바허에 감사한다. 그의 조심스러운 연구(1990b)는 자살에 대한 '고전적', 철학적 논의를 위한 풍부한 원천을 포함한다. 자살의 거부에 대한 전통적, 기독교적 비판에 대하여서는 또한 예를 들어 토마스 아퀴나스를 통한 찰스워스(Charlesworth, 1997, 39)를 비교하라.

(Mord)과 동일한 것이 아님에도, 좋게 말해서 자기 스스로(Selbst)에 대한 '살인'(Mord)으로 나타낼 수 있다. 그럼에도 필자는 '자살'(Suizid)과 '자기죽임'(Selbsttötung)이라는 표현 대신에 '자살'(Selbstmord)이라는 단어를 사용할 것이다.

본격적으로 토론하기 전에 먼저 자살논의에 대한 약간의 윤리적 연관을 살펴보아야 한다. 만약 누군가 스스로 삶을 거둔다면 그는 합당한 근거를 갖거나 그렇지 않을 수 있다. 누군가 자살에 대한 합당한 근거가 있다는 것은, 자살행위가 본래의 참으로 그럴싸하게 잘 준비된 그의 관심이라고 이해할 수 있다. 죽음은 자살자의 주관적 평가에 따를 뿐만 아니라, 객관적으로 고찰해서 삶의 연장에서 양자택일을 하는 것이다. 혹은 쇼펜하우어[2]의 말대로 죽음은 "삶의 경악이 죽음의 경악을 능가하는 것"이다. 그렇게 근거가 지어진 자살은 드물지만 아주 없는 것은 아니다. 그럼에도 최소한 이론적으로 자살이 가능하다는 점은 토론해야 한다. 나는 합당한 이유가 없는 자기죽임을 바보 같은 짓이라고 하겠다. 전형적인 예는 애정문제나 학교문제 때문에 일어나는 청소년의 자살이다.

만약 누군가 스스로 삶을 거둔다면, 이것은 타자관심을 부정적으로 집중시킬 수도 있고 그렇지 않을 수도 있다. 요약하자면 타자는 그때마다의 자살이 전체적으로 긍정적이거나 부정적인 타자공리를 갖는 편에 서 있다. 부정적이지 않은 타자공리의 자살은 다음의 경우에 해로울 것이 없다. 이에는 이타적인 동기를 갖는 영웅적인 자살이 속한다. 이는 누군가가 자신의 삶을 타자의 관심에서 희생하는 것이다. 이와 같은 것은 그의 죽음에 대하여 많은 자들이 즐거워하나, 어느 누구도 슬퍼하지 않는 염세주의자의 자살과 같다. 또한 해로울 것이 없는 것

---

2) 쇼펜하우어, 『자살에 대하여』(*Über den Selbstmord*), 270.

은 은둔자의 자살이다. 그런 죽음은 어느 누구의 타인에게도 관심을 불러일으키지 않는다. 이러한 모든 경우는 21세기 실제 삶의 모습에서 드물게 나타나며, 아마도 소설에서만 나타날 것이다. 대부분의 경우에 자살은 타인의 관심에 위배된다. 왜냐하면 자살의 결과는 물질적 피해에만 제한되는 것이 아니라, 슬픔, 고통 그리고 가족과 친구의 자기비난과 같은 심리적인 요소가 관련되기 때문이다. 해롭지 않은 자살은 단지 해로운 것이라고 말할 수 있다.

자살의 유형은 네 가지로 나누어 탐구할 수 있다. (1) 이유 있는 무해한 자살, (2) 바보같이 어리석고 무해한[3] 자살, (3) 이유는 있으나 유해한 자살, (4) 어리석고 유해한 자살. 먼저 (1)부터 살펴보겠다. '삶의 경악이 죽음의 경악을 넘어선다'는 것 때문에, 어떤 사람은 스스로를 죽인다. 이에 스스로를 죽이는 자는 다른 누구에게도 해를 끼치지 않는다. 그러면 이때 무엇이 비도덕적일 수 있는가? 칸트[4]는 다음과 같은 약간 장황한 견해를 표명하였다.

"희망이 없이 살아 온 어떤 사람은 일련의 악을 통하여 삶에 혐오를

---

3) 사람들은 여기서 '바보'라는 것이 일상생활에서 어떤 다른 것을 의미한다는 점을 주목한다. 영웅적 자살은 정상의 방식으로 바보짓의 등급이 매겨지는 것이 아니라, 고귀하고 덕스러운 행위로 여겨지며, 이 행위를 위하여 자살자는 요컨대 최상의 도덕적 근거를 갖는다. 이러한 근거에서 자살행위는 그럼에도 '바보짓'인데, 최소한 원초적 사실로서 자살자를 위해서 죽음은 삶보다 더 '나은' 차선책을 제시하지 않는 것이기 때문이다. 본래적으로 자살자는 살 만한 가치가 있는 삶을 가질 것이다. 두 번째 사실로서 사람은 자살자가 타자를 위하여 희생하려는 사실을, 행위자를 위한 자살의 '공리'의 중재에서 끌어당길 수 있을 것이다. 그리고 만약 이 '희망'의 채움이 그에게 삶을 청하는 친구보다 더 중요할 것이라면, 그러면 최종적으로 영웅적인 희생은 자신의 본래적인 관심에 놓일 것이다.

4) 칸트,『도덕형이상학기초』BA 54.

느끼고 있다. 그는 이런 상태에서 이성을 계속 지탱하면서 자신의 삶을 거두는 것이 스스로에 위배되며 또한 어떤 의무에 위배되지나 않는지 자문할 수 있다. 지금 그는 자신의 행동의 격률이 좋게는 일반적 자연법칙일 수 있는지를 따지려 한다. 그러나 만약 그의 삶의 긴 기간 동안 좋은 존재이유를 약속하기보다는 더 많은 악으로 위협당한다면, 그의 격률은 자기애(自己愛)의 이유에서 삶의 기간을 단축시키는 것을 원칙(Prinzip)으로 만든다. 이때 나올 수 있는 물음은 이 자기애의 원칙이 일반적인 자연법칙(allgemeines Naturgesetz)이 될 수 있는지이다. 사람들은 거기에서 곧 그의 법칙일 수 있는 자연이 그의 규정일 수 있는 동일한 지각으로 삶을 촉진시키기 위하여 생명 자체를 파괴하는 것을 본다. 이 규정에 스스로 반하고 자연으로 또한 존립하지 못하는 저 격률은 일반적인 자연법칙으로 되는 것이 불가능할 것이고, 따라서 모든 의무의 최상의 원칙이 전적으로 반박된다."

불행한 인간은 연대기적으로 진화과정에서 두 종류로 발전하였다는 것을 가정할 수 있다. '칸트주의자'는 불행한 삶의 질을 차치하고서라도 그때마다의 삶을 자기애의 근거에서 단축시키려는 것은 금지된 것으로 생각한다. 이에 반해 '에고이스트'(Egoist)는 그들이 강하게 고통받기 시작하자마자 자연적 성향을 따라서 스스로를 죽인다. 이것은 높은 확률로서 에고이스트는 최단 시간에 지구로부터 사라졌음을 의미한다. 이런 의미에서 사람들은 종(種)은 그의 원칙일 수 있고 스스로의 삶을 파괴하기 위하여 스스로를 반박하고, 요컨대 자연 또는 종으로 존립하지 않는다는 칸트의 주장을 인정할 수 있다. 그러나 인간은 연대기적으로 한 번은 불행했던 자들이 아니라, 정상적인 경우 철저히 삶을 의지하는 피조물이다. 그러므로 호모사피엔스(homo sapiens) 종에서는, 만약 '삶이 편함을 약속하기보다는 그 긴 기간 동안 삶이 더 많은 악으로 위협당한다면', 칸트 말대로 인간은 제한적으로 스스로를 죽이는 원칙과 모순을 일으키지 않는다. 다른 측면에서는 그러한 사변적 관찰이 자연법칙의 가능성이나 불가능성과 관련하여, 어째서 도덕과 관련이 있는지 눈 여겨 인정하기 어렵다. 예를 들어 '에고이스트'의 사멸이 공룡의 사멸과 왜 윤리적으로 다르게 평가되어야 하는가? 마지막으로 모든 개인은 단지 그러한 생존에는 쓸모 없는 속성으로 갖추어진 자신의 고유한 본질을 쫓는다. '칸트주의자'의 번식방식은 그의 인류의 보존법칙의 공손한 의무에서 그의 후손에게 살 만한 가치가 있는 현생의 기한을 달라고 청하는 것이다.

유형 (2)의 자살은 무해하고 바보 같은 짓이다. 그의 정력소모로 어느 누구에게도 물질적 혹은 심리적 해악을 끼칠 수 없는 누군가는 스스로를 죽일 수도 있을 것이다. 그는 자신의 삶이 더 이상 살 가치가 없고 무의미하다고 믿는다. 그러나 충분한 인생체험을 갖고 개별경우에 상세하게 정통해 있는 외부인의 시각에서 보자면, 현실의 그에게는 본래적으로 가득 찬 행복을 가져다주는 미래가 열려 있다. 이런 의미에서 자살자는 스스로를 해롭게 한다. 그의 행위는 다시는 되돌릴 수 없는 운명적인 바보짓이다. 그러나 삶이 그처럼 해로울 것이 없는 바보짓인 한에서, 행위를 통하여 어느 누구에게도 피해가 없을 것이라는 결정적 전제가 충족되는 한에서, 이 행위는 도덕적으로 이유가 있는 해로울 것이 없는 자살과 마찬가지로 따질 필요가 없다. 이 칸트의 입장은 자살을 금지할 뿐만 아니라, 스스로를 절단하거나 부패하게 만들고 게다가 '더 큰 완전성으로 가는 자신의 재능을 업신여기게 하는 것'[5] 또한 비도덕적이어야 하는 필연적 의무의 가정에 기인한다. 그럼

---

5) 칸트, 『도덕형이상학기초』 BA 67, 69에서 말한 비슷한 입장은 또한 가톨릭교회로부터 1960년대에 그러한 결과로서 대변되었다. 예를 들어 신장의 증여는 본래적인 딸의 생명의 구원을 위하여 허용될 수 없는 '절단'으로 거부되었다. 비교 : 위의 2장 6절.

에도 그와 같은 의무의 존재는 다음의 유비추론에서 보는 대로 전적으로 자명한 것이 아니다. (a) 어떤 사람이 뱀에 물려 상처를 입은 이후에 자신의 궁극근거에서 야만스럽게 발을 절단하였다. (b) 빈센트 반 고흐는 정신적 광란으로 왼쪽 귀를 잘랐다. (c) 목재소 노동자는 자기 엄지손가락을 잘랐다. 1992년 8월 20일 『신오스나부르크 신문』에 실린 다음의 기사가 눈에 들어온다.

> "46세의 한 남자가 사기죄로 법정에 섰다. 그는 산업재해로 잃어버린 엄지손가락으로 20만 유로의 보험금을 타내려 하였다. 오스터 지방법원은 이 남자가 합판목재공장에서 엄지손가락을 잘랐다는 것을 입증된 사실로 간주하여 그에게 집행유예 1년을 선고하였다."

여기서 사람은 스스로 어떤 의무를 어김이 없이도, <어느 누구도 다치게 하지 말라>에 정초된 (c)의 윤리적 판정으로 지방법원판결과 동일한 결론에 이르게 된다. 누군가 물질적 이득 때문에 스스로를 반쯤 절단한다면, 그 자는 다른 자를 해롭게 한 것이고 요컨대 비도덕적으로 행동한 것이다. 거기에 반하여 은퇴한 목재소 노동자가 '단지 재미로' 엄지손가락을 잘랐다면, 그는 사기죄로 소송이 걸리지는 않을 것이다. (a)와 (b)의 본질적 차이는 첫 번째 행위가 인격의 근거 있는 참된 관심에 놓여 있는 것임에 반해, 두 번째 행위는 바보짓, 미친 짓이 된다는 데 있다. 그럼에도 두 경우는 도덕적으로 정상이다. 그렇게 칸트는 『도덕형이상학기초』, BA 67에서 또한 자신을 유지하기 위한 '신체의 절단'은 명시적으로 허용된다고 설명하였다. 필자는 칸트가 (b)의 경우에서 정신적 광란에 빠진 반 고흐가 스스로의 의무를 어기고 비도덕적으로 행동한 것이라고 비난하였다고는 믿지 않는다. 자연히 칸트는, 만약 그가 스스로를 죽이지 말아야 하거나 절단하지 말아야 한다고 말하고 있다면, 그런 옹호의 의미에서 옳다. 그러나 칸트는 공공연히 하여야 하는(sollen) 모든 것은 도덕적으로 하여야 하는(sollen) 것의 차이점을 묵과하고 있다.6) 자기 귀를 자르지 말아야 한다거나 어떤 바보짓을 중지해야 근거는 규칙상 도덕적인 것이 아니라, 잘 준비된 고유한 자기관심의 도덕 외적(aussermoralisch) 근거 때문이다. 지금 다시 자살문제를 다루기 위하여 쇼펜하우어와 더불어 『자살』, 267에서 칸트와 다른 철학자들이 그렇게 말하였던 것을 생각할 수 있다.

"혐오의 표현을 욕으로 대치하는 것은 논의의 강도가 떨어진다. 거기서 우리는 자살은 아주 겁쟁이거나 오직 광기에서나 가능하고, 우매한 짓이라는 소리를 듣는다. 전적으로 무의미한 문구로서 자살은 부당하다. 누구라도 자기 자신의 인격과 삶의 권리를 갖는다. 이 권리는 이 세계의 어떤 것과도 맞바꿀 수 없다."

소위 자살의 부당성에 대한 마지막 해석 또한 그렇게 옳으면, 모든 경우에 자살을 겁쟁이나 광기의 가치평가로 비꼬는 것은 불필요하다. 만약 윤리적 문맥에서 자살이 비겁하다면, 단지 그것만으로 더 이상 비도덕적이지 말아야 한다. 만약 타인들이 먼저 해롭게 되거나 해를 당한다면, 비겁한 행동은 도덕적으로 비난받을 요인이 있다. 여전히 도덕적으로는 미심쩍으나 약간의 광적인 짓, 예를 들어 정신분열증 환자가 자신의 전 재산을 기증하거나 불태울 수 있다면 가장 단순하고 명쾌하다. 비록 이를 금지시키기에 충분한 도덕 외적인 이유가 있다

---

6) '너는 사람을 죽이지 말아야 한다'는 명백히 도덕적이다. '너는 이 날씨에 장화를 신어야 한다'는 명백히 도덕 외적이다. '너는 담배 피우지 말아야 한다'는 애매모호하다. 그리고 그때마다의 근거주기는 도덕적인 판단으로서 '그것은 비흡연자를 방해한다' 혹은 도덕 외적인 지각인 '너의 건강을 해롭게 한다'를 의미한 것인지를 명백하게 한다.

할지라도, 모든 경우에 자살자의 참된 관심에 위배되는 바보 같은 자살은 그 자체로 이미 폐기될 수 있는 것은 아니다.

타인의 관심에 상처를 입히는 자살의 유형 (3)과 (4)에도 도덕적 근거가 있다. 극단적인 경우에 거기에 관련된 타인은 죽음으로 파멸된다. 예를 들어 1992년 8월 18일 『신오스나부르크 신문』에서 예시한 대로이다.

> "비극의 월요일 아침이다. 프라이부르크 근처의 고속도로 휴게실에서 비극적인 사건이 일어났다. 노드라인베스트팔렌 주의 한 자동차 운전자가 자살할 의도로 브레이크를 밟지 않고 두 명의 자녀들과 함께 화물차로 돌진하였다. 운전자와 10살, 14살 아이들은 모두 그 자리에서 즉사하였다."

이 행위가 도덕적으로 폐기된다고 말하는 것은 불필요하다. 그 남자는 의도적으로 자신과 아이들을 동시에 죽음으로 내몰았다. 요컨대 자살 대신에 살인 또는 살해를 한 것이다. 그가 아이들을 고의가 아니라 부주의로 죽였다 할지라도, 도덕적 비난판정을 할 충분한 이유가 있다. 최종적으로 그가, 자기살인의도 때문이 아니라 음주운전이나 과속 때문에 다른 인간을 죽인 자동차 운전자라 할지라도 비도덕적으로 행동한 것이다.

이러한 도덕적 판단은 당연하게도, 아이들도 이와 같이 자살을 원치 않았다는 데에 있다. 즉, 아이들이 아버지의 죽음 이후에 적극적인 삶을 이끌 수 있었을 것이라는 데 있다. 요컨대 아이들에게 실제 해악이 끼쳤다. 타자에게 제공될 수 있는 자살시도의 해악은, 항상 생명, 건강 혹은 소유물의 손실에만 있는 것은 아니다. 이보다 더 빈번하게 비물질적인 본질의 손상, 즉 슬픔, 고통, 죄의식에 빠진 가족과 친구로 나타난다. 이러한 모든 조화롭지 못한 자기살인은 <어느 누구도 다치게

하지 말라>의 의미에서 도덕적으로 따질 필요가 있다. 그럼에도 공리적인 근본명제에 따르면 그들은 주어진 상황 아래에서, 만약 자살자가 그 자신을 위하여 희망하는 공리가 그의 자유로운 죽음을 통하여 타자에게 끼치는 해악을 넘어선다면, 도덕적으로 정당화될 수 있다. 이러한 경우가 언제인지는 총체적으로 말할 수는 없고, 단지 더 가까운 개별경우의 인지에서만 어렵게 중재될 수 있다.[7] 쉬우며 무해한 자살은 타자해악의 크기에 독립적이다. 모든 경우에 그가 바보짓을 하면, 거의 경솔한 판단으로 그가 한 짓은 비도덕적이다. 지금까지 논의는 다음의 표로 요약된다.

자살유형	도덕적 판단
(1) 이유가 있고 해롭지 않음	따질 필요가 없다.
(2) 어리석음 그러나 해롭지 않음	따질 필요가 없다.
(3) 이유가 있으나 해로움	따질 필요가 있고, 모든 경우에 공리적으로 정당화될 수 있다.
(4) 어리석음 그리고 해로움	폐기될 수 있고, 또한 공리적으로 정당화될 수 없다.

자살테마를 쉽게 이해하기 위해서는, 본래의 삶을 확실한 고의로 끝내지 않는 일정한 확률의 위험한 게임행위를 살펴보는 것이 좋다. 여기에는 자동차 스포츠 이외에 도로, 물 속, 하늘에서 하는 스포츠나 등산, 스쿠버다이빙 등 스릴 만점의 활동적인 모험이 포함된다. 여기에

---

7) 비교 : Birnbacher(1990b), 406. Beauchamp/Childress(1979), 90. 비른바허는 말한다. "자살자를 위한 의무를 근거짓기 위하여, 타자의 의지로 그의 자살의 도를 수행하지 않게 하기 위하여, 타자의 부정적인 관련성이 얼마나 큰지는 다음의 개별적인 고려, 요컨대 도덕적인 잣대의 문제로 남을 것이다." 비슷한 입장은 흄이 유명한 「자살에 대하여」에서 대변하였다.

몇몇 눈여겨볼 것이 있다. 만약 그 자체가 거짓이 아니라면, 그렇게 경솔한 짓에 해당되는 '자기살인' 행위는 바보짓의 카테고리에 속하지 않는다. 주관적 공리와 사전에 예견되는 객관적 위험을 넘어서 바보짓을 저지르는 심리학적 이유는, 좋게는 그룹의 역동적 과정을 통하여 과소평가된 강화된 사고위험에 있다. 또한 다른 한편으로는 자신의 죽음에 대한 거짓된 비반성적 입장에 있다. 누군가 계획에 따라 행동하면, "내가 거기에 몰두하면, 무엇을 하는가? 중요한 것은 재미를 본다는 것이다." 먼저 바보짓을 하는 자는 자신의 참되고 장기적인 관심에 위배하는 것이다. 둘째로 규칙상 그는 다른 사람, 즉 부모 혹은 친구에게 걱정, 근심, 염려 그리고 불안을 끼치기 때문에 비도덕적이다.

다른 측면에서 거명된 모험의 바보짓은 권리로서 비난하여도 좋다. 오토바이 운전, 암벽등산, 혹은 패러글라이딩을 하든지 말든지 상관이 없다. 조심스러운 계획과 절제되고 책임 있는 의식적 수행이 충분히 그와 같은 행위의 위험도를 낮출 수 있다. 그래서 기대되는 유익으로 체험의 기쁨이 측정된다. 정확하거나 전적으로 이들의 객관적인 분량을 재는 것은 불가능하다. 예를 들어 스스로 알프스 등반을 준비하고 성공한 자만이 등산이 얼마나 큰 기쁨, 행복, 만족을 주는지 헤아릴 수 있을 것이다. 그럼에도 그러한 행위의 도덕성 문제를 위해서는 모험자의 관심 이외에 그의 친지의 관심도 헤아려야 한다. 1990년 10월 4일 『신오스나부르크 신문』은 다음 사건을 보도하였다.

"모나코 백작의 충격적인 운명 … 사고는 출발 이후 순식간에 발생하였다. 상뜨 장 카 페라(Saint Jean Cap Ferrat) 해안에서 카시라기(S. Casiraghi)의 보트는 파도에 휘감겼다. 카시라기에게는 도움이 너무 늦었다. 스테파노 카시라기, 이탈리아 태생. 캐롤라인(Caroline) 공주와 결혼한 지 7년 되었고 세 자녀를 두었으며, 자동차 경주광이다. 프랑스 매스컴

보도에 따르면, 쾌속보트와의 위험한 게임으로 그리말디 딸과의 7년 간의 결혼생활에 어두운 그림자가 드리워졌다. 캐롤라인은 남편에게 여러 차례 그의 취미를 그만두라고 요구하였다. 자녀가 세 명이나 있는 사람이라면, 의도적으로 사건을 저지르지 말아야 할 것이다."

과연 그런가? 카시라기의 전망에서 보자면 그의 위험한 취미는 바보짓이 아니다. 그는 사고위험을 격감시키는 경주용 보트를 타는 것에 환호했다고 보아도 좋다. 더 나아가 캐롤라인은 결혼하기 전에 이미 그의 위험한 취미를 알고 있었고 이를 받아들였다고 전제할 수 있다. 그러면 그녀는 남편의 건강상의 안위에 대한 관심에는 그다지 결정적인 무게를 둔 것은 아니었다. 그에 반해 자녀들에게는 경주광 아버지를 원했다는 점은 묻지도 않은 것이었다. 생각건대 그녀의 선호도와 욕구의 추가적 고려에서 경주에 반대하는 공리주의 무게중심은 염두에 두지 않았다는 것으로 생각할 수 있어 보인다. 그럼에도 결코 공개적으로 안 알려진 것은 그녀의 판단이다. "자녀가 세 명이나 있는 사람이라면 의도적으로 위험하게 행동하지 말아야 한다"는 판단이 카시라기 경우에서나 다른 비교될 수 있는 상황에서 실제로 적중된다. 산이나 바다에서 생명을 걸고 게임을 즐기는 자들이, 오랫동안 결혼하지 않고 무엇보다 아이를 낳지 않는 한에서, 자동차 경주 유럽챔피언 슈마허(M. Schumacher), 라인홀드나 게라드 다보비에(G. D'Aboville)[8]의 일대의 모험의 경우에 이성적으로 충고하는 것이 바람직하다.

---

8) 프랑스인 모험가. 1991년에 4개월 동안 태평양을 노를 저어 횡단하였다. 그는 결혼하였고 자녀도 있다.

2. 자살조력, 임종조력, 안락사

누군가 스스로 삶을 마치려 한다면, 그를 도와주어도 좋은가 혹은 도와줄 수 있는가? 이 물음에 대한 답변은 전적으로 자기죽임의 유형에 달려 있다. 무해한 자살은 타자관심을 부정적으로 집중시킨다. 그러므로 모든 자살조력은 도덕적으로 따질 필요가 없을 것이라는 점은 의심스럽다. 예를 들어 람[9]은 본래의 삶이나 죽음의 권리에서 자살의 도움의 권리를 도출해도 좋다고 주장하였다. "권리행사를 위하여 협조의 요청 없이 권리를 인정하는 것은 어떤 어미를 갖는가? 자살권리가 인정되는 한에서, 자살권리수행을 위하여 사람은 모든 자살조력을 그 자체로 도출해야 한다." 람의 주장은 다음 이유에서 반론될 수 있다. 첫째, 이 권리들은 인간생명이 그다지 극적인 상황이 아닌 일반영역에서는 자살조력의 권리를 자동적으로 유발하지는 않는다. 예를 들어 한 흡연자는 열차 흡연실에서 담배를 피울 권리를 갖지만, 옆 사람에게 담배를 권하거나 담뱃불을 붙일 권리를 갖지는 못한다. 딸은 삭발을 하거나 몸에 문신을 새길 권리를 갖지만, 아버지가 딸에게 의무로서 이를 도와줄 권리는 없다.

둘째, 자살자는 자신을 위하여 무해한 어리석은 짓을 하므로, 무해한 어리석지 않은 짓은 도덕적으로 따질 필요가 없다 할지라도, 자살조력은 이와는 달리 평가된다. 요컨대 자살하는 자가 바보짓을 한다는 확신이 있고, 순간의 위기를 극복한 이후에 행복하고 가치 있는 삶을 살 것이라는 것이 확실하다면, 그의 자살계획을 결코 도와주지 말아야 한다. 그렇지 않다면 <어느 누구도 다치게 하지 말라>의 격률에 모순

---

9) Lamb(1988) David Lamb, *Down the Slippery Slope — Arguing in Applied Ethics*, London, Croom Helm, 49.

된, 요컨대 자살자인 타자에게 커다란 해악에 생겨나게 하는 것을 행할 것이다. 이러한 자살조력에 대한 도덕적 금지는 여전히 강력한 잣대에서 무해한 어리석은 짓으로 여겨진다. 왜냐하면 아주 일반적으로 행위 스스로가 비도덕적이면, 거기에 생겨나는 모든 조력이 비도덕적임을 확정할 수 있기 때문이다.[10] 이유가 있으나 해로운 자기살인에서는 다음이 생겨난다. 자살이 공리적으로 정당화되지 않고, 가족과 친구에게 부정적인 영향을 끼치는 것이 자살자 자신을 위한 공리보다 더 큰 것이라면, 자살조력은 공리주의적으로 정당화되지 않는다. 그에 반해 죽음에 대한 자살자의 관심이 계속 생존을 바라는 친지의 관심보다 더 강력하다면, 자살조력은 공리적으로 변호될 수 있다. 전체적으로 보면 다음의 도식이 생겨난다.

자살유형	자살조력의 도덕적 판정
(1) 이유가 있고 무해한 것	따질 것이 없다.
(2) 바보 같으나 무해한 것	폐기되어야 한다.
(3) 이유가 있으나 유해한 것	따질 필요가 있어도 공리적으로 정당화된다.
(4) 바보 같고 유해한 것	폐기될 것이고 공리적으로 정당화되지 못한다.

이러한 논리적 잣대로 본 이 표는 특별한 임의의 실제가치는 없다. 만약 실제의 일상생활에서 자살시도가 불가능한 것이 아니라면, 사실적으로 어리석은 짓을 제시하는지 그렇지 않은지를 종종 충분한 확실성으로 체험하기는 어렵다. 누군가 죽으면 삶과 죽음의 비대칭의 안목에서 그는 더 이상 생각할 수 없다. 그러나 누군가 생존하고 있으면, 그는 항상 자신을 죽일 수 있다. 현명한 것은 삶에 대한 회의에서 이

---

10) 자살의 법적 조력의 문제는 Achenbach(1991)와 Merkel(1991) 혹은 Eser(1995)를 참조하라.

유에 따라(in dubio pro vita) 행동하고 결정하는 것이다.[11)

특별한 경우 자기살인을 위한 조력의 변형으로서 임종조력과 일반적인 안락사를 고찰할 수 있다. 제3 제국의 나치독일 때 널리 퍼진 안락사 개념은 알려진 대로 더 이상 가치가 없는 삶이라 몰아붙인 정신병자, 불구자, 기형아의 살인을 감추기 위하여 오용되었다. 그러므로 안락사는 모든 일목요연한 철학/윤리 토론에서 명확하고 간과될 수 없는 방식의 나치의 선전책동의 의미에서 받아들여지지 말아야 하는 것을 교훈으로 삼는 것이 적절하다. 즉, 안락사는 결코 인간의 관심에 위배되는 것이 아니라, 항상 오직 인격 스스로의 관심에서 죽임의 요구를 포함한다. 인격의 참된 관심에서 죽임이 귀결되는 것은 주관적으로나 객관적으로 '삶의 경악이 죽음의 경악'을 능가하는 것이다. 이때의 삶은, 환자의 전망으로부터 치료하는 의사의 판단에 따라 더 이상 살만한 가치가 없는 것을 의미한다. 여기에는 두 그룹이 구분되어야 한다. 첫째 그룹에서, 때때로 자의에 의한 안락사는 요구에 의한 임종조력 혹은 죽임이다. 즉, 환자의 명시적 의지표명에 따른 죽임이다. 둘째 그룹은 환자가 자신의 죽고 싶은 희망을 명시적으로 나타낼 사정에 있지 아니한 경우의 죽임을 포함한다. 『신오스나부르크 신문』은 1992년 1월 8일, 첫 번째 종류에 해당되는 특정한 예를 보도하였다.

"캐나다 법정은 목의 신경병 때문에 조금씩 기형이 된 한 젊은 여자에게 죽을 것을 허용하였다. 25세의 낸시(Nancy) B는 인공호흡기의 작동으로 삶을 이어나가고 있다. 그녀는 지금 법정의 허가로 기계를 언제 제거할지를 결정할 수 있다. 그녀는 폐를 포함한 근육을 기형으로 만드는 길

---

11) Lamb(1988), 50. 람은 이렇게 의도하고 있다. "의심스러운 경우에는 삶을 아버지의 입장에서 결정할 수 있다. 그런 결정은 적극적인 자살방지에 이르기까지 자살자를 도울 것을 거부할 수 있다."

레인 바레 증후군(Guillan Barre Syndrom)으로 고통당하고 있다. 의사들은 그녀의 심장은 건강하기 때문에 오랫동안 살 수 있다고 하였다. 그러나 건강은 회복될 수 없다. 이에 낸시 B는 이런 상황에서는 더 이상 살고 싶지 않다고 결정하였고, 그 결정을 수행하기 위하여 법원에 나왔다. 그녀는 판사에게 '항상 이 기계에 매달려 있는 것이 피곤합니다. 이것은 삶이 아닙니다'라고 말하였다."

낸시 B의 죽음의 희망이 과연 근거가 있는지 물어서는 안 된다. 그 외에도 기술한 병과 관련하여 죽음은 환자의 참된 관심에 놓여 있다. 낸시 B의 죽임은 타자관심을 거의 또는 완전히 부정적으로 집중시킨 것은 아니라고 가정하여도 좋을 것이다.[12] 그러므로 위의 표에 따라, 낸시 B의 죽음을 위해 법적으로 청원된 자살조력 혹은 임종조력은 도덕적으로 문제가 없다. 그러나 수동적 임종조력과는 구분되는 소위 적극적 임종조력에 의한 살인조력은 도덕적으로 따질 필요가 있다. 그럼에도 이 구분만으로 개념적으로 이들의 차이를 이해하기는 아주 불분명하다. 예를 들어 라이터(Reiter)[13]는 이렇게 확정하였다.

"적극적 임종조력은 직접 죽음의 도입을 의미한다. 치명적인 수단, 치명적인 의약투여, 혹은 죽음을 직접 작용하게 하는 다른 잣대란, 예를 들어. 음식물 중단 같은 것이다. 수동적 임종조력은 의학적 처방이 없이 죽게 내버려두는 것이다. 이것은 실제로 치료방법의 중단 혹은 금지를 의미한다."

---

12) 그의 가족은, 낸시 B가 여전히 삶을 유지하고 있다면 그녀의 고난을 의식할 것이고, 사랑 또는 연민으로 죽게 하는 것에 동의하였을 것이다.

13) Reiter(1987) Johannes Reiter, *Ethische Probleme um den Lebensbeginn und das Lebende — Bausteine für eine Bioethik*, in: *Theologie der Gegenwart* 30, 44.

이 정의에 따르면 낸시 B의 경우 임종조력은 적극적이며 역시 수동적이라는 등급을 매길 수 있다. 인공호흡기 중단은 한편으로 죽음이 직접 작용하게 하고 다른 한편에서는 치료방법 중단을 의미한다. 그밖에 이의시되는 구분은, 이것이 더 정확한 정의를 통하여 엄밀하게 될 수 있을지라도,[14] 위에 언급된 의미에서 임종조력은, 즉, 여자환자의 명백한 희망으로서의 안락사는 덜 의미심장한 것이다. 전형적인 임종조력 상황은 환자 스스로가 신체적으로 그러한 사정에 처하여 어떤 형식에서든지 스스로 삶을 끝내려 할 때 있다. 그러나 만약 그녀에게 도덕적으로 다른 임종조력이 허용된다면, 어쨌든 그녀의 결정에 내버려 두어야 할 죽음의 경우는 인정하기 어려운 것이다. 낸시 B의 임종조력과 트레이시(Tracy) B라는 여자 환자의 적극적 임종조력의 경우는 어떻게 구분되는 것일까? 1992년 9월 22일『신오스나부르크 신문』은 트레이시의 경우를 다음과 같이 보도하였다.

"영국의사 콕스(N. Cox)는 중환자의 마지막 희망을 들어주었다. 회복될 전망이 없는 13년 간의 치료 이후 그녀에게 죽음의 주사를 놓았다. 그는 12개월 집행유예를 선고받았다. 윈체스터 재판소는 그의 처신은 모범적이라고 인정하였다. 영국에서는 모든 경우에 적극적 안락사는 처벌을 받는다. 단지 생명보존기구 거부를 통한 수동적 안락사만 허용된다."

적극적 임종조력이 수동적 임종조력과는 다르게 취급될 좋은 법적

---

14) 비교 : Reichenbach(1990). Rachels(1979), 148. 라헬스를 통한 다음의 개념규정은 또한 낸시 B에서의 죽음의 조력이 단지 '적극적'인지 '수동적'인지의 문제를 해결할 수 없을 것이다. 라헬스에 따르면 적극적인 행위의 수행은 환자를 죽이는 것이다. 예를 들어 죽이기 위하여 주사를 놓는 것은 범죄이다. '수동적'인 안락사는 이에 반하여 환자를 살아 있게 붙들어 놓는 행위를 억제하는 것이다. 수동적인 안락사에서는 의약품이나 생명연장기구를 억제한다. 그리고 환자가 그의 질병 때문에 죽게 하는 것이다.

근거들이 있다. 최소한 생각할 수 있는 인공호흡기의 제거를 통한 적당한 허용보다는 오히려, 예를 들어 의사를 통한 죽음의 주사의 법적 허용이 더 남용될 수 있다. 여기에 대하여서는 아래에서 계속 취급할 것이다. 그럼에도 만약 트레이시 B의 경우처럼, 환자의 고통을 중단시키기 위해 치명적인 주사투약 이외에 다른 가능성이 없었다면, 그리고 트레이시 B가 이것을 스스로 명확하게 희망하였다면, 콕스의 처신은 '본받을 수 있을' 뿐만 아니라 낸시 B의 인공호흡기 제거같이 도덕적으로 따질 필요가 없을 것이다.

우리는 지금 일반적으로 안락사의 적극적 형식이든 수동적 형식이든 상관없이, 임종조력에 위배되는 몇몇 근본적 논의를 고찰하려고 한다. 예를 들어 코흐(Koch)[15]는 다음을 주장한다.

"어떤 경우에도 타자의 죽임은 사랑의 행위일 수는 없다. 의사는 죽여 달라는 요구를 들어주어야 하는가? 그가 이것을 행하였다면, 만약 그가 확신으로 행동한다면, 그는 의사로서의 직업의무와 살인자의 역할 사이에서 갈등에 부딪쳐야 한다. 이것은 의사와 환자 사이의 모든 신뢰관계의 종말이다. 환자는 의사에 대해 자신에게 부응해 오는 신뢰를 저버리지 않는다는 것을 믿을 수 있어야 한다. 의사는 건강상태가 최상이길 원하지, 결코 환자의 의도적인 죽음을 원치 않는다."

죽임은 우정에 의한 행위일 수도 이웃사랑일 수도 없다. 죽음 또한 한 인간을 위하여서는 결코 최선일 수 없다. 만약 죽음이 죽임을 당하는 자의 참된 관심에 놓여 있지 않다면, 요컨대 전적으로 근거지어진 자살이나 자살조력이라는 카테고리가 없다면, 죽임에 대한 의사의 입

---

15) Koch(1977) Traugott Koch, *"Sterbehilfe" oder "Euthanasie" als Thema der Ethik*, in: *Zeitschrift für Theologie und Kirche* 84, 108.

장과 죽음에 대한 환자의 입장은 올바를 것이다. 그러나 이런 주장은 거의 신빙성이 없다.[16] 임종조력이 의사의 직업의무와 양립할 수는 없고 직업윤리에 위배된다는 주장은 표면적으로 보자면 확실히 옳다. 그러나 결코 결정적인 것은 아니다. 히포크라테스 선서에 따르면 의사의 과제는 환자를 치료하고, 환자의 고통을 경감시키고 삶을 연장시키는 데 있다. 낸시 B와 같은 전형적인 임종조력 상황에서 이 목표는 위배된다. 질병은 치료될 수 없고, 삶의 연장은 단지 증가되는 통증, 고난과 고통을 의미하였다. 이 딜레마에서 전통적인 의사윤리는 명백한 행동지침을 지시하지 못하고, 자살조력에 반대도 옹호도 못하고 있다. 예를 들어 뢰슬러(Rössler)[17]도 그 점을 인정한다.

"오늘날 우리가 직면한 문제는 단순히 전해 내려오는 근본명제로 설명할 수 없다. 의사가 적극적 임종조력을 해야 하는가? 이 토론을 위하여 특징적인 전통적 의사윤리의 근본명제는 모든 측면에서 타당한 요구로서 나타난다. 의학에서는 전적으로 공공연하게 의학발전이 진행되었으며, 복합적이고 모순적인 의사의 결정상황을 위해서 윤리적 전통이 더 이상 명백한 행동지침을 줄 수 없다. 요컨대 우리는 새로운 의료윤리를 필요로 한다."

이에 대하여 스페만(Spaemann)[18]은 1992년 6월 12일 『디 차이트』

---

16) 코흐가 여기서 죽음의 권리를 가질지라도, 단순한 조건적인 판단일 것이다. 만약 자살이 근거지어지면 그리고 해로울 것이 없다면, 또한 조력은 여기서 도덕적으로 문제가 안 되고, 결코 반박되지 않는다.

17) Rössler(1984) Dietrich Rössler, *Brauchen wir eine neue medizinische Ethik?*, in: *Deutsches Ärzteblatt*(5. Dezember), 159.

18) Spaemann(1992) Robert Spaemann, *Wir dürfen das Tabu nicht aufgeben*, in: M. Frensch/Schmidt/M. Schmidt(Hrsg.), *Eutanasie — Sind alle Menschen Personen?*, Schaffhausen, Novalis Verlag, 159.

(*Die Zeit*) 신문에서 자살조력을 옹호하였다.

"요구에 따른 죽임은 '안락사 사회로 들어가는 마취의 시작'이다. 그러한 실행의 법제화는, 만성병 환자나 숙환으로 고생하는 자를 위한 모든 인적·물적 지출은 그의 고유한 책임이 된다는 것을 의미하게 될 것이다. 그는 지금 그로 인한 모든 희생에 잘못이 있다. 왜냐하면 그는 직접 죽음을 요청함으로써 이 세계에서 해방될 수 있는 가능성을 사용하지 못했기 때문이다. 누군가 두 개의 법적 가능성에서 하나를 고른다면, 그는 결과에 책임이 있다. 누군가 거기서 단지 둘 중의 하나의 법적 양자택일로 살아가면, 그는 타자를 위해 계속 살아가는 모든 자의 짐에 책임을 떠맡아야 한다."

이 논의에 의하면, 맹장염 환자에게도 유비추론으로 비난할 수 있을 것이다. 그는 모든 비용과 짐에 책임을 져야 한다. 이는 타자를 위한 더 나은 삶을 의미한다. 그를 위해서는 병원에서 수술하거나 혹은 수술을 거부하고 가능한 방식으로 죽어 가는 '법적 양자택일'이 있다. 그 밖에도 스페만은 자살이 동시에 그의 세계를 사람들이 말하는 짐으로부터 해방시키기 위한 법적 가능성을 제시한다는 점을 묵과하고 있다. 요컨대 전적으로 자살조력의 법제화 문제와는 독립적으로, 스페만의 논리에 따르면 "누구나 중환자는, 이 가능성을 사용을 하지 않기 때문에, 그를 위하여 사용되어야 하는 모든 희생에 대해 책임이 있을 것이다."[19]

아마도 임종조력 또는 안락사에 가장 빈번하게 표명된 이의는, 가톨

---

19) 투겐하트(Tugendhat)는 "우리는 터부를 토론하여야 한다"라는 『디 차이트』의 답변에서 스페만의 논의를 "따질 필요와 가치가 있는 결정적인 사고"로서 특징지었다. '요청에 따른 죽임이 한번은 법제화된다면', 죽음을 요구하지 않는 의무를 필요로 하는 자들에게 삶의 유지는 더 이상 자명한 것이 아닐 것이다. 투겐하트는 그의 추론에서 이러한 하찮은 점을 간과하고 있다.

릭 주교들이 정식화한 미끄러운 비탈길 논의[20]이다. 비인간적인 눈사태를 만나 살길을 찾으려는 유일한 기본 자세는 인간의 삶에 대한 존경이다.[21] 이에 의하면, 특별한 경우에 있어서 고통당하는 자, 중환자에 대한 죽임은 그 자체로서 도덕적으로 따질 필요가 없다 할지라도, 임종조력은 결코 허용되어서는 안 된다. 왜냐하면 한번 적법하게 실행된 실무는 길든 짧든 전적으로 죽고 싶지 않은 인간, 또는 삶의 경악이 죽음의 경악을 결코 능가하지 않는 그러한 인간을 죽이는 것으로 이끌 것이다. 이 이의는 일차적으로 도덕성이 아니라 임종조력의 법제화 문제에 관련된다 할지라도, 이를 가볍게 보아서는 안 된다. 모든 경우에 나치의 안락사프로그램의 범행을 눈에서 떼지 말아야 한다. 그럼에도 임종조력을 행함으로써 남용될 수 있는 절박한 위험은 적법한 예방의학의 방안과 강력한 법규제로 추방하여야 한다. 한번은 확실시되어야 하는 것으로, 의학자 또는 의사는 살인조력의 수행이 허용된다. 다른 모든 개별경우에, 예를 들어 낸시 B의 경우에 판사의 판결에서 포기할 수 없는 많은 조건은 충분하게 표현되어야 한다. 1992년 2월 15일 『신오스나부르크 신문』에서는 고난의 이야기에 대해 서술하고 있다.

"기형아가 된 캐나다인 낸시 B는 한 병원에서 기계적인 삶을 유지하고 있다가 자신의 희망에 따라 죽었다. 2년 반 동안 그녀는 불구로 살았고 인공호흡기에 의존하고 있었다. 의사들은 정신적으로 충분히 받아들일 능력이 있던 젊은 여자에게 병을 고칠 수 없다고 설명하였다. 이에 낸시 B

---

20) 비교 : Lamb(1988). 미끄러운 비탈길(slippery slope) 논의는 그밖에 '제방 무너뜨리기 논의'로 나타내어진다.

21) 비교 : Schöne-Seifert(1996), 590. 1989년 7월 29일 에센(Essen) 교구의 주말 신문 『루르지방의 말』에서 인용된 것으로, 여기에 '제방 무너뜨리기 논의'의 자세한 비판적인 연구가 있다.

는 법적인 결과의 두려움으로 병원 측이 거부하였던, 인공호흡기의 사용 중지를 요청하였다. 최종적으로 법원은 환자가 새로이 그 승인을 명백하게 하였던 1월 6일, 치료중단을 허용하였다."

요컨대 환자의 요구에 의한 안락사에서는, 그가 정신적으로는 충분하게 책임능력이 있으나 다른 측면에서는 불치의 병을 앓고 있었고, 그의 삶이 환자 자신의 판단뿐만 아니라 의사의 지식에서도 살 만한 가치가 없어 보인다는 점에서 고뇌하였다는 점이 보증되어야 한다. 또한 그는 죽고자 하는 희망을 최종결정 앞에서 한번 더 명시적으로 반복하여야 한다. 독일협회(DGHS)는 인간의 존엄한 죽음을 위하여 다음을 엄밀하게 보충할 것을 요구하였다.

"고난으로 죽음을 청하는 자는 심리적으로 자기해체, 자유로이 죽을 사정에 있지 아니하여도 좋다. 청하는 자는 두 명의 의사가 확정하는 불치의 질병상태에 있어야 한다. 인간을 소멸로 이끌어야 하는 고난의 죽음은 오직 의사의 감시에서만 보장되어야 한다."[22]

전체적으로 인간존엄에 합당한 죽음은 젠스와 쿵(Jens/Küng)[23]의 예찬론자들을 따라도 좋다. 이들에 따르면 환자의 명백한 희망의 안락사는 수동적이든 적극적이든 그 자체로서 도덕적으로 따질 필요가 없다. 그리고 더 나아가, 죽게 내버려두는 것이나 죽임의 실무적 남용은 법규정 216조의 합당한 제재를 통하여 막을 수 있다는 것을 가정하여도 좋다.[24]

---

22) 인간의 존엄한 죽음을 위한 독일협회(DGHS e. V)의 전단지, 1983/84, 8.
23) Jens/Küng(1995) Walter Jens/Hans Küng(Hrsg.), *Menschenwürde sterben — Ein Plädoyer für Selbstverantwortung*, München, Piper.
24) Brinbacher(1995). Altner(1998), 124. 더 나아간 토론에는 비른바허와 알트너

그에 관련된 사랑은 안락사 실행의 두 번째 등급과 명시적인 죽음의 희망을 표명하지 않았는가? 아주 행복한 용어는 아니지만 싱어는 그러한 경우를 '비자의적 안락사'로 나타내었다. 이 개념은 관련된 자의 의사에 위배되는 죽임이 모순되는 곳에서 생긴다. 안락사에 대하여 올바른 방식으로 말해도 좋은 것은, 죽음이 관련된 자의 관심에 있을 때이다. 인격의 의지에 위배되는 행위 또한 규칙상 그의 관심에 위배된다. 그러나 예외는 아이들에 대한 순간적인 희망과 갈등에서 그럼에도 특별히 아이들의 장기적인 관심에서 행하는 아버지의 행위 같은 것이다. 전형적으로 청년자살의 방지는 특별히 주먹구구식으로 삶에 대한 회의에서 정당화될 수 있는 보기이다. 이에 반해 계속 살려고 하는 한 인간의 삶에 위배된 결정은, 어떤 경우에도 관련된 자의 참된 관심에서 발생한다는 근거를 통해 정당화될 수는 없다.25) 그러므로 우리는 다음에서 '부자의적인(unfreiwillger) 혹은 비자의적인(nichtfreiwillger)' 안락사 대신에 자신의 승낙이 없는 명시적인 안락사에 대하여 말하고자 한다. 여기에는 일반적으로 아주 심한 기형배아에 대한 낙태, 회복될 수 없는 환자의 죽임, 의식이 없거나 죽음의 희망을 파악할 수 없는 불구의 신생아의 죽임이나 죽게 내버려둠이 속한다.

이런 모든 경우에 철학적 평가는 본래 추상적이고 단순하다. 만약 죽음이 관련된 자의 참된 관심에 놓여 있으면, 도덕적으로 이를 죽이

가 있다.

25) Singer(1984), 177. 싱어는 그러한 경우를 '비자의적인 안락사'라고 나타내었고 이를 다음과 같이 특징지었다. "누군가를 그의 승인 없이 죽일 수 있는 것은, 만약 죽임의 동기가 관련된 인격의 고난을 절약하기 위한 희망이라면, 타당할 수 있다. 만약 누군가가 이러한 동기에서 인격의 희망을 업신여기면, 그것은 자연적으로 드문 것이다[!]." 나중에 그는 제안한다. "이들은 단지 환상에서만 존재하는 비자의적인 경우를 옆에 두고 이를 이론적으로 더 이상 방어하지 않는 것이다."

는 것이 허용된다. 실천적 문제는 충분한 확실성으로 관련된 자들이 죽음을 청할 사정이 있을 경우, 실제로 제기된 문제해결을 위한 결정적인 조건을 발견하는 데에 있다. 먼저 기형배아 낙태의 특별한 문제는 다음절에서 취급하겠다. 여기서는 몇몇 특별한 경우의 안락사에 대한 토론으로 제한할 것이다. 만약 환자가 이전 시점에서 죽거나 죽임을 당하게 되고, 그의 고난의 상태가 이런저런 엄밀하게 정의된 방식에서 나빠지거나 그가 더 이상 이 희망을 반복할 수 없으면, 명백히 비문제적(unproblemaisch)인 경우에 놓인다. 이러한 상황을 위하여 인간의 존엄한 죽음을 위한 독일협회는 다음의 규정을 추천한다. "환자는 거의 혹은 전적으로 스스로, 즉, 안락사 앞에서 표명할 힘이 없으면, 죽음에 대한 구원의 희망은 본래 여기의 앞서 내다본 환자의 권한에서 기록될 수 있다. 모든 경우에 이것이 유산상속의 대상이 되는 사람으로부터 입증되지는 말아야 한다."

마지막 약관은 확실히 남용의 보호를 제시한다. 그럼에도 그러한 안락사는 문제가 있다. 첫째로 그룬델[26]이 설명한 대로, 의지의 표명 이후나 중환자의 유언 뒤에 '스스로 자신의 짐을 벗어버리는 경우나 상속을 기다리는 가족의 압력'을 결코 배제할 수 없다. 둘째로 "불구자, 중상자, 노약자와 병자들은 단지 사회적 부담으로만 나타나고 그럼에도 이들은 그러한 설명에 기껏해야 서명이나 하는 입장이 나올 수 있다." 셋째로 계속 살고자 하거나 더 이상 살려고 하지 않는 물음과 관련하여, 환자의 선호도 또한 항상 가능한 것으로 스스로 변하였다. 이것은 경험이 말해 준다. 건강한 인간은 이론적으로 그의 삶의 마지막에 그러한 처분을 쉽게 한다. 만약 실존적 위협에 처하면, 상황은 전적으로 다른 것으로 보인다. 많은 중환자가 그들에게 배당된 임종조력의

---

26) Gründel(1987), 99.

실적에 대해 감사하였다는 사실은 그러한 결정의 타당성에 엄청난 의구심을 일으킨다. 의사는 모든 경우에, 환자가 이전부터 그에게 고지(告知)된 죽음을 희망하는지를 알기 위하여, 전체 가능성을 고려해야 한다. 환자는 의식에 있는 한에서 최소한의 방식으로, '당신은 실제로 죽고 싶습니까?'라는 물음에 대답하거나 고개를 움직이거나 혹은 다른 제스처를 통하여 답변할 수 있다. 그럼에도 거기서 상황은 앞서 토론된 환자의 명시적 희망의 안락사의 경우로 환원된다.

이에 반하여, 무의식 상태가 계속되는 사람에게서는 의사표명을 이끌어내는 것이 불가능하다. 누군가 의식이 없다면 고통을 느끼지 않고, 그러므로 고통에서 구원될 것을 요구할 필요도 없다. 그러므로, 죽음 혹은 죽게 내버려둠은 관련된 자의 관심에 있는 것이 아니라 비용의 근거, 혹은 예를 들어 인공호흡기가 다른 환자들의 생존을 위한 것이라는 다른 요인을 통하여 동기가 부여된다. 다른 측면에서 보면, 이 경우는 죽임이 관련된 자의 관심에 위배되지 않을 것이다. 왜냐하면 지속적으로 의식이 없는 자는 어떠한 적극적인 내용의 삶을 갖지 않고, 그가 죽으면 죽음은 더 이상 그에게는 해롭지도 않기 때문이다. 이러한 찬반논의에서 의식이 다시 깨어나는 경우도 한번 생각해 보아야 할 것이다. 어떤 의사도 혼수상태에 빠진 환자가 식물인간 상태에서 깨어날지 어떨지 확실하게 장담할 수 없다.

이 연관에서 지속적으로 혼수상태에 있는 환자, 요컨대 '오직 의식으로만' 있는 사고희생자에 전념하는 것은 흥미로운 일이다. 뇌간출혈에서 생긴 자물쇠증후군(Locked in Syndrom)[27])에서 링케[28])는 다음과

---

27) [역주] 뇌졸중에 의해 뇌간혈관이 막혀 팔과 다리를 비롯한 온몸이 마비되고 언어구사가 불가능하게 되는 질병으로 암 다음으로 위험한 병으로 알려져 있다.

28) Linke(1990) Detlef B. Linke, *Personalität ohne Gehirn — Medizinische Ethik*

같이 기술하였다.

"대뇌와 뇌간의 고도의 결합체계와 중심은 손상되지 않았다. 그러나 이들은 외부로부터 정보를 얻을 수 없다. 근원적으로 여기에는 '두뇌가 든 용기' 상황에서 출발할 수 있다. 머리는 지금 물리적 외부세계가 절단되면, 순수한 외부가 되는 것이 아니다. 머리는 모든 관련이 상실되는 것을 체험하여야 하는 의식공간을 위한 메타포이다. 분리된 두뇌는 인격성을 유지하는 것이 아니라 광기를 담는다."

여기에는 계속 살고자 하는 삶의 가치에 대한 물음이 답변되지 않고 있다. 사고희생자 이외에는 어느 누구도 두뇌를 용기에 있게 하는 것이 무엇인지를 모른다. 그때의 감각인상의 상실이 마음에 드는 해방인지 혹은 혐오에 찬 악몽으로 지각되는지도 모른다. 용기에 있는 한 두뇌는 외칠 수도 없고 어떤 표현도 할 수 없을 것이다. 의사에게 최소한 유일한 사고희생자가 알려졌다면, 그의 자물쇠증후군이 그렇게 널리 치료될 수 있고, 용기에서 해방된 두뇌의 체험에 대하여 뒤이어 보고할 수 있을 경우, 의사는 더 이상 그러한 환자의 생명을 유지하게 하여야 하는지의 결정에 신뢰할 만한 논점을 가지게 될 것이다.29)

끝으로 다룰 문제는 죽고 싶어도 살아나려는, 심각한 기형아로 태어난 신생아들이나 심하게 정신적 불구인 어린이들에 대한 안락사의 설명이다. 예를 들어 빈번하게 인용된 이분척추증(Spina bifida)30) 같은

---

im kognitivistischen Zeitalter, in: *Information Philosophie*(Dezember 1990), 5-15.

29) 비교 : 여기에는 쿠르텐(1990), 특히 5절에 인용된 자물쇠증후군의 문헌이 있다.

30) [역주] 척추의 일부인 추골궁이 선천성 요인으로 결손되어 완전하게 닫히지 않은 상태를 지칭하는 병이다.

많은 질병을 형성하는 고통은 아이의 울음에서 읽을 수 있을 것이다. 그러나 최종적으로 외부 방관자의 모든 평가는 문제시된다. 확실히 싱어[31]에 따르면 "심각한 이분척추증 아이들을 치료하는 의사는, 아이들의 삶이 너무도 불쌍해서 그들의 생명을 유지하려고 수술을 감행하는 것은 잘못이라는 의견을 낸다. 의사들의 소견에 따르면 그들의 삶은 더 이상 살 만한 가치가 없다." 그러나 아이들이 스스로 이런 의견에 동의하는지는, 싱어가 다른 책에서 언급한 외부 방관자의 전망에서 이런 아이들의 생명을 기술한 인쇄물을 통하여 입증될 수는 없다. 사실 안락사의 도덕적 문제성은 로마교황청 신앙사절단[32]이 열정으로서 주장하는 대로 확실히 거기에 있지 않다.

"태아나 배아, 불치의 환자 혹은 죽어 가는 자가 관건일 경우에 인간 생명체를 무죄로 죽이는 권리는 아무것에도 어느 누구에게도 부여될 수 없다. 여기에는 인간적인 인격의 존엄의 훼손, 인간종족에 위배되는 공격, 신적인 법칙의 훼손이 관건이다."

여기에 유일하게 결정된 문제는, 부모, 친척, 의사, 병원종사자는 죽어 가는 것이 결코 환자의 참된 유일한 관심일[33] 것이라는 점을 절대 확실성으로 가정할 수 없다는 데 있다. 왜냐하면 그는 이와 관련하여 곰곰이 생각하였고 오해될 수 없는 희망을 표명하였기 때문이다.

---

31) Singer(1984), 181.
32) [역주] 로마교황 바울 3세가 1542년 교회를 이단으로부터 보호하기 위해 설립한 기구이다.
33) Beauchamp/Childress(1979), 124. 보챔과 칠드레스를 위하여서 안락사의 결정적인 점은 "사람이 우리가 기꺼이 말하는 대로, '삶의 질'을 위한 기준이 환자의 최상의 관심의 규정을 위한 기준을 충분하게도 엄밀하게 정식화할 수 있는지에 달려 있다."

3. 낙 태

생명윤리에서 가장 어렵고도 또한 가장 많이 토론된 문제는 낙태의 도덕적 허용이다. <어느 누구도 다치게 하지 말라>의 근본원칙의 근거에서 또한 2장 2절에서 기술된 삶의 가치의 이론에서 낙태나 한 생명체의 죽임이 이들에 앞선 모든 주의에 따라 적극적이고 살 만한 가치가 앞서 놓여 있다면, 이것은 최소한 원초적, 도덕적 그리고 도덕 외적으로 따질 필요가 있다. 왜냐하면 배아나 태아는 여전히 의식, 어떠한 감정, 생각, 의식적 희망 혹은 욕구들을 갖지 못한다 할지라도, 이러한 생명체에 대한 죽음은 전체, 다른 경우에 그에 앞선 삶의 상실을 의미하기 때문이다. 그리고 한 인간의 삶은 규칙상 도처에 큰 가치를 갖기 때문에 배아는 낙태를 통하여 거기에 해당되는 큰 피해를 경험하게 된다. 다음에 먼저 가장 중요한 반대논의의 토론이다. 먼저 합리성 또는 근거의 철학적 존엄성에 따라 나열하자면 페미니즘의 입장, 자유주의의 입장, 그리고 배아에 따라서 도저히 해로울 수 없는 시한부 해법의 입장이 있다. 거기서 나와서 여기서 대변된 입장이 일관된 방식으로 피임을 비도덕적이라고 거부하여야 하는 비난에 전념할 것이다.

최종적으로 이러한 논의가 무력화된 이후에 생각하여야 하는 것은, 사실상 어떠한 점에서 법적으로 앞서 상이하게 예견된 지시에 따라 최소한 몇몇의 낙태를 공리주의적 근본명제로 정당화할 수 있는지이다.

1) 페미니즘의 입장

페미니즘의 유명한 모토는 "내 배는 내 것이다"이다. 1990년 6월 16일 본(Bonn)으로 가던 시위대의 전단지에 「218절, 길」이라고 씌어 있는 대로, "여성은 강요된 모성 대신에 제한되지 아니한 자기규정의 권리를 요구한다." 첫째 슬로건은, 오직 여성의 배는 여성만의 것이고 뱃속에서 자라나는 아이는 아니라는 사실을 오인한다. 둘째 슬로건에서, 여성은 어떤 형식으로든 도덕적으로 비난받지 않을 피임으로 임신에 대한 자기규정의 권리를 수행한다는 사실을 묵과하거나 침묵한다.

공개적으로 유지될 수 없는 페미니즘의 입장에도 불구하고, 이에 관한 주제는 정치적 선전물 등에서 선언될 뿐만 아니라, 때로 지명도 있는 철학전문잡지도 문제삼았다. 예를 들어 쿠드(Cudd)[34]는 사람들이 말하는 그들의 '번식 통제의 권리'를 잃어버리기 때문에, 낙태를 법적으로 금지하는 것은 여성에게 해만 끼치는 것이라고 주장하였다. "왜냐하면 여성에게는 수천 년 이래로 임신중절 방법이 있어서 그렇게 해왔기 때문이다. 요컨대 여성이 임신을 피하려는 것을 적극적으로 예방할 방법이 있다. 여성이 임신중절을 하지 말아야 하는 경우는 강요된 임신이라 할 수 있다." 여기에는 금고털이의 논의가 좋은 비교이다. "부자의 금고를 드릴로 뚫어 자신의 가난을 벗어나는 방법을 찾는다. 금고털이는 이런 일을 오랫동안 해옴으로써 자신의 가난을 벗어나는 방법을 찾았다. 그러므로 법적인 금지에 대하여 적극적으로 대항하자. 어쩔 수밖에 없는 도둑질은 이미 하나의 강요된 가난 때문이다."

2) 자유주의의 입장

낙태논의에서 진지하게 증가하는 자유주의의 입장은 1990년 크리스마스 이브에 발행된 『슈피겔』지의 표제 "교황과 욕망"으로 대표된다. 낙태문제에서 보면, 가톨릭 성윤리에는 이치에 맞지 않는 것들이 무수하게 있다. 여기서 정통 가톨릭의 입장이 쉽게 공격받으리라는 생각이 자연스럽게 든다. 그러나 가톨릭교회는 그러한 공격에 대하여 불평할

---

34) Cudd(1990) Ann E. Cudd, *Enforced Pregnancy, Rape, and the Image of Woman*, in: *Philosophical Studies* 60, 52.

필요는 없다. 어느 누군가는 낙태뿐만 아니라 피임도 동일한 잣대에서 인위적 수단이고, 살인이라는 입장을 대변하였다. 피임이 낙태보다 덜 살인적인 것은 아니다. 예를 들어 『슈피겔』은 추기경 알프레도 오타비에니(Alfredo Ottaviani)의 말을 인용하였다. 그에 따르면 모든 피임은 '저주받을 패륜이고, 선취된 살인'이다. 그러나 이러한 견해는 유지될 수 없다. 그렇다고 가톨릭교회의 다른 견해들, 특히 낙태에 대한 견해가 잘못이라는 것은 아니다. 여기에는 어떤 독립적인 근거가 있어야 할 것이다. 단지 낙태를 부정적으로만 보는 논의를 일정하게 반박하는 것으로는 불충분하다. 그래서 아우구스타인(R. Augustein)은 특별히 다음과 같이 단순하고 약화된 논의를 제시할 수 있었다.

"파더본 대학 문학전공 휠러(G. Hoehler) 교수는 『일요일의 세계』(*Die Welt am Sonntag*) 신문에서 낙태를 '죽음을 유발하는 고문'으로 감탄할 만하게 논의하였다. 누구를 위한 고문인가? 12주 이내의 배아는 확실히 고통을 느끼는 것도 아니고 의식도 없다. 아마도 그녀는 배아가 고문당한다는 것을 밖에서 느낄 수 있을지도 모른다."[35]

그러나 아우구스타인의 논의는 고통 없는 죽임, 고문 없는 죽임에도 불구하고 죽임을 통하여 여전히 지각불능의 배아가 그의 전체 미래의 삶을 상실한다는 점을 묵과한다. 그러므로 낙태를 도덕적으로 따질 필요가 없는 것으로 입증하기 위해서는 더 나아간 논의가 필요하다.

첫째, 자유주의자의 적극적 찬성논의는 전 세계 많은 나라에서 낙태를 법적으로 허용하고 있다는 데 근거한다. 그럼에도 법률적 사실은 도덕적 사실과 무관하다. 역사적으로 많은 국가들은 야만행위, 노예매매, 이교도에 대한 추적과 고문, 동성연애주의자의 차별, 기타 등등을

---

35) 아우구스타인의 주석, '형법에서의 성령'은 『슈피겔』 1992년 52호에 있다.

법적인 징역형으로 위협하였다.

둘째, 적극적 낙태금지의 찬성논의는 복면을 쓴 페미니즘의 입장이다. 『슈피겔』에 따라서, "도덕성의 복잡한 문제는 일면적, 명시적, 절대구속력으로도 해결될 수는 없다. 피임과 낙태의 경우에는, 최소한 임신을 할 수도 없고, 결혼도 성교도 해서도 안 되는 남자들이 이면에 숨어 있다." 그럼에도 동일한 논리로서, 정치가나 법률가가 살인에 대한 국가적 제재에 대한 법률을 제정하는 것이 아니라, 오로지 중범죄자 스스로가 제정할 수 있다는 주장이 나올 수 있다.

셋째, 적극적 낙태금지의 찬성논의는 별로 해로울 것이 없다.『슈피겔』이 보도한 대로, 교황 역시 그렇게 된 출생 이전의 삶을 염려하지 말아야 한다. 보도에 의하면, "볼리비아 아이들 1,000명 중 300명이 3세 이전에 죽는 한", 이 아이들은 단지 희박한 삶의 기대만 갖는다. 그들의 삶이 배고픔, 가난 그리고 질병 앞에 놓인다면, 태어나지 않은 아이들의 죽임에 대한 생각은 할 필요가 없다. 그런 하찮은 논의는 볼리비아 같은 나라에서 일어나는 어른, 신생아, 어린 아이들이 굶어 죽어가는 것을 정당화할 수 있을 것이다. 그밖에 확실히 옳은 것은, 볼리비아의 한 아이의 평균생명의 기대가치는, 배고픔과 가난과 질병 없이 풍요로운 사회에서 자라나는 아이의 삶의 기대가치보다 더 낮다. 그러므로 낙태는, 볼리비아에서 성장한 아이에게는 부유한 유럽국가에서 태어나 성장한 아이에게보다는 해를 덜 끼친다. 그럼에도 불구하고, 극빈국가의 아이들의 삶은 적극적인 가치를 갖는다. 이 모든 경우에 이 아이들은 자신의 삶을 살려고 한다. 이것이 맞는 한에서, 낙태는 원초적으로 도덕적으로 폐기된다.

3) 시한부 해법[36]

진지하게 시한부 해법의 입장을 취하는 낙태옹호자는 대부분, 배아나 태아에게는 일정한 발전단계까지 도덕적으로 해악이 가해질 수 없다고 주장한다. 출산의학(Perinatalmedizin)[37]에 따르면 배아는 3개월까지는 어떠한 지각도 없다. 예를 들어 구트마허(Guttmacher)[38]는 초기배아를 단순한 세포덩어리 같은 것으로 나타내었다. 초기배아는 인간본질은 아니라는 것이다. 즉, 아직 인간적인 체험을 하지 않았다는 것이고 생각할 능력이 없다는 것이다. 바센(Bassen)[39]에 의하면 임신 6개월 째 태아는 확실히 인간본질에 해당되지 않는다.

"본질적으로는 아기이나 초기배아, 배아는 도무지 아기 같지 않다. 극단적인 직관을 위하여 난핵을 살펴보자. 이것은 임신 일주일 이후에 형성되는 세포덩어리이다. 나중에 더 많이 발전할 것이다. 그러나 이 순간은 세포덩어리 이외에는 다른 것이 아니다."

3장 3절 5)에서 자세히 살펴보게 될 배아발전(胚芽發展)의 생물학적 특징은 아주 구체적이다. 그러나 여기에 초기배아의 도덕적 상태에 관한 물음이 제기된다. 구트마허의 표현으로, 왜 낙태가 살인이 아니고, 바센의 정식화에서, 왜 단순한 세포덩어리는 희생자가 아닌가? 시한부 해법의 낙태옹호자들은 여기에 해당되는 설명이나 정당화 시도를 제안

---

36) [역주] 독일에서는 직업상 허용된 의사의 행위와 임신부의 문서상의 서명으로 임신 12주까지 여성의 임신중절을 허용하자는 논의에서 시한부 해법이 나왔다.

37) [역주] '출산의학'이라고 옮긴 'Perinatalmedizin'은 태아의 출산 전후에 각별히 요구되는 산모와 아기의 종합적 예방 및 치료 의학이다.

38) Guttmacher(1971) Alan F. Guttmacher, *Who Owns Fertility, the Church, the state, or the Individual?*, in: Donald L. Grummon/Andrew M. Barclay (Hrsg.), *Sexuality, A Search for Perspective*, New York, Van Nostrand Reinhold, 183.

39) Bassen(1982) Paul Bassen, *Present Sakes and Future Prospects, The Status of Early Abortion*, in: *Philosophy and Public Affairs* 11, 315.

하였다.

가장 극단적인 제안에 따르면, 배아는 출생 이전에는 인격이 아니기 때문에 도덕적 삶의 권리를 갖지 못한다. 케트쿰(Ketchum)[40])에 따르면 배아는 인격의 특질을 갖지 않는다. 그는 누가 죽인다거나 해친다고 하더라도 이에 대한 자기의사나 바람도 없다. 한 생명체의 죽임은, 먼저 본질이 이미 '자기의식'을 갖고 있고 또 그것이 개념적으로 "스스로 주어로서의 체험과 다른 정신적 상태에 존속하는 것을 희망할 상황에 있다면",[41]) 도덕적으로 따질 필요가 있다. 그러나 이것은 임의의 동물뿐만 아니라, 한 살까지의 아이들 또한 주저 없이 죽여도 좋다는 것을 의미할 것이다. 왜냐하면 신생아들과 아기들은 체험에 대한 주체로서의 자기 자신의 개념을 갖지 못하고, '스스로 그러한 본질임을' 믿지 않기 때문이다.[42])

조금 덜 급진적인 제안에 따르면, 그들이 정신적으로 내면적인 삶을 살지 못하는 한에서 생명체를 죽일 수 있다. 죽임을 통하여 무엇이 생명체에 해로울 수 있는지를 판단하기 위해서, 우리는 바센[43])에게 물어야 한다. "이 본질이 계획 혹은 의도를 갖는가? 그는 지각할 수 있는가? 그는 기만(欺瞞) 혹은 만족, 격앙, 불안, 고통의 감정을 갖는가?"

40) Ketchum(1987) Sara Ann Ketchum, *Medicine and the Control of Reproduction*, in: Shelp(1987), 21.

41) Tooley(1990), 167. Singer(1984), 104. 이러한 정식화는 툴리에서 왔다. 또한 싱어는 먼저 자기의식, 자기통제, 미래를 위한 감성, 과거를 위한 감성, 타자를 염려하기 위하여 다른 관계에 다리를 놓는 의사소통과 흥미를 인간존재의 지시자로서 열거하였다. 나중에 그는 합리성과 자기의식에 대하여 줄여서 도덕성 또는 죽임의 탈도덕성에 대하여 결정하여야 하는 중심조건으로서 말한다.

42) Tooley(1990), 167. Ketchum(1987), 22. Singer(1984), 168. Ard(1993). 어디에서부터 한 배아가 삶의 권리를 갖는지에 대한 지점을 찾기 위해서는 비판적인 토론을 하여야 한다.

43) Bassen(1982), 317.

그에게는 내적인 삶, 어떤 주관적인 체험의 세계가 있는가? 만약 인간 배아가 임신기간의 마지막 3분의 1 시점에서 그러한 풍요로운 정신적 삶을 발전시킬 수 있다는 점에서 출발한다면, 낙태는 최소한 6개월까지는 도덕적으로 따질 필요가 없다. 마지막 3개월 동안은 배아와 아기 사이의 유사성이 결정적이다. 그래서 인용된 저자에 의하면, 이 기간 이후의 낙태는 도덕적으로 문제가 되고, 이는 아이를 살해하는 것과 같아진다.[44]

임신 3개월에 대한 엄격한 기간을 위하여 옹호되는 논의는, 그렇게 오랫동안 여전히 어떤 지각을 갖지 못하는 본질인 한 생명체의 죽임은 도덕적으로 따질 필요가 없다. 메르켈[45]에 따르면 다음과 같다.

"인간적 삶의 관심, 도덕적 삶의 권리는 인간본질이 느낄 능력이 생기면 인정된다. 왜냐하면 거기서부터 그의 죽음은 지각의 흐름을 중단하고, 그것에 이미 명시된 삶의 비약을 종결하고, 이 생명체의 본질에 피해를 끼치기 때문이다. 이것은 왜 시한부 해법이 낙태문제에 도덕적으로 따질 필요가 없는지의 이유이다. 임신 3개월에서는 그러한 지각능력과 배아가 느낄 피해능력은 전혀 없다."[46]

---

44) Bassen(1982), 334. 바센의 논의는 아주 비일관적이다. 한편으로 그는 툴리를 다음과 같이 비판한다. 사람은 "죽임을 통하여 신생아에 피해를 줄 수 있다. 해악은 기술될 수 있다. 신생아의 미래에는 많은 좋은 것이 있다. 만약 신생아가 산다면 이러한 좋은 것을 얻는다. 만약 그가 죽는다면 그것은 없다."(318). 다른 측면에서 그는 동일한 고려가 3개월, 혹은 6개월 태아의 낙태에 거스르는 논의를 제시한다는 점을 간과한다. 왜냐하면 이 태아의 미래에는, 만약 그가 살아 있고 죽지 않았다면, '많은 좋은 것'이 있기 때문이다.

45) Merkel(1992), 20.

46) Hoester(1989)와 Leist(1990a). 이 가장 인기 있는 3개월의 기간은 독일에서는 회스터와 라이스트에서 대변되었다. 흥미로운 방식으로 가톨릭교회는 모든 경우에서 성차에 따른 시한부해법을 옹호하였는데, 『슈피겔』(1990, 52호) 보도에 따라 도그마적인 사변이 있다. "여성 태아는 임신 이후 80일에 영혼이 깃들고,

록우드는 대략 6주의 엄격한 기간을 제시하였다. 그때까지 배아는 신체적으로 두뇌섬유질이나 신경구조가 형성되지 않았다는 생각에서이다. 뇌사의 개념에서 모방된 새로운 개념의 도움으로 말할 수 있는 것은 초기배아는 여전히 어떠한 두뇌의 생명을 갖지 못한다는 것이다. 그러므로 그는 뇌사자와 같이 "인간본질로 간주되지 않는다."[47]

이러한 6주, 3개월, 6개월 혹은 9개월 옹호자는 다음을 주장한다.

(1) 생명체는, 만약 꼭, 그의 삶이 내재적 가치를 가지면, 오직 죽임을 통하여만 해롭게 된다. (2) 생명체의 삶은, 만약 꼭, 생명체가 이런저런 특별한 속성을 갖는다면, 내재적인 삶의 가치를 갖는다. 각각 다른 기간을 주장하는 시한부 해법 옹호자 사이의 논쟁은, 어떠한 속성이 가치 있는 삶을 위하여 필연적인지가 관건이다. 두뇌활동, 지각능력, 사유능력, 합리성, 자기의식 혹은 어떤 특별한 성질이 논쟁요건이다. 그러나 이 물음은 여기에서 결정될 필요는 없다. 왜냐하면 문제의 본질은 전적으로 다른 것에 있기 때문이다.

삶의 본질의 개념은 다의적이다. 2장 2절에서 논의된 것은 무엇이 한 개인의 삶의 가치로 이해되는가이다. 이 개념을 근거로, 다음 언명을 합당하고 엄밀하게 할 수 있다. "생명체는 물을 것도 없이 그의 미래의 삶이 적극적 가치를 올바로 갖는다면, 오직 죽임을 통하여서만 해롭게 된다." 죽임은 개인의 삶을 끝냄을 의미한다. 만약 미래의 삶이 더 이상 가치를 갖지 않는다면, 개인은 죽임을 통하여 자신이 겪는 해악에 고통당하지 않는다. 그러므로 한편으로 생물학적으로 그들의 발전단계에서 지각능력과 감각능력이 없이 무위도식하는 어떤 적극적 '행복'을 지각 못하는 그러한 생명체는 죽일 수 있다.[48] 그의 삶의 내

남성 태아는 이미 40일 이후에 영혼이 깃든다."

47) 비교 : Sass(1989). 가장 엄격한, 모든 지금까지의 해온 제안, 요컨대 2주 기간에 대하여서는 3장 3절 5)에서 논의될 것이다.

재적 가치는 거의 제로이다. 다른 한편에서는 적극적이고 행복한 삶의 죽임이 그 자체로서 생물학적으로 허용된 인간이나 고등동물의 죽임은, 쇼펜하우어의 말을 빌리자면, 삶의 경악이 죽음의 경악을 능가하면, 즉, 만약 미래 삶의 기대가치가 부정적이면, 도덕적으로 따질 필요가 없다.

그럼에도 시한부 해법 반대자가, 만약 배아가 여전히 관련된 속성, 지각능력, 사고능력, 자기의식 등을 갖지 않기 때문에 삶이 가치를 갖지 않는다고 한다면, 이들은 공히 눈앞에서 미래의 삶의 기대가치를 갖지 못하고 순간적 삶의 가치 또는 질로 전락한다. 그래서 정확하게 시한부 해법의 전제 (2)는 시간적 의미에서 이해되어야 한다. 한 생명체의 삶은 t의 시점에서 이것저것의 특별한 속성을 가질 때, 적극적 또는 내재적 삶의 가치를 갖는다. 그러므로 논쟁에 있는 낙태찬성 논의는, 만약 전제 (1)이 다음의 입장에서 타당하다 할지라도 올바르다. 즉 생명체는, 만약 삶이 t 시점에 적극적 가치를 갖는다면, 정확하게 죽임을 통하여 해악을 당하게 된다. 그럼에도 이것은 공공연히 그런 경우일 수 없다. 예를 들어 한 성인이 혼수상태나 깊은 의식상실의 상태에 빠져 있으면, 즉 지각과 감각이 없다면, 그의 순간적 삶의 가치는 거의 제로이다. 그럼에도 그가 나중에 다시 정상적으로 행복한 삶을 살 것으로 예견할 수 있다면, 그의 죽임을 통하여 명증적 잣대에서 그와 그의 삶에 커다란 해악을 끼치는 것이 된다. 그의 고통이 끝나가고 정상적인 행복한 삶으로 돌아오는 사람에게 그가 잠정적으로 부정적 가치를 갖고 순간적으로 느끼는 강한 고통 때문에 한 인간을 죽이는 것은,

---

48) 다음절까지 어떤 생명체가 이 범주에 속하는지 답변이 열려 있다. 일란성 세포만인지, 박테리아인지, 바이러스인지, 식물 그리고 나무인지, 혹은 고도로 발전된 동물, 개미, 모기, 바퀴벌레, 혹은 조류, 포유동물이 인간에게 영양으로 봉사하는지이다.

도덕적으로 또한 합당하게 폐기될 수 있다.

배아의 죽임은 바센[49]이 의도한 대로, 도덕적 죽임, 모든 지각능력
이 파괴되어 회복될 수 없는 혼수상태 환자나 뇌사자의 죽임, 또는 죽
게 내버려둠과 동일하게 이해될 수 없다. 정확하게 뇌사자는 더 이상
해로움을 느끼지 않는다. 이와 똑같이 배아에게도 해악을 끼칠 수 없
다. 그렇다 할지라도, 사람들이 말하는 뇌사자와 배아 사이에 팽팽한
연관성은 없다. 배아의 순간생명은 뇌사자의 생명과 같이 내재적으로
무가치하게 무위도식하며 살아가는 식물과 같다 할지라도, 배아의 미
래 삶의 기대가치는 아주 크다. 반면에 한 뇌사자의 미래 삶의 가치는
거의 제로에 가깝다.

먼저 파인버그는 권리로서 사고의 실수를 저질렀다. "나무들은 의식
적인 희망이나 본래의 목표를 갖지 못하기 때문에, 그들은 만족도, 속
임도, 고통도, 기쁨도 모른다. 이러한 도덕적으로 의미심장한 안목에서
이들은 고등동물의 종류로부터 구분된다."[50] 뒤이어 그는 나무의 동일
한 도덕적 상태에 인간배아를 포함시켜도 된다고 주장한다. 이들은 의
식적 희망과 목표를 갖지 못하고, 고통이나 기쁨을 지각할 수 없기 때
문이다. 여기에 파인버그가 간과하는 것이 있다. 나무는 그의 본질을
통하여 결코 생물학적 특질을 성공적으로 제시할 수 없다는 점이다.
그러므로 파인버그는 나무의 죽임을 통하여 그들에게 해가 끼칠 수 없
다는 점을 묵과하고 있다. 반면에 이러한 특질은 인간배아나 태아의
경우에 그들은 생물학적 본질을 통해 늦어도 탄생 이후에 발전시킬 수
있다. 그에 반하여 드베인(Devine)[51]은 권리로서 강조하기를, 만약 누

---

49) Bassen(1982), 325.

50) Feinberg(1974) Joel Feinberg, *Rights of Animals and Unborn Generations*,
   in: W. T. Blackstone(Hrsg.), *Philosophy and Environmental Crisis*, Athens,
   University of Georgia Press, 54.

군가 자신의 삶을 빼앗아가려 하면, 사람들은 순간적인 의식상태, '모든 생명체'와 독립적으로 미래의 의식적인 또는 살 만한 가치가 있는 삶의 권리를 갖는다.

바센[52]은 배아가 계속 발전할 때, 배아에게 해롭게 될 수 있다는 점을 인정한다. 예를 들어, 지금 그에게 끼치는 어떤 해침은 나중의 그 자신에게 피해가 가리라는 점이다. 그러나 여기에는 훗날의 자화상과 같은 어떤 것이 있어야 한다. 그럼에도 만약 배아가 낙태된다면, 이것은 곧장 자기가 없어지는 것이다. 이러한 생각 뒤에는 배아의 상실은, 만약 오직 그가 해악을 지각하게 되면, 단지 실제 배아의 상실이면 됐다는 생각이 감추어져 있다. 그럼에도 일반적 원칙에 비추어, 삶의 상실에는 특별한 경우가 있다. 2장 2절에서 이미 에피쿠로스 논의를 토론하였다. 그에 따르면 삶의 상실은 더 이상 체험하지 않게 되고, 전적으로 상실로 지각되거나 유감이 되지 않기 때문에, 죽음은 인간을 위하여 나쁘지는 않다. 만약 이 관점이 올바르다면, 행복하고 건강한 성인은 고통과 불안이 없는 죽음을 통하여 현실적으로 해를 당하지 않는다. 그러므로 부드럽거나 깊은 잠에 빠져 알아채기 어려운 야비한 죽음이 발생하면, 도덕적으로 따질 필요가 없을지도 모른다.[53] 누군가 그러한 입장을 취하면, 그는 낙태문제의 특성에 대하여 진지하게 생각할 필요가 없다.

---

51) Devine(1978) Philip Devine, *The Ethics of Homicide*, Ithaca, Cornell University Press, 21.

52) Bassen(1982), 326.

53) Bok(1974). 더 정확하게 죽음을 통하여 추가적으로 가족이 손해를 입지 않을 것이 확정되어야 할 것이다. 철학적 문헌의 예로 복(Bok)은 잠자는 은둔자의 보기를 든다.

4) 낙태 대 피임

낙태의 탈도덕성 논의에 더 나아간 이의가 있다. 만약 배아가 그의 미래의 삶을 상실한다면 유비추론으로, 수정이 방해된 난자세포는 성장할 수 있는 난자세포의 미래인격의 상실과 맞먹는 피해를 입을 것이다. 이러한 낙태의 탈도덕성 논의 때문에, 헤어54)는 모든 형태의 적극적인 피임뿐만 아니라, 단지 성적 절제를 통한 출산정지와 낙태를 도덕적으로 동일하게 보는 입장을 취하였다. 이러한 어리석은 결론은 부분적으로 이미 2장 3절에서 토론한 두 가지 사고(思考)의 오류에 기인한다. 첫째, 헤어의 논의는 한편으로 낙태와 피임의 상이한 특성을 간과한다. 다른 한편으로 그는 정지된 출산을 완전히 도외시하였다. 일반적으로 어느 누구에게서 무엇을 훔치는 것과 단지 무엇을 주지 않는 것에는 엄청난 차이가 있다. 한 인간에게서 1,000유로를 훔치는 일은 비도덕적이다. 하지만 이에 반하여 그에게 1,000유로를 주지 않는다는 것은 도덕적으로 아무 문제가 없는 것이다. 이것은 아기를 낳지 않는 것과 죽임에 대한 완전한 유비추론으로 타당하다. 한 인간에게 생산과 출생으로 삶이 선물되는 것은 단순한 메타포 이상이다.

둘째, 헤어의 논의는 한편으로는 배아나 태아에 대한 생물학적, 도덕적 상태, 다른 한편에서는 '유전형질'에 해당되는 상태 사이의 과중한 차이를 오인한다. 헤어55)는 그가 불임난자를 자의적으로 선택한 정자와 더불어 '가능한 미래의 아이'로 표시하였던 차이를 별 볼일 없이 만들기를 시도하였다. 비슷하게 이미 쿠제와 싱어(Kuhse/Singer)56)는

54) Hare(1990) Richard M. Hare, *Abtreibung und die Goldene Regel*, in: Leist (1990b), 132-156

55) Hare(1990), 143.

56) Kuhse/Singer(1982) Helga Kushe/Peter Singer, *The moral status of the embryo*, in: W. Walters/Singer(Hrsg.), *Test-Trub Babies, A Guide to Moral Questions, Present Techniques and Future Possibilities*, Malbourne/Oxford,

시험관에서 생산된 배아는 최소발전단계보다 훨씬 이전에 불임난자세포 더하기 분리된 정자(Spermium)와 동등한 삶의 가치를 갖는 것으로 간주하여야 한다고 논의하였다. 배아의 잠재적 삶의 가능성에 대하여 말할 수 있는 것은, 난자와 정자의 잠재적 속성에 대하여 말할 수 있는 것과 같다. 난자와 정자는, 그들이 결합된다면[!], 삶의 잠재성을 갖는다. 그들은 스스로 정상적 인간본질이 갖는 높은 등급의 합리성, 자기의식, 자율성 등으로 발전하여 나간다. 그러므로 예를 들어 쿠제와 싱어57)가 상론한 대로 윤리적으로 보아서 혼인부부의 체외수정에서 하나의 난자와 하나의 정자를 획득한 실험실 보조연구원이 이를 분리하여 배수관에 버린다든지 이들을 체외수정시키고 뒤이어 초기배아를 죽이든지 말든지는 문제의 본질과 상관이 없다고 본다.

이러한 정곡을 찌르는 생각은, 주장된 도덕적 피임과 낙태의 수평화 문제에 실제적 이유를 줄 수 없다. 헤어뿐만 아니라 쿠제와 싱어도 유전형질은 전적으로 다른 의미에서 '가능한' 아이가 수정된 난자나 배아로 제시된다는 점을 간과하고 있다. 코라디니(Corradini)58)는 이 차이를 다음과 같이 설명한다. 그들은 태아를 '실제 인간적 개인으로', '잠재적 속성'으로 특징짓는다. 반면에 불임난자세포와 정자에서는 '오직 가능한 인간적 개인'을 '실제적 비인간적 개인'으로 제시한다. 비슷하게 비르네(Byrne)59)는, 한 난자에서 한 인격이 되는 가능성은 그들의 내적인 본질의 변경과 그들의 생물학적 구성의 외적인 수정작용에 의

Oxford University Press, 61.

57) Kuhse/Singer(1984), 80.

58) Corradine(1994) Antonella Corradini, *Goldene Regel, Abtreibung und Pflichten gegenueber moeglichen Individuen*, in: *Zeitschrift fuer philosophische Forschung* 48, 34.

59) Byrne(1988), *The animation tradition in the light of contemporary philosophy*, in: Dunstan/Seller(1988), 94.

존한다는 점을 주장하였다. 이 가능성을 실현하기 위하여, 난자는 다른 종류의 유기체로 발전하게 된다. 결정적인 것은 임신된, 착상된 난자 또는 배아는 불임난자와는 달리 그의 본질을 통하여 정상인간으로 성장한다는 데 있다. 여기에 '정상'이라는 단어는 첫째로, 배아가 외적 작용이 없는 한, 즉 낙태에 의한 강압적 방해가 없는 한에서 계속 발전하는 것을 의미한다. 두 번째로 '정상'이라는 단어는, 더 이상 무엇을 해주지 않아도 최소한으로 고도의 확률로 합당하게 발전한다는 것을 의미한다. 이 가치의 정확한 크기에 대해서는 다음절에서 이야기하겠다. 여기서 최종적으로 다시 한번 강조하는 것은, 정상방식이나 혹은 높은 확률로서 본 배아의 미래의 삶은 — 불임난자와는 달리 — 나중의 지각, 관심, 희망의 주어, 그리고 동시에 도덕적 후견의 대상이다.[60]

---

60) 추서, 1998. 그 사이에 필자는 두 개의 더 나아간 연구를 유심하게 주목하였다. 여기서 대변된 안목들로 비판적으로 대립하는 것은, 요컨대 싱어(1994)의 『실천윤리학』의 개정판과 자를로우스 1992년 '선호도' 발표회에서 나타난 베셀(Wessel, 1998)의 연구이다. 이 두 연구는 각주로 다루는 것보다 더 자세한 해설이 필요하다. 싱어의 '실험실-배아의 지위'에 대한 해명은 이렇다: 배아와 '유전형질' 사이에서 일어나는 낙태와 피임에 관련된 차이를, 실험실 연구원이 중단된 체외수정의 선상에서 난자와 정자를 분리해서 없애야 하는지, 혹은 난자가 먼저 수임되고 그 다음 초기배아가 절멸되므로 없애야 하는지를 알아보아야 한다. 낙태와 피임의 문제를 실험실 연구원이 선택하는 인공적 시나리오에서 다루어서 문제의 본질을 책상 아래로 던지지 말아야 한다. 더 나아가 강조되었던 것은 단지 삶의 기회를 갖지 못하는 한 배아의 도덕적 지위가 유전형질과 동일한 가치를 지니는지이다. 그러나 거기서 싱어의 일반적 테제(1994, 208)가 귀결되지 않는다. "난자/정자 그리고 배아 사이의 차이는 (근본적인 것이 아니라, 단지) 점진적인 인격의 발전이 이루어지는 확률에 기인하는 것이다." 이러한 도덕적으로 연관 있는 차이에 대한 더 나아간 토론에 대하여서는 또한 스칼렛(Scarlett, 1984)을 참조하라.

5) 임신 8단계

위에서 토론한 정지된 출산, 피임, 낙태를 윤리적으로 같다고 보는 시도는 유지될 수 없을지라도, 피임과 낙태 사이에 놓인 도덕적 회색지대를 무시할 수는 없다. 난자세포의 수정 이후의 임신방해 또는 임신중절 기술이 여기에 속한다. 여기에 이유 있는 도덕적 판단을 위하여, 배아발전의 생물학적 사안을 자세히 관찰하는 것이 필요하다.61) 임신은 다음의 8단계로 구분된다.

임신단계	설 명
1단계	정자의 침투로 난자세포의 수정이 시작된다. 남녀염색체의 융합은 대략 24시간 이후에 종결된다.
2단계	수정된 것은 난자유도로 이리저리 유영하면서 난자세포 안에서 스스로 점진적으로 분열하기 시작한다. 그리고 단계적으로 2, 4, 8, 16 세포단계로 점진적으로 난핵을 형성한다. 이 단계에서는 이미 내외세포 사이의 첫 번째 분화를 관찰할 수 있다. 마지막 것은 나중의 배아를 형성하게 되고, 첫 번째 것은 태반을 형성하게 된다.
3단계	난핵의 자궁 착상이 약 8일 이후에 시작되고 14일 이내에 완결된다.
4단계	배아막이 형성된다. 여기서는 여전히 쌍둥이 발생가능성이 있다.
5단계	약 21일 이후에 개별배아가 생긴다. 여기에서는 이미 심장박동형식에서 첫 생명의 신호가 관측될 수 있다.
6단계	5-6주 배아를 얻는다. 여기서는 첫 신경반사가 가능하다.
7단계	12주 태아로, 첫 두뇌활동이 있다.
8단계	4-5달 이후에 임신부는 첫 태동을 느낀다.

---

61) 비교 : Austin(1989)의 1장 혹은 Seller(1988).

지금 여기에서는, 전 배아, 배아 또는 태아에서 1단계에서 8단계까지 발전에 따라 8가지 상이한 임신방해나 중절방식에 대한 차이를 구분할 수 있다. 1단계를 위배하는 최소한의 이론은, 정자가 일찍 들어와서 난자세포의 수정이 전적으로 양자의 염색체 부분의 완전한 융합에까지 발전하지 않으면 알약을 복용한다. 이것이 실제 가능한지는 판정할 수 없다. 정상방식의 의약품은 먼저 3일째까지 '사후 알약'(Pille danach)을 복용하는 것이다. 사후 알약은 2단계에서는 루프와 동일하게, 즉, 자궁 내부의 페서리62)같이 수임된 난자세포가 자궁의 점액으로 착상되는 것을 방해한다. 3단계인 임신 14일까지는 요즈음 심각하게 토론되는 낙태 알약 RU 486을 적용할 수 있다.

"Mifegyne 상표의 문제시되는 약의 실체는 여성의 몸의 번식기능에 가담하는 황체 호르몬에 반대로 작용하는 안티-프로게스테론이다. RU 486은 호르몬과 자궁벽 사이에 중재되는 프로게스테론-수용자로부터 본래적인 것으로 인정되어 그의 결속장소를 차지한다. 그럼으로써 임신유지를 위한 필연적이고도 정상적인 호르몬 기능을 중단시킨다."63)

보통의 경우 이미 일어난 초기임신은 RU 486으로 중단된다. 그리고 늦어도 임신 49일까지, 즉 4, 5, 6단계에도 중단된다. 7단계에서는 그때마다의 8단계의 지시성향에서 알려진 산부인과 낙태방법이 있다. 어떠한 안목에서 이러한 각각의 임신단계가 도덕적으로 상관이 있는가? 비르네64)는, 낙태는 3단계까지는 전적으로 따질 필요가 없다고 논

---

62) [역주] 여성용 피임기구로 질 안에 삽입하여 사정된 정자가 자궁 안에 못 들어가도록 한다.

63) 1991년 9월 5일자 『남독신문』(Sueddeutsche Zeitung) 보도.

64) Byrne(1988), *The animation tradition in the light of contemporary philosophy*, in: Dunstan/Seller(1988), 86-110.

의하였다. 왜냐하면 다음의 가능성 때문이다. "배아는 수정 이후 14일까지는 나누어지고 다시 합쳐질 수 있다. 여전히 인격이 아니라는 점을 신빙성 있는 결론으로 이끌어낼 수 있다. 초기의 배아는 인간적 본질로 보기에는 만족할 만한 충분한 안정성을 갖지 못한다."65)

철학적 단어의 의미에서 초기배아나 전 배아는 인격이 아니라고 보는 것이 확실하게 옳다. 그러나 여전히 낙태를 정당화하지는 못한다. 나중의 배아, 신생아에게는 여전히 중립적인 인격의 합리성과 자기의식의 속성이 결여되어 있다. 1-3단계 이전의 배아에서 전적으로 인간 본질이 문제가 되지 않은 것은, 단지 조건적으로만 모델로 삼을 수 있다. 즉, 쌍둥이가 생길 가능성이 열려 있는 결여된 '안정성'은 여전히 확실시되는 '개별성'을 함축하지는 않는다. 혹은 인간적 본질이 관건이 아니라, 두 본질이 관계된다는 의미에서 동일성을 함축하지도 않는다. 그럼에도 이것은 낙태의 도덕성에 연관하여서 결정적 문제는 아니다. 게다가 나중에 하나가 아니라 두 아이의 생명을 앗아간다면, 문제를 슬기롭게 처리하는 것이 아니다.

그럼에도 결여된 '안정성'은 전적으로 난핵이 여전히 인간본질로 가는 발전을 보증하지 않는다는 것을 의미할 수 있다. 그래서 둔스탄66)은 5단계 이전 과정이 인간본질로 이끄는 것은 아니나, 포상기태(胞狀奇胎, Hydatiden-Mole)67)나 피부암종양(Fruchthaut-Carcinom)과 같은 단순한 섬유질의 집적으로 이끈다는 것을 지시한다. 그러한 가능성은 지금 실제의 도덕적 문제와는 무관하다. 왜냐하면 문제되는 임신이 유

---

65) 타이히만(Teichmann, 1989, 24)에서 인용된 마호니(Mahoney)의 합당한 안목 또한 참조하라.

66) Dunstan(1988) Gordan R. Dunstan, *The state of the question*, in: Dunstan/ Seller(1988), 13.

67) [역주] 태반을 구성하고 태아의 영양을 다루는 융모가 낭포화된 것으로, 포도송이같이 보이므로 포도상기태라고도 한다.

산으로 이끈다면, 낙태를 통하여 자연히 어느 누구도 해롭게 되지 않기 때문이다. 이 전망은 1-4단계의 초기임신에서 추후 유념이 되어야 할 뿐만 아니라, 또한 나중 단계인 5-8단계에서도 그러하다. 또한 거기에서도 배아는 여전히 100% 확실하게 아기로 발전할 안정성을 충분히 갖지 못한다. 오스틴의 평가에 따르면,[68] 인공적으로 중절하지 않은 100개의 난자세포의 임신율은 1단계에서는 약 80%, 2단계에서는 약 60%, 3단계에서는 약 30%, 4, 5단계에서는 약 25%, 6단계에서는 약 15%, 7단계에서는 약 10%, 8단계에서는 약 5%까지 낮아질 수 있다. 그때마다 정상임신에서 초기배아 또는 배아의 상태로부터 신생아로 발전될 확률은 다음 표와 같다.

1단계	2단계	3단계	4단계	5단계	6단계	7단계	8단계
5%	6%	8%	17%	17%	20%	33%	50%

그러므로 5%, 6% 또는 8%의 생존확률을 갖는 초기 1-3단계에서 수임된 난자세포의 착상을 중지시키는 경우는 어떤 경우에도 10분의 1보다 낮은 생존율을 갖는다. 그러므로 '신생아의 10분의 1을 죽이는 것과 같이 나쁘다'고 생각할 수 있다. 그러한 통계에 의해 4-6단계에서는 5분의 1, 7단계에서는 3분의 1, 그리고 8단계에서 2분의 1 정도로 영아살인과 다름없이 나쁘다. 이로써 최소한 바센[69]의 견해가 부분적으로 입증되었다. 그에 따르면 낙태의 도덕적 폐기성의 등급은 임신기간으로 올라간다. 이 폐기성의 등급은 '피임의 상위, 즉, 0%의 상위로

---

68) 비교 : Austin(1989), 24. 벗어나고 있는 평가는 싱어와 도슨(Singer/Dawson, 1988, 100)을 참조하라.
69) Bassen(1982), 336.

부터 거의 영아살인에까지'에 이른다. 또한 1991년 9월 23일의 '낙태
알약'에 대한 『슈피겔』 보고에서 인용된 산부인과 전문의 아우베니(E.
Aubeny)의 의견은 다음과 같다.

"낙태는 항상 도덕적 문제이다. 끊임없이 인격의 가능성을 제시하는 배
아와 여성의 관심 사이에 모순이 있다. 모든 경우 의사는 환자로부터 이
딜레마를 의식한다. 이러한 도덕적 알력은 가능한 한 임신의 초기단계의
간섭을 통하여 감소시킬 수 있다. 진공흡입 방법과는 달리 알약은 임신
수일 이내에 충분하게 임신중절을 가능하게 하는 데 도움을 줄 것이다."

특별하게 RU 486은 윤리적 단계의 발전이라는 아우베니의 판단을
인정할 수 있다. 이 의약품을 성교 이전에 조기복용하여 '사후 알약'과
같이 작용한다면, 예를 들어 도덕적으로 자궁 내부 페서리 작용과 비
교할 수 있다. 모든 경우에 사람은 RU 486을 '확실한 성교 이후의 피
임수단'70)으로 해로울 것이 없다고 해서는 안 된다. 왜냐하면 보통의
경우는, 여자가 생리가 시작되지 않는 것을 보고 임신했음을 알았을
때, 즉 4와 5단계에서 적용하기 때문이다. 다음 RU 486의 사용은 임
신하는 자를 위해서는 편하므로 의학적 위기를 확실히 감소시킨다.71)
그러나 도덕적으로는 그밖의 나머지 간섭보다 더 나은 것은 없다. 그
래서 『슈피겔』이 인용한 영국성공회 대변인 젠킨스(S. Jenkins)는 의

---

70) 이것은 1992년 12월 5일 「의사실무」의 한 조항에서 나타났다. 거기에는 모든
경우에 RU 486은 '먼저 72시간 이내에 보호되지 않은 성교에서' 아주 많이,
예를 들어 표준-호르몬 치료보다 더 신빙성 있고 부작용이 적게 임신이 방해된
다는 점이 엄밀하게 되었다.
71) 『남독신문』에 따라 인용된 의사 브레크볼트의 언명에 따르면 만약 '관련된 자
의 가장 극소의 위험을 갖는 낙태'가 관건이라면, 임신부에게는 RU 486이 도
움이 된다.

미심장하게 확정하였다. "알약은 단지 다른 방식의 낙태이기 때문에 도덕적 전망이 변할 것은 아무것도 없다."

그러나 자연적으로 RU 486은 다른 낙태형식과 하등의 차이가 없다. RU 486을 악마의 의약품으로 취급하는 입장은, '한 신생아[?!]를 죽이기 쉽게 만드는 것'이라고 보는 것인데, 이것은 대단히 어리석은 짓이다. 이 문구를 사용한 1991년 9월 5일 『남독신문』에 따르면, 웨스트민스터의 흄(B. Hume) 추기경은 회스트 주식회사(Hoest AG)에 서한을 보내는 사이에 영국에서 의약품 허용의 반대논의에 끼어들었다. 비슷한 방식으로 1992년 『신오스나부르크 신문』 보도에 따르면 풀다의 대주교 요하네스 디바(Erzbischof J. Dyba)는 '부드럽게 아기를 죽이는 [?!] 알약'에 대하여 다음과 같이 말하였다. "할머니, 할아버지를 위한 수면제가 이러한 추세를 따라갈까 두려워하여야 할 것이다." 이러한 추세에서 곧장 사람은 조심스럽게 도입된 통계사실의 고찰에서, 진짜 피임, 즉, 난자의 수임방해와 7단계에서의 배아죽임의 진짜 낙태 사이의 회색지대에 대한 방안을 다음과 같이 평가하여야 한다.

방 안	시 점	대상목표	윤리적 판정	윤리적 판정
사후 알약	1단계, 즉 성교이후 24시간	여전히 용해되지 않은 염색체의 난자세포	수임과정의 중절	영아살인만큼 5% 나쁘다
사후 알약, 슈피랄레 (spirale)* RU 486	2단계, 수정이후 8일	난핵	착상의 방해	영아살인만큼 6% 나쁘다
RU 486	3단계, 수정이후 14일	난핵	착상의 호르몬 중절	영아살인만큼 8% 나쁘다
RU 486, 조기낙태	4, 5단계, 수정이후 40일	초기배아	호르몬 혹은 산부인과 낙태	영아살인만큼 17% 나쁘다

* [역주] 일종의 페서리이다.

영아살인이 x %처럼 나쁘다는 양적 평가시도는 그때마다의 임신상태는 출생까지 가야 한다는 앞서 언급한 확률에 기인한다. 그러한 통계적 시각은 6구경의 권총에 총알을 1개 넣은 러시안 룰렛 게임처럼 유비추론으로 근거를 줄 수 있다. 성인을 죽이는 시도는 정상적인 자살이나 살인과 같이 단지 6분의 1만 나쁠 것이라는 것이다. 이런 비교는 일면적이고 문제시되어 보인다. 그러나 사전 및 조기 낙태 방안의 탈도덕성, 곧 2장 8절에 토론된 중지된 시험관 이식에 의한 아주 드문 약 9%의 통계적 생존기회를 갖는 '잉여배아'의 생산이 여기에 해당되는데, 이를 객관화할 수 있는 기준은 아직 가시적으로 나타나 있는 것은 아니다.

6) 의료지시

지금까지 낙태는 원초적 사실로서 태아에 집중되어 또는 거기서 발전되는 아이의 관심에서 평가되었다. 이러한 전망에서 보면 낙태는 피임과는 달리 대중적 관심을 훼손한다. 거기서 <어느 누구도 다치게 하지 말라>의 최소원칙에 따라 낙태는 도덕적으로 따질 필요가 있다. 도덕적으로 따질 필요가 있는 것은, 그럼에도 모든 개별경우에서 낙태의 도덕적 불허를 함축하지는 않는다. 왜냐하면 최소한 공리주의 관점에서 보자면, 대부분 배아에 대한 관심이 임신한 여성의 관심에 비례하는 것도 반비례하는 것도 아니기 때문이다. 이에 대하여 특별히 전형적인 형사법상의 낙태의 판단의 근거를 둔 의료지시를 고찰하여야 한다.

만약 형사법 218조에 따라 임신부의 생명과 건강을 위하여 다른 방법으로 제거될 수 없는 과중한 위험이 있다면 의료지시가 내려진다. 즉, 아기는 건강한데, 아기의 탄생으로 생모의 건강상의 해악이 확실시된다면 의료지시가 내려진다.[72] 건강상의 해악이 유일한 이유라면, 아마도 가능한 질병 혹은 생모의 죽음이 아이의 삶보다 무거운 것이 아니라고 논의할 수 있을 것이다. 이는 아이의 삶의 가치가 일반적으로 기대되는 생모의 삶의 기간에 비례하여 높아진다는 생각에서가 아니다. 이 입장은 오랫동안 가톨릭교회 교설로 대변되었다. 그럼에도 최소한 생모의 삶이 게임이 놓인 극단적인 경우에는 의료지시의 근거가 주어지지 않은 것이다. 첫째, 전적으로 공리주의 계산과는 독립적으로, 모든 인간에게는 일반적으로 긴급방어나 자기보존의 권리가 인정되어야 한다. 그리고 생모는 이것을 후손과 동시에 다른 인격에 대하여도 타당하게 할 수 있어야 한다. 둘째, 위의 관심의 평가는 일면적이고 빗나간 것이다. 왜냐하면 아이의 미래의 삶의 가치는 생모의 죽음을 통하여 극적으로 감소하기 때문이다. 그밖에 아버지와 이미 태어난 형제자매가 생모의 죽음에 부정적으로 관련된다는 점을 염두에 둔다면, 공리주의 주안점은 많은 의학적 지시의 경우에서 오히려 낙태를 옹호할 것이다. 그럼에도 구체적인 생모를 위한 건강상의 위험이 없는 일반적인 평가는 불가능하다.73)

"제거될 수 없는 건강상태의 해악으로 아이가 고난당하고, 임산부에게는 더 이상 임신을 요구할 수 없는 절박한 경우를 받아들여야 한다는 근거가 놓여 있다면", 우생학적 지시가 내려진다. 여기에서 어떠한

---

72) 이것의 나중의 규정은 대 브록하우스 18판, 주요단어 '임신중절'에서 인용된다.
73) 『슈피겔』은 1990년 52호에서 가톨릭교회의 입장에 거슬러 권리로서 더 나아간 비난을 제기한다. 만약 교회가 낙태의 경우 인간적 생명의 '불가침'을 이야기한다면, 교회는 일관적이지 못하다. 교회는 확실히 태어나지 않은 아이를 '직접' 죽이는 것을 금지한다. 그러나 일정한 경우에는 '간접적'으로 죽이는 것은 아니다. 교회로부터 '이중효과의 행위'라고 불리는 이중도덕에 대한 보기가 있다. 임신기간 중 어머니의 생명이 자궁암 때문에 위험하게 되었을 때, 발암물질은 제거되어도 좋다. 이에 필연적으로 태아의 간접적 죽임은 교회에서 허용된 것으로 타당하다. 이에 반해 어머니의 생명이 신장병이나 흉부암으로 위험하게 되었을 때, 낙태는 교회의 가르침에 따라 금지된다. 왜냐하면 아이가 '직접' 죽어야 하기 때문이다.

건강의 해악이 관건이 되는지는 법적으로 자세히 제시되지 않았다. 추측컨대 사람들은 기형과 질병으로 살 만한 가치가 없는 아이를 생각하여야 할 뿐만 아니라, 아이에게 확실히 장애가 있으나 살 만한 가치가 있는 삶으로 이끌 수 있을 몽고병 같은 질병을 생각하여야 한다. 이 경우 공리적 전망으로부터, 만약 아직 태어나지 않은 아이의 제한된 삶의 가치가 어머니와 해당 아버지와 형제자매가 그 심한 기형아와 같이 사는 데서 오는 단점보다 나쁘다면, 낙태가 허용된다. 아마도 기형아의 가족들은 그의 제한된 행복한 삶을 넘어서, 그들의 고난과 많은 노력과 희생에 대하여 기형아로 인한 기쁨의 상쇄가 그들의 삶의 질을 떨어뜨리는지 아닌지는 스스로 판단할 수 없을 것이다. 모든 경우에 개별상황의 상세한 인지가 없는 일반적 판단은 불가능하다.

이 연관에서 필자는 배아의 기형화에 대한 사전출생진단법에서 발견되는 도덕적 문제에 대해 간단히 언급할 것이다. 예를 들어 뮐러[74]는 그렇게 믿었다. "만약 높은 확률로 기형아가 태어나게 될 것이라는 연구가 있으면, 우리 사회에서는 이 아이는 죽여야 한다는 기대가 크다. 사전출생진단법을 거부하는 혹은 부정적인 결과에도 불구하고 기형아를 받아들이는 부모는 어떻게 되는가?" 슈페만은 이에 해당하는 우려를 표명하였다.

"임신한 여자의 요구 없이 시행된 사전출생진단법이 아이에게 피해를 주는 경우에, 우생학적 지시가 아니라도 사회적 지시의 기초를 세울 수가 있다. 만약 어머니가 낙태를 거부한다면, 자연히 그녀는 재정부담의 책임을 지게 된다."[75]

---

74) Müller(1988) Gerhard Müller, *Zur Frage nach dem Leben in theologischer Sicht*, in: Lübbe[u.a.](1988), 56.
75) 1992년 6월 12일 『디 차이트』 신문은 다음과 같이 보도하였다. "우리는 금기

그럼에도 그러한 도덕적 논의는 모든 이성적 기초에 두는 것이 필수 불가결하다. 우생학적 지시에 의한 낙태가능성은 항상 부모의 관심에 벗어나 있어야 한다. 만약 대부분의 사람들이 자신의 결정을 거의 배타적으로 그들의 고유한 관심에서 출발한다면, 문제시되는 것은 규칙성이지 낙태 결정의 필연성은 아니다. 그럼에도 개별경우에 부모가 사전출생진단법이나 낙태를 거부한다면, 만약 그들이 심한 기형아를 세상에 내어보내고 양육하는 데 예상되는 개인적 재정부담을 고려하지 않는다면, 부모의 관심을 통해서가 아니라, 성장하는 아이에 대한 관심에서 내려진 결정은 결코 도덕적 비판의 과녁이 될 수 없을 것이다. 부모의 의지에 위배되어 배아들이 낙태되어야 한다는 뮐러로부터 예언된 '사회'의 기대는 거의 괴상한 것으로 보인다. 사회가 기대하는 것, 기대하여도 좋은 것은 기껏해야 부모가 규칙상 쉬운 길을 가는 것이므로 낙태에 한 표를 던지는 것이다. 예를 들어 누군가 함부르크에서 뮌헨까지 여행을 할 때, 편하게 기차나 자동차로 가지 자전거로는 가지 않으리라는 점을 기대한다. 동일한 의미에서, 사회는 쉬운 길을 기대한다. 그럼에도 거기의 정상적이고 쉬운 길의 기대에 부합하지 않은 행동에서 도덕적 판단이 결코 내려질 수 없다. 사랑 때문에 커 가는 아이를 위해 더 어려운 길을 선택하는 어머니에게 낙태를 거부하는 '사치'를 부린다고 비난하는 것은 파렴치하다. 그리고 동시에 사람들이 말하는 재정부담을 그녀가 짊어져야 한다고 하는 것도 파렴치할 것이다. 그 외에 여기에 미국과학자가 최근 특별히 부모를 위하여 발전시켰고, 매우 높은 확률로서 후세를 기대할 수 있는 사전출생이식진단법

를 포기하여야 한다." 비슷하게 투겐하트는 답변에서 "우리는 어머니가 아이를 낙태하려고 하지 않고, 합당한 멸시에서 벗어나기를 원하는, 금기를 가능한 한 토론하여야 한다. 나는 이것을 전체의 문제성에서 가장 갈피를 못 잡는 점을 발견한다. 나는 이에게 쉬운 답변을 거부하고 싶다."

을 지적할 수 있다. 만약 그들이 그럼에도 아이를 얻으려고 원한다면, 의사들은 그들에게 인공임신을 선택하라고 충고한다. 시험관수정에서는 난자와 정자가 신체 외부로 나와 시험관에서 수정된다. 그 다음 의사는 배아들을 미세현미경으로 들여다보고, 정상으로 보이는 것을 여성의 자궁에 착상시킨다. 이러한 과정의 앞선 도덕적 선입견은 파켈만(Fackelmann)[76]이 고찰하였다. "심각한 유전병을 갖는 태아의 낙태로 고통당하는 대신, 부모들은 유전적 결함 없는 배아의 이식을 결정할 수 있다." 이러한 긍정적인 평가에 대한 엄격한 반대를 위하여 프랑스의 생물학자 테스타(Testart)[77]는 사전출생이식진단법이 사전출생진단법에 따른 낙태보다 더 큰 도덕적 문제라고 생각한다. 프리츠-반나메(Fritz-Vannahme)[78]의 보고에 따르면 배아에 대한 사전출생진단법과 수임된 난자의 사전출생이식진단법 사이에는 단절이 있다. 첫째 방식은 최악을 예방하고, 둘째 방식은 최상의 선택에 따르는 것이다. 그리고 진리는 종종 중간에 있다. 배아의 전망으로부터는 자신이 초기임신에서 사전출생진단법의 근거에서 낙태가 되는지 혹은 체외수정선상에서 사전출생이식진단법으로 자궁에 이식되지 않게 되는지는 상관이 없다. 그에게 낙태는 5-10%의 확률로 가치측면에서 강하게 유전병 때문에 내려지는 제한된 삶의 상실과 같다.

다음으로 고찰되는 범죄적인 낙태지시는 강간으로 임신한 경우이다. 성범죄가 어떻게 나쁜지를 염두에 두고, 아이가 미래에 건강하게 자란다면, 사람들은 감정에 따른 낙태는 도덕적으로 따질 필요가 없는 것으로 설명하고 싶을 것이다. 여기에 범죄의 가장 불쌍한 희생으로써

---

76) Fackelmann(1975) Kthy A. Fackelmann, *Checkup For Babies*, in: *Zeit-Punkte* 2(1995), 73.

77) Testart(1986) Jacques Testart, *Das transparente Ei*, Frankfurt a. M., Campus,

78) Fritz-Vannahme(1995), 76.

다음의 경우는 강요되지 말아야 한다고 생각한다. 희망하지 않았던 아이는 세상에 내보내지고 그의 생부는 감방에 있다. 아이는 미혼모의 아이로 여겨진다. 그리고 아마도 사회적 아버지는 없이 자랄 가능성이 크다는 기타 등등의 것이다. 그럼에도 철학적으로 근엄하게 확정된 것으로, 강간 이후의 낙태는 도덕적으로 문제가 있다. 확실히 여자에게는 부당한 일이 생긴 것이고, 거기에는 많은 고난이 뒤따른다. 어떤 방식으로든 우리의 정의감은 이 해악이 다시 좋아져야 한다는 데 동의한다. 그러나 일반적으로 도덕적 보상이 요청될지라도, 강간당한 자에게 부가된 부당성이 낙태를 통한 상쇄로, 결코 원치 않은 임신의 특별한 해악을 자동적으로 정당화하는 것은 아니다. 왜냐하면 어느 누군가는 범죄자로서 다른 사람에게 곧, 생겨나는 아이에게 부당(不當, Unrecht)을 부가하기 때문이다. 공리적 격률에 따라 범죄적 지시에 의한 낙태는, 만약 생모와 관련된 친지들에게 원치 않은 아이의 출생으로 입을 피해가 태어나지 않을 아이로 고난당할 해악을 능가한다면 허용된다. 그리고 이것은 항상 삶의 전체가치이다. 그럼에도 개별경우에 강간으로 생겨난 인간생명은 특별히 좋지도, 조화롭지도, 행복하게 경과하지도 않아, 정상적인 임신보다 더 명백하게 극소화된 기대가치를 갖는다는 점이 고려되어야 한다. 이를 넘어선 일반적 판단은 다시금 불가능해 보인다.

사회적 지시의 마지막 카테고리는 빠져나갈 구멍이 많은 독일형법 218조의 규정에 따른다. "만약 임신부에게 더 이상 임신을 계속 요구할 수 없고 제거되어야 하는 궁핍을 벗어나기 위해, 다르게는 강요할 수 없는 그렇게 과중한 임신중절이 가리켜지면, 낙태라는 사회적 지시가 놓인다." 이런 경우라면, 모든 객관적 판정이 빗나간다. 예를 들어 확실히 임신부의 많은 사회적 궁핍한 사정도 여자의 건강 혹은 게다가 생명의 위험이 있는 의학적 긴급사태처럼 과중하게 놓여 있을 수 있다. 그러나 사람은 스스로 선의의 해석에서, 모든 실천적으로 수행된 개별경우에 일목요연한 법 조건이 채워졌는지 확실히 의심할 수 있다. 그러나 추측컨대 오래된 통계가 말하는 바는, "1978년 독일연방공화국에는 576,468명의 신생아 중에 73,548명의 법적인 임신중절이 있었다. … 그들 중 67.0%는 사회적 지시로 내려졌다."[79] 그 중에 얼마나 많은 중절이 공리주의 평가에 따라 도덕적으로 정당화되고 방치되었는지는 모른다. 단지, 모든 경우에 사회적 지시가, 동시에 많은 다른 지시의 경우에, 아마도 난폭한 계획에 따라 결정이 내려졌다는 것은 명백하다. "나의 안위는 당신의 삶보다 중요합니다." 지금 그렇게 한번의 변명할 여지도 없는 공리주의 낙태윤리의 근본사상이 나온다!

7) 동 화

필자는 이 어려운 주제를 매듭짓기 위하여 많이 토론된 논의를 요약하고 싶다. 많은 경우 이 논의에는 직업윤리의 철학적 통찰이 강제적 오류에 빠질 수 있다. 툴리[80]의 논의는 공상-과학-가설에 기인한다.

"미래에 한 화학제품이 만들어져 이를 고양이의 뇌에 투약한다. 고양이는 인간의 두뇌를 갖는 고양이로 발전한다. 이에 따라서 인간이 갖는 전형적인 심리학적 능력을 모두 갖춘 고양이는 언어사용능력을 갖추고 계속 발전해 갈 것이다. 그러나 첫째, 그러한 상황에서 발전과정을 거치는 고양이에게 진지한 삶의 권리를 부인하는 것은 도덕적으로 정당화될 수 없을 것이다. 둘째, 특별한 화학물질로 새끼고양이에게 주사를 놓는 대신 죽이는 것은 도덕적으로 진지한 잘못은 아니다. 한 마리 고양이가 최종적으로 이러한 속성을 갖고, 이러한 속성을 가질 수 있으므로 그 자체의 사

79) 자료는 대 브록하우스 18판, 10권, 283.
80) Tooley(1990) Michael Tooley, *Abortion and Infanticide*, London, Clarendon Press, 182-183.

실(ipso facto)로 진지한 삶의 권리를 갖는 인과과정을 해체할 수 있다는 것은, 고양이가 주사로 인격으로 변하기 전에, 이미 유력한 삶의 권리를 갖는다는 것을 의미하지는 않는다. 고양이가 인격으로 변환될 가능성은 정확하게 새끼고양이를 죽이는 것이 덜 잘못인 것처럼, 도덕적으로는 덜 잘못이다. 셋째, 그러한 인과과정의 해체의 중지가 진지하게 잘못이 아니라면, 그러한 과정에 끼어드는 것 또한 진지하게 잘못은 아니다. 한 마리 고양이에게 실수로 화학물질이 투사되었다고 하자. 고양이에게 삶의 권리를 갖는 속성으로 발전하게끔 돕지 않았어도, 인과과정을 중단시키고 관련된 속성의 발전을 훼방하는 것이 잘못일 수는 없다. 그러나 자연적 방식에서 삶의 권리를 부여하는 속성으로 발전하는 주사된 고양이를 절멸하지 않는 것이 진지하게 도덕적으로 잘못이 아니라면, 그러한 속성을 결여하지만 자연적으로 그런 속성을 얻는 호모사피엔스 종족을 절멸하는 것이 도덕적으로 잘못은 아닐 수 있다."

요약하면, 툴리는 다음을 주장한다. 첫째, 새끼고양이나 고양이는 삶의 권리를 갖지 못한다. 그는 관련된 인간적 속성을 갖지 못하기 때문이다. 둘째, 기적의 고양이는 변화가 이루어지고 모든 문제적 속성의 본질을 갖는 어떤 한 시점에서부터 삶의 권리를 얻는다.

첫째 테제는 다음절에서 고양이와 다른 동물의 삶의 권리에 대하여 이야기하겠다. 여기서는 어째서 둘째 테제가 유지될 수 없는지를 살펴보겠다. 실제로 한 마리 새끼고양이에게 약제를 주사하지 않고, 대신 자연적인 고양이의 삶을 살게 하는 것은 도덕적으로 옳다. 그렇다 할지라도 이미 진행된 한 마리 기적의 고양이의 변환의 경과를 중지시키고 그럼으로써 그에게서 인간의 삶을 빼앗는 것은 도덕적으로 진지하게 잘못은 아닐 것이다. 이것은 다음의 철학적 허구로 아주 간단하게 밝혀진다.

무조건 들쥐가 되는 것을 체험하고 싶었던 철학자 토마스의 충동에 따라 프린스턴대학 과학자들은 오랜 연구 끝에 한 화학물질을 개발하였다. 이 화학물질을 성장한 인간의 두뇌에 투약하면, 인간은 24시간 동안 들쥐로 변한다. 그리고 24시간이 지나면 다시 인간으로 되돌아간다. 어느 날 미하엘은 동료 토마스를 방문하였다. 그날 토마스는 이 놀라운 약을 자신에게 시험할 용기가 생겼다. 토마스는 미하엘에게 실험실을 지키고 있으라고 부탁하였다. 다른 사람이 실수로 인간이 변환된 들쥐를 일반 들쥐라고 생각해서 죽일지도 모르기 때문이었다. 미하엘은 그를 지켜줄 것을 약속하였다. 드디어 토마스는 자신에게 주사를 놓았다. 그리고 잠시 후에 그는 들쥐로 변했고 그후 23시간이 지났다. 토마스는 수년간 전념하였던 연구에 대한 충분한 체험을 쌓은 셈이었다. 이때 갑자기 미하엘에게 다른 생각이 떠올랐다. 그는 항상 프린스턴대학 교수인 토마스를 질투하였다. 그리고 토마스를 제거해야만 자신에게 실제적으로 교수가 될 기회가 온다는 것을 알았다. 그는 '낙태와 영아죽임'에 대한 확신을 갖는 테제에 대한 기억을 더듬었다. 이후 45분 동안 토마스는 들쥐 이외에 다른 것이 아니었다. 그는 아직까지는 하나의 생명체로서 부여되는 진지한 삶의 권리를 갖는 인간적인 속성을 갖지 못하였다. 토마스는 인간이 되려면 빨리 서둘러야 할 것이다!

그렇게 운명은 제 갈 길로 갔다.

8) 잠재성 논의[81]를 위한 추서

필자는 1990년대 초반 이 절의 중심사상을 발전시켰고 초고는 '낙

---

81) [역주] 생명의 시작을 보는 입장은 크게 네 가지이다. 정자와 난자 세포의 결합으로 나중의 유전적 동일성이 결정된다는 ① 동일성 이론, 인간의 생명은 정자 세포의 침입으로 시작된다는 ② 잠재성 논의, 임신 시점에서 배아의 지속적 발전이 이루어진다는 ③ 지속성 논의, 그리고 인간적으로 임신된 난자세포의 특수한 지위가 인간의 생명으로 이끈다는 ④ 종의 논의가 있다.

태'라는 제목으로 1994년 여름에 일단 탈고하였다. 그럼에도 이 시기에 많은 동료 철학자와 상이한 의견 대립에서 낙태의 도덕성에 대한 전적으로 다른 입장을 대변하였다. 이 안목은 결정적으로 소위 잠재성의 원칙 또는 잠재성 논의에 대한 비판을 뒷받침하고 있었다. 거칠게 말하자면, 배아의 도덕적 지위는 그들의 잠재적 속성으로 결정된다. 정확하게는 미래의 행복한 인격의 삶을 이끌 잠재성을 통하여 세워지는 그러한 논의의 비판을 뒷받침하고 있었다. 이 원칙에 대한 첫 번째 비판은 1970년대에 싱어와 툴리가 했다. 그럼에도 논쟁의 정확한 근원은 어렵게 재구성될 수 있을 것이다.82) 필자는 다음과 같이 회스터83)의 대표적인 제안에 연관을 갖고자 한다.

"모든 경우에 신생아는 그의 성향에 따라 인격이라는 의미에서 잠재적 본질이다. 즉 그는 자연적 발전의 추이가 중단되지 않는 한에서, 현실의 인격본질로 발전하게 되리라는 것이다. 잠재인격의 본질에 삶의 권리를 용인하는 근거가 어디 있는가? 첫째 안목에서 사람들은 현실인격에서 인정하는 모든 권리를 잠재인격에서 인정하는 것이 전적으로 자명한 권리라고 주장한다. 그러나 이 잠재적 논의는 실제에서는 일반적으로 '개별자의 현실적 지위의 근거에서 그가 갖는 모든 권리와 아울러 또한 다른 개별자도 그에 합당한 잠재적 지위의 근거를 가져야 한다는 명제가 타당하다면, 성립하는 경우이다.' 살아 있는 왕의 왕위계승자는 결코 현재 왕이 갖는 권리를 갖지 않는다는 보기를 통해 알 수 있는 것처럼 이 명제는 적절하지 않다. 현실인격에게 삶의 권리같이 일정한 권리가 인정하는 것으

---

82) Singer(1984), 164. Tolley(1990), 176. 이것은 싱어가 '태아의 잠재적 삶'에 대한 테마를 반대입장의 대변자가 누구인지를 지시하지 않고 토론하였기 때문이다. 비슷하게 툴리도 어떤 구체적인 저자가 '보수적인 입장에 대한 자신의 반박'에 방향을 맞추어 오는지 침묵하고 있다.

83) Hoerster(1989) Nobert Hoerster, *Forum, Ein Lebensrecht für die menschliche Lebensfrucht?*, in: *Juristische Schulung* 89, 76.

로부터, 잠재인격에게도 또한 이와 동일한 권리가 자동적으로 인정될 수 있는 것은 아닐 것이다.

잠재인격에 삶의 권리를 인정하기 위한 그밖의 투명한 근거는 무엇인가? 다음을 생각할 수 있다. 우리 인격은 우리 자신의 삶을 소중히 여기는 것이다. 그리고 우리는 우리의 모든 개별적인 것에 대하여 삶의 권리를 요구한다. 그럼에도 배아가 낙태되어야 한다면, 배아는 우리의 현재의 인격존재의 단계에 결코 도달할 수 없을 것이다. 요컨대 우리는 모든 잠재인격에게 그 자체로 삶의 권리를 인정하여야 한다. 그럼에도 이런 물음이 생긴다. 오늘날 우리는 우리의 존재에서 우리를 위한 삶의 권리를 요구한다. 그렇기 때문에 우리는 우리 이전의 모든 존재형식에서 우리를 위한 삶의 권리를 요구하여야 하는가? 이것은 일반적으로 'A는 x에 대한 권리를 갖는다'라는 명제로부터, 'A는 A가 x에 대한 권리를 갖는다는 것에 대한 모든 필연적인 조건의 권리를 갖는다'가 도출될 수 있다면 성립하는 경우이다. 그러나 이 귀결은 전적으로 유지될 수 없다. 왜냐하면 이 귀결은 삶의 권리의 경우, 누구나 어리석은 것으로 고찰하게 될 좋은 결과로 이끌 것이기 때문이다. 성장한 A가 삶에 대한 권리를 갖는 필연적인 조건은, 요컨대 모든 경우에 A의 삶의 권리의 생성으로 이끌었다. 요컨대 '이런 조건의 필연적 원인은 대략 관련된 신생아의 비(非)낙태뿐만 아니라 또한 비(非)죽임에 관련된 핵세포의 연합이다. 요컨대 우리는 이런 도상에서 누구나 이미 살아 있는 개인의 난자세포의 삶과 임신권리를 요구할 수 있을 것이다. 이 고려의 핵심은 다음의 방식에서 또한 명쾌하게 말할 수 있다. 현실인격은 그 자체로서 의심 없이 계속 보호받을 삶의 희망을 갖는다. 현실인격의 선행자는 모든 경우에 이 희망을 갖고 있지 않다. 그럼에도 그들에게서 삶의 권리를 인정하려고 한다면, 이것은 공히 그들의 현재적 지위에 대한 후견으로가 아니라, 단지 그들의 미래지위의 후견으로만, 곧 동시에 인격의 선행자의 후견으로만 발생할 수 있다. 그러나 이러한 관심하에서 상이하게 앞선 단계에 유의미한 방식의 차이가 만들어질 수는 없다. 다르게 표현하자면, 불임난자세포는 고난당하지 않지만 죽임에서 해방된 신생아는 고난당한다. 그럼에도 한 인격본질의 미래존재는, 불임난자세포의 죽임을 통하여 또한 동시에 신생아의 죽임을 통하여 방해된다."

필자는 이 논의의 허점을 분석하기 전에 시사할 것이 있다. 철학자들은 표면적이나 무비판적으로 낙태와 피임 사이의 막중한 차이를 없애고, 또는 '보수적'인 반대파당을 복종시키기 위하여, 키워드로 '잠재성 논의'를 이용하고 있다. 낙태의 도덕적 거부를 위하여 피임 또한 비도덕적인 것으로 거부하여야 한다는 것이다.[84] 낙태의 도덕적 거부로부터 피임의 비도덕성을 귀결짓기 위하여, 크렙스(Krebs)[85]는 삶에 대한 권리를 냉소적인 용어로 풀이하고 있을지라도, 그녀의 잠재성의 원칙의 근본사상을 어느 정도 옳게 풀이하였다: "두 번째 제안은 삶의 권리의 연결고리를 내적인 미래전망에서 푸는 것이다. 관련된 본질이 외적으로 보아 좋은 미래를 가지는지, 그들의 죽임을 통하여 미래의 삶을 부당하게 억류하는지에 의존하게 하는 것이다." 뒤이어서 그녀는 이 죽임의 탈도덕성의 이론을 아주 근소한 이의를 통해 반박할 수 있다고 믿는다: "다른 잠재성 논의처럼 계속번식의 요청을 어리석은 짓으로 방치하는 것은 억류논의를 위배하는 것이다. 왜냐하면 누군가 계속번식을 원치 않는 자는, 예를 들어 피임수단을 이용하는 자는 좋은 미래의 삶을 사전에 억류하는 것이기 때문이다." 크렙스의 논의를 정

---

84) 지금 토론된 크렙스의 논의로부터 『환경윤리학』이 간행된 같은 모음집에는 셰네-자이페르트의 '의료윤리'에 관한 논문이 실려 있다. 그밖에 아주 문제적이고 그리고 주의 깊게 논의하는 저자는 요컨대(1996, 629) 상세한 근거 없이 다음을 상론한다. "그러나 현실적, 법적으로 근거지을 수 있는 특징을 획득할 수 있음은 어떠한 문맥에서도 스스로 법을 근거짓는 것으로 평가되지 않는다. 거기에 대하여서는 잠재성 논의의 반 사실적 논의 또한 인간적인 난자와 정자세포의 더 나아간 만남을 보호하여야 할 것이다."

85) Krebs(1996) Angelika Krebs, *Ökologische Ethik 1 — Grundlagen und Grundbegriffe*, in: Nida-Rümelin(1996b), 360.

리하면 다음과 같다. 첫째, 중단된 출산의 경우, 좋은 미래의 삶을 '억류하는' 자는 어느 누구도 존재하지 않는다. 둘째, 피임수단은 태아의 낙태를 해롭게 하지 않는다. 크렙스는 절대적으로 허용되지 않는 방식에서 더 일반적인 생명체의 죽임, 그들 생명의 훔침 혹은 갈취의 논의는 단순히 억류에 의하여 하찮은 것으로 약화시킬 수 있다고 본다.

앞서 인용한 회스터의 이의에 관련하여, 먼저 그녀의 논의의 방법론적 전략은 다음의 테제로 토론할 수 있다.

(T) 모든 인간태아는 삶에 대한 도덕적 권리를 갖는다.

잠재성 논의에 따르면 T는 더 이상 문제가 없는 추가적 가정으로 다음의 전제 P를 통하여 근거지어진다.[86]

(P) 모든 인간태아는, 그가 자연히 성장, 발전하여 현실인격으로 발전하고 적극적 삶을 살아간다는 것이 중단되지 않는다는 의미에서 잠재인격이다.

회스터는 T를 아래의 본질적이고 일반적인 전제 H가 유지될 수 없다는 입증을 통하여서만 T를 반박할 수 있다고 믿는다. 그는 첫째로 다음의 가정을 선택한다.

(H1) 한 개별자가 그의 현실적 지위의 근거에서 갖는 모든 권리는 다른 개별자 또한 그의 잠재적 지위의 근거에서 가져야 한다.

---

86) [역주] T는 테제, P는 보충적 전제를 뜻한다. 크렙스는 T에서 P를 이끌어냈고, 회스터는 H1을 통해 T를 무너뜨리려 한다.

이 원칙은 실제로 완전히 유지될 수 없다. 여기서 약한 전제는 P이다! 그럼에도 P를 통하여 그들의 근거주기 또는 테제 T의 진리 혹은 거짓과 관련하여 귀결되는 것은 아무것도 없다. 그러므로 이미 싱어[87] 가 설명하였던 대로 배아에 대한 삶의 권리는 왕위계승자의 권리 또는 아직은 있지 않은 권리와는 전적으로 관련이 없다. 이 또한 회스터가 의식하고 있던 것으로 보인다. 왜냐하면 다음에서 확정한 연관에서 그러하다. "현실인격에서 일정한 권리, 곧 삶의 권리를 인정하는 것이, 요컨대 이 잠재인격의 권리에서와 같이 동일하게 인정되어야 하는 것으로 자동적으로 귀결되는 것이 아니다." 그는 아래의 연관을 인정한다. "그럼에도 한 동일한 잠재인격에 한 삶의 권리를 인정하는 어떤 좋은 근거가 있을 수 있다는 점을 배제할 수는 없다." 그러나 지금까지 내가 아는 한 어떤 철학자도 '완전히 유지될 수 없는' 원칙 H1을 대변하지 않았다. 어떤 철학자도 모든 잠재인격이 현실인격과 같이 자동적으로 동일한 권리를 갖는다고 진지하게 주장하지 않았다. 그러므로 회스터는 첫째 논의를 허수아비 앞에서 전개하였다.

두 번째 논의 또한 더 낫지 않다. 다시 '잠재적 삶' 또는 태아에 대한 생명권 T 테제를 토론하는 대신에 좀더 본질적인 일반적 전제가 비판되었다.

(H2) 만약 A가 x에 대한 권리를 가지면, 그러면 A 또한 A가 x에 대한 권리를 갖는 데 필요한 모든 조건의 권리를 갖는다.

이 가정은 주지하다시피 어리석은 결과로 이끌고 간다. 그럼에도 내가 참고문헌을 아는 한에서, T 입장은 어디에서도 H2와 같이 그렇게

---

87) Singer(1984), 165.

의심스러운 가정을 통하여 진지하게 담이 쌓아지지는 않았다. P에 따르면 T의 참된 근거로서 태아의 죽임은 영아살인이나 성인의 살인같이 그의 미래에 억측된 행복한 생명체를 동시에 빼앗는다는 데 놓여 있다. 이러한 안목을 법철학적인 용어로 돌려서 표현할 수 있다. 한 삶의 권리는 현실의 인격, 특히 성인과 아이들뿐만 아니라 태어나지 않은 아이, 배아와 태아를 위하여 요청되는 것이다. 그러나 이것은 인간을 위하여 '우리의 이전의 모든 존재형식에서 삶의 권리는' 난자세포의 수정이 도덕적으로 요청된 것이라고 생각하는 때에나 요구하여야 한다는 것을 함축하는 것은 아니다. 수정이 방해되는 정상피임은 이미 존재하는 삶의 미래 생명체를 빼앗는 죽임이나 죽임의 방법이 아니다.

이러한 해명으로 셋째 그리고 마지막의 회스터의 논의의 약점은 명백하다. 배아를 '잠재적 인격', '선(先)인격적 본질',[88] 혹은 '인격의 선행자'로 나타내는지는 상관이 없으나, 상이한 선행단계 사이의 유의미한 차이를 만들 수 있거나 만들어야 한다. 이 차이는 자연히 회스터가 시한부 해결의 옹호자로서 중요하게 생각하는 저 판정기준과는 아무런 관계가 없다. 일정한 방식에서 고난당함에서 조기태아는 불임난자세포와는 같지 않게 죽임의 해방에서 고난당한다. 그럼에도 태아는 임신의 각 단계에 죽임을 통하여 전체 미래의 삶의 상실에 놓인 대단위의 해악에 고난당한다. 이에 반해 불임난자세포는 피임을 통하여 죽지도 않

---

88) 예를 들어 Hoester(1991), 102. 유감이지만 저자는 166쪽이나 되는 긴 연구논문인 「세속화된 국가에서의 낙태」에서 '잠재성의 논의'에 대한 그의 비판으로 여기서 탐구된 논의의 단초를 넘어서지 못한다. 주해로서 충분한 것은, 다음이다. "인격 P의 나중의 삶의 관심의 실현화를 위하여, P가 태아로서 낙태되든지 혹은 P가 전적으로 생겨나지 않았을 것이라면 어떨지는 상관이 없다. 이렇게 혹은 그렇게 P는 오늘 존재하지 않을 것이다. 그러므로 사람은 합당한 선 인격적인 난자세포에 합당한 선 인격적 태아와 같은 수정 권리와 같이 비-낙태의 권리를 동시에 인정하여야 할 것이다!"

고 그 외에 그들에 앞서 있는 삶의 다른 방식에서도 탈취되지 않는다. 불임난자는 생명체가 될 수 없고, 그들의 미래 '삶'은, 이미 2장 4절에서 강조한 대로, 정상방식에서는 월경으로 끝난다. 만약 회스터가 불임난자세포의 죽임[!]을 신생아의 죽임과 같은 것으로 여긴다면, 불임이든 피임이든 양 방식으로 '한 미래 인격본질의 존재가 방해된다'는 유지될 수 없는 극단적인 논쟁을 벌이는 것이나 진배없다. 현실에서 피임은 새로운 생명체의 생성을 방해하나, 낙태는 이미 존재하는 삶의 본질을 폭력적인 방식으로 끝낸다.

4. 채식주의

육류소비에 대해서는 건강상, 종교적, 예술적 그리고 윤리적 논의를 앞서 다루어야 한다. 여기에는 마지막 논의가 중요하다. 출발대상은 동물이다. 즉 동물이 이 논의의 도덕적 주어이다. 동물은 스스로 도덕적으로 행동할 처지에 놓여 있지 않다. 그럼에도 동물은 우리가 우리의 행동을 고찰할 때 갖는 권리나 관심을 갖지 못하며 우리들의 도덕적인 대상으로 제시될 수 없다. 프랑스혁명 시절에 그러한 사상은 여전히 혁명적이었다. 그래서 영국의 철학자 벤담(J. Bentham)은 1789년에 이렇게 선언하였다.

"오직 전제군주의 손으로부터 억류되어 있던 권리를 획득하게 되는 나머지 생명의 창조의 날들이 머지않아 올 것이다. 프랑스인들은 흑인들이 자신들을 귀찮게 괴롭히는 자들에게 인간본질의 기분을 넘겨주는 이유가 피부색 때문이 아니라는 것을 이미 발견하였다. 아마도 어느 날, 다리, 머리카락 혹은 천골[89]의 굴절이 이를 지각하는 자의 본질에 운명적으로 맡겨진 것이 아니라는 점을 인식하게 될 것이다. 그밖에 무엇이 넘어설 수 없는 선인가? 오성의 능력인가, 대화의 능력인가? 완전히 성장한 말이나 개는 태어난 지 한 달 된 젖먹이, 갓 태어난 젖먹이와 비교할 수 없을 정도로 훨씬 이해를 잘 하고 터놓고 이야기할 수 있다. 이렇지 않았다면 이것은 어떻게 되었을까? 물음은 그들이 생각할 수 있는가, 그들이 말할 수 있는가가 아니라, 그들이 고난당할 수 있는가라는 것이다."90)

19세기 중엽에 쇼펜하우어는 이 논의를 분명하게 하였다. 쇼펜하우어91)는 이 논의의 증명을 위하여 대중 앞에서 도덕의 해명의 토대를 웃음거리로 만들었다.

"우리는 우리의 행동이 동물에 위배되는 데 대한 도덕적 의무가 없을 것이라고 착각을 한다. 도덕의 언어에서 말하는 대로, 동물에 대한 의무가 없을 것이라는 억측은, 곧 세련되지 않은 거침과 서양의 야만성이다. 동물과 인간에서 본질적으로 가장 중요한 것은 같다. 양자가 구분되는 것은, 단지 지성, 인식능력에 놓여 있다. 참으로 모든 감각은 맹목이어야 하나, 인간은 여기에 오는 추상적 인식의 능력을 통하여 이성을 얻는다. 이성은 인간과 동물에서 동등하지 않은 더 높은 것이다. 기독교도덕이 동물을 후견하여 고려하지 않는다는 것은 결핍의 도덕이다. 이 기독교도덕이 영속되는 것보다는 더 잘 인정하여야 하는 까닭은, 나머지 세계에 대하여 이 결핍의 도덕이 불교와 브라만교와 더불어 가장 큰 일치를 가리키기 때문이다. 우리는 이 결핍의 도덕에 대하여 스스로 놀라야 한다."

---

89) [역주] 천골은 허리뼈와 꼬리뼈 사이의 뼈를 말한다.

90) Singer(1982), 26 또는 (1984), 72. Wolf(1990), 76. Dawkins(1980). 『원칙』에서 싱어는 벤담을 인용했다. 볼프는 강조하기를, 도덕의 대상의 본질을 만드는 속성은 "이들이 고난당할 수 있다는 또는 그들에게 좋고/나쁘게 될 수 있다는" 데에 놓여 있다. 도킨스는 동물의 고난능력에 대하여 상세한 연구를 청한다.

91) Schopenhauer(Preisschrift) Arthur Schopenhauer, *Preisschrift über die Grundlage der Moral*, 348-350.

모든 경우에 싱어[92]가 최근에 다시 강조한 것이 있다. 일반윤리학을 위하여 전형적인 평등사상으로부터 모든 형태의 인종주의(Rassismus) 뿐만 아니라 합당한 '종제일주의'(Speziesimus)도 폐기되어야 한다. 예를 들어 백인은 다른 피부색을 갖는 인간에 대해 그들도 동일한 권리를 갖는다는 것을 인정할 도덕적 의무를 갖는다. 이와 마찬가지로 인간은 비인간적인 생명체에 대한 의무를 존중하여야 한다. 일정한 본질이 우리의 종에 속하지 않는다는 사실은 우리가 이를 착취하는 것을 정당하게 만들지 않는다. 그리고 동시에 다른 생명체는 우리보다 덜 지성적이라고 의미하는 것도 아니다. 그들의 관심이 업신여겨져도 된다는 것을 의미하지도 않는다. 다음에 좀더 정확하게 탐구해야 할 사실은 그러한 보편적 근본명제로서, 고통을 느끼는 모든 생물체를 포괄하는 도덕이 필연적으로 육식을 금지하는지이다. 어떠한 안목에서 그리고 어떠한 잣대에서 조류, 돼지 혹은 소의 사육과 도살이 동물의 관심을 거스르는 것인가?

급진적 채식주의자 카플란은, 동물의 사육과 죽임을 천편일률적인 카테고리로 주장함으로써 자신의 논의를 지나치게 단순화하였다. 우리가 고기를 먹는 것은 행동과 관계를 갖는다. 이것은 오랫동안 동물에게는 삶이 끝날 때까지 큰 고난이 부과된다는 것을 함축한다. 인간이 식인종도, 썩은 고기의 포식자도 아닌 다음에야,[93] 육류소비는 확실히 동물의 도살을 함축한다. 그리고 동물에는 규칙상 고난이나 해악이 첨가된다. 이런 고난의 해악의 크기에 대해서는 더 토론되어야 한다. 그

---

92) Singer(1984), 79.
93) Clark(1984), 44. 그밖에 사람은 육류소비를 무조건 동물의 부담으로 정당화하지는 말아야 할 것이다. 오히려 클라크는 '한편으로 고기를 찾는 우리의 식욕 문제를 그리고 다른 한편으로 점점 증가하는 묘지의 부족 때문에 교통사고의 희생자를 먹기 위한' 음산한 제안을 한다.

러나 도살에 의한 고난은 일생 동안 지속되는 것은 아니다. 평생 동안의 가축의 고난은 그때마다의 사육의 사정에 다라 다르다. 모든 경우에 여기에는 도축장의 근대적인 강도 높은 동물사육의 산업방식이 있다. 이것이 다음과 같은 동물학대의 비난의 근거가 된다.

"동물에게는 저가의 고기가격으로 소비되기 위한 불쌍한 삶이 강요된다. 현대의 고강도의 먹거리 공리형식은 과학적이고 기술적 방법에 봉사한다. 그래서 마치 동물이 우리의 소비대상처럼 되어 버린다. 우리 사회는 육류를 식탁에 올려놓기 위하여 육류 생산방법을 관용적으로 받아들인다. 이 방법으로 고통을 인지하는 동물은 갑갑하게 갇혀 지내고, 건강상 좋지 않은 조건에서 삶을 유지한다. 먹이를 고기로 바꾸기 위해서 동물은 기계처럼 취급된다. 종제일주의를 피하기 위하여, 우리는 이러한 행동에 금지를 제청한다."94)

이 결론은 본래적으로 논쟁의 여지가 없다. 많은 동물이 고통이나 학대를 인간보다 덜 나쁘게 받아들인다고 생각될지라도, "동물을 장난으로 고통스럽게 하지 말라. 그도 너처럼 고통을 느낀다"는 속담이 있을지라도, 대부분의 고도로 발전된 동물의 일반적인 고통은 관심 밖에 있다.95) 여기서 반(反)채식주의자 프레이96)가 인정하여야 하는 대로, 동물학대와 그럼으로써 고강도 동물사육이라 일컫는 방법에 반대하는

---

94) Singer(1984), 79. Wolf(1990). 볼프는 상세하게, 동물학대는 현대의 대량의 동물사육에서나 동물실험에서도 흔하게 되었다는 점을 묘사하였다.

95) 비교 : Dennett(1994), 569. "모든 동물이 그런 것은 아니지만 많은 동물이 고난당할 수 있다. 그리고 확실히 다른 강도로서 고통받는다. 이러한 점진적인 고통능력 때문에 상이한 동물의 인간적인 취급은 동물의 고통의 동등성과 보편성에 대한 유지될 수 없는 도그마보다 더 잘 정당화될 수 있다."

96) Frey(1983) Raymond G. Frey, *Rights, Killing, and Suffering*, Oxford, Blackwell, 175.

강한 도덕적 논의가 생겨난다.

이에 반해 전통적인 동물사육은 규칙상 동물학대와는 다르다. 거기서는 채식주의자들도 육식의 향유를 완전히 거부하겠다는 단호한 결론을 내리지 않게 된다는 점을 인정하여야 할 것이다.[97] 모든 경우에 육류소비는 고강도 동물사육의 방법과 결합된 학대는 중지되어야 한다는 데에 최소한 조력하는 것이다. 이것은 육류소비자가 이미 재정적으로 많은 비용을 낼 준비가 되어 있고 '산업적'인 방식으로 생산된 고기와 종에 합당한 방식(artgerechte)으로 생산된 고기 중에서 후자를 선택하리라는 것을 의미한다.[98] 이것은 필요한 변경에 따라, 닭의 구매, 가죽 품목 혹은 모피 등의 구매에 타당하다! 뿐만 아니라 그는, 예를 들어 정치적으로, 동물사육의 그러한 형식의 전적인 금지를 옹호하리라는 것이다. 이는 동물의 고통이나 정열과 결합되어 있다. 그럼에도 이것은 급진적인 채식주의자의 입장에 불충분하다. 종에 합당한 사육(Aufzucht)을 통하여 동물에 고난이 더 이상 추가되지 않는다 할지라도, 여전히 타당한 것이 있다.

"고통을 느끼는 생명체를 필연성 없이는 죽이지 말아야 한다."(카플란)[99]

---

97) Singer(1984), 81b. Kaplan(1989), 77. 싱어와 카플란이 이에 동의한다. "보편적인 도덕을 어기지 않고 육류를 소비할 수 있는 가능성은 있는 것으로 보인다. 요컨대 고통 없이 동물을 사육하는 것이다."

98) Singer(1982), 177. 싱어는 일상의 낡은 관습에서 이 규칙을 지키기가 어렵다는 점을 주목하였다. "어느 누구도 동물을 먹는 습관을 갖는 자는, 동물이 사육되는 조건이 그들에게 고난을 불러일으키는지의 판단에서 전적으로 선입견 없이 고기를 먹을 수 있다."

99) Kaplan(1989) Helmut F. Kaplan, *Warum Vegetarier — Grundlagen einer universalen Ethik*, Frankfurt a. M., Lang, 19.

이제 이런 격률의 찬반논의가 토론되어야 한다. 유명한 문필가가 앞서 썼고 카플란[100]이 인용한 이 논의는, 모든 동물의 죽임은 짧든 길든 인간의 죽임으로 이끈다고 주장한다.

"도살이 있는 한, 도살장이 있다(레오 톨스토이). 인간으로부터 살육된 동물의 무덤이 있는 한 이 지구상에는 전쟁이 있을 것이다(버나드 쇼). 동물의 죽임으로부터 히틀러의 가스실 혹은 스탈린의 강제수용소의 발견에 이르기까지는 단지 작은 단계에 불과하다. 인간을 동물 취급하는 곳에서는 누구나 나치가 된다. 동물에게는 매일 트레블린카(Treblinka)[101]가 있다(피터 싱어)."

그러나 이러한 극단적인 슬로건은 근거가 없다. 전쟁에서 누가 많은 적을 죽였는지의 물음은, 통계적으로 누가 얼마나 많은 동물을 죽였는지에 의존하여도 좋다. 도살자는 군인보다 더 낫지 더 나쁘지는 않다. 그리고 이들 도살업자의 직업층에 특별한 살인의욕을 덮어씌우려고 하는 것은 파렴치한 일이다. 고통을 느끼는 생명체를 필연성 없이 죽여야 하는 테제에 근거를 대기 위하여, 그 이유가 일정한 선천적인 행동처신 때문이라고 하는 것은 충분하지 않다. 정상적으로 해석하자면 동물은 죽는 것이 아니라 계속 살려고 한다. 여기에 모든 생명체는 다른 형식에서 생존충동 혹은 생존의지를 발전시키는 것으로 진화하였다. 그럼에도 동물의 죽임은 여전히 이런 의지의 본질을 강제로 위배하게 하는 것이다. 그렇다고 동물을 죽이는 것이 비도덕적이라는 것을 의미하지는 않는다. 지각능력이 없고 고통을 느끼지 못하는 식물에게조차 생존의지를 부과할 수 있다. 곡식과 채소를 먹고, 잡초를 뽑거나 나무

---

100) Kaplan(1989), 93.
101) [역주] 폴란드에 있는 유대인 수용소.

를 베는 데에서 우리의 진지한 도덕적 오점은 자라지 않는다.

모든 경우에 동물의 고통능력은 가능한 한 죽임에서 고통과 불안을 없애야 한다는 논의를 제시한다. 그래서 쇼펜하우어[102]는 마취제를 사용하여 동물을 죽이는 방법을 제안한다. 그러나 이것은 현대의 도살현장에서는 실행되지 못하였다. 동물이 도살장으로 끌려가는 것은 참을 수 없는 고문이 되었다. 프레이[103]의 의견에 따르면 그러한 동물학대는 소장수나 도살자에게 책임이 있지 소비자에게는 책임이 없다. 프레이는 '먹기 위하여 동물을 죽이기 때문에', '대부분의 사람이 고기를 먹지 않는다면, 도살장은 존재하지 않는다는 점'을 확실히 인정한다. 그럼에도 그는 도살자를 통해 죽이지 않고 신비스러운 방식으로 소비자가 고기를 먹게 된다는 점을 인정하지는 않을 것이다. 그러나 철학자는 이 점에서 어리둥절하고 있다. 그렇지 않으면 프레이의 논리에 따라 아버지의 살인청부 의뢰자는 다음을 정당화할 것이다. 확실히 아버지의 유산을 탐냈기 때문에 죽여져야 한다는 것은 맞다. 그러나 살인청부업자를 통해서 죽이지 않고, 어떻게 불가사의한 방식으로 유산상속자인 그에게 유산이 넘어오는지는 이해하기 어렵다.

현실적으로 이것은 역시 육류소비자의 과제이다. 사용할 수 있는 모든 수단을 통해 고통과 연민으로 가득 찬 도살이 저지되어야 하는 목표를 애써서 변호하는 것이다. 이것은 예를 들어 합당한 법적 규정을 통하여 보증된다. 여기서 이미 귀결되는 것은, 프레이[104]가 주장하는 대로, 만약 우리가 동물들을 고통 없이 사육하고 도살하는 방법을 발전시킨다면, 원하는 만큼 고기를 먹을 수 있을까 하는 것이다. 유감스

---

102) Schopenhauer(Preisschrift) Arthur Schopenhauer, *Preisschrift über die Grundlage der Moral*, 353.

103) Frey(1983), 28.

104) Frey(1983), 33.

럽게도 문제는 그렇게 단순하지만은 않다. 최종적으로 동물은 항상 고통에서 벗어난 도살을 통하여 삶을 상실한다. 그러므로 추가로 근거지어져야 하는 것은, 어째서 동물의 삶의 상실이 주목할 만한 피해를 제시하지 못하느냐 하는 것이다. 이 연관에서 먼저 슈테판105)의 논의를 가져올 수 있다. 예를 들어 고기 한 점을 먹는 것은 사람들이 말하듯 돼지를 해롭게 하는 것이 아니고 현실에서는 공리적이다. 이 패러독스 테제는 싱어106)의 설명에 따라 그들의 측면에서 소위 공리주의의 전체 안목에서 도출되는 동물의 '교환성'의 가정에 기인한다.

"공리주의의 전체 안목은 지각하는 자를 그 자체로 가치가 풍부한 체험을 유희처럼 가능하게 하는 가치 있는 본질로 고찰한다. 이것은 지각하는 본질을 가치가 많은 것을 담는 그릇과 같이 보는 것이다. 이 그릇을 둘로 나누면 내용물을 넘겨 담을 수 있는 다른 여백이 생겨서 여기서 잃어버릴 것은 아무것도 없다. 육류소비자는 자신들이 먹는 동물의 죽음과 안락한 삶의 피해에 대해 책임이 있을지라도, 이들 또한 많은 동물이 세상에 나오게 하는 데 책임이 있다. 어느 누구도 고기를 먹지 않으면 동물은 더 이상 사육되지 않는다. 육류소비자가 동물에게 가하는 상실은 전체의 안목에 따라 이들이 계속 제공되고 공급되어야 하는 장점으로 저울질된다. 우리는 이것을 '교환성 논의'라고 부른다."

'전체 안목'과 같이 그렇게 근원적으로 전도된 공리주의의 근본사상에 잘못된 원칙이 진지하게 토론되고 직접적으로 어리석은 것으로 폐기되지 않는다는 사실은, 대학의 철학교육에 호의적이지 않다. 이미 렌쩬107)이 가리킨 대로, 의아하게도 참인 것은, '욕구 그 자체'는 그때

---

105) Stephen(1986) Leslie Stephen, *Social Rights and Duties*, London.
106) Singer(1984) Peter Singer, *Praktische Ethik*, Stuttgart, Reclam, 18.
107) Lenzen(1990) Wolfgang Lenzen, *Das Töten von Tieren und von Föten*, in:

의 지각의 담지자로부터 독립적으로 그 자체의 즐거움을 극대화한다. 고난처럼 욕구는, 항상 지각하는 욕구 또는 지각된 고통, 즉; 그 자체로 다른 개별자로부터 체험하게 할 수 없는 또는 지각할 수 없는 한 개별자의 주관적 체험으로 존재한다. 내가 고통스러운 나의 치통을 다른 사람에게 전가할 수 없다. 이처럼 나는 나의 기쁨이나 욕구를 어느 누구에게 체험하게 하기 위하여 이를 선물할 수 없다. 이것은 인간뿐만 아니라 임의적인 다른 본질, 즉, 닭, 소, 돼지든지 상관없이 타당하다. 육류소비의 전망에서 동물이 모든 다른 동물을 통하여 교환될 수 있다 할지라도, 이것은 동물 스스로를 위해서는 교환되는지, 죽여지는지, 다른 동물의 사육을 위한 자리를 만들기 위하여 그러는지는 상관이 없다.

교환성 논의로서 진지한 것은 다음이다, 이 생각은 전체 인간의 관심을 통하여서가 아니라, 개별동물의 개별관심에서 나온다.

"너에게 유감스러운 일이 있다. 사랑하는 베르타야, 너는 지금 죽어야한다. 그러나 생각해 보아라, 인간이 너의 고기를 그렇게 즐거이 먹지 않으면, 너는 존재하지 않았을 것이다. 너는 2년을 시골집에서 살았고, 항상 좋은 것을 먹었다. 지금 너는 거기에 대가를 치러야 한다. 만약 우리가 너를 사육하지 않고 보살피지 않았다면 너에게 더 좋았을까?"

이 도축업자는 아마도 사람이 그에게 소 사육자와 동물 사이의 다음의 허구적인 계약을 체결하면, 위안과 힘을 얻을 것이다. 아직 생산되지 않은 돼지는 항상 태어나지 않고 있거나, 혹은 2년 이후에 도축업자의 손에서 삶을 마감하는 잘 공급된 삶을 선택하여야 한다. 만약 돼지가 합리적으로 결정할 수 있고 둘 중 하나를 꼭 선택해야 한다면,

Analyse und Kritik 12, 190-204.

추측컨대 돼지는 도살장행을 결정할 것이다.

그럼에도 도축업자의 위안은 동물의 죽임을 실제적으로 정당화할 수 없다. 이 입장을 바꾸어 생각해 보면 알 수 있다. 예를 들어 식인에 대해 어떻게 생각할 것인가? 누군가의 딸의 목에 칼을 갖다 대고 다음과 같이 말한다. "너는 지금 18살이나 오랫동안 편안하게 잘 살았다. 지금 너는 죽어야 한다. 만약 우리가 너를 세상에 내보내지 않았더라면 좋았겠니?" 둘째로 비슷한 계약이 인간이 먹이, 사육 그리고 사육장을 대주고 필요로 하는 우유, 계란 그리고 동물의 다른 생산품이나 생산력에 대한 요구를 정당화하는 데 적합하게 적용될 수 있다. 최소한 류(類)에 합당한 사육과 양육 또한 동물의 관심에서 하여도 좋다. 그럼에도 도축업자의 위안은 생산된 것은 반대급부를 요구하는 소 사육업자의 선물이나 실적일 것이라고 잘못 전제한 데 있다. 논리적으로 고찰하자면 존재 자체는 결코 협상대상이 아니다. 왜냐하면 계약은 실제적이든 가설적이든 끊임없이 양자의 계약파트너가 존재한다는 것을 전제하기 때문이다. 그러므로 도축업자의 육류공급은 올바르게 전달되어야 한다. "시골집에서 2년 간 먹이고 키운 뒤 도살장! 보아라, 너의 삶을 위하여 돈이 얼마나 들어갔는지 말이다!" 잘 키운 계몽이 된 돼지를 시장에 보낸다는 것은 문제적이다. 만약 돼지가 영리하면, 돼지는 농부나 가축 사육업자에게 반대제안을 하였을 것이다. "만약 저를 자연사에 이르기까지 기다렸다가 잡수시면, 그 다음 당신은 원하시는 대로 제 몸을 가공할 수 있을 것입니다."

마지막으로 결정적인 것은 동물의 삶의 가치이다. 여기에 프레이가 주저하며 내린 평가는 확실히 비문제적이다. "동물의 삶은 가치를 갖지만 모든 동물의 삶이 동일한 가치를 갖지는 않는다. 동물의 삶은 인간의 삶과 같은 가치를 갖지 않는다." 우리에게 육류소비의 도덕적 문제는, 동물을 죽임으로써 얼마나 동물을 해롭게 하고, 육류소비자의 공리에 비하여 얼마나 동물의 피해가 큰지에 있다. 이 물음에 답변하기 위하여, 사람들은 살 만한 가치 있는 삶을 탐구하여야 한다. 여기서 사람들은 카플란의 근본입장을 인정하게 된다. 그를 위해서는 인간과 동물 사이의 체험의 비교는 인간 사이의 체험의 비교처럼 동일한 방식에서 가능하다. 전제가 되어야 하는 것은 우리가 가능한 한 관련된 생명체에 대하여 포괄적이고 의도하지 않은 정보를 얻는 것이다. 오랜 생각으로 동물과 인간의 삶 사이의 더 나아간 유사성을 찾고자 하는 카플란[108]의 시도는 그럼에도 역시 회의적이다. 한편으로 충동, 감정, 많은 동기는 욕구를 위한 것이라기보다는 잠재적 고난의 원천이다. 다른 측면에서는 다양한 종의 동물을 차별함이 없이 전체 안목에서 주장할 수 있는 것이 있다. "인간과 동물은 류(類)에 합당한 휴식, 운동, 영양섭취, 성적 접촉과 사회적 접촉에서 적극적 체험을 얻는다." 개별동물에서 이러한 적극적인 체험의 가능성을 인정하기보다는, 여기서 전체적으로 조류와 포유동물을 기술하는 것이 중요하다. "이러한 적극적인 체험에서는 사태 또는 체험의 범위에 따라 신체적인 안락함, 쾌적한 온도에서처럼, 신체적 욕구, 성적인 접촉 혹은 보는 기쁨, 모성적 양육의 정서에 대한 류(類)에 합당한 체험이 관건이다." 청어의 예를 들어보면 인간은 청어로 살아가는 것이 어떤지는 모른다. 그러나 가정하여도 좋은 것은, 항상 단조로운 영양공급으로 살아가는 것은 그 자신을 위한 큰 행복의 원천은 아닐 수 있다는 것이다. 청어의 사회적 접촉에 대해서 주목할 만하게 알려진 것은 없다. 나아가 의문이 드는 것은 청어가 단지 자유로운 헤엄과 휴식으로만 바다에서 행복할 수 있는지이다. 그러므로 그의 진짜 적극적 지각은 성적 접촉에 있다. 여기에 청어의 모든 체험의 질을 다 알 수 없다 할지라도, 순수한 양적 측

---

108) Kaplan(1989), 63.

정에서 한 마리 수놈(암놈) 청어의 삶의 가치는 성적인 욕구를 통하여 천문학적인 숫자로 곧장 높아지지 않는다. 조류의 예를 들어보면, 류(類)에 합당한 사육이 전제되는 조류의 행복의 대차대조는 비슷하게 된다. 항상 동일한 모이를 먹고 류(類)에 합당한 운동과 휴식을 하는 것은 좋다. 그러나 곧장 쾌감을 일으키지는 않는다. 그러므로 일반적으로 한 마리 닭이나 한 마리 청어의 삶의 가치는 아주 보잘것없다. 그래서 아마도 인간이 고기 혹은 새를 먹어치움으로 그의 삶의 질을 높이는 것이 공리적으로 정당화된다. 그러나 이것이 돼지, 소, 양에서도 똑같이 적용될까?[109] 필자는 여기에 최적의 상황의 도살에서 가능할 수 있는 무사안일, 욕구 혹은 기쁨의 잣대에 대한 어떠한 투기도 하지 않을 것이다. 여전히 한번은 동물의 삶과 비교하여 인간의 삶이 더 가치가 크다는 차원에 결정적으로 중요한 몇몇 요인을 지시하고자 한다.

"예를 들어 삶의 요청에서 누구와 사랑하고 결혼하고, 아이를 갖고 자라나는 것을 관찰하고, 칭찬하고, 일하고, 직업에서 만족을 얻고, 음악을 듣고 그림을 감상하며 책을 읽는다. 우리는 계획을 하고 이를 실천에 옮긴다. 어떤 것을 자신의 삶에서 이루어내고, 오랜 세월 동안 땀흘려 연습해서 예술적 혹은 학술적 성공을 지향한다. 이것은 다른 존재들에 비해서 인간의 삶의 구조에 풍만함을 주는 것이다. 동물과 비교하여 인간의 삶은 비교할 수 없는 커다란 구조와 풍부함으로 가득하다."[110]

---

109) Frey(1983), 109. 프레이의 더 나아간 생각은 다음과 같다. "닭은 수백만 마리 생산된다. 이들은 우리의 눈에는 결코 개별성을 가진 것으로 보이지 않는다. 그리고 일반적으로 우리는 한 마리 닭을 다른 닭과 동일하게 좋게 생각한다. 이에 반해 죽임을 통해 한 마리의 닭이 해악을 당한다는 물음에 대해서는 특별하게 연관이 없다. 만약 수백만의 인간이 비슷한 삶을 이끌 것이라면, 나의 본래의 삶은 모든 경우에 있어서 내재적으로 그렇게 많이 가치가 덜하지는 않다."

이러한 주장이 오늘날도 여전히 쇼펜하우어[111]의 입장을 뒷받침하는지는 독자 스스로 결정하여야 한다. "인간은 동물의 빠르고 앞을 내다보지 못하는 죽음보다는 필수불가결한 동물의 사육으로 점점 고난을 당하게 된다." 복지와 산업국가의 시민으로서 현대인은 풍부한 채식의 공급에도 쇼펜하우어가 1840년 선한 양심을 갖고 설정하였던 테제에 더 이상 만족할 수 없는 모양이다. "선진국의 인간은 단 한순간이라도 육식 없이는 살 수가 없는 모양이다."

---

110) Lenzen(1991). Frey(1983), 109. 렌쩬의 마지막에 해당되는 생각은 프레이를 참조하라.

111) Schopenhauer(Preisschrift) Arthur Schopenhauer, *Preisschrift über die Grundlage der Moral*, 353.

해 설

1. 이론적 배경

의무론적 윤리란 의무를 중시하는 이론이다. 의무에 관한 지식은 큰
가르침에서 온다. 지구상에는 인류의 위대한 사유체계들이 전해 온다.
고대 함무라비법전에는 "눈에는 눈, 이에는 이"라는 성문법이 있는가
하면, 성경의 십계명 6-8조에도 살인과 간음과 도둑질에 관한 율법이
있고, 고조선에서도 이미 8조법에서 사람을 죽이면 사형에 처하고, 남
을 다치게 하면 곡물로 갚고, 도둑질한 자를 잡아다 종으로 삼는다는
법이 전해 온다. 이러한 법규정에 따른 윤리적 규범은 외부로부터 주
어지는 타자규정의 원칙을 전제로 한다. 하지만 의무론적 윤리학 체계
에는 윤리적 규범의 결과가 자신의 고유한 이성적 사려에 근거하는 자
율의 원칙이 있다. "사람이 너에게 하는 것을 하고 싶지 않으면, 너는
그것을 다른 사람에게 하지 말라." 이 황금률은 동서양을 막론하고 개
인이나 사회 차원에서 적절한 자율적 윤리규칙으로 꼽는다. 유학도 사
람과 사람 사이의 인(仁)이 남을 헤아리는 충서(忠恕)의 윤리라고 설

명하면서 이러한 황금률을 제시한다. 하지만 사람과 사람, 사람과 집단의 공동체에서 복잡하게 얽혀 있는 관계망에서 황금률의 적용은 자율성의 제한을 가져온다. 황금률의 적용은 현실사회보다는 사실상 이상적인 현실의 가치에서 더 잘 실현될 수 있어 보이기 때문이다. 그래서 자리(自利)를 중심으로 삼는 황금률의 대칭으로 타리(他利)를 행동기준으로 삼는 '어느 누구도 다치게 하지 말라'(Neminem laedere)라는 법 규칙이 의무론적 윤리이론에 중요한 의미를 지닌다.

근대에는 의무론적 윤리학 이외에 여러 형태의 사회계약이론이 목적론적 윤리학과 더불어 등장하였다. 목적론적 윤리학은 목표와 결과를 중요시한다. 목적론적 윤리학에는 "최대 다수의 최대 행복"이라는 벤담(Bentham)의 공리주의(Utilitarianism)가 있다. 오늘날 대다수의 사람의 동의를 얻어내는 이러한 공리주의 배경에는 고대의 행복주의 이론이 있고, 이 행복주의 배경에는 고대 스토아 시대의 쾌락주의가 있다. 물론 의무론적 윤리학으로 목적론적 윤리학의 입론을 만족시킬 수는 없다. 누구라도 공리주의적으로 행복하길 원한다. 그러나 누구라도 의무론적으로 행복할 의무는 없다. '어느 누구도 다치게 하지 말라'는 법 규칙은 자기 자신(A)에게도 해를 주지 말아야 할 뿐만 아니라 남(B)에게도 해가 되는 것을 하지 말아야 하는 행동규칙으로 타당하다. 역지사지(易地思之)하는 황금률을 따르면 내(A)가 이러저러한 행동을 하면, 나의 행동에 남도 좋아할 것이라는 가설적 선호도(hypothetical preference)로 판단할 수 있다. 그러나 경우에 따라, 내가 남에게 최대한 피해를 주지 않으면서도 어떤 의무론적 근거에서 역지사지할 수 있는 행동이론이 가능하다. 이것이 타자 최소피해의 '어느 누구도 다치게 하지 말라'의 행동과 황금률이 공리적으로 일치가 생길 때이다. 그러나 공리적으로 최대 선을 가능하게 하는 목적론적 사건은 자타의 이익을 넘어선 불편부당한 결정에서 받아들여져야 한다.

우리는 의무론적 근거에서 선을 요청(Postulate)할 수 있다. 하지만 선의 의무론적 실현은 목적론적으로 선을 정당화하려는 시도와 마찰을 피할 길 없다. 예를 들어 한 사람을 수술하면 세 사람이 살고, 그렇지 않으면 모두 다 죽는다고 하자. 공리적으로 보면 전자가 옳다. 그러나 의무론적 근거에서 보면 그러한 청(請)에 대해 그렇게 하여도 좋다는 허용(許容)과 금지(禁止)의 문제를 따져야 한다. 또한 잘 알 수 없거나 선호가 불분명한 긍정도 부정도 아닌 상태를 가정할 수 있다. 만약 청을 들어줄 수 없다면, 이는 의무론적 근거에서 기각되어야 한다. 따라서 의무론적으로 중요한 개념은 ① 청, ② 허용, ③ 자유위임, ④ 금지이다. ①이 좋은 것이고, ④는 나쁠 것이다. ②와 ③은 그 중간에 위치한다. 다음은 이러한 개념들의 도식인데 이 책 전반에서 제반 생명윤리의 문제를 해결하는 데 사용되는 도덕적 판단의 전거를 이룬다.

의무론적 개념			
청	허용	자유위임	금지
도덕적 가치개념			
선	중립적		악
도덕적으로 따질 필요가 없다		도덕적으로 따질 필요가 있다	
지선(至善)	차선(次善)	차악(次惡)	지악(至惡)
어느 누구도 다치게 하지 말라			
타자공리 > 0	타자공리 = 0		타자공리 < 0

2. 내용 설명

(1) 사 랑

모든 인간은 태어나고 사랑하며 살아가다가 죽어간다는 의미에서 저자는 '사랑', '삶', '죽음'에 관한 생명윤리의 주제를 취급하였다. 흔히들 '생명윤리'라는 주제 앞에 지금까지 2천여 년 이상 내려온 사상에 맞서 전혀 새로운 의미의 윤리를 호들갑스럽게 요청하는 많은 윤리이론가들의 태도와는 다르게 저자는 전통적 독일의 철학자 칸트, 쇼펜하우어, 영국의 벤담, 흄을 의견을 조심스럽게 경청한다. 아울러 저자는 전통윤리이론이 오늘날에도 타당하게 적용될 수 없음에 이들 철학자들에 대한 비판의 소리를 높이며, 나아가 현대의 대표적 윤리이론가 헤어, 싱어 등의 인물과 대립하고 있다. 특히 칸트 윤리이론을 혹독한 정도로 비판적으로 평가하면서도 어떤 부분에서는 두둔하는 점은 눈여겨볼 만하다.

보통 사람이면 누구나 아침에 일어나서 저녁에 잠자리에 들기까지 하루 종일 성활동(Sexuality)을 한다. 성활동은 병원의 의사나, 교육학자, 심리학자 혹은 신학자들이 주의하여 살피면서 취급하여야 하는 사항이다. 인간은 남성이나 여성이나 혹은 드물게 양성이지, 그 외의 다른 경우는 없기 때문이다. 인간의 성활동은 사랑에서 출발한다. 칸트에 따르면 사랑은 "타자의 행복에 기뻐하는 것"이고, 프롬은 "타인과의 합일"을 향한 공통지향으로 이해한다. 성활동의 측면에서 사랑이란 상대를 아끼고 좋아하는 것이다. 이것은 일차적인 의미이다. 이차적 의미에서는 성접촉에 이른다. 사랑에는 기하학과 현상학이 공존한다. 여기서 사랑은 언어적, 신체적으로 섹스라는 행동으로 돌출한다. 사랑의 행위는 "어느 누구도 다치게 하지 말라"는 도덕적 요청에서 이루어져야 한다. 사랑은 자유의사에 의한 자유사랑의 원칙을 따른다. 아드(Ard)는 그러한 합리적 사랑의 프로그램을 주장하였다. 누구나 "성적 가능성에 대하여 자유롭고 동일하게 발전할 권리"를 갖는다(1장 1절 사랑과 성).

그러나 자유사랑이 항상 타당시할 수 있게끔 발전된 것은 아니다. 과거 우리의 봉건시대의 사랑은 부모가 미리 정해 준 사랑이 절대적이었다. 실제 서양에서도 섹스를 대체로 20세기 중엽까지 가톨릭교회 경건주의 철학에서 비도덕적으로 보아 왔던 모양이다. 우리나라도 조선의 성활동의 봉건적 억압이 일반적이었다. 그 이면에서는 후세출산에 봉사하지 못하는 섹스를 도덕적으로 죄악시하였기 때문이다. 칸트는 이러한 성교는 "자연에 거스르기"(naturwiderig) 때문에, "최상급의 도덕성에 반하는 의무위반"이라고 한다. 하지만 생물학적 혹은 유전학적 결함에 의하여 아이를 낳지 못하는 남녀나 결혼하지 않고 성직자로 살아가거나 독신으로 살아가는 경우는 사정이 다르다. 여기에는 번식에 봉사하지 않는 성교의 탈도덕성(Amorlität)이 고찰대상이 되기 때문이다. 거기서는 혼전 섹스를 비롯하여 내연의 섹스라는 측면이 공론화(公論化)된다. 요즘같이 피임약이 좋은 시대에 혼인 없이 태어난 자녀의 출산이 문제라면, 굳이 성교의 탈도덕성의 문제를 반드시 자녀의 생산에 맞출 필요가 없다(1장 2절 내연의 성).

합리적 성윤리와 성개방 풍조와 더불어 주목받는 성활동은 지금까지 터부시하여 온 호모섹스이다. 전통적 사회통념이 호모섹스를 거부한 것은 이런 성교가 자녀를 낳지 못하였기 때문이다. 이런 종류의 섹스는 이미 쇼펜하우어도 남색(男色)을 보기로 든 바 있다. 독일은 형법 175조 항목을 삭제하고, 그 대신 혼전, 혼외 그리고 동성 성활동을 인간본질에 속한 부분으로 기본법에서 보호하자는 취지에서 청소년보호규정 182조를 결의한 바 있다(1장 3절 동성애). 그 중에 연소자 또는 소년소녀의 성교는 "성적 자기규정을 결핍한 능력"의 오용에 관련된다. 칸트는 일찍부터 근친상간에 반대하는 논의를 펼쳐왔다. 칸트는 최초 인간의 경우에 일어난 근친상간의 경우는 어쩔 수 없이 무조건하였어야 하는 이유로 옹호되지만, 보통은 모자나 부녀 사이의 성관계는 평등의 원칙과는 다른 일의적 관계를 유지하여야 때문에 반대하였다(1장 4절 간음).

칸트는 정상 결혼에서 자연적 성행위는 타자의 성기(性器)의 사용으로 타자에게 헌신하는 향유로 규정한다. 투촐스키는 "상대의 성기 사용을 위한 이익공동체"라는 빈정거리는 투의 말을 한 바 있다. 하지만 자유사랑이 옹호되는 현대사회에서는 결혼이 반드시 한 사람만을 위하여 평생 동안 정조를 약속하고 살아가리라는 보장이 없다. 이런 상황에서 칸트적 성윤리가 지켜지기란 어려울지 모른다. 현행 결혼제도에서는 결혼하였더라도 바람 한 번 잘못 피우면 잡혼, 일부다처, 이혼 혹은 간통이라는 사태가 빈번하게 발생한다. 이런 점에서 저자는 파트너 변경의 윤리학이라는 대안을 제시한다. 나아가 국가가 동성연애주의자에 대하여 그들의 공생형식을 금지하는 데 찬동하지는 않지만 그들을 '차별화'(Diskriminierung)하지는 말 것을 지지한다. 심지어 독일 철학자들이 과거 동성연애자들을 차별화하고 형사법상의 추적을 하던 시기에 침묵하고 있었던 것을 '스캔들'이라고까지 보고 있다(1장 5절 정조: 결혼).

'어느 누구도 다치게 하지 말라'는 의미에서 자위(오나니)는 도덕적으로 크게 따질 것은 없다. 하지만, 다른 한편으로는 정자의 '살인', '자기능멸', 혹은 '자살'이라는 비난이 있다. 칸트도 "자연에 위배되는 범죄"(Criminibus contra naturam)로서 자위를 반대한다. 그러나 엘리스처럼 자위를 흡족한 자유시간 보내기로서 성적 호기심의 실현을 위한 실험정신으로 본다. 하지만 자위가 '의지박약', '절제불능'에 따른 자기살인과 다름없다는 도덕적 비난의 화살은 좀처럼 피하기 어렵다(1장 6절 자위). 자위와 더불어 성활동 가운데 가장 문제적인 것은 포르노그래프와 매춘이다. 매춘은 애초에 인식하는 자의 정보화된 인지에 의하기보다는 강요 내지 강제된 성행위의 메커니즘에 문제가 있다. 포르노그래프의 제작, 배포, 소비에 이르기까지 일사불란한 메커니즘이 있다. 유흥업소 방문자는 만약 결혼한 자라면 결혼파기를 범하는 것과 같을

것이고, 매춘부와 기둥서방은 이러한 사태에 본질적인 흥미를 갖는다
(1장 7절 포르노그래프와 매춘).

(2) 삶

인간은 모태의 자궁에서 임종침대의 죽음에 이르기까지 필연적으로
삶을 살아간다. 이 삶이 어디서 오고 목적은 무엇이며 어디로 가는가
하는 질문은 거대한 우주론적, 종교적 문제이다. 인간이 추구하는 삶
을 우주 밖의 아웃사이더의 전망에서 보면, 보잘것없이 미시적인 차원
에서 내재적인 삶의 의미를 끊임없이 찾으며 살아간다. 행복은 찾는
자에게는 멀리 가고 엉뚱하게 다른 목표를 쫓던 타자에게 발견되는
'행복주의' 역설을 만나기도 한다. 전체적으로 인간의 삶은 내재적 의
미에서 행복을 찾는다(2장 1절 삶의 의미).

싱어의 이익호혜의 원칙에 따르면 작은 삶의 이익이 더 큰 삶의 이
익을 위하여 희생하는 것을 허용하지 않는다. 그 점에서 삶의 외재적
가치는 다른 생명체를 위하여 유용하다. 하지만 삶의 내재적 가치는
삶의 체험에 대한 자의식을 동반하며 고등동물일수록 도덕적 경향이
두드러진다. 인간 P의 삶을 연, 월, 일, 시로 나누고 체험이나 사건 E
가 어떻게 공리적으로 작용하는가를 계산할 수 있다. 비록 내일의 P가
어떻게 될지 모르지만, P의 사망리스크는 예상할 수 있다. 이 예상은
장차 그에게서 기대되는 삶의 상실의 크기로 계산하는 것이다. P의 전
체 미래 삶의 기대가치 = 예상되는 삶의 가치 × 삶의 질의 평균가치.
P의 삶의 하루의 평균가치 = 주어진 그룹의 상호주관적 공리함수 ×
잃어버릴 날. 이런 방식으로 백만장자나 노숙자나 태어나는 생명체에
대하여 삶의 평균가치를 어느 정도 공평하게 계산할 수 있다. 낙태에
의한 배아 내지 태아의 삶의 가치를 장차 이들이 잃어버리게 될 날들
로 정당화하는 데는 문제가 있다(2장 2절 삶의 가치). 툴리는 삶의 권

리를 선거권에 비유한다. 삶의 권리는 주어가 자아개념을 가질 때이다. 그러나 유아는 자아개념이 없고 그러한 자아에 대한 언어가 없다(2장 3절 삶의 권리). '어느 누구도 다치게 하지 말라'는 규칙에 따르면 피임이나 낙태는 '어느 누군가를 다치게 하는 것'이다. 어느 누군가 피임하면 낙태와 동일한 효과를 가질 것이다. 하지만 저자는 피임을 낙태와 동등하게 보려는 시도를 거부한다. 어려운 관문을 뚫고 생겨난 배아나 태아의 신분이 낙태로 말미암아 상실되는 것은 있을 수 없다. 헤어나 싱어는 피임과 낙태를 동일하게 본다는 점에서 이 양자의 차이를 간과하였다(2장 4절 피임).

1992년 독일의 한 교통사고로 젊은 여자 마리온 플로흐가 임신 3개월 중에 뇌사상태에 빠진 사건이 있었다. 이 임신부는 에어랑엔 대학병원으로 옮겨졌고 임신 중인 아기를 세상에 내보내기 위한 일이 추진되었다. 임신부에게는 인공으로 생명을 유지하게 하였다. 이를 둘러싸고 신학자, 의사, 정치가, 여성주의자들 간에 치열한 생명윤리 논쟁이 벌어졌다. 이 뇌사자를 죽었다고 할 수 있는지, 만약 죽었다면 신체훼손불가침을 저해하는 인권유린을 하여도 되는지, 아기의 생명의 권리는 어떻게 되는지 등의 토론이 봇물처럼 터져 나왔다. 결국 아이도 엄마도 죽었다. 윤리논쟁은 사건이 종결되거나 더 이상 논의의 여지가 없으면 수그러든다. 이 논쟁에 뒤이어 죽은 자의 관심이 그의 장기이식을 가능하게 하는지의 질문으로 연결되었다(2장 5절 유복자 탄생(에어랑엔 베이비)). 신체훼손불가침의 관심에 따라 장기이식에 대한 죽은 자의 가족의 입장은 ① 인정, ② 거부, ③ 의사표시 없음으로 나타난다. 장기를 필요로 하는 자, 곧 장기수혜자와 장기제공자 사이에 일정한 대칭되는 관심이 형성된다. 도덕적으로 환자는 타인의 장기를 요구할 수 없고 그럴 권리도 없다. 생명은 선물로 보아야 한다. 반면에 생명의 제공자는 자신의 장기에 대한 이용권리(Nutzungs-Recht)는 있을지라도 처분권리(Verfügungs-Recht)는 없다(2장 6절 장기이식).

체외수정에는 많은 낙태가 수반되므로 의료윤리의 문제가 대두된다. 재생산윤리와 연관이 있는 체외수정에 의한 인공수정에는 대략 90%의 확률로 죽고 10%의 삶을 얻는 게임이다. 독일은 1990년 배아보호법을 가결하여, "모든 타자공리를 위한 인간배아의 사용, 즉 배아보존에 봉사하는 목적"을 금지하고 있다. 인공수정에는 ① 여성 난자와 비배우자(익명)의 정자제공, ② 다른 여성의 난자세포와 남자의 정자, ③ 배우자끼리 체외수정한 뒤 대리모에게 이식하는 경우가 있다. 독일은 명백히 ①은 인정하나 ②와 ③의 유형은 대리모 배아이식의 문제가 뒤따르는 등 윤리적 문제가 있기 때문에 거부한다. 비른바허는 이렇게 낳은 아이는 그 아버지의 유전 프로필을 인지할 가능성, 그룬델은 정액의 익명성으로 반자매관계의 가능성이 있다는 점을 지적한다. 사실 영국의 공업도시 버밍햄의 어떤 젊은 여성은 익명의 남성 정자를 사서 인공임신하였다는 보도가 있었고, 이탈리아의 57세 혹은 63세 여자에게도 정자가 기증되는 웃고 넘어가지 못할 사례가 일어난 바 있다. 이는 '이타적 대리모'의 윤리적 문제이다. 과거 1960-70년대 우리나라에도 인공적이 아닌 직접적인 씨받이 대리모를 통하여 남아를 낳는 일이 더러 있었다. 문제는 ②와 ③의 유형에 관계되는 것인데, '이타적 대리모'는 계속 논의되는 것으로 꼭 부정적으로 볼 것만은 아니다(2장 7절 인공수정).

인간배아의 의학실험은 체외수정에 의한 인공수정방법이 발달하면서 일어났다. 소위 인공수정에 성공한 경우를 제외한, 낙태된 잉여의 배아들을 상대로 의학실험을 하는 것이다. 하지만 이들이 죽게 될 배아일지라도, 이들을 상대로 의학실험을 하면, 뮐러에 따르면 양도될 수 없는 '인간의 존엄성'이 훼손된다. 강제수용소의 포로와 같은 지위를 갖는 인간배아는 도덕적 르상티망도 나타낼 수 없다. 먹이를 찾아

헤매는 쥐를 상대로 하는 동물실험에서, 인간도 마찬가지로 생명의 기본적 사실 앞에서 동일한 스트레스를 받고 반응한다. 이러한 종제일주의에서 인간배아를 상대로 하는 인간배아의 실험은 고등한 인간의 감정을 다치게 한다(2장 8절 배아연구).

복제는 보통 식물과 같은 낮은 단계의 생물에서 무성세포로 증식하는 형식을 갖는다. 흔히들 영양계라고도 하는 이 복제는 개구리 체세포를 이용하여 올챙이를 낳게 하는 실험이 성공하면서부터 괄목할 만한 발전을 하였다. 1981년 일멘세가 쥐의 배아 핵세포로 쥐를 배양하였고, 윌머트는 돌리 양을 복제하였다. 이제 복제의 핵 치환 기술은 인간복제를 가능하게 한다. 1993년 최초의 인간배아의 배양으로 32세포까지 가는 홀의 실험이 있었다. 독일, 미국 등 전 세계에서는 이러한 인간배아의 복제실험을 반대한다. 복제는 ① X 난자수용세포, ② Y 공여세포, ③ Z 씨받이 대리모가 있어야 한다. 하버마스는 이런 복제는 유전적 노예지배라고 꼬집어 비난하였고, 생산자인 부모와 자식 간의 대칭이 무너지는 비윤리성을 지적하였다. 에서는 칸트적 표현으로, 유전적 동등성, 유전적 동일성이 조작될 수 있으며, 제3자 목적의 탄생을 우려하고, 유전적으로 예기치 못한 동일성의 타자를 존경하게 되는 초보적 가능성의 탈취라는 윤리적 문제를 지적한다. 저자는 인간배양에 대한 복제에 매우 긍정적인 자세로 나간다. 인간의 정상출산에도 출산을 통한 도구화가 허다하게 있으므로 성장되는 인간배아의 생산이 그러한 인권의 도구화에 이용된다는 비판은 부적절하다. 키처의 우생학적 전망과 더불어, 인간배아의 도구화에 의한 출생이 출생하지 않는 것보다 좋았을 것이라는 추측에 더 무거운 비중을 둘 수 없으며, 난자세포 기증과 대리모는 인간배아 클로닝에 합의한 것으로 이해할 수 있고, 배아남용은 도덕적으로 폐기될 것을 주장한다(2장 9절 복제).

(3) 죽 음

자살은 자신을 죽이는 것이다. 그렇기 때문에 자살은 살인이다. 자살은 타자관심을, 긍정적 혹은 부정적 관심을 불러일으킨다. 칸트는 삶의 기간에 더 많은 악으로 위협당하여 자기애(自己愛)의 근거에서 삶의 기간의 단축을 '원칙'으로 만들지만, 일반적으로 자연법칙이 아니므로 "의무의 최상의 원칙"은 아니라고 자살을 반대한다. 쇼펜하우어는 "삶의 경악이 죽음의 경악을 능가한다."면 자살의 가능하다고 단정한다. 보통은 청소년들 사이에 일어나는 이러한 자살은 이성적으로 충고되어야 하고 경고되어야 한다(3장 1절 자살). 누군가 죽으려 할 때, 그 자살이 비도덕적이면 이를 도와주는 것도 비도덕적이다. 죽여 달라는 요청에 근거한 죽음은 안락사이다. 저자는 캐나다 법정에서 죽여 달라는 청원을 한 낸시 B의 경우와 영국에서 13년 간 치료 끝에 죽여 달라는 환자의 요구를 들어준 두 가지 수동적 안락사를 보기로 들었다. 전자는 길레인 바레 증후군을 앓는 중환자로 인공호흡기에 의존하여 삶을 이어 나갔다. 법원은 그녀의 청원을 받아들여 병원에서는 인공호흡기를 제거하였다. 후자는 의사 콕스가 요청에 따라 죽음의 주사를 투사하였지만 법원으로부터 1년의 집행유예 처벌을 받았다. 이런 사례는 슈페만처럼 자살조력을 법제화하여야 한다는 요구를 만든다. 의사와 환자 사이의 안락사에 대한 도덕적 판단근거를 알 수 있는 사회적 논의를 분명히 하여야 한다(3장 2절 자살조력, 임종조력, 안락사).

배아나 태아는 의식, 감정, 희망, 욕구가 없으므로 낙태에 대한 세 가지 입장이 나온다(3장 3절 낙태). 강요된 모성 대신 '자기규정의 권리'를 주장하는 페미니즘의 입장이 있다. 이러한 자기규정은 임신중절 가능성을 극대화하려는 입장이다(3장 3절 1항 페미니즘의 입장). 많은 나라에서 낙태를 법적으로 허용하므로 낙태도 허용되어야 한다는 입장이 자유주의 입장이다. 남미의 많은 나라의 어린이는 심각하게 낙태의 위험에 처해 있음에도 일단 세상에 나오면 유럽의 어린이에 비해 생존의지가 강하다. 이에 유럽의 페미니즘의 입장과 자유주의의 입장이 성공적이지 못하다(3장 3절 2항 자유주의의 입장). 시한부 해법은 태어나는 배아의 상태가 희망과 의식을 갖지 못한다는 전제에서 1개월 반(6주), 3개월(12주), 6개월(24주), 9개월(36주)의 기간을 두고 낙태를 허용 또는 금지하자는 이론이다. 구트마허는 초기배아는 '세포덩어리'라 하였고, 록우드는 6주의 기간을 옹호하였으며, 바센에 의하면 임신 6개월 째 태아는 확실히 인간본질에 해당되지 않는다. 케트쿰의 입장에서는 탄생 이전의 배아는 인격의 특질이 없으므로 도덕적인 삶의 권리는 없다고 본다. 저자는 배아죽임을 뇌사자와 동일하게 놓는 바센의 입장을 반박한다. 뇌사자의 삶은 제로이지만 그의 미래 삶은 무한한 잠재성이 있다(3장 3절 3항 시한부 해법). 낙태의 탈도덕성에 대한 헤어의 논의는 성적 절제를 통한 출생중지와 낙태를 동일하게 보는 데 있다. 저자는 '정지된 출산'은 부자가 가난한 자에게 기부나 선물을 하지 않는 것과 같다면, 낙태란 기부금을 내지 않는 부자에게 돈을 빼앗거나 훔치는 것과 같다고 논의한다. 그러므로 피임과 낙태를 동일시여길 수 없다. 성적 절제로서 피임에는 여러 단계가 있다(3장 3절 4항 낙태 대 피임). 저자는 상술한 임신 8단계에 어떠한 피임이나 임신중절 가능성이 있는지를 자세히 검토한다(3장 3절 5항 임신 8단계). 독일에서는 임신부의 생명과 건강이 위험하다고 인정되면 법적으로 의료지시가 내려진다. 임신된 아이가 우생학적 근거에서 기형아검사를 한다면 출생사전진단법을 받을 수 있다. 우생학적 낙태지시에도 불구하고 아이를 낳으려면 출생사전이식진단법을 받을 수 있다. 아이를 얻으려고 인공임신하자는 것인데 출생사전이식진단법이 출생사전진단법보다 도덕적으로 더 문제가 많다는 견해가 있다. 전자는 최악의 예방이고, 후자는 최상의 선택이지만, 배아의 입장에서는 삶의 상실은 별다른 의미가 없어지기 때문이다(3장 3절 6항 의료지시). 저자는 툴리의 공상과학소설을 일화로 제시한다. ① 고양이 두뇌에 화학제품을 주사한다. ② 고양이는 인간의 두뇌를 갖는 생명체로 발전하며 언어사용능력의 발전프로세스를 갖는다. 이때 고양이를 죽일 수 있나? 툴리는 다음과 같이 답변한다. 1) 새끼고양이는 인간의 속성이 없으므로 삶의 권리가 없다. 2) 고양이는 어떤 한 시점에서 삶의 권리를 갖는다. 저자는 1)은 동물의 삶의 권리문제의 소관으로 보나, 2)의 논의는 고양이에게 인간의 삶을 빼앗는 것은 도덕적으로 문제가 없는 철학적 허구로 본다(3장 3절 7항 동화). 낙태의 도덕성의 논의도 마찬가지이다. 배아의 도덕적 지위는 미래에 행복한 삶을 살아갈 잠재적 인격이다. 마찬가지로 ① 신생아는 잠재적 인격이다. ② 이 잠재적 인격은 현실적 인격으로 발전한다. 문제는 낙태를 도덕적으로 거부하기 위하여 피임을 도덕적으로 거부하는 절충적인 억제논의에 있다. 억제논의는 배아의 죽임의 탈도덕성을 그들의 죽임으로 미래 삶이 부당하게 억류되는지의 여부를 판정한다. 낙태와 피임이 동일시될 수 없는 이유는 잠재인격이 시한부 해법의 옹호 입장에서라도 현실인격과 동일한 삶의 권리의 지위가 주어질 수 없다는 데 기인한다(3장 3절 8항 잠재성 논의를 위한 추서).

현대 산업사회는 많은 동물을 사육하고 도살한다. 인간이 필요로 하는 대부분 식탁에 올라오는 메뉴표의 고기는 소비되어야 될 품목이다. 따라서 값싸고 적절한 가격으로 식탁에 올라오기 위하여 현대사회는 특별히 기술적으로 효과적인 식품가공방법을 허용한다. 동물은 사료가 고기로 변하는 체인에 작동되는 기계처럼 취급된다. 고기 한 쪽을 먹어 치우는 것이 돼지를 해롭게 하는 것이 아니라, 오히려 공리적이다. 이것은 소위 동물의 고기생산과 유통시장에서 이의 소비를 위한 체인에 동물의 '교환성'의 가정이 성립하기 때문이다. 채식주의자는 이러한 방법의 금지를 청(請)한다. 종에 합당하게 사육된 고기의 질은 괜찮기는 하나, 채식주의자는 이에 반대하는 육식주의자와의 대립은 피할 수 없다. 거기서 "동물의 삶은 인간의 삶과 같지는 않다"는 가정으로, 쇼펜하우어가 진단한 대로 인간은 앞을 내다보지 못하는 동물의 죽음보다는 동물의 사육으로 고난당할 것이 틀림없다는 것이다(3장 4절 채식주의).

3. 철학과 연구의 자유

철학은 학문의 자유에서 출발하였다. 탈레스가 하늘의 별을 관찰하다가 웅덩이에 빠진 것은 그의 실수였다. 갈릴레이도 하늘을 관찰하였을 때 로마 교황청과 갈등을 겪었다. 학문의 자유는 대학의 본령에 속하는데, 중세 전통은 대학이 자치적 기능을 가져서 외부세계와 단절 속에서도 연구의 자유를 누렸다. 그러나 중세 학문은 교황과 교회의 비호하에 성장하였다. 그렇기 때문에 철학은 신학의 논증에 봉사한다는 근본적 전제를 갖고 출발하였다. 근대에는 과학의 논증과 증명을 위하여 국왕이나 과학을 애호하는 고위 작위의 인물들이 보는 앞에서 실험하였다. 이 실험이 경험 가능하게 되면 일반적으로 통용되는 지식의 보편화의 과정을 거쳤다. 그런데 어느 시대에나 연구를 수행하자면 연구비를 필요로 한다. 이러한 연구의 자유는 연구비의 독립성에서 나온다. 연구비는 지식의 일반화 과정에서 사회적 함의를 거치면서 생겨난다. 그러나 오늘날 현대사회는 이러한 연구비의 자율성이 복잡다단하게 얽혀 있어서 연구비의 독립성과 자율성을 규명하기란 쉽지 않다. 학문의 자유는 이러한 선상에서 어느 누군가 자신의 연구의 결과를 많은 사람들에게 전달할 수 있다면, 그의 연구의 자유는 일반성에 이를 것이다. 여기서도 예외 없이 의무론적 윤리학의 잣대가 관건이 되어 있다. 금지냐 허용이냐?

의무론적 윤리학의 이론은 무엇을 하여야 하는지의 요청과 하지 말아야 하는지의 금지에 명백한 잣대를 갖는다. 의무론적 윤리이론은 요청과 금지로 가장 일반적이고 보편타당한 행동규범을 분류한다. 무엇이 요청된 것이고 금지된 것인지에 대하여서는 연구 당사자의 철학적 이해갈등에서 살펴야 한다. 먼저 사랑과 삶과 죽음이라는 인간 활동의 보편적 현상을 살펴보면 여기에는 어느 누구라도 양도할 수 없는 권리로서 인간의 존엄과 권위에 관한 문제가 있다.

사랑은 참으로 인류의 보편적인 현상이다. 허용의 측면에서 보자면 어느 나라에서도 사랑만은 막을 수 없다. 그래서 사랑은 국경을 초월한다. 사랑하면 결혼하고 아이를 낳고 가정을 이루면서 살아가다 죽어가는 것을 흔히들 인생이라 한다. 이러한 현상의 일반성에 머무르는 경우나 떠나 있는 경우도 특별히 연구자의 관심과 연구자들 사이의 이해관계가 얽혀 있다. 사랑의 주제에는 가장 먼저 성(性)이 포함된다. 영어의 sex를 한자로 性이라 하는데, sexuality는 남녀의 다양한 성활동을 포괄하는 표현이다. 보통 우리나라에서 페미니즘의 특수한 콘텍스트에서 성성이라고 번역하는 이 성활동에는 호모섹스의 활동도 있고, 매음 행위, 정조, 자위 그리고 포르노그래프에 관한 것이 있다. 사랑을 넓은 의미에서 이해하자면 매춘이나 매음은 사랑을 주고 파는 행위이다. 좁은 도덕적 잣대를 갖다댄다면 결혼한 자가 이런 행위를 했다면 결혼의무의 위반으로 도덕적으로 심각한 문제를 일으킨다. 현대 사랑은 많은 점에서 자유를 배경으로 발전한 것이 대부분이다. 그 점에서 자유사랑의 주장은 글로벌 사랑의 기하학과 현상학에 크게 어긋나 보이지 않는다. 특히 서구의 대도시에는 '인종시장'이라는 말처럼 각종 각양의 인간이 살고 있다. 이들 모두 사랑이라는 성활동에서 서로가 인연을 맺고 살아가고 죽어갈 것이다.

자유사랑에 본다면 호모의 성활동은 종전까지 금기시되어 왔으나 사회적 관용이 필요한 부분일 것이다. 전통윤리는 이러한 자연적 성향을 거스르는 행동을 비윤리적으로 취급했지만, 오늘날 같은 연구 상황은 호모 성활동을 단순히 형사처벌 대상으로 범죄시하는 방향으로만은 나가지 않는 듯하다. 실제로 호모 성활동의 권리는 인권의 신장과 더불어 꾸준히 성장하고 있다. 자위는 주로 청소년들의 성활동에 해당되는 부분이기도 하다. 스스로를 즐겁게 한다는 명목에서 대상 없는 만족의 성향은 결국 무책임한 정자의 방출로 이어진다. 이들은 익명의 세포와 인위적으로 결합된다. 이들의 연구행위가 윤리적 성찰과 사회 제도적 논의를 거치지 않고 이루어진다면, 심각한 탈도덕성의 문제를 일으킬 것이다. 포르노그래프는 비디오 기술의 발달과 일정한 비례로 진행되고 있다. 청소년보호의 차원에서, 음란물을 보여주거나 들려준다면 처벌을 받아야 할 것이다. 그런데 사랑의 현상학 배후에는 삶과 죽음이라는 근거가 자리 잡고 있다. 삶의 의미는 누가 무어라 하여도 삶을 이끌어 가는 자의 내면적 가치에 따라 달라진다. 삶의 가치는 누가 누구에게 언제부터 삶의 권리를 인정한 것인가?

이 문제와 관련한 생명윤리 논쟁의 단초로서 1992년 독일의 한 간호보조원인 젊은 여성이 임신 중에 교통사고로 뇌사상태에 빠져 죽게 된 사건이 있었다. 임신 중인 줄도 몰랐던 그녀의 몸에 있는 3개월짜리 태아를 살리기 위하여 인공호흡기와 제반 의료행위를 한 것이다. 그녀의 신체훼손불가침에 의한 권리와 뱃속에 있는 태아의 생명의 권리문제, 의료행위의 방향에 관한 논의가 일어났다. 죽어가는 자와 살아 있는 자 사이의 관심이 팽팽하게 맞부딪치는 지점에서 '어느 누구도 다치게 하지 말라'는 윤리적 테제 곧 주장은 이론적으로 어느 쪽인가로 저울질하여야 한다. 치열한 이론공방은 결국 둘 다 죽음으로써 끝났다. 이 논의는 장기이식의 문제로도 연결되는데 장기제공과 장기이식 사이에도 동일한 관심에 쏠려 있다. 삶은 늘 죽음과 연관하여 생각하여야 하므로, 삶의 가치도 지금까지 살아온 날과 지금 누리는 삶의 상황에서 공리적으로 계산하기보다는 앞으로 살아갈 날과 죽음에서 발생하는 피해를 중심으로 삶의 가치를 계산하여야 할 것이다.

그러나 이러한 삶의 가치에 대한 이해는 피임, 낙태 및 인공수정, 배아연구 및 복제의 연구에서 대폭 제한된다. 인공수정에 의한 배아연구는 배아의 생명발전 단계에 따라 삶의 의미, 삶의 권리 그리고 삶의 가치에 대한 토론이 뒤따르지만, 언제부터 생명이 시작되는가의 문제는 극단적으로 말해서, 언제부터 죽음이 닥쳐오는가의 문제와 맞닥뜨려진다. 이 점에서 많은 인간배아복제 연구를 수행하려는 연구자의 관심과 결과는 결국 철학적 허구에 직면할 것이다. 프랑켄슈타인 프로젝트의 '쥐라기 공원' 같은 공상과학소설에서나 등장할 철학적 허구는, 대단위 복합 연구 단지를 조성하고 대규모로 인공적인 체외수정의 방식으로 상품화시키듯이 대량 인간복제 생산 공장을 만들려는 구상에서 풍선처럼 커간다. 최근에 연구목적으로 당사자들의 엄격한 합의와 논의를 거쳐서 수백 개의 여성 난자들을 채취하여 핵 치환 연구에 사용하였다는 연구행위와 이를 문제 삼는 생명윤리 논쟁의 공방에도 이러한 철학적 허구의 우려가 표면화되었다. 이러한 연구를 수행하는 그룹은 어떠한 연구목적과 관련하여 이를 강행한 것일까?

이를 문제 삼기 위하여 영국의 공업도시에서 한 젊은 여성이 남성과 성관계를 갖지 않고도 약 33만 원의 비용으로 인공 임신한 사실을 보기로 들 수 있다. 이 여자는 정자 제공자의 피부, 눈, 머리카락의 색깔 등을 규정하였고, 소위 결혼하지 않은 채 '아이'를 낳으려 하였다. 이것은 대단히 심각한 윤리문제를 제기한다. 당시 영국에서는 결혼하지도 않고 아이를 가지려는 것이 마치 슈퍼마켓에서 물건을 사듯이 하는 소비성향으로 받아들여졌다. 이것은 '아이'는 남녀의 자연적 사랑에서 생겨야 한다는 지금까지 인류에 알려진 일반적인 통념을 깨는 것이었고, '동정녀'의 임신과 같은 행위는 아이를 소비재로 취급하려는 것과 같다는 비난이 가해졌다. 이러한 비난의 언명은 오늘날 우리의 연구 상황과도 무관하지 않다. 문제는 우리에게 이러한 행동에 대한 규범과 가치를 말해 주는 객관적으로 타당한 진술을 만들어내는 윤리체계가 존재하지 않는다는 데 더 심각한 문제가 있다.

인간배아복제에 관한 윤리성 문제에서 연구의 진행과 더불어 등장하는 연구 성과로서, 인간배아가 단지 '세포덩어리'인지, 혹은 윤리적 권리를 갖지 않는 충분한 인권을 갖는 인격인지에 대한 질문으로 이어진다. 인간배아를 생물학적 발전단계에 따라 세부적으로 나누어서 이들의 도덕적 상태를 판단하고 분석하는 것은 중요하다. 여기서 비판적 토론의 수위는 인권이 제한되지 않는 범위에서 불가침이지만 단순히 '인권을 거스른다.'라는 논의만으로는 일정단계의 강도를 유지하지 못한다. 연구목적을 위하여 살다가 죽어간 무엇인가 혹은 누군가의 생명의 의미와 권리는, 체외수정으로서 인공수정(IVF) 형식의 기술에서 좀 더 면밀하게 다루어져야 한다.

불임부부들의 임신을 위하여 채취된 난자는 나름대로 임신율을 높이기 위하여 여러 개의 난자를 필요로 한 것이었다. 연구결과에 따르면 인공수정에 의한 임신율은 재이식 배아의 숫자로 증가한다. 통계적으로 한 배아의 이전에는 9%, 2개 혹은 3개의 동시에 이루어지는 배아이전에는 14% 혹은 23%로 증가하나, 4개 난자에 의한 배아이전 이후에는 임신율이 그다지 높이 올라가지 않는다. 현재 독일의 배아보호법에 따르면 배아의 생명을 위하여 채취된 모든 수정난자세포는 임신 이후에 다시 자궁으로 돌려보내야 한다. 그러나 2개 혹은 3개 인간배아들은 오직 하나의 인간배아의 출생을 위하여 그냥 들러리를 섰다가 다시 자궁으로 돌려 보내지면서 희생된다. 소위 적절한 선택이 자연의 법칙에 따라 이루어진다면 배아세포의 생명의 발전단계에 따라 한 생명체의 삶의 권리를 그의 죽을 권리와 관련에서 판정하여야 할 것이다.

쇼펜하우어에 따르면 자살은 "삶의 경악이 죽음의 경악을 능가하는" 경우에 발생한다고 하였다. 죽여 달라는 요구 앞에서 의사는 어떠한 결정을 내려야 하나? 스스로 죽겠다고 하면 대부분의 세상 사람들의 경우에는 '잘 죽었다', '죽어서 참 안됐다' 혹은 '죽은들 무슨 상관이냐'는 형태의 반응을 나타낸다. 전자의 경우는 죽는 자와는 별도로 타자의 적극적 관심이 개입되어 있고, 후자는 부정적인 타자관심이 집중된 경우이다. 남의 죽음이 자기와는 전혀 무관하다고 느끼는 경우는 거의 무차별의 중립적일 때이다. 그리고 보면 자살은 말 그대로 '살인'행위이다. 동일한 죽음을 두고 자살은 말 그대로 자기 스스로를 죽이는 것이지만, 안락사는 자기 스스로를 죽여 달라는 요청이므로 자살과 안락사는 차이가 있다. 이 이야기를 낙태와 피임에 적용하면, 어차피 낙태나 피임은 살아날 생명에 대한 사전의 탈취이다. 앞으로 태어나고 살아갈 잠재적인 인격적 본질에 대한 피임 내지 낙태는 앞으로 태어나 살아갈 잠재적인 인격적 본질의 관심을 저버리는 격이다.

인간배아연구는 현재와 미래 세대를 위한 사회 전체의 공리적 관점과 의무론적 책임감이 결합되어야 정상적인 방향으로 갈 것이다. 미래의 더 큰 사회적 선을 실현하기 위한 의무론적인 선의 요청이 등장하였지만 자기반성 없는 무분별한 목적론적인 행위의 정당화로 이어져서는 안 된다. 최근에 신문이나 TV 방송보도를 보면 우리나라에도 정자은행이 개설되어 불임부부들은 마치 미래세대를 얻기 위한 전주곡처럼 들으려 하기도 한다. 수많은 무상난자제공자들은 자신들이 제공한 난자의 IT 및 BT 기술결합으로 질병 없는 미래사회를 만들어가는 주역

이 되는 과학유토피아의 환상에 사로잡혀 있는 듯하기도 하다. 미래 환자를 이롭게 할 이타적 목적 때문이라면, 미래세대의 인격의 담지자로서 여성이 가질 수 있는 권리가 심각하게 훼손되면서까지 제공된 난자는 실험실 요원의 관찰과 연구대상이 되어 원하고 바라던 기대를 충족시키려 할 것이다. 이와 관련된 잠재논의는 이 책에서 명백하게 반박한 대로 철학적 허구이다. 실험실에서 일어난 생명과학의 스토리에는 언제나 마지막 현실이 있다. 공리주의적 관점에서 이 마지막 현실을 보면 누구라도 최대 다수의 최대 행복을 이끌어갈 사건이 되겠지만 구체적인 구성원의 요구에 비추어보면 언제나 중립적인 관객의 몫이다. 그러나 이 마지막 현실의 결과를 회의주의적으로 관찰하고 성찰한 다음 이를 이성의 순응에 길들여진 길로 따라가게 하는 것은 철학의 몫이다.

배 선 복

참고문헌

Ach(1993) Johann S. Ach, *Embryonen, Marsmensch und Löwen, Zur Ethik der Abtreibung*, in: J. S. Ach/A. Gaidt(Hrg.), *Herausgegeben der Bioethik*, Stuttgart, Frommann-Holzboog, 71-136.

Achenbach(1991) Hans Achenbach, *Suizidbeteiligung und Euthanasie*, in: Ochsmann(1991), 137-159.

Acton(1976) Jean Paul Action, *Measuring the Monetary Value of Life-saving Programs*, in: *Law and Contemporary Problems* 40, 46-72.

Albrecht(1998a, 1998b) Joerg Albrecht, *Ist Dolly eine Ente? Probieren geht über Studieren*, in: *Die Zeit*(15. Januar), 35 / (29. Januar), 38.

Altner(1998) Guenter Altner, *Leben in der Hand des Menschen — Die Brisanz des biotechnischen Fortschritts*, Darmstadt, Primus Verlag.

Angstwurm(1994) Heinz Angstwurm, *Der vollständige und endgültige Hirnausfall(Hirntod) als sicheres Todeszeichen des Menschen*, in: Hoff/in der Schmitten(1994), 41-50.

Ard(1989) Ben N. Ard Jr., *Rational Sex Ethics*, New York, Peter Lang.

Atkinson(1965) Ronald Atkinson, *Sexual Morality*, New York, Harcourt, Brace and World.

Austin(1989) Colin R. Austin, *Human Embryos — The Debate on Assisted Reproduction*, Oxford, Oxford University Press.

Baker(1987) Robert Baker, *The Clinician as Sexual Philosopher*, in: Shelp (1987), 87-109.

Baker/Elliston(1975) Robert Baker/Friedrich Elliston(Hrsg.), *Philosophy and Sex*, Buffalo(N.Y.), Prometheus Books.

Bassen(1982) Paul Bassen, *Present Sakes and Future Prospects, The Status of Early Abortion*, in: *Philosophy and Public Affairs* 11, 314-337.

Baumrin(1975) Bernhard H. Baumrin, *Sexual Immorality Delineated*, in: Baker/Elliston(1975), 116-127.

Bayertz(1987) Kurt Bayertz, *GenEthik, Probleme der Technisierung menschlicher Fortpflanzung*, Reinbeck, Rowohlt.

Baylis(1990) Francoise E. Baylis, *The Ethics of ex utero Research on Spare 'Non-viable' IVF Human Embros*, in: *Bio ethics* 4, 311-329.

Beauchamp/Childress(1979) Tom L. Beauchamp/James F. Childress, *Principles of Biomedical Ethics*, New York/Oxford, Oxford University Press.

Bentham(Principles) Jeremy Bentham, *Introduction to the Principles Morals and Legislation*, London, 1789.

Berenson(1991) Frances Berenson, *What is this Thing Called 'Love'?*, in: *Philosophy* 66, 65-79.

Berger(1991) Fred Berger, *Pornography, Sex, and Censorship*, in: Bruce Russell(Hrsg.), *Freedom, Rights and Pornography*, Dordrecht, Kluwer, 132-155.

Birnbacher(1990a) Dieter Birnbacher, *Gefährdet die moderne Reproductionsmedizin die menschliche Würde?*, in: Leist(1990b), 28-40.

Birnbacher(1990b) Dieter Birnbacher, *Selbstmord und Selbstmordverhütung aus ethischer Sicht*, in: Leist(1990b), 395-422.

Birnbacher(1994) Dieter Birnbacher, *Einige Gründe, das Hirntodkriterium zu akzeptieren*, in: Hoff/in der Schmitten(1994), 28-40.

Birnbacher(1995) Dieter Birnbacher, *Tun und Unterlassen*, Stuttgart, Reclam.

Bockenheimer-Lucius/Siedler(1993) Gisela Bockenheimer-Lucius/Eduard Seidler(Hrsg.), *Hirntod und Schwangerschaft-Dokumentation einer Diskussionsveranstaltung der Akademie für Ethik in der Medizin zum "Erlanger Fall"*, Stuttgart, Enke.

Bok(1974) Sissela Bok, *Who Shall Count as a Human Being? A Treacherous Question in the Abortion Debate*, in: Robert Perkins (Hrsg.), *Abortion Pro and Con*, Cambridge(Mass.), Schenkman Publ. Co. 91-105.0000.

Bräutigam (1995) Hans Harald Bräutigam, *Nachwuchs nach Mass*, in: *Zeit-Punkte*, 69-72.

Bremme(1990) Bettina Breme, *Sexualität im Zerrspiegel — Die Bebatte um Pornographie*, Muenster/New York, Waxmann.

Brown(1987), *Analyzing Love*, Cambridge, Cambridge University Press.

Byrne(1988), *The animation tradition in the light of contemporary philosophy*, in: Dunstan/Seller(1988), 86-110.

Cargile(1966) James Cargile, *Pascal's Wager*, in: *Philosophy* 41, 250-257.

Charlesworth(1997) Max Chaelesworth, *Leben und sterben lassen — Bioethik in der liberalen Gesellschaft*, Hamburg, Rotbuch Verlag.

Clark(1984) Stephen R. L. Clark, *The Moral Status of Animals*, Oxford, Oxford University Press.

Cohen(1975) Carl Cohen, *Sex, Birth Control, and Human Life*, in: Baker/Ellison(1975), 150-165.

Corradine(1994) Antonella Corradini, *Goldene Regel, Abtreibung und Pflichten gegenüber möglichen Individuen*, in: *Zeitschrift für philosophische Forschung* 48, 21-42.

Cudd(1990) Ann E. Cudd, *Enforced Pregnancy, Rape, and the Image of Woman*, in: *Philosophical Studies* 60, 47-59.

Dwkins(1980) Mrian Stamp Dawkins, *Animal Suffering, The Science of Animal Welfare*, London, Chapman & Hall.

Dennett(1994) Daniel D. Dennett, *Philosophie des menschlichen Bewusstseins*, Hamburg, Hoffmann & Campe.

Devine(1978) Philip Devine, *The Ethics of Homicide*, Ithaca, Cornell University Press.

Dreher/Trödle(1993) Eduard Dreher/Herbert Trödle, *Beck'sche Kurz-Kommentare, Bd. 10, Strafgesetzbuch und Nebengesetze*, München, C. H. Beck.

Ducharme(1991) Howard M. Duchrme, *The Vatican's Dilemma, On the Morality of IVF and the Incarnation*, in: *Bioethics* 5, 57-66.

Dunstan(1988) Gordan R. Dunstan, *The state of the question*, in: Dunstan/Seller(1988), 9-17.

Dunstan/Seller(1988) Gordan R. Dunstan/Mary J. Seller(Hrsg.), *The Status of the Human Embryo — Perspectives from Moral Tradition*, London, King Edward's Hospital Fund.

Eccles/Robinson(1991) John C. Eccles/Daniel N. Robinson, *Das Wunder des Menschenseins — Gehirn und Geist*, München/ Zürich, Pieper.

Ellis(1958) Albert Ellis, *Sex without Guilt*, New York, Lyle Stuart.

Elliston(1975) Frederick Elliston, *In Defence of Promiscuity*, in: Baker/Elliston(1975), 222-243.

Elsässer(1992) Antonellus Elsässer, *Transplantationsgesetz ist längst überfällig — Moraltheoretische Überlegungen zur Diskussion um das Gesetzvorhaben*, in: *Niedersächsisches Ärzteblatt*, 22-26.

Engelhardt(1987) Tristram H. Engelhardt, Jr., *Having Sex and Making Love*, in: Shelp(1987), 51-66.

Epikur(Brief) Epikur, *Brief an Menoikeus, Zit. nach Die griechischen*

Philosophen, Bd. 3, Die Nachsokratiker, Hrsg. und übers. von W. Nestle, Jena 1923, Nachdruck Aalen 1976/77.

Eser(1995) Albin Eser, *Möglichkeiten und Grenzen der Sterbehilfe aus der Sicht eines Juristen*, in: Jens/Küng(1995), 151-182.

Eser(1997) Klonierung beim Menschen, Stellungnahme von A. Eser, W. Frühwald, L. Hinnefelder, H. Markl, H. Reiter, W. Tanner und E.-L. Winnacker für den Rat für Forschung, *Technologie und Innovation, Pressdokumentation des Bundesministerium für Bildung und Forschung* (www.bmbf.de/aechiv/pressedok97/pd042997.htm).

Fackelmann(1975) Kthy A. Fackelmann, *Checkup For Babies*, in: *Zeit-Punkte* 2(1995), 73.

Fehige/Meggle(1998) Christoph Fehige/Georg Meggle(Hrag.), *Der Sinn des Lebens*.

Fehige/Wessels(1998) Christoph Fehige/Ulla Wessels(Hrsg.), *Preferences*, Berlin, de Gruyter.

Feinberg(1974) Joel Feinberg, *Rights of Animals and Unborn Generations*, in: W. T. Blackstone(Hrsg.), *Philosophy and Environmental Crisis*, Athens, University of Georgia Press, 43-68.

Feinberg(1985) Joel Feinberg, *Offense to Others*, New York/Oxford, Oxford University Press.

Feinberg(1986)Joel Feinberg, *Harm to Self*, New York/Oxford, Oxford University Press.

Finnis(1973) John Finnis, *The Rights and Wrongs of Abortion*, in: *Philosophy and Public Affairs* 2, Wiederabgedr. in M. Cohen/T. Nagel/T. Scanlon(Hrsg.), *The Right and Wrongs of Abortion*, Princeton, Princeton University Press, 1974, 85-113.

Foot(1990) Philippa Foot, *Das Abtreibungsproblem und die Doktrin der Doppelwirkung*, in: Leist(1990b), 196-211.

Frey(1983) Raymond G Frey, *Rights, Killing, and Suffering*, Oxford,

Blackwell Fritz-Vannahme(1995), Joachim Fritz-Vannahme, *Fraternite, Egalite pour Bebes*, in: *Zeit-Punkte* 2, 75-77

Fromm(1980) Erich Fromm, *Die Kunst des Liebens*, Frankfurt a. M.(u.a), Ullstein.

Gross(1991) Helmut Gross, *Für eine Ontologie der ausgetretenen Pfade*, in: *Philosophisches Jahrbuch* 98, 48-61.

Gründel(1984) Johannes Gründel, *Sexualität im Lichte christlicher Verkündigung*, in: *Philosophisches Jahrbuch* 98, 48-61.

Gründel(1987) Johannes Gründel, *Sittliche Bewertung des ärztlichen Handelns bei Anfang und Ende des menschlichen Lebens*, in: Marquard/Staudinger(1987), 78-100.

Guttmacher(1971) Alan F. Guttmacher, *Who Owns Fertility, the Church, the state, or the Individual?*, in: Donald L. Grummon/Andrew M. Barclay(Hrsg.), *Sexuality, A Search for Perspective*, New York, Van Nostrand Reinhold, 174-187.

Habermas(1998a) Jürgen Habermas, *Artikel in der Süddeutschen Zeitung*, Zit. nach, Der Tagesspiegel(28. Januar), 32.

Habermas(1998b, 1998c) Jürgen Habermas, *Biologie kennt keine Moral — Eine Replik auf Dieter E. Zimmer/Zwischen Dasein und Design — Eine Antwort auf Reinhard Merkel*, in: *Die Zeit*(19. Februar/12. März).

Hare(1975) Richard M. Hare, *Abortion and the Golden Rule*, in: *Philosophy and Public Affairs* 4, 201-222.

Hare(1988) Richard M. Hare, *When Does Potentiality Count? A Comment on Lockwood*, in: *Bio ethics* 2, 214-226.

Hare(1990) Richard M. Hare, *Abtreibung und die Goldene Regel*, in: Leist (1990b), 132-156.

Harris(1989) John Harris, *Should we Experiment on Embryos?*, in: Robert Lee/Derek Morgan(Hrsg.), *Birthrights — Law and Ethics at the beginning of Life*, London/New York, Routledge, 85-95.

Harris(1989) John Harris, *Der Wert des Lebens — Eine Einführung in die medzinische Ethik*, Berlin, Akdemie Verlag.

Hartmann(1923) Nicolai Hartmann, *Ethik*, Berlin, de Gruyter.

Hegselmann(1989) Rainer Hegselmann, *Was ist und was soll Moralphilosophie? 10 Thesen*, Manuskript der Antrittsvorlesung an der Universität Bremen vom 18. 12. 1989.

Hepp(1987) Hartmann Hepp, *Die extrakorporale Befruchtung — Fortschritt oder Bedrohung des Menschen?*, in: Marquard/Staudinger(1987), 9-23.

Heuermann/Kröger(1989) Paul Heuermann/Detlef Kröger, *Die Menschenwürde und die Forschung am Embryo*, in: *Medizinische Rundschau* 4, 168-178.

Hinney/Michelmann(1992) B. Hinney/H. W. Michelmann, *Die In-vitro-Fertilisation als Therapiemassnahme bei Kinderlosigkeit*, in: *Zeitschrift für Allgemeinmedizin* 68, 1099-1104.

Hoerster(1971) Nobert Hoerster, *Utilitaristische Ethik und Verallgemeinierung*, Freiburg I. Br., Alber.

Hoerster(1989) Nobert Hoerster, *Forum, Ein Lebensrecht für die menschliche Lebensfrucht?*, in: *Juristische Schulung* 89, 172-178.

Hoerster(1991) Nobert Hoerster, *Abtreibung im säkularen Staat — Argumente gegen den § 218*, Frankfurt a. M., Suhrkamp.

Hoerster(1995) Nobert Hoerster, *Ratio statt Dogma — Plädoyer für eine aufgklärte, von Weltanschauungen befreite Ethik*, in: *Zeit-Punkte*, 2, 97-98.

Hoff/in der Schmitten(1994) Johannes Hoff/Jürgen in der Schmitten (Hrsg.), *Wann ist der Mensch tot? Organverpflanzung und Hirntodkriterium*, Hamburg, Meiner.

Hoffmeister(1955) Johannes Hoffmeister(Hrsg.), *Wörterbuch der philosophischen Begriffe*, Hamburg, Meiner.

Hume(Selbstmord) David Hume, Über Selbstmord. in: D. H.: Dialoge über natürliche Religion. Leipzig, Meiner, 1905, 145-156.

Hume(Moral) David Hume, *Eine Untersuchung über die Prinzipien der Moral*, Stuttgart, Reclam, 1984.

Hunter(1980) John F. M. Hunter, *Thinking about Sex and Love*, Toronto, Macmillan.

Irrgan(1996) Bernhard Irrgang, *Genthik*, in: Nida-Rümelin(1996b), 510-551.

Jeffrey(1967) Richard C. Jeffrey, *Die Logik der Entscheidungen*, München, Oldenburg.

Jellonek(1990) Burkhard Jellonek, *Homosexuelle unter dem Hakenkreuz — Die Verfolgung von Homosexuellen im Dritten Reich*, Braunschweig, Schöningh.

Jens/Küng(1995) Walter Jens/Hans Küng(Hrsg.), *Menschenwürde sterben — Ein Plädoyer für Selbstverantwortung*, München, Piper.

Jonas(1987) Hans Jonas, *Technik, Medizin und Ethik — Zur Praxis des Prinzips Verantwortung*, Frankfuert a. M., Insel.

Jonas(1994) Hans Jonas, *Brief an Hans-Bernhard Wuermeling*, in: Hoff/ in der Schmitten(1994), 21-25.

Kanitscheider(1995) Bernulf Kanitscheider, *Auf der Suche nach dem Sinn*, Frankfurt a. M., Insel.

Kant(Grundlegung) Immanuel Kant, *Grundlegung zur Metaphysik der Sitten*, Zit. nach: Werke in zehn Bänden, Hrsg. von W. Weischedel, Bd. 6, Darmstadt, Wissenschaftliche Buchgesellschaft, 1968.

Kant(Metaphysik) Immanuel Kant, *Metaphysik der Sitten*, Zit. nach: Ebd. Bd. 7.

Kant(Vorlesung) Immanuel Kant, *Kants Vorlesungen, Bd. 4, Vorlesungen über Moralphilosophie. Zweiter Teil*, Hrsg. von der Akademie der Wissenschaften zu Göttingen, Berlin, de Gruyter, 1979.

Kaplan(1989) Helmut F. Kaplan, *Warum Vegetarier — Grundlagen einer universalen Ethik*, Frankfurt a. M., Lang.

Kass(1985) Leon Kass, *Toward a More Natural Science, Biology and Human Affairs*, New York, The Free Press.

Ketchum(1987) Sara Ann Ketchum, *Medicine and the Control of Reproduction*, in: Shelp(1987), 17-37.

Kitcher(1998) Philip Kitcher, *Jeden gibt's nur einmal — Menschen kann man nicht kopieren* [ ], in: *Die Zeit*(15. Januar), 34.

Klinkhammer(1988) Gisela Klinkhammer, "Pervertirung der Natur", *Der US-amerikanische Physiker Richard Seed, der menschliche Klone herstellen will, stösst auf scharfe Kritik* [Leitartikel] in: *Deutsches Ärzteblatt* 95, H. 4(23. Januar 1998), A-127.

Koch(1977) Traugott Koch, *"Sterbehilfe" oder "Euthanasie" als Thema der Ethik*, in: *Zeitschrift für Theologie und Kirche* 84, 86-117.

Kosnik(1977) Anthony Kosnik[u.a.](Hrsg.), *Human Sexuality, New Directions in American Catholic Thought*, New York, Paulist Press.

Krebs(1996) Angelika Krebs, *Ökologische Ethik 1 — Grundlagen und Grundbegriffe*, in: Nida-Rümelin(1996b), 346-385.

Kuhse/Singer(1982) Helga Kushe/Peter Singer, *The moral status of the embryo*, in: W. Walters/Singer(Hrsg.), *Test-Trub Babies, A Guide to Moral Questions, Present Techniques and Future Possibilities*, Malbourne/Oxford, Oxford University Press, 57-63.

Kurthen(1990) Martin Kurthen, *Das Problem des Bewusstseins in der Kognitionswissenschaft — Perspektiven einer "Kognitiven Neurowissenschaft"*, Stuttgart, Enke.

Kutschera(1973) Franz von Kutschera, *Einführung in die Logik der Normen, Werte und Entscheidungen*, Freiburg I. Br., Alber.

Kutschera(1982) Franz von Kutschera, *Grundlagen der Ethik*, Berlin, de Gruyter.

Laabs(1991) Klaus Laabs(Hrsg.), *Lesben, Schwule, Standesamt*, Berlin, Links.

Lamb(1988) David Lam, *Down the Slippery Slope — Arguing in Applied Ethics*, London[u.a.], Croom Helm.

Leist(1990b) Anton Leist(Hrsg.), *Um Leben und Tod — Moralische Probleme bei Abtreibung, künstliche Befruchtung, Euthanasie und Selbstmord*, Frankfurt a. M., Suhrkamp.

Lenzen(1980) Wolfgang Lenzen, *Ist gut*, in: Akten des 5. Internationalen Wittgenstein Symposiums, Kirchberg, 165-171.

Lenzen(1990) Wolfgang Lenzen, *Das Töten von Tieren und von Föten*, in: *Analyse und Kritik* 12, 190-204.

Lenzen(1991) Wolfgang Lenzen, *Wie schlimm ist es, tot zu sein? Moralphilosophische Reflexionen*, in: Ochsmann(1991), 161-178.

Lenzen(1998) Wolfgang Lenzen, *Wem könnte Klonen schaden?*, in: J. Nida-Rümelin(Hrsg.), *Proceedings of the International Congress on Rationality, Realism, Revision*, Berlin, de Gruyter.

LaVay(1994) Simon LaVay, *Keimzellen der Lust — Die Natur der menschlicen Sexualität*, Heidelberg, Spektrum Akademischer Verlag.

Linke(1990) Detlef B. Linke, *Personalität ohne Gehirn — Medizinische Ethik im kognitivistischen Zeitalter*, in: *Information Philosophie* (Dezember 1990), 5-15.

Linke(1996) Detlef B. Linke, *Hirnverpflanzung — Die erste Unsterblichkeit auf Erden*, Hamburg, Rowohlt.

Lockwood(1990) Michael Lockwood, *Der Warnock-Bericht, eine philosophische Kritik*, in: Leist(1990b), 235-265.

Lübbe(1988) Hermann Lübbe, *Anfang und Ende des Lebens. Normative Aspekte*, in: Lübbe[u.a.](1988), 2-26.

Lübbe(1988) Hermann Lübbe, *Anfang und Ende des Lebens als normatives Problem*, Akad. der Wiss. und Lit. Mainz, Abh. der Geistes-und

Sozialwiss. Kl. 12. Wiesbaden/Stuttgart, Steiner.

Luce/Raiffa(1967) Duncan Luce/Howard Raiffa, *Games and Decisions*, New York, Wiley.

Mackie(1985) John L. Mackie, *Das Wunder des Theismus*, Stuttgart, Reclam.

Marquard(1987) Odo Marquard, *Drei Phasen der medizinethischen Debatte*, in: Marquard/Staudinger(1987), 111-115.

Marquard/Staudinger(1987) Odo Marquard/Hansjuergen Staudinger(Hrsg.), *Anfang und Ende des menschlichen Lebens — Medizinethische Probleme*, München, Fink/Paderborn, Schoenigh.

McCartney(1987) James J. McCartney, *Contemporary Controversies in Sexual Ethics, A Case Study in Post-Vatican II Moral Theology*, in: Shelp(1987), 219-232.

McCullagh(1987) Peter McCullagh, *The Foetus as Transplant Donor*, Chichester, Wiley.

McMahan(1998) Jeff McMahan, *Preferences, Death, and the Ethics of Killing*, in: Fehige/Wessels(1998), 471-502.

Meggle(1997) George Meggle, *Das Leben eine Reise*, in: W. Lenzen (Hrsg.), Das weite Spektrum der Analytischen Philosophie, Berlin, de Gruyter, 78-192.

Merkel(1991) Reinhard Merkel, *Teilnahme am Suizid — Tötung auf Verlangen — Euthanasi, Fragen an die Strafrechtsdogmatik*, in: Rainer Hegselmass/Reinhard Merkel(Hrsg.), *Zur Debatte über Euthanasie*, Frankfurt a. M., Suhrkamp, 71-127.

Moore(1979) Paul Moore, Jr., *Take A Bishop Like Me*, New York, Harper.

Müller(1988) Gerhard Müller, *Zur Frage nach dem Leben in theologischer Sicht*, in: Lübbe[u.a.](1988), 51-57.

Nagel(1984) Thomas Nagel, *Der Blick von nirgendwo*, Frankfurt a. M., Suhrkamp.

Nagel(1992) Thomas Nagel, *Über das Leben, die Seele und den Tod*, Königstein, Hain.

Nida-Rümelin(1996a) Julian Nida-Rümelin, *Wert des Lebens*, in: Nida-Rümelin(1996b), 832-861.

Nida-Ruemelin(1996b) Julian Nida-Rümelin(Hrsg.), *Angewandte Ethik — Die Bereichsethiken und ihre theoretische Fundierung*, Stuttgart, Körner.

Nuttall(1993) John Nuttall, *Moral Questions — An Introduction to Ethics*, Cambridge, Polity Press.

Ochsmann(1991) Randolph Ochsmann(Hrsg.), *Leben-Ende*, Heidelberg, Asanger.

Pascal(1936) Blaise Pascal, *Pensées*, in: J. Chevalier(Hrsg.), L'Œuvre de Pascal, Paris, NRF.

Perrett(1992) Roy W. Perrett, *Valuing Lives*, in: *Bioethics* 6, 185-200.

Piegsa(1993) Eckhard Piegsa, *Ist Sterbehilfe vertretbar?*, in: *Niedersächsisches Ärzteblatt* 14, 12-15.

Purdy(1982) Laura M. Purdy, *Genetics Disease: Can Having Children Be Immoral?*, in: Samuel Gorovitz[u.a.](Hrsg.), *Moral Problems in Medicine*, Englewood Cliffs(N.J.), Prentice Hall, 377-384.

Rachels(1979) James Rachels, *Euthanasia, Killing and Letting*, in: J. Ladd (Hrsg.), *Ethical Issues Relating to Life and Death*, Oxford, Oxford University Press, 146-163.

Ramsey(1972) Paul Ramsey, *Fabricated Man*, New Haven, Yale University Press.

Ramsey(1972) Paul Ramsey, *Shall we >reproduce<? 1. The medical ethics of in vitro fertilization*, in: *Journal of the American Medical Association* 220, 1346-50.

Rawls(1975) John Rawls, *Eine Theorie der Gerechtigkeit*, Frankfurt a. M., Suhrkamp.

Reichenbach(1990) Bruce C. Reichenbach, *Euthanasie und die aktiv/passiv Unterscheidung*, in: Leist(1990b), 318-348.

Reiter(1987) Johannes Reiter, *Ethische Probleme um den Lebensbeginn und das Lebensende — Bausteine für eine Bioethik*, in: Theologie der Gegenwart 30, 38-46.

Rodes(1983) Robert E. Rodes, *Sex, Law, and Liberation*, in: Thought 58, 43-60.

Rössler(1984) Dietrich Rössler, *Brauchen wir eine neue medizinische Ethik?* [Leitartikel.] in: *Deutsches Ärzteblatt*(5. Dezember).

Ruddick(1975) Sara Ruddick, *Better Sex*, in: Baker/Elliston(1975), 83-104.

Russell(1951) Betrand Russell, *Ehe und Moral*, Stuttgart, Kohlhammer.

Sarganek(Warnung) Georg Sarganek, *Überzeugende und bewegliche Warnung vor allen Sünden der Unreinlichkeit und heimlichen Unzucht*, Zuellichau 1746.

Sass(1989) Hans-Martin Sass, *Hirntod und Hirnleben*, in: H.-M. S.(Hrsg.), Medizin und Ethik, Stuttgart, Reclam, 160-183.

Scarlett(1984) B. F. Scarlett, *The moral states of embryos*, in: Journal of Medical Ethics 2, 79.

Schenk(1987) Herrad Schenk, *Freie Liebe — wilde Ehe — Über die allmähliche Auflösung der Ehe durch die Liebe*, München, Beck.

Schöne-Seifert(1990) Bettina Schöne-Seifert, *Philosophische Überlegung zu >>Menschenwürde<< und Fortpflanzungsmedizin*, in: Zeitschrift für philosophische Forschung 44, 442-473.

Schöne-Seifert(1990) Bettina Schöne-Seifert, *Medizinethik*, in: Nida-Rümelin(1996b), 552-648.

Schopenhauer(Metaphysik) Arthur Schopenhauer, *Metaphysik der Geschlechtsliebe*, in: A. S.: Die Welt als Wille und Vorstellung, Bd. 2 (Ergänzungen zu Buch 4). Kap. 44. Zit. nach: Arther Schopenhauers sämtliche Werke. Hrsg. von M. Koehler. Bd. 3. Berlin, 1902, 518-556.

Schopenhauer(Aphorismen) Arthur Schopenhauer, *Von Dem, was Einer vorstellt*, in: A. S.: Aphorismen zur Lebensweisheit: Parega und Paralipomena 1. Zit. nach: Ebd. Bd. 4, 320-367.

Schopenhauer(Selbstmord) Arthur Schopenhauer, *Über den Selbstmord*, in: A. S.: Parega und Paralipomena II. Kap. 13. Zit. nach: Ebd. Bd. 5, 267-271.

Schopenhauer(Preisschrift) Arthur Schopenhauer, *Preisschrift über die Grundlage der Moral*, Zit. nach: Ebd. Bd. 6, 237-377.

Seller(1988) Mary J. Seller, *The chronology of human development*, in: Dunstan/Seller(1988), 18-21.

Sen(1984) Amartya K. Sen, *Collective Choice and Social Welfare*, Amsterdem, North Holland.

Shelp(1987) Earl E. Shelp(Hrsg.), *Sexuality and Medicine*, Bd. 2, Ethical Viewpoints in Transition, Dordrecht, Riedel.

Siegele(1998) Ludwig Siegele, *Die Babyindustrie — Richard Seed will Menschen klonen*, in: *Die Zeit*(15. Januar 1998), 34.

Singer(1982) Peter Singer, *Befreiung der Tiere*, München, Hirthammer.

Singer(1984) Peter Singer, *Praktische Ethik*, Stuttgart, Reclam.

Singer(1998) Peter Singer, *Possible Preferences*, in: Fehige/Wessels(1998), 383-398.

Singer/Dawson(1988) Peter Singer/Karen Dawson, *IVF Technology and the Argument from Potential*, in: *Philosophy and Public Affairs* 17, 87-104.

Singer/Kuhse(1984) Peter Singer/Helga Kuhse, *Response*[to Scarlett 1984], in: *Journal of Medical Ethics* 2, 80f.

Solter(1998) Davor Solter, *An Dolly gibt es keinen Zweifel*, in: *Die Zeit* (29. Januar), 38.

Spaemann(1992) Robert Spaemann, *Wir duerfen das Tabu nicht aufgeben*, in: M. Frensch/M. Schmidt(Hrsg.), *Euthanasie — Sind alle Menschen*

Personen?, Schaffhausen, Novalis Verlag, 156-164.

Staudinger(1985) Hansjürgen Staudinger, *Nichttherapeutische Genexperimente am Menschen sind unethisch — Statement zu den Vorträgen über Gentechnologie*, in: Hans Lenk(Hrsg.), *Humane Experimente? Genbiologie und Psychologie*, München, Fink/Paderborn, Schöningh, 66-67.

Staudinger(1985) Hansjürgen Staudinger, *>>Schöne neue Welt<<. Eine Polemik*, in: Marquard/Staudinger(1987), 37-39.

Stephen(1986) Leslie Stephen, *Social Rights and Duties*, London.

Stümke(1991) Hans-Georg Stümke, *Vom züchtigen Zwang der Kaninchenethik oder: Hat die Fortpflanzungsmoral ausgedient?*, in: Laabs (1991), 140-164.

Taylor(1976) Gabriele Taylor, *Love*, in: *Proceedings of the Aristotelian Society* 76, 147-164.

Teichman(1985) Jenny Teichman, *The definition of person*, in: *Philosophy* 60, 175-185.

Testart(1986) Jacques Testart, *Das transparente Ei*, Frankfurt a. M., Campus.

Tooley(1983) Michael Tooley, *Abortion and Infanticide*, London, Clarendon Press.

Tooley(1990) Michael Tooley, *Abtreibung und Kindstoetung*, in: Leist (1990b), 157-195.

Trapp(1988) Rainer Trapp, *Nichtklassischer Utilitarismus — Eine Theorie der Gerechtigkeit*, Frankfurt a. M., Klostermann.

Ussel(1970) Jos van Ussel, *Sexualunterdrückung. Geschichte der Sexualfeindschaft*, Reinbeck, Rowohlt.

van de Veer(1986) Donald van de Veer, *Paternalistic Intervention: The moral Bounds on Benevolence*, Princeton, Princeton University Press.

Verne(1972) Donald P. Verne(Hrsg.), *Sexual Love and Western Morality:*

A Philosophical Anthology, New York[u.a.], Harper.

Verne(1975) Donald P. Verne(Hrsg.), *Sexual Love and Moral Experience*, in: Baker/Elliston(1975), 105-115.

Warnock(1990) Mary Warnock, *Haben menschliche Zellen Rechte?*, in: Leist(1990b), 215-234.

Wasserstrom(1975) Richard Wasserstrom, *Is Adultery Immoral?*, in: Baker/ Elliston(1975), 207-221.

Wessels(1998) Ulla Wessels, *Procreation*, in: Fehige/Wessels(1998), 427- 468.

Wiedemann(1991) Hans-Georg Wiedemann, *Die Botschaft Gottes: Liebe als Engagement für die Wehrlosen*, in: Laabs(1991), 165-170.

Wolf(1990) Ursula Wolf, *Das Tier in der Moral*, Frankfurt a. M., Klostermann.

Wuermeling(1987) Hans Bernhard Wuermeling, *Gesetz und Recht zum ärztlichen Handeln bei Anfang und Ende des menschlichen Lebens*, in: Mrquard/Staudinger(1987), 101-108.

Zimmer(1998) Dieter E. Zimmer, *Eineiige Zwillinge sollen Zufall bleiben*, Eine Antwort auf Jürgen Habermas.

찾아보기

옮긴이 : 배 선 복

숭실대학교 철학과 졸업.
독일 뮌스터대학 철학과 M.A., 오스나부르크대학 철학과 Ph.D.
한국학중앙연구원 철학윤리계열 연구교수 역임. 현재 푸른교육사랑모임 공동대표.
저서 : 『서양근대철학』(창작과비평사, 2001), 『탈현대 기초논리학 입문』(철학과현
　　　실사, 2004).
역서 : 『철학자의 고백』(G. W. Leibniz, 울산대 출판부, 2002). 『라이프니츠와 클
　　　라크의 편지』(철학과현실사, 2005).
논문 : *Der Begriff des Individuums in der Metaphysik und Logik von G. W.*
　　　Leibniz(Osnabrück, 1997, 학위논문) 「라이프니츠의 개별자의 존재원칙」
　　　(2000), 「오캄의 오-명제의 인격적 서 있음」(2000), 「합리론의 몸과 마음의
　　　사유모델」(2004).

사랑, 삶, 죽음
·
2006년 2월 10일 1판 1쇄 인쇄
2006년 2월 15일 1판 1쇄 발행

지은이 / 볼프강 렌쩬
옮긴이 / 배 선 복
발행인 / 전 춘 호
발행처 / 철학과현실사
서울시 서초구 양재동 338-10
전화 579-5908 · 5909
등록 / 1987.12.15.제1-583호

ISBN 89-7775-561-1 03190
값 15,000원